Gpo Viviendo

D0366605

'TRANSMÍTELO'

La Historia de Bill Wilson y de cómo llegó al mundo el mensaje de A.A.

'TRANSMITELO' ('PASS IT ON') Copyright © 1984,
por Alcoholics Anonymous World Services, Inc.

Expresamos nuestro agradecimiento por el permiso para reimprimir lo
siguiente:

Material proveniente del Grapevine
Copyright © del A.A. Grapevine, Inc.
Reimpreso con permiso del editor.

Material proveniente de "Lois Remembers,"
Copyright 1979 © por Al-Anon Family Groups Headquarters, Inc.
Reimpreso con permiso del editor.

Carta de C.G. Jung a Bill Wilson (págs. 378-379), C.G. Jung, "Letters,"
eds. Gerhard Adler and Aniela Jaffe, trans. R.F.C. Hull, Bolligen Series
95, Vol. II: 1951-1961. Copyright 1953, 1955, (c) 1961, 1963, 1968,
1971, 1972, 1974, 1975 por Princeton University Press. Reimpreso con
permiso del editor.

Translated from English. Copyright in the English language version of this
work is also owned by A.A.W.S., Inc., New York, N.Y. All rights
reserved. No part of this translation may be duplicated in any form without
the written permission of A.A.W.S.

Traducido del inglés. El original en inglés de esta obra es también
propiedad literaria © de A.A.W.S., Inc., New York, N.Y. Todos los
derechos reservados. Prohibida la reproducción total o parcial de esta
traducción sin permiso escrito de A.A.W.S.

*Esta literatura está aprobada por la
Conferencia de Servicios Generales de A.A.*

www.aa.org

ISBN 978-0-916856-63-2

5M-11/09 (BP)   **SB-9**

" . . . Nunca olvidaré la primera vez que me encontré con Bill Wilson. Yo llevaba sin beber un par de meses y estaba tan entusiasmado, tan emocionado de conocer personalmente al cofundador, que le lancé un torrente de palabras, expresándole lo que mi sobriedad significaba para mí, así como mi imperecedera gratitud porque había iniciado A.A. Cuando terminé de hablar, tomó mi mano en la suya y simplemente dijo: 'Transmítelo . . .' "

de una carta a la Oficina de Servicios Generales de A.A.

Prólogo

Bill la narró incontables veces, la llamaba "la historia para irse a dormir" y este nombre se esparció rápidamente por los Grupos, conforme la historia adquiría una confortante familiaridad. En todas las ocasiones que lo contó, la Agrupación nunca se cansó de oírla.

Esta es una narración detallada de la historia para irse a dormir. La vida de Bill estuvo tan llena de aventura, experimento, reflexión e intención que, relatarla toda, requeriría mucho más espacio del que permite un solo volumen. Bill nos mostró cómo recibir el regalo de la vida y éste es nuestro regalo para él: su vida, tal como la vemos. Nos gusta pensar que le agradaría esta narración de su historia.

'TRANSMITELO'
La Historia de Bill Wilson
y de cómo llegó al mundo
el mensaje de A.A.

Contenido

Capítulo Uno

William Griffith Wilson nació el 26 de noviembre de 1895 en East Dorset, Vermont, en una habitación situada detrás de un bar, que estaba en la Casa Wilson, el hotel de la villa manejado por la viuda Wilson, abuela de Bill. Los padres de Bill habían ido a vivir ahí, después de su matrimonio en 1894.

Bill nació alrededor de las 3:00 horas de una madrugada invernal y su alumbramiento fue difícil; su madre, Emily, dijo: "Cuando te trajeron conmigo, estabas frío, descolorido y casi muerto, y yo también estaba así; tú por la asfixia y yo por las dolorosas laceraciones y la pérdida de sangre; pero te retuve contra mí, abrazado, así, ambos nos calentamos, nos confortamos, y sobrevivimos; pero el recuerdo de todo ello no podría estar más claro en mi conciencia si hubiera sido marcado con un hierro al rojo vivo, porque no se me aplicó anestesia mientras esos inmensos instrumentos asían fuertemente tu cabeza".

Durante los primeros meses de su embarazo, Emily había escrito un poema, que dirigió a su madre y a su hermana Millie. Lo tituló "Un Huésped Bienvenido":

"¡Cuando llegue el bebé! La tierra sonreirá / Y con sus artes invernales seducirá / Los duendes de la escarcha y las dichosas hadas, / Todos vestidos con prendas de nívea pureza / Para recibir a mi huésped / ¡Cuando llegue el bebé! Sombras de la muerte ahora / Todo el pensamiento de mí. El mundo se vuelve generoso, / Sanan las viejas heridas, se olvidan los antiguos errores / No la pena y el dolor, / La Tierra no conserva mancha. / ¡Cuando llegue el bebé! Me parece que veo / La encantadora cara que va a tener, / Y las antiguas dudas y los temores que persiguen / Se pierden en los sueños de años más felices / Las sonrisas siguen a las lágrimas / ¡Cuando llegue el bebé! Dios me haga buena / Y rica en la gracia de la maternidad, / Haga blanca esta alma mía de mujer / Y encuentre este gran regalo Tuyo / En este tiempo de alegría".

Con su característica atención a los detalles, Emily registró todas las estadísticas del bebé: Bill pesó 3.060 Kg. al nacer, y ganó peso rápidamente: 11.800 Kg. a los seis meses y 14.500 Kg. al término del año. Tuvo su primer diente a los diez; y caminó a los 15 meses; aprendió con rapidez las letras y las palabras: "Encuentra una G en sus cubos y dice 'esa es la G, tiene su cola'. Posteriormente dice 'esa es la Q' y le decimos: 'No, es la G'; entonces dice: 'La llamaré Q', con una sonrisa muy traviesa en sus ojos".

El padre de Bill, Gilman Barrows Wilson, era un hombre extraordinariamente agradable, conocido como excelente narrador de historias, con voz estupenda que, incluso, mejoraba con algunos tragos. "Qué jovial era Gilly", dijo uno de sus antiguos vecinos. "Recuerdo cómo decía siempre: 'al cuerno con los pequeños y al c . . . con los grandes' ". Administraba una cantera de mármol cerca de East Dorset y era considerado líder a un grado tal que, posteriormente, cuando fue a trabajar a la Columbia Británica, varios marmoleros de East Dorset "levaron anclas" para seguirlo.

Durante la infancia, Bill tuvo en su padre un excelente compañero, que jugaba beisbol con él en el patio, todas las noches. "Los domingos rentábamos un calesín cubierto, con el techo plano y adornado con borlas por todos lados", recordó Bill. "Lo guiábamos con cierto estilo y mucha satisfacción".

La gente de Gilman, los Wilson, eran amables y notorios por su humanismo: de manga ancha, tolerantes y también buenos administradores y organizadores. En la familia había evidencia de alcoholismo: el abuelo paterno era bebedor problema, que llegó a la religión en una reunión de revivalismo y nunca volvió a tomar una gota. Gilman era "bebedor muy fuerte, pero no alcohólico", pero su padre, decía Bill, se metió en más de un problema a causa del licor.

La familia de su madre fue diferente. Los Griffith fueron maestros, abogados y jueces; además, difíciles de manejar y de gran fuerza de voluntad, valor y fortaleza. Emily había sido maestra de escuela antes de casarse; tenía inteligencia, determinación, ambición y un valor inmenso; posteriormente tendría éxito en una profesión, mucho antes que el campo de las carreras se abriera a las mujeres. Pero los Griffith también tuvieron cierta dificultad para entablar relaciones interpersonales con gente fuera de su propia familia; "siempre fueron muy respetados, pero raramente amados", fue la forma en que Bill lo describía.

Aunque Bill nunca hizo un verdadero esfuerzo para determinar sus raíces —de parte de su padre, era escocés-irlandés, y de su madre, principalmente galés—, creía ser pariente lejano del presidente Woodrow Wilson. "¡Gracias por la desconcertante comparación entre mi primo Woodrow y yo!", escribió una vez a un compañero. "De hecho, es primo cuarto, aproximadamente. Hace años, algún miembro de la familia Wilson —ahora tan difundido, que es el apellido más común en el directorio telefónico de Chicago— visitó a mi padre y se lo dijo. Supongo que hay cierto parecido, cuando uno se detiene a pensarlo". En realidad, de adulto tuvo cierto parecido facial y físico con el presidente Wilson.

La hermana de Bill, Dorothy Brewster Wilson, nacida en 1898, buscó su árbol genealógico con el fin de calificar como miembro de las Hijas de la Revolución Norteamericana (DAR). Cuando se le preguntó qué había hecho en la guerra su antepasado, contestó que había guiado a las tropas Norteamericanas en la Batalla de Monmouth, pero, añadió complacida, no era general, sino el que tocaba el tambor.

En las dos páginas siguientes: Izquierda, *la madre de Bill, Emily Griffith Wilson, tuvo éxito profesionalmente mucho antes de que la mayor parte de las carreras se abrieran a las mujeres.*
Derecha: *Gilman Barrows Wilson, que provenía de una familia de manga ancha, tolerante, fue una compañía amistosa para su hijo.*

Dorothy recordaba el East Dorset de su infancia, en el cambio de siglo, como una pequeña villa de "alrededor de 20 casas", en dos calles anchas con aceras de mármol y muchos árboles hermosos, en su mayoría maples de miel. Había dos almacenes generales, dos fábricas de mármol y una de queso, una herrería y una carbonería; también una escuela pública y dos iglesias". Hoy, con una población aproximada de 300 habitantes, East Dorset tiene poco más de 50 casas y se encuentra escondida en el Valle de Vermont, hacia las laderas occidentales de las Montañas Verdes; la villa en que nació Bill es una más entre un número de aldeas que constituyen el contorno territorial de Dorset.

Desde su ventana, Bill podía ver el Monte Eolo que se eleva sobre el pueblo. Bill decía: "Uno de mis primeros recuerdos es el de mirar hacia arriba, ver la enorme y misteriosa montaña, y preguntarme si algún día escalaría tan alto". Denominado así por el dios del viento de la mitología griega, el Monte Eolo se conoce por las ráfagas que azotan su cumbre y aúllan sobre las excavaciones dejadas por la ahora desaparecida industria marmolera de East Dorset.

Las canteras de mármol se dejaron de trabajar en el área, al final de la Primera Guerra Mundial, pero en la infancia de Bill todavía era una industria activa. "Mis parientes fueron siempre operadores de las canteras de mármol, o sea, en la parte de los Wilson, y mi padre heredó la tradición", recordó Bill. "Puedo recordar cuando era niño, verlo ir en un calesín hacia la llamada cantera del norte. De esa cantera salieron muchos monumentos conmemorativos notables, creo que la Tumba de Grant, quizá la Biblioteca Pública de Nueva York y otros edificios de esta ciudad a los cuales revisten". El mármol de East Dorset es blanco con ligeras tonalidades azul grisáceas.

Bill fue niño precoz; cuando era muy pequeño, su padre le dio un gran diccionario ilustrado para que lo mirara, y preguntaba de qué eran las imágenes; entre otras cosas, aprendió cómo se veía un puente voladizo. Cuando su madre lo llevó en tren a la Ciudad de Nueva York, por la ruta que se extiende a lo largo del río Hudson con sus diversos puentes, de pie en el asiento, gritó en voz alta: "Mira mamá, hay un puente voladizo" y los otros pasajeros se asombraron del niñito.

Bill empezó a ir a una escuela, de dos salones, en East Dorset, y las primeras cartas de su madre muestran buena imaginación y una mente activa. En una carta que mandó a Emily y a Dorothy, que estaban en Florida, probablemente en febrero de 1902, cuando tenía aproximadamente seis años, escribió:

"Querida mamá, por favor mándame algunas naranjas. Espero que la estés pasando bien. ¿Cómo estás, mamá? ¿Es un lugar bonito? También me gustaría ir. Si papá me dejara ir contigo".

Bill escribió otra vez el 9 de marzo: "Querida mamá. ¿Cómo están tú y Dorothy? Papá acaba de traer una fotografía de Dorothy. Creemos que es muy bonita. Abuelo recogió las flores que nos mandaste anoche. Son preciosas. ¿Tiene Dorothy un cocodrilo? ¿Le gustó el barco a Dorothy? William Griffith Wilson".

En una carta más, Bill comunicó que estaba usando pantalones para niños de 11 años. "Supongo que no me reconocerán cuando regresen", añadió. "¿Cuándo vienen? Estoy de vacaciones de la

La casa de los Wilson en East Dorset, Vermont, escondida en las laderas occidentales de las Montañas Verdes.

escuela hasta el 1o. de abril. Me alegrará verlas". Esta estaba firmada: "De Willie".

Emily y Dorothy todavía estaban fuera de Vermont, cuando Bill escribió el 21 de septiembre de 1902: "Querida mamá, ha empezado la escuela y estoy en primero de primaria. Tengo un nuevo libro de aritmética. Tenemos el mismo maestro que estaba aquí antes. Tengo dos dientes nuevos de abajo. Parecen pequeñas sierras. Abuelo y yo fuimos a la variedad del Capitán Thomases. El Capi es listo. ¿Cuándo regresan tú y Dorothy? Tengo muchas ganas de verlas. Trato de ser buen niño. Abuelo dice que lo soy. Estoy aprendiendo muy rápido a leer y hacer números. De tu hijito Willie. P.D. Besos a la hermana de mi parte".

En 1903, la familia Wilson se mudó a Rutland, 40 kms. al norte, en donde el padre de Bill se hizo cargo de la administración de la cantera de Rutland-Florence. Vivieron en el 42 de la Avenida Chesnut y Bill asistió a la Escuela de la Calle Church.

Comparada con East Dorset, Rutland era una metrópoli, y Bill encontró amenazadora su nueva escuela. "Recuerdo muy bien cómo me sentí abrumado por el gran número de niños que me rodeaban y cómo comencé a desarrollar una gran timidez", dijo. "A causa de ésta y de mi torpeza, empecé a trabajar tiempo extra para ser jugador de beisbol. En los deportes . . . alternaba entre sentirme competitivo en extremo y entusiasmado por el éxito, y profundamente desanimado y tímido por la derrota". Una derrota le era dolorosa en particular si consistía en haber sido vencido por algún condiscípulo más pequeño. Bill (que llegaría a medir 1.85 m.) ya era alto para su edad, como lo indican los "pantalones de un niño de 11 años". Recordaba que su timidez y torpeza le impidieron tener amigos íntimos cuando era niño.

Bill sí tuvo un amigo íntimo, que lo fue durante toda su vida. Mark Whalon era nueve años mayor que Bill y recordaba exactamente haber oído los gritos de Emily la mañana en que nació Bill. (Luego aparece como "mi amigo el cartero" en las cartas y recuerdos de Bill, ya que, en East Dorset, era el que llevaba la correspondencia a los pueblos).

El joven Bill trabajó duro en la escuela para sobresalir en los deportes, en un intento para superar su "timidez y torpeza".

Aunque en la infancia de Bill se desarrollaron conflictos internos difícilmente se le consideró como un jovencito molesto o poco amistoso, sino al contrario: "nunca oí que alguien dijera que no le agradaba Bill", recordó un antiguo condiscípulo, "era un tipo tipo excelente, muy popular. Era muy alto y bien constituido, de anchos hombros; un muchacho de buena presencia".

Desde corta edad, Bill mostró interés en la ciencia y, cuando vivían en Rutland, hizo un laboratorio de química en la leñera y casi hizo explotar el cobertizo . . . y a sí mismo. "Recuerdo cómo se horrorizó mi padre una noche al darse cuenta que yo había mezclado ácidos, supongo que sulfúrico y nítrico para hacer nitroglicerina de verdad en el cobertizo de la parte trasera, cuando llegó a casa yo estaba mojando papel en nitroglicerina y quemándolo. Puedes imaginarte la sensación que tuvo un hombre acostumbrado, como él lo estaba, al empleo de la dinamita en la industria canterera, la cual no es sino una pálida imitación de esa sustancia. Recuerdo con cuanta cautela levantó papá el plato, cavó un gran agujero, que humedeció; con cuidado esparció la mala sustancia por todo él y, con el mismo cuidado, lo tapó".

Otro experimento que intentó Bill fue un equipo telegráfico. Su amigo Russ y él se comunicaron por el código Morse, instalado por Bill.

En 1906, Emily, Bill y Dorothy regresaron a East Dorset. De este período han sobrevivido algunas cartas de Bill:

"12 de noviembre de 1906. Querida mamá: Hoy nevó mucho y en la escuela nos lanzamos muchas bolas de nieve. Tanto Dorothy como yo estamos bien y espero que tú también. Conseguimos nuestras 'calabazas de halloween' y llamé Punch a la mía, y Dorothy, Judy a la suya".

"Me preguntas qué sucede cuando enciendes P con el N. Los vapores del anhídrido fosfórico, P_2O_5, inmediatamente suben y llenan el frasco con densos vapores blancos que, después que el agua reposa absorbe el P_2O. Al quemarse el P consume el oxígeno del frasco, dejando así el nitrógeno casi puro. El aire está compuesto de 1/5 parte de oxígeno y 4/5 de nitrógeno; al consumirse el oxígeno el agua sube 1/5 parte del frasco. Así que eso es lo que sucede" . . .

"13 de noviembre: En la noche de halloween tuvieron una fiesta en el vestíbulo; hubo sombras chinescas y toda clase de juegos; también refrescos. El cuarto estuvo totalmente iluminado por las 'calabazas' y linternas 'japonesas'. Nos divertimos mucho. No me acuerdo de más. Tu hijo que te quiere, Willie Wilson. P.D. Todavía no he ido a Rutland a ver a Russ".

Una nota en la carta lleva el comentario: "Sabe lo que sucede, ¿es así? ¿No es divertido? Creo que puede ganar a su madre en el arte de escribir cartas". Puede haber sido escrito por Emily o por uno de los abuelos de Bill, al meter la carta en el sobre, para enviarla.

En la siguiente carta no hay fecha, aunque la referencia al Día de San Valentín hace suponer que haya sido de febrero o marzo de 1907.

"Querida mamá: Todos estamos bien y espero que tú también. No he tenido tiempo de escribirte, tenemos que estudiar día y noche. Puedo pasar apuros al igual que los demás.

Hoy escribí una composición sobre la 'industria del hierro y el acero'.

Las tarjetas de San Valentín que mandaste se acabaron a la mañana siguiente antes del desayuno; si las hubiéramos tenido podríamos haber vendido otras 50. Dorothy dice que quiere que le mandes algunas tarjetas de Pascua.

¿Te acuerdas del Sr. Parent?, el papá de la niñita que se llamaba Lillie y que solía venir a jugar con Dorothy. Bueno, la cantera cerró, el padre de Lillie fue a trabajar a West Rutland y se iba por el crucero del tren. Tenía el gorro puesto tapándole las orejas, no oyó que venía el tren y lo mató. Fue algo muy malo.

Acerca de la medicina, cuando vine de casa de los Russel lo hice por la Calle Centre. Compré a Dorothy una vajilla para las muñecas y pensé que tenía que comprar algo más pero no pude acordarme. Llegué a la estación para alcanzar el tren y no lo recordé hasta que llegué a casa. Lo siento. Tu hijo que te quiere, Will".

Hubo una razón para que Emily tuviera ausencias prolongadas. "Sin que lo supiéramos Dorothy y yo, se estaba desarrollando una desavenencia entre mis padres. También recuerdo que mi madre estaba teniendo lo que decía eran crisis nerviosas, que algunas veces hacían que necesitara irse durante largos períodos a la playa y en una ocasión a un sanatorio.

Aunque no lo sé y aunque mi padre nunca se volvió alcohólico, a veces era un bebedor muy fuerte. Al igual que yo, era una persona que se entusiasmaba mucho por el éxito, y junto con algunos amigos de la cantera y el respaldo económico que tenían de Nueva York, tenía prolongadas borracheras. Aunque nunca supe los detalles, creo que uno de estos episodios tuvo consecuencias que ofendieron mucho a mi madre y aumentaron la tensión entre ellos".

Poco después de regresar de East Dorset, la desavenencia entre Emily y Gilman se volvió abierta. "Mamá nos llevó a Dorothy y a mí a lo que creíamos un día de campo en el hermoso Estanque de North Dorset, que ahora se llama Lago Esmeralda. Nos sentamos al suroeste bajo la sombra de un árbol, mamá parecía estar muy tranquila, y creo que ambos sentíamos un mal presagio.

Entonces, fue cuando mamá nos dijo que papá se había ido para siempre. Hasta hoy, me estremezco cada vez que recuerdo la escena, sentado en la hierba, frente al lago; fue una experiencia de agonía para alguien que aparentemente tenía una sensibilidad emocional como la mía. No obstante, escondí la herida y nunca hablé al respecto con nadie, ni con mi hermana".

El divorcio de sus padres produjo a Bill un impacto que nunca olvidó. El dolor fue aumentado por el hecho de que no volvió a ver a su padre durante nueve años. Después de la separación, Gilman se fue de Vermont y finalmente se estableció en el occidente de Canadá, continuando su trabajo como cantero en High River, Alberta y Marblehead, Columbia Británica.

La madre de Bill tenía fuerte voluntad, pero carecía del calor y la comprensión que podría haber mantenido a su hijo con buena estabilidad en esa época difícil. "Mi madre disciplinaba y puedo recordar la agonía y el miedo por los que pasé cuando me administró la primera buena tunda, con el reverso de un cepillo del pelo; de alguna manera, nunca podría olvidar esa zurra que hizo en mí una impresión imborrable".

Emily se llevó a Bill y Dorothy con sus propios padres, Gardener Fayette Griffith y Ella Griffith, en East Dorset. Ella también permaneció ahí durante algún tiempo, recuperándose de una enfermedad no identificada y completando los arreglos para el divorcio.

"En aquel entonces, yo tenía diez u 11 años y seguía creciendo (incluso con mayor rapidez), y sufría por mi torpeza física y por la separación y el divorcio de mis padres", dijo Bill. "Recuerdo haber oído hablar a mamá y abuelo acerca de este divorcio y de cómo se podría llevar a cabo. También me acuerdo que mi madre hizo un viaje secreto a Bennington, Vermont, a ver a un hombre llamado el Abogado Barber; luego, me enteré que se había efectuado el divorcio y, por cierto, esto hizo en mí algo que me dejó profunda marca".

Para el joven Bill, el divorcio debe haber sido doloroso más allá de lo imaginable. Había sido separado de un padre al que adoraba, en una época difícil en la vida de un jovencito, como lo es el comienzo de la adolescencia.

Para complicar el daño, el divorcio en un pequeño pueblo de Nueva Inglaterra al principio del siglo —1906— era algo virtualmente inaudito; puede haber hecho surgir sentimientos de vergüenza y desgracia que, hoy en día, el hijo de padres divorciados no podría comprender ni compartir.

Bill dijo que permaneció deprimido casi durante un año, a raíz del divorcio de sus padres.

De esta época de la infancia de su esposo, Lois Wilson escribió después: "Aunque Bill y Dorothy amaban a sus abuelos, que eran muy buenos con ellos, se sintieron abandonados. Bill tenía un apego especial a su padre y lo sintió mucho cuando se fue al Oeste . . . La separación lo volvió reservado y lo hizo sentirse inferior a los jóvenes que vivían con su padre y su madre".

Y ahora, también Emily se marchó de East Dorset, dejando a Bill y a Dorothy al pleno cuidado de sus abuelos, partió a Boston para regresar a la escuela, específicamente a la Facultad de Osteopatía. A pesar del efecto sobre su familia, fue empresa valiente para una mujer de su edad, en su época.

El abuelo de Bill, Fayette Griffith, se convirtió ahora en su padre sustituto y todas las versiones muestran que fue una relación cálida y compleja. "Mi abuelo me amaba y yo lo amé, como poco he amado a otra gente", dijo Bill.

Los Griffith "eran capaces de tener un gran amor por los suyos

y ciertamente éste [fue] un factor en la relación de mi abuelo conmigo, pero en cierto modo no eran muy populares".

"En particular Fayette no le agradaba a la gente", dijo Lois, "porque era el terrateniente de casi todos; tenía sus propias ideas y era muy obstinado; poseía propiedades y los surtidores de agua también eran suyos. Cuando era el tiempo de que se le pagara, quería que así se hiciera".

Robert Griffith, un primo en Brattleboro, tuvo una percepción similar: "El tío Fayette no era hombre humilde", dijo. "Aunque siempre lo encontré amable, popularmente era considerado engreído.

Cierta vez, en que guiaba un tronco de caballos briosos, éstos se pararon en seco y lo lanzaron fuera del asiento; aterrizó sobre su cabeza, a pocos centímetros de un bloque de mármol que se usaba como escalón para bajarse de un carruaje. Alguien dijo: 'Tuvo suerte de no romperse la cabeza contra ese bloque' y tío Fayette gruñó:'¡Humm! ¡El jolly (alegrón) sabía donde iba a caer yo!'

Sabía que a sus espaldas se le conocía como 'Jolly' Griffith, no porque estuviera alegrón (por el licor - jolly), sino porque él empleaba coloquialmente la palabra".

Fayette se había criado en Danby, casi quince kilómetros al norte de East Dorset, y era un veterano de la Guerra Civil que había regresado a Vermont a trabajar en el campo, después de servir como chofer de una ambulancia en la batalla de Gettysburg. "Había llevado una existencia precaria, hasta que se le ocurrió dedicarse al negocio de la madera y, entonces, trayendo muchos maderos franceses, empezó a adquirir una forma de vida acomodada", afirmó Bill.

Como muchos de los otros Griffith, Fayette era un astuto hombre de negocios y probablemente hubo varias razones por las que llegó a interesarse en la madera. En primer lugar, mientras que en los alrededores de Dorset la industria del mármol estaba declinando, las montañas tenían abundancia de maderas duras y no era difícil sacarlas. El primo de Fayette, Silas Griffith, se

Bill y su hermana más pequeña, Dorothy, "se sintieron abandonados" después del divorcio de sus padres, a pesar de tener unos abuelos amorosos.

convirtió en el primer millonario en Danby y ayudó a hacer la dotación de la Biblioteca Conmemorativa S. L. Griffith en el pueblo. Bill recordó que Silas había sido "un superhombre de los negocios, para aquellos días".

Como el ciudadano más próspero de East Dorset, Fayette abastecía bien a su familia; pagó los estudios de Emily en la Facultad de Osteopatía y fue generoso con Bill y Dorothy. El único hijo de Fayette, Clarence, murió en Colorado el año anterior al nacimiento de Bill; tener a un nieto ayudaría a Fayette a suavizar la pena. "En la villa se consideraba a Bill como niño muy privilegiado; una vez tuvo una motocicleta y una silla de montar, el equipo necesario para su transmisor telegráfico inalámbrico, junto con su violín y su violoncelo. En aquellos días, un niño que tenía un guante para jugar beisbol o un bat, o un rifle 22 y una bicicleta, era considerado acomodado", dijo Robert Griffith.

Fayette estaba orgulloso de Bill y tenía grandes esperanzas puestas en él. "Tío Fayette pensaba que Bill era la persona más lista que hubiera existido", recordó una anciana prima. "Lo *era*, ¡hizo esa radio!", añadió, refiriéndose a los experimentos de Bill con el equipo telegráfico.

Ya que Fayette mismo leía mucho, probablemente incitó el interés inicial del niño en la lectura; le leía libros de viajes y eso estimuló en Bill el interés en otras lecturas. "Los libros de Heidi y Alger y todas las cosas que los niños solían leer en esa época", dijo Bill.

Una vecina, Rose Landon, instaló una biblioteca circulante en la desierta zapatería de su padre. "Empecé a ser un lector voraz tan pronto como tuve capacidad para ello, leyendo todas y cada una de las cosas que llegaban a esa biblioteca. De hecho, solía dormir muy poco en esos carruseles de lectura; aparentemente, me iba a la cama después de que mi abuelo me mandaba de manera más bien severa y, entonces, solía esperar hasta sentir que no se darían cuenta de la luz, encendía la vieja lámpara de querosene, la colocaba en el piso y ponía un libro a su lado, colgándome de la orilla de la cama para leer, algunas veces toda la noche".

Animado por su abuelo, Bill se lanzó en una serie de actividades, con la determinación de lograr un solo objetivo, un rasgo que permaneció en él durante toda su vida. Un proyecto que permaneció en su memoria fue el del búmerang.

"Mi abuelo adquirió el hábito de contarme todo lo que creía que eran proyectos imposibles", recordó Bill. "Un día, me dijo: 'Will' —así me llamaba—, 'he estado leyendo un libro sobre Australia y dice que los nativos de ahí tienen una cosa que llaman búmerang, que es una arma que lanzan y, si falla el blanco, se vuelve y regresa al que la lanzó, y Will', dijo en son de gran reto, 'este libro dice que nadie, más que un australiano, puede hacer y lanzar un búmerang'.

Me engallé cuando dijo que nadie más que un australiano podía hacerlo y puedo recordar cómo grité: 'Bien, ¡yo seré el primer hombre blanco que lance un búmerang!' En esa ocasión supongo que tendría 11 ó 12 años".

Bill reflexionó, después, que para la mayor parte de los niños aquello podría haber durado unos días o cuando más unas semanas; "pero el mío era un impulso poderoso que se conservó durante seis meses y no hice otra cosa durante todo ese tiempo más que trabajar en esos infernales búmerangs haciendo cortes con una navaja. Aserré la cabecera de la cama para obtener exactamente la pieza correcta de madera y, durante la noche, la labré en el viejo taller de trabajo, a la luz de una linterna".

Por último, llegó el día en que Bill hizo un búmerang que funcionó. Le dio la vuelta al atrio de la iglesia cercana a su casa y, al regresar, casi golpeó en la cabeza a Fayette.

"Recuerdo lo extáticamente feliz y estimulado que me sentí por este éxito supremo", recordó Bill. "Me había convertido en un hombre Número Uno".

El éxito con el búmerang orilló ahora a Bill a probarse a sí mismo ser el hombre Número Uno en otras actividades. Decidió que, con suficiente perseverancia y determinación, podía hacer cualquier cosa, en la cual situara su mente. Con sorprendente tenacidad y fiera concentración, empezó a sobresalir en empresas científicas, beisbol y música. "En mi trabajo en la escuela, si mi interés era grande (como lo fue en química, geografía, física y astronomía), mis notas variaban entre 95 y 98 por ciento. Otros asuntos, incluyendo el inglés y el álgebra, me causaron problemas y recibí notas bajas".

Posteriormente Bill se describió como feliz en extremo durante este período de su vida, ya que estaba teniendo éxito en todos los frentes que le importaban. "En este período fue cuando pude ver cómo se desarrollaron mi fuerza de voluntad y mi anhelo por distinguirme, lo cual fue el estilo predominante de mi vida. Tenía muchos compañeros de juegos, pero creo que los veía como competidores; yo tenía que sobresalir en todo; sentía que tenía que ser capaz de luchar como Hackensmith, batear como Ty Cobb, caminar en la cuerda floja como los del circo y disparar como Búfalo Bill, al que había visto en el circo montado a caballo y rompiendo bolitas de cristal lanzadas al aire.

Mi intento por hacer una réplica de esta actuación consistió en tomar una cesta de carbón, sostener mi rifle en una mano y con la otra lanzar al aire un pedazo de carbón. Con los disparos intenté romper los trozos de carbón y me volví tan bueno que, de cada tres, rompía dos, aunque fue milagroso que no matara a alguno de los campesinos que pasaban por ahí, ya que era una arma muy potente".

Por un tiempo, convirtió su cuarto en laboratorio de química; luego empezó a experimentar con la radio, que en aquel entonces era un invento completamente nuevo. "Creo que tuve uno de los primeros aparatos de recepción inalámbrica en Vermont. Estudié el código Morse y me sorprendió que nunca pude ser como los operadores más rápidos, pero mis aventuras con la radio crearon gran sensación en el pueblo y me dieron una marca de distinción, algo que por supuesto, había anhelado cada vez más, hasta que definitivamente se convirtió en obsesión".

El abuelo de Bill lo retó a que aprendiera a tocar el violín, así que lo hizo; lo primero fue reconstruir uno viejo, que encontró en el desván y que había pertenecido a su tío Clarence. El solo aprendió a tocar, colocando un diagrama en la parte externa del encordado del violín y tocándolo hasta que surgían las notas correctas, por lo que anunció su intención de llegar a ser director de la orquesta de la escuela. Ocupó muchas horas escuchando la victrola, al cabo de las cuales regresaba a su práctica del violín, olvidando lo demás.

Casi por cumplir su anunciada ambición, Bill se convirtió en el primer violín de la secundaria. Posteriormente, quitaría importancia a ésto, al describirse como un primer violín muy malo y a la orquesta como muy mediocre; a pesar de que desecharía su logro como sólo otra tentativa de reconocimiento, la música le proporcionaría un escape satisfactorio toda su vida.

En el período en que los hermanos Wright probaron por primera vez sus ideas de máquinas que volaran, más pesadas que el aire, Bill construyó un planeador. "Como muchos otros de sus proyectos, no funcionó exactamente", dijo su hermana Dorothy. Bill le había dado el dudoso privilegio de pilotear la nave saltando del techo de una construcción; afortunadamente, cayó a plomo sobre un montón de heno.

"También hizo muchas cosas útiles", refirió Dorothy. "Todos los años hacía miel de maple en el patio trasero, utilizando una gran olla de hierro". Recordó la tenacidad con la que hacía el trabajo. "No importaba si estaba oscuro o tenía que conseguir más madera, el caldo estaba en proceso y no se despegaba. De esa manera fue formado Bill".

¿Era sólo terco? Dorothy no lo cree. "Persistente es una palabra mejor", opinó. "La gente que es terca tiene propensión a ser desagradable y no recuerdo que Bill lo haya sido nunca".

Bill también hizo arcos y flechas, un bote para hielo, "canguros" (un canguro consiste en una barra larga, con un pie montado en una barra corta), skies y trineos. Su abuelo insistió en que aprendiera el trabajo del campo y se pasó muchas tardes sudando en los trigales, sacando el forraje, ordeñando las vacas.

De todas las actividades de adolescente de Bill, probablemente fue el beisbol el que exigió más de sus energías físicas y que le produjo más el reconocimiento que ansiaba. En la primaria sobresalió en basketbol, pero, después declaró que los demás jugadores de ahí, no habían sido muy buenos; en la secundaria fue diferente, ya que encontró una competencia real en el beisbol.

Para él, empezó mal. "La primera vez que me presenté en el campo, alguien sacó un elevado", recordó Bill. "Coloqué en alto mis manos y no pude coger la pelota, que me golpeó en la cabeza. Me tumbó de espaldas e inmediatamente me rodeó un conjunto de muchachos preocupados; pero, en el momento en que vieron que no estaba lastimado, se empezaron a reír de mi torpeza y recuerdo el terrible ataque de ira que me llegó. Salté y sacudí el puño diciendo: '¡Ya verán! Seré el capitán de su equipo de beisbol', y se volvieron a reír. Esto inició un terrorífico impulso de mi parte para sobresalir en beisbol, una lucha desesperada por ser el Número Uno".

Finalmente Bill se convirtió en el mejor jugador de beisbol de la escuela. Buscando la meta con la misma fiera determinación, de entrega a un solo objetivo, que había mostrado al hacer el búmerang, practicó en todos los momentos libres. "Si no podía conseguir a alguien para que jugara conmigo, lanzaba una pelota de tenis contra la pared de una construcción, o me pasaba horas lanzando piedras pesadas a los postes telefónicos para perfeccionar mi brazo, de modo que pudiera llegar a ser el capitán del equipo de beisbol... Desarrollé una puntería mortal y gran velocidad con la pelota de beisbol y tuve un alto porcentaje de bateo. Así, a pesar de mi torpeza, llegué a ser el hombre Número Uno en el campo de beisbol. En aquellos días el héroe era el lanzador, y me volví lanzador, y por fin fui el capitán".

La escuela fue el Seminario de Burr and Burton, en Manchester, Vermont, y cuando Bill empezó ahí en 1909, un nuevo mundo se abrió ante él. Fundada en 1829 como escuela de capacitación para ministros, Burr and Burton se convirtió rápidamente en una institución coeducacional para la formación general. Todavía funciona como la más importante escuela superior para el área Manchester-Dorset. El edificio principal, con sus pesadas paredes de gruesa piedra caliza, tenía más de 75 años cuando Bill asistió a la escuela y aún está en servicio.

Bill viajaba en tren de East Dorset a Manchester, dormía en la escuela cinco días y los fines de semana iba a casa. Como recordó uno de sus condiscípulos, Bill "tenía que recorrer alrededor de tres kilómetros desde la estación hasta Burr and Burton, y ése era un viajecito. Los muchachos de hoy no lo harían".

Manchester, justo al sur de East Dorset sobre el ferrocarril de Rutland, durante mucho tiempo había sido el lugar de veraneo de moda; su famoso Hotel Equinox podía rivalizar con los grandes hoteles similares de Saratoga o Newport. Manchester está edificado al pie de Monte Equinox y todavía se le conoce por sus aceras de mármol y sus calles sombreadas por maples y olmos majestuosos. Los veraneantes han preferido a Manchester desde la época que siguió a la Guerra Civil; entre ellos se encontraron la Sra. de Abraham Lincoln y, posteriormente, su hijo Robert Todd Lincoln, que establecieron ahí su casa de veraneo, Hildene. Uno de los dos clubes campestres de Manchester es el elegante Ekwanok Club; entre sus fundadores, en 1899, estuvieron incluidos los padres de Lois Burnham y Ebby T., dos personas importantes en la vida de Bill.

Ebby T. fue hijo de una familia prominente en Manchester durante tres generaciones y conservó ahí una casa de verano; él y Bill se conocieron en 1911, cuando éste jugaba beisbol en Manchester y, posteriormente, Ebby fue su condiscípulo de Bill durante un curso en Burr and Burton. Su amistad fue importante para ambos.

Los años de Bill en Burr and Burton fueron felices y con éxitos. Popular entre sus condiscípulos, fue elegido presidente de la clase superior; fue *fullback* del equipo de football y se convirtió en el mejor pateador; fue primer violín en la orquesta; su historial académico fue bueno y estaba probando que podía ser el Número Uno en todo aquello que intentaba.

Algunas noticias breves del *Journal* de Manchester de ese período:

18 de abril de 1912 — "*Shakespeare en Manchester* —. Agradable representación de 'Tal como te gusta' por los estudiantes de Burr and Burton. Ciertamente que el público mostró su agrado por la manera de cantar de William Wilson, que hizo el papel de Jaques".

25 de abril de 1912 — "*Exhibición de Gimnasia en el Seminario de Burr and Burton* — El cuarto número fue el salto de altura por los muchachos. William Wilson, estableció la marca más alta, seguido por Derwin y Bennett. La marca de Wilson fue de un metro treinta y cinco centímetros".

9 de mayo de 1912 — "*Notas del Seminario de Burr and Burton* — Como estaba anunciado, el pasado miércoles jugó Burr and Burton contra Proctor y fue derrotado por 4 a 0. Fue un buen juego, siendo un duelo de lanzadores; Eskaline dejó a 15 con el bat al hombro y Wilson a 14. El lanzador a quien se enfrentaron los muchachos de Burr and Burton, es el más difícil de los que se encontrarán este año".

16 de mayo de 1912 — "*Notas del Seminario de Burr and Burton* — El equipo del Seminario jugó el sábado contra el de Bennington High en esa villa y sufrió una derrota, la peor de esta temporada. El marcador fue de 13 a 1 en favor del equipo de casa. Wilson lanzó su peor juego de la temporada y el apoyo que le prestó el equipo fue el más flojo. El mal desempeño del lanzador se debió a un brazo lastimado y fue más una mala fortuna que una falla". [1]

Ahora la vida de Bill tenía todo ... excepto romance. "En esta coyuntura, a pesar de mi cara desagradable y mi figura desgarbada,[2] una de las muchachas del Seminario mostró interés en mí", recordó. "Desde que llegué, habían tardado mucho en hacerlo y sentí una terrible inferioridad en lo referente a las muchachas, pero ahora llegó la hija del ministro y me encontré de pronto en un amor extático".

"Bueno, ves, en este período, ahora que amo, me encuentro plenamente compensado en todos estos impulsivos instintos primarios; tengo todo el prestigio que se puede tener en la escuela; en realidad, sobresalgo, soy el Número Uno en donde elijo serlo y, en consecuencia, me siento seguro emocionalmente; mi abuelo es mi protector y generoso con el dinero para mis gastos; y ahora, amo y soy amado completamente por primera vez en mi vida. Por lo tanto, me siento feliz hasta el delirio y soy un éxito de acuerdo a mis propias especificaciones".

La muchacha era Bertha Bamford, hija del ministro episcopal de Manchester. Hermosa y popular, Bertha era la tesorera de la clase superior y presidenta de la Y.W.C.A.; como lo recordaba Bill, "Bertha dejaba en todos una profunda impresión". Fue un amor mutuo; también Bill agradaba a los padres de Bertha y le dieron la bienvenida en su casa. Bertha hizo que el verano y el principio del otoño de 1912 fuera uno de los períodos más felices y extáticos en la vida de Bill.

Luego vino un golpe tan cruel e inesperado como la separación de sus padres. El martes 19 de noviembre por la mañana, Bill se apresuró a entrar en la capilla y tomó su lugar al lado de los demás estudiantes; Bertha estaba en Nueva York con su familia. No hubo nada que lo preparara para lo que iba a venir:

"El director de la escuela llegó y con cara muy seria anunció que Bertha, la hija del ministro, mi amada, había muerto súbita y repentinamente la noche anterior. Sencillamente fue un cataclismo de un dolor tan intenso, como sólo lo había sentido dos o tres veces. Provocó lo que antiguamente se llamaba una crisis nerviosa, que ahora me doy cuenta significa una tremenda depresión".

El jueves 21 de noviembre, el *Journal* de Manchester informó la muerte de Bertha: "El martes por la mañana, los muchachos amigos del Rev. y la Sra. Bamford de esta villa, se enteraron con gran pena del fallecimiento de su hija, la Srita. Bertha D. Bamford, a raíz de una operación en el Hospital Flower de la Ciudad de Nueva York. La extirpación del tumor fue un éxito, pero la joven dama murió de hemorragia interna durante la noche. Su muerte prematura, a la temprana edad de 18 años, ha puesto de luto a la escuela. El funeral se efectuará en la Iglesia Zion la tarde del viernes a las dos treinta, y los restos se colocarán en la cámara funeraria, para que los lleven para su inhumación a Jeffersonville, Ind. la cripta de la Sra. Bamford".

Una semana después, el *Journal* informó los detalles: "La tarde del viernes se efectuó el funeral de la Srita. Bertha Bamford en la Iglesia Episcopal Zion. Los restos se colocaron en la cámara funeraria en el Cementerio Center. La ceremonia fue particularmente impresionante, a causa de la asistencia masiva y la marcha al cementerio de más de 70 estudiantes del Seminario Burr and Burton. Cargaron la caja el Director James Brooks y W. H. Shaw de la Facultad del Seminario, William Wilson y Roger Perkins de la clase superior, de la cual fue miembro la Srita. Bamford, Clifford Wilson y John Jackson".

La muerte de Bertha marcó el principio de lo que Bill recordó como una depresión que duró tres años, el segundo período de ésos en su vida. "Excepto en el violín, el interés en todo sufrió un colapso; ni atletismo, ni hacer el trabajo de la escuela, ni prestar atención a nadie. Fue algo abrumador, profunda y compulsivamente desgraciado, estando convencido de que toda mi vida se había derrumbado por completo". Su depresión por la muerte de Bertha fue más allá de la pena humana normal. "El muchacho sano se hubiera sentido mal, pero nunca se hubiera hundido ni hubiera permanecido sumergido tanto tiempo", comentó Bill posteriormente.

Con el ataque de la depresión, cayó su desempeño académico. "El resultado fue que fallé en alemán y por esa razón no me pude graduar. Ahí me encontraba, presidente de mi clase superior... iy no me darían un diploma! Llegó de Boston mi madre muy enojada. Tuvo lugar una escena tumultuosa en el despacho del director. Aún así no obtuve el diploma".

No se graduó con su clase, aunque los registros de la escuela lo ponen en la lista con ella. A continuación de un verano de depresión agonizante, se fue a vivir con su madre cerca de Boston y terminó el trabajo inconcluso que lo capacitó para la preparatoria.

¿Qué había causado el cambio de Bill, de alguien con altos logros a una depresión sin esperanza? Tal como lo vio Bill, el problema principal fue que ya no podía ser el Número Uno. "No podía ser alguien en lo absoluto, no podía ganar, porque el adversario era la muerte; así que mi vida, pensé, había terminado en aquel instante".

---

1. El brazo lastimado pudo haberse debido a practicar demasiado; ver su propia descripción en la página 32. Lois dijo: "Vi el juego y, aunque todavía no conocía a Bill, no obstante sentí pena por el lanzador, que evidentemente estaba desconcertado por algo".

2. Las primeras fotografías de Bill muestran que lo que menos tenía era una cara poco atractiva y su torpeza claramente quedó bajo control, si uno va a juzgar por sus marcas atléticas.

Capítulo Dos

"No sé cómo pude llegar al fin del verano siguiente", dijo Bill refiriéndose al período posterior a la muerte de Bertha. "Me consumía en una completa apatía, entrando con frecuencia en la angustia, en la reflexión compulsiva, todo respecto a la muerte de la hija del ministro".

No obstante, el verano de 1913 fue más activo de lo que le sugiere su memoria. Recuperó el tiempo en su clase de alemán, conoció a Lois Wilson, aunque el cortejarla no empezaría hasta el verano siguiente, y fue con su abuelo a Gettysburg, Pennsylvania, para el 50o. aniversario de la batalla de la Guerra Civil.

La reunión de Gettysburg fue un evento espectacular, dirigido con meticuloso cuidado y eficiencia por el Estado de Pennsylvania, con la cooperación del Departamento de Guerra. Es probable que Bill y Fayette se quedaron en el Great Camp, una ciudad compuesta por tiendas de campaña, que el Departamento de Guerra erigió en terrenos rentados a los campesinos cerca del campo de batalla, para albergar a miles de antiguos veteranos de la Unión y Confederados que se volcaron en el acontecimiento. Bill recorrió con Fayette el campo de batalla y éste le mostró en dónde los vermontianos habían flanqueado a la carga de Pickett y así habían ayudado a definir el resultado de la batalla. Los cálidos días de Gettysburg estuvieron llenos de discursos y exhibiciones, siendo el momento culminante la alocución del presidente Woodrow Wilson, el viernes 4 de julio.

Conocer a Lois fue punto destacado de ese verano. La hija mayor de un respetado médico de Nueva York que, con su familia, tomó sus vacaciones de verano a pocos kilómetros de la casa de Bill, en el Lago Esmeralda, en North Dorset. No sólo era atractiva, inteligente y encantadora, sino que para Bill era un miembro de una clase social diferente. "Representaba áreas por las que yo siempre había sentido una gran inferioridad. Su gente era de excelente familia de Brooklyn, lo que los vermontianos llamaban 'tipos de la ciudad'. Tenía modales sociales que yo desconocía por completo; a mi alrededor, la gente todavía comía con los cuchillos, la puerta trasera todavía era un excusado; así que ella me animó y el interés que me mostró hizo mucho para reanimarme".

Como Lois recuerda su primer encuentro. su hermano Rogers le había estado hablando con entusiasmo de su amigo Bill encontró a éste alto y delgaducho, pero casi nada más; después de todo, sólo era un muchacho de 18 años y ella era una dama joven cuatro años mayor que él.

Bill y Lois compartieron ratos amistosos ese verano, por lo general, en un grupo que incluía al hermano y hermana de ella; en el otoño, regresó a Brooklyn con su familia. La primavera siguiente, en 1914, los Burnham regresaron al lago y ese verano cambió la relación entre Bill y Lois. Tuvieron lo que ella recordó como "vacaciones inolvidables, días de campo, paseos a pie y también en coche todo el día. Mucho antes de que terminara la temporada", dijo Lois, pensó que Bill era "el hombre más interesante, diestro y excelente que conocía". Había olvidado todo sobre la diferencia de edades.

El romance llegó providencialmente, porque el verano de 1914 fue difícil para Bill. Ella escuchaba con comprensión, cuando él decía que era bueno para nada, que no podría regresar a la escuela, que no podría soportar dejarla.

El dio a Lois el crédito por ayudarlo a salir de su depresión. "Me levantó sacándome de este desaliento y nos sentimos profundamente enamorados, y me curé temporalmente, porque ahora amaba, era amado y otra vez había esperanza.

A nivel inconsciente, no tenía duda de que ella ya se había convertido en mi madre y no había duda que era un componente muy fuerte de su interés en mí". Cualesquiera que hayan sido las necesidades individuales que encendieron la chispa de su primer cortejo, Bill y Lois se volcaron juntos. Bill refirió: "Creo que Lois me acompañó y me tomó tan tiernamente como una madre lo hace con su niño".

Lois fue la mayor de seis hermanos; dijo que su infancia fue tan feliz que le repugnaba crecer. "Mamá y papá se amaban entre sí de verdad y mostraban su afecto abiertamente uno al otro y a nosotros, sus hijos", escribió. "Nos enseñaron a jamás tener miedo de hablar de nuestro amor, a no ir a la cama si estamos enojados con alguien, a siempre hacer la paz en nuestros corazones antes de cerrar los ojos por la noche y nunca avergonzarnos de decir, 'Lo siento, me equivoqué' ".

En la época en que conoció a Bill, Lois ya había terminado la escuela en el Instituto Collegial Packer de Brooklyn y dos semestres de dibujo en la New York School de Bellas Artes y su Aplicación. Aunque todavía vivía en casa, estaba trabajando en el departamento de empleos de la Y.W.C.A.

Entre tanto, la educación de Bill posterior a la secundaria había seguido una trayectoria desigual. En el año escolar 1913-14, fue a vivir con su madre y su hermana Dorothy a Arlington, Massachusetts, un suburbio de Boston. "Me inscribieron en la Arlington High School y ahí escasamente aprobé algunas materias", dijo Bill. "La idea de esto era prepararme para los exámenes con el fin de entrar al Instituto Tecnológico de Massachusetts (M.I.T.) A causa de mi interés por la ciencia, se suponía que sería ingeniero. Me presenté a los exámenes y difícilmente pude pasar uno de ellos".

Se inscribió en la Universidad de Norwich, cuyos requisitos de ingreso eran mucho más fáciles que los del M.I.T. Llamada "La Colina", Norwich, en Horthfield, Vermont, es un colegio militar con disciplina tan estricta como la de West Point. A mediados de 1914, Europa estaba al borde de la guerra y en ese momento había una leve posibilidad de que los Estados Unidos pudieran ser llevados a ella.

En agosto, justo antes de empezar el primer año en Norwich, Bill visitó a su padre. Fue la primera vez que veía a Gilman desde el divorcio, ocho años antes.

Bill hizo el largo viaje a Columbia Británica en un tren transcontinental, que abordó en Montreal. En sus cartas a casa, escritas a su abuela Wilson, describe el viaje al oeste con sorprendente detalle.

"Me desperté con un zumbido en los oídos y sintiendo un alboroso peculiar; ésta era mi primera visita a las Rocallosas. Las montañas se elevan a pico y están revestidas cerca de las bases con arbustos de hoja perenne a excepción de donde están desgarrados los grandes deslizadores formándose senderos. Las montañas están compuestas por muchas pizarras de colores, que descansan en los estratos de que algunas veces son inclinados, y otras, horizontales. Todo es abrupto y angulado, mostrando las marcas de cambios súbitos y violentos, en gran contraste con las curvas suaves y apacibles de nuestras montañas.

Por las laderas, se precipitan veloces torrentes, que se alimentan de las nieves perpetuas que están arriba de la línea de bosques; cada uno de los altos valles arriba de la línea de nieve, tiene su glaciar y el hielo es de un hermoso azul profundo, aquí y allá cubierto con parchones blancos de nieve recién caída. El cielo no tiene nubes y casi iguala el color del hielo. Atravesamos muchos kilómetros, de semejante escenario. En un lado de la vía los picos se elevan como un muro, tan derechos y abruptos que parece que sus nieves se precipitarán sobre el tren; para evitar cualquier posibilidad de que ésto suceda, se han construido kilómetros y más kilómetros de vertederos de nieve. En el otro lado, uno mira hacia abajo a la garganta del río que a veces es lo suficientemente profunda como para que se le llame un cañón; siempre está ahí el río, profundo, estrecho, fluyendo velozmente con numerosas caídas de agua y espléndidos rápidos, siempre rompiendo en sus

Tres generaciones de las familias Wilson y Griffith posan para este retrato familiar.

bancos y minando grandes rocas y cedros que, al caer, son arrastrados como palillos de dientes en el oscuro torrente".

Mostrando ya su poder de observación, que tanto le serviría posteriormente en Wall Street, a Bill le llamaron la atención en Alberta los descubrimientos de campos petroleros y los desarrollos de gas natural. Notó que en Medicine Hat, Alberta, las luces de la calle funcionaban con gas natural que nunca se apagaba, ya que fluía con tanta fuerza como el día en que se empezó a utilizar, 22 años antes.

Bill escribió sus cartas en el papel de la oficina de su padre desde Marblehead, Columbia Británica, pequeña comunidad situada en lo alto de las Montañas Rocallosas canadienses. En el membrete estaba G. B. Wilson como administrador de las Canteras de Marblehead de Canadian Marble Works Ltd., propietarios de canteras y fabricantes de los mármoles Kootenay. Las oficinas principales estaban en Nelson, Columbia Británica.

A pesar de la descripción detallada de Bill de lo que lo rodeaba, en sus cartas nada dijo de la reunión con su padre; aparentemente se llevaron bien, aunque Gilman parece haber hecho poco esfuerzo para estar en contacto con su hijo.

Un mes después, Bill entraba como novato en Norwich, que en ese tiempo tuvo una inscripción total de 145 alumnos. Bill se sintió abatido ahí durante el primer semestre: "Una vez más, sentí que no era nadie; incluso no podía empezar a competir en atletismo, en música, ni siquiera en popularidad con la gente que me rodeaba. Recuerdo con agudeza cuando hubo el ímpetu por las fraternidades y yo no tuve una sola oferta. Intenté el beisbol y football y no fui lo suficientemente bueno para el primer equipo. Recuerdo que había un individuo que tocaba el violín mucho mejor que yo, al grado que no pude obtener una oportunidad en la orquesta de baile. Recuerdo cómo arreglé un viejo violoncello que tenía y así, con eso, logré apenas una parte en el orfeón; pero yo era de segunda categoría. Manejaba bien algunos de mis estudios, en otros empecé a fallar".

Con todo, una carta que escribió a su madre poco después de que llegó, pinta una imagen totalmente diferente: "Aquí hay cuatro fraternidades, he cenado con todas varias veces y he tenido 'ofertas' para unirme a tres de ellas lo cual es todo un honor para un novato; no obstante supongo que, si uno se va a unir a una fraternidad, podría ser bueno esperar un año para observar a los que pertenecen al grupo". Pocos meses después tocó una vez más el asunto de la fraternidad: "Parece que no puedo evitar ser popular. Volví a recibir invitaciones de todas las fraternidades, pero pienso que posponerlo es una buena política, ya que a pesar de todo lo que se puede hacer para prevenirlo, las fraternidades pueden ejercer influencias en el asunto militar, y manteniéndose fuera de ellas creo que uno puede atenerse más a sus propios méritos. Tal como están las cosas ahora, aquí soy popular con los hombres de las fraternidades más fuertes y si me uno a cualquiera, pierdo mi influencia con el resto; así que 'permanezco con la Cámara de los Comunes'".

Durante ese primer semestre, Bill recibió 94 en química, 86 en francés, 75 en dibujo, 68 en inglés, 61 en trigonometría y 53 en álgebra. Tuvo una nota destacada de 98 en deberes militares y 100 en conducta; su promedio final de 86 le dio el quinto lugar de la clase y, si no fue el primero, ciertamente le fue bien.

De una carta a su madre, escrita en febrero: "Me alegro de saber que estás contenta cuando menos con una parte de mis notas. La semana que precedió a los exámenes de mediados de año, tuve que guardar cama por gripe y me perdí el repaso general que se efectuó entonces, así que mis exámenes no fueron lo que deberían haber sido. El primer examen fue el de álgebra y me levanté de la cama para presentarlo; tuve todo un día para preparar el resto de ellos, ya que afortunadamente los exámenes fueron cada tercer día; y el sábado tuve un examen de composición y pase con 65%; de haber podido hacer eso en primer lugar hubiera sido el tercero o cuarto de la clase, pero de cualquier manera, no me comparo desfavorablemente con los otros. Tengo confianza de tener el segundo lugar el próximo semestre, porque espero obtener 90 en cuatro materias".

Pero no sucedió así. Una mañana al principio del segundo semestre, se cayó cuando iba a clase y se lastimó el codo; insistió en ir a Boston a que lo tratara su madre, que ahora ya practicaba la osteopatía.

Ningún deseo tenía de regresar a la escuela. "Cómo rechazaba encarar esa disciplina, así como la idea de no ser bueno y de segunda categoría. De regreso a Northfield desde Boston, al subirme al tren, empecé a tener una terrible sensación en el plexo solar y sentí que el mundo llegaba a su fin". Con el aliento entrecortado, teniendo palpitaciones en el corazón, "me volví loco de pánico al pensar que tuviera problemas del corazón y fuera a morir. De vuelta a la escuela, tan pronto como intenté hacer algunos ejercicios sencillos, se inició esta horrible palpitación y me hundí".

A continuación de algunos de estos ataques, Bill era llevado a la enfermería de la escuela, pero nunca encontraron alguna causa física de sus males. "Esto sucedió una y otra vez hasta que, al cabo de un par de semanas, me mandaron con mi abuelo a East Dorset, que era exactamente donde quería ir". Fue abrumado por la inercia, incapaz de hacer algo. "Solía entrar en ataques de palpitaciones y gritaba para ver al doctor", dijo. El doctor le dio un bromuro e intentó persuadirlo de que nada malo tenía en el corazón.

Bill permaneció esa primavera y el verano con sus ancianos abuelos, y gradualmente se recuperó lo suficiente como para considerar el regreso a Norwich, el otoño siguiente. En abril, una carta a su madre muestra lo preocupado que estaba con sus problemas de salud:

"Hasta que el Dr. Grinell hizo su segunda visita, me sentí angustiado. Algunos días no comía nada y los más unas rebanadas de pan poco tostado, con el estómago terriblemente ácido, consecuencia de ardor y la palpitación del corazón; la duración de este curso me asusta a morir y me vuelve loco pensar que estoy angustiado, pero sigo exactamente igual.

El Dr. Grinell llegó alrededor de las seis p.m. y me sentía muy mal; me aplicó el estetoscopio e inmediatamente dijo que tenía la mejor acción de la válvula que había visto hacía mucho tiempo; quiso que yo escuchara y lo hice. Sonaba igual que la última vez y súbitamente registré alivio; dijo que el intestino delgado estaba más bien inactivo, causando agruras y gases. Me recetó una medicina suave para tomar después de comer. No parece creer que mi estómago estuviera mal, y mis abuelos sí lo creían; por eso, acosaron al doctor hasta que dijo:'No creo que la dieta sirva para nada en este caso'. Comprendió que lo que había dicho estaba mal, así que rectificó: 'Por supuesto, no debe comer mucho'; como ves, una afirmación muy contundente".

Los problemas del "corazón" de Bill fueron claramente temporales, ya que pronto se recuperó y no tuvo dificultad alguna para pasar el examen físico del Ejército en 1917, ni para cumplir sus deberes militares.

Otra carta, escrita también esa primavera, indica que Bill se estaba sintiendo mejor y tenía su mente puesta en otras cosas. Quería un automóvil:

"Con cierto interés miré el catálogo que me mandaste y lo tiré a un lado. Abuelo lo recogió y empezó a mirarlo, al poco tiempo comenzó a hablar del coche e hizo notar que debe ser difícil aprender a manejarlos, puesto que Jim Beebe no aprendía a hacerlo. Repentinamente, abuelo mostró una 'rabia entusiasta', dijo que no era tan difícil y que él podía aprender en un plazo breve.

"Durante un par de días más, nada volví a oir acerca de autos. Una mañana, vino del jardín y expresó: 'Mejor lo mandamos y obtenemos uno de esos, ¿no crees? Quizá podamos conseguir la agencia y supongo que *yo* podría vender esas cosas. Todavía no he visto algo que no pueda vender'.

Naturalmente, me interesé. Mediante Will Griffith, a quien habían ofrecido la agencia, conseguimos las condiciones para ser agentes, abuelo me llevó a Manchester y habló del coche. Fui y, con tu consentimiento, prácticamente he dispuesto de uno de los Bamford. Riesgo financiero no hay ninguno, según creo y ésta también es la opinión de abuelo, ya que la venta de un coche excluye el elemento riesgo y, de cualquier manera, abuelo tiene dentro de sí noción de lo que quiere. Suponemos que la utilidad por coche será de 85 dólares.

Paso ahora a mi condición actual. Me alegra decir que han desaparecido en su totalidad los períodos de depresión y los mareos, y sólo tengo palpitaciones con un ejercicio extenuante; todavía estoy nervioso, pero estoy convencido de que eso desaparecerá tan pronto como me convenza de que nada aqueja a mi corazón. No tengo síntomas estomacales, soy capaz de comer cualquier cosa, ya soy yo mismo en cuanto a peso y fortaleza. No cabe duda de que una diversión de la mente efectuará ahora una curación.

No conozco ningún asunto del que pueda platicar con tanto conocimiento o entusiasmo como el de los automóviles.

Considero los riesgos corporales, pero hay oportunidades que se deben aprovechar. Los accidentes suceden a diario, aunque diría que los riesgos que se encuentran en los autos son considerablemente menores a los que ha corrido abuelo al domar caballos enteros, o al que tienen esos trabajadores del túnel de que una escama les caiga en la cabeza, o del que tuviste cuando niña al correr sobre la orilla de un barranco o en las vigas estrechas del techo del granero, o del que corro todos los días en la escuela con los caballos enteros. También considero el número de accidentes de autos: H. Ford produce diariamente 1800; si esto se añade [a una] tensión nerviosa a que debo sujetarme al manejar, quizá tú seas quien mejor pueda juzgarlo; ciertamente no es mayor a la de guiar un caballo o a la de saltar un obstáculo de tres cuartos de metro; realmente no demanda tantas facultades de concentración como la práctica del violín y, con certeza, es una ocupación más saludable. Te he oído decir que no existe un ejercicio más emocionante y, no obstante, más moderado que el automovilismo.

Ahora, en cuanto al peligro que habría que enfrentar, quizá en este momento no esté capacitado para manejar un coche ya que estoy demasiado nervioso, pero no voy a estar así todo el verano. Al paso al que voy mejorando actualmente, me recuperaré en otro mes.

Normalmente, sabes que soy casi tan excitable como una tortuga empantanada. Me aflige pensar que no tengas en mí la suficiente confianza en mi juicio para permitirme hacer lo que a Jamie Beebe, Clifford Copping, Francis Money, David Cochran, Lyman Burnham les han permitido hacer sus padres, al no abrigar graves temores respecto a su seguridad.

Rogers [Burnham] ha manejado desde que tenía 14 años. Debo aborrecer pensar que mi juicio en la actualidad no sea igual al suyo en esa época.

Una vez más, los autos han llegado definitivamente y pronto serán tan comunes como los caballos.

Tú te consideras capaz para manejar un coche con seguridad, incluso te gustaría haber montado en motocicleta. Seguramente podrías hacer ambas cosas, pero yo debo temer que tú montes en motocicleta tal como tú temes que yo maneje un auto. El amor de Will".

En una posterior carta a su madre no se refiere a la enfermedad ni a los doctores. Había sido contratado para tocar el violín en diez bailes, por lo cual iba a recibir cinco dólares por baile. Había aumentado claramente su confianza para tocar, como lo dijo a su madre; "Sí, creo que ahora lo pueda llevar a cabo en la escuela. Lo he tocado lo suficiente por dinero, de manera que ahora ha perdido su fascinación y en realidad esto parece funcionar. He mejorado mucho desde que estuviste aquí".

Durante el verano de 1915, Bill trabajó vendiendo lámparas de querosene, de puerta en puerta, en las villas cercanas y Lois había abierto un pequeño merendero de té, en la parte más al norte del Lago Esmeralda. Bill encontró un buen número de razones para ir al merendero de té durante el día. "El no vendía muchos quemadores ni yo mucho té, pero tuvimos entrevistas maravillosas", dijo Lois. "Con frecuencia le invitaba fresas silvestres u hongos fritos, recogidos en la colina, en pan tostado".

A finales del verano, su noviazgo se volvió serio. Pero Bill tenía un competidor: varios años antes, Lois había conocido a un joven canadiense llamado Norman Schneider, en la convención de jóvenes de la iglesia. La familia de Norman era propietaria de una empacadora de carne en Kitchener, Ontario. Lois y Norman habían hecho citas; era buena persona, bien parecido e inteligente y ella había disfrutado mucho estar con él. Ahora, había llegado al lago en visita de una semana y justo antes de salir de regreso a Canadá, pidió a Lois que se casara con él.

Lois, que había anhelado estar con Bill cada uno de los minutos que estuvo con Norman, tenía su respuesta. "Justo cuando Norman se subió en el tren para Montreal, Bill apareció", escribió. "Caminamos juntos de regreso al lago, pero de alguna manera parecía que nuestros dedos se rozaban con frecuencia".

Esa misma noche, hablaron el uno al otro de su amor y quedaron comprometidos. (Cuando muchos años después se preguntó a Lois si se había arrepentido alguna vez, respondió: "Nunca, nunca, nunca, nunca, nunca me sucedió, nunca soñé en alguien más que no fuera Bill Wilson").

Al principio, Bill y Lois conservaron su compromiso en secreto, de todos menos de Mark Whalon, en quien Bill confiaba. Mark era una "especie de tío o padre" para Bill; habían trabajado juntos durante los veranos y habían ayudado a tender las primeras líneas telefónicas de East Dorset. También cazaban y pescaban juntos, y compartían el interés en la historia de Vermont. Posteriormente, beberían juntos, aunque la bebida de Mark nunca llegó al alcoholismo.

Durante el otoño de 1915, Bill hizo un esfuerzo para compensar los anteriores fracasos en la escuela. El curso que eligió para estudiar fue ingeniería eléctrica, debido a su interés en la ciencia; por fin había regresado algo del viejo impulso y empezó a volverse popular en el campus. Algunos de sus condiscípulos se encontraron involucrados en un incidente confuso y, debido a que nadie quizo dar nombres, toda la clase fue reprobada por el resto del curso. Sucedió que el escándalo confuso y el ser reprobados, coincidieron con problemas en la frontera mexicana. (Al año siguiente, enviaron a México las tropas estadounidenses del General Pershing en vano intento de capturar a Pancho Villa). Debido a que los cadetes de Norwich formaban parte de la Guardia Nacional de Vermont, los movilizaron, aunque nunca fueron destacados a la frontera. La movilización fue afortunada para Bill, ya que significó que estaba reintegrado a Norwich.

Continuó siendo impulsado por la necesidad de sobresalir, de hacer algo único. Creyó que encontraba esa oportunidad en el curso de cálculo.

"Estaba fallando lamentablemente en cálculo", recordó Bill. En álgebra tenía dificultad para memorizar las fórmulas y ahora en cálculo tenía problemas similares. "Me dí cuenta que iba a tener un absoluto fracaso en cálculo; en realidad, el profesor prometió que me pondría un cero".

Bill descubrió que su profesor tenía ciertas limitaciones en su propia comprensión del tema. "Era un catálogo de fórmulas y podía aplicarlas, pero era un engaño, porque a fondo no sabía cómo funcionaba la cosa", dijo Bill, "y me decidí a aprender".

En la biblioteca, estudió la historia de las matemáticas y la evolución del cálculo; finalmente, captó el concepto lo suficiente como para discutirlo, ya que había desarrollado considerables conocimientos para argumentarlo.

"Exhibí al profesor y me burlé de él ante su clase", contó Bill, "Me puso el cero, pero había ganado una batalla. Era el único en toda la escuela —otra vez el hombre Número Uno— el único que comprendía a profundidad los principios fundamentales del cálculo".

El incidente nada lo ayudó académicamente, pero lo hizo sentirse el centro de atracción; fue otra representación del proyecto del búmerang. Su impulso por el prestigio lo estaba volviendo a valorar, haciendo de él una especie de héroe ante sus condiscípulos, pero un vulgar presuntuoso a los ojos de su profesor de cálculo.

Bill fue un joven dotado de una manera poco común, aunque con frecuencia era supercrítico de sí mismo. Poseía un talento natural para ser líder, lo que se le reconoció finalmente en el programa militar en Norwich.

"En las tropas me habían designado cabo o sargento", dijo Bill, "y luego se descubrió que tenía talento para instruir a la gente. Es bastante curioso que aunque yo fuera torpe, tenía talento para adiestrar a la gente. Poseía una voz y un modo que obligaba a una obediencia voluntaria, de tal manera que llamó la atención del comandante". Su virtud para ser líder, le serviría mucho en su deber activo en el Ejército y supuso que de igual modo le serviría cuando, después de dejar el servicio militar, se encontrara "a la cabeza de grandes empresas", las que "manejaría con extrema seguridad".

Bill tenía sentimientos mezclados acerca del servicio militar: había honores, gloria y deberes, pero también peligro y muerte. Cuando creció en East Dorset, Bill había pasado horas incontables tirando al blanco con el viejo Bill Landon, veterano de la Guerra Civil y un "gran tipo", que vivía a la siguiente puerta. El abuelo Griffith nunca hablaba acerca de la Guerra Civil, pero el viejo Bill Landon "me contaba cuentos por docenas; en el personal de Sheridan había sido sargento y solía decirme cómo, en una carga, un proyectil había alcanzado la culata de su mosquete, la había atravesado y le había dado en el cráneo justo arriba del ojo; cómo se lo había arrancado de un tirón y continuado su carga. Y para

probar todo esto el viejo Bill tenía un ojo caído, una cicatriz y una vista mala''.

Landon, al volver a vivir las glorias de la Guerra Civil también se expresaba con gran desprecio de aquellos que se las habían arreglado para evitar el servicio activo. "Una de las peores formas de oprobio que se podía echar sobre alguien cuando yo era niño consistía en llamarlo holgazán", recordó Bill. "Aquellos que no fueron a la Guerra Civil, evadieron el servicio o consiguieron algún trabajo fácil, lograron un estigma que llevaron consigo toda su vida". El viejo Bill Landon le había hablado a Bill acerca de un ciudadano rico y respetable de East Dorset que llevó este estigma.

*Bill, divirtiéndose con Mark Whalon en un día de campo (al centro en
primer término), en una pose que muchos recuerdan como característica.*

"Estuvo enfermo todo el tiempo de la Guerra Civil y solía ir a la
villa con paso vacilante y con gran chal sobre los hombros, muy
encorvado, con una botella de sales de olor, y durante todo ese
tiempo nadie le habló", afirmó Landon.

Pero en el cementerio, al sur de East Dorset está la tumba de
Waldo Barrows, tío abuelo de Bill, que murió en la Batalla del
Yermo en 1864; y en el campo de la batalla de Gettysburg, que Bill
había visitado con su abuelo, también había un cementerio. "Un

día me llegaba el gran fervor del patriotismo, y al siguiente estaba acobardado y asustado a morir, y creo que lo que más me asustaba era que podría no llegar a vivir mi vida con Lois, de quien estaba enamorado".

Sin embargo, la tradición del servicio militar estaba profundamente arraigada en Bill y, cuando los Estados Unidos entraron en 1917 a la Primera Guerra Mundial, fue requerido por la milicia y nunca se graduó en Norwich.

Cuando se le llamó, escogió servir en la Artillería Costera y más tarde esa decisión le causó sentimiento de culpa, debido a que era considerada una de las ramas del servicio militar con menos riesgo.

De Norwich, mandaron a Bill al campo de entrenamiento para nuevos oficiales en Plattsburg, Nueva York. Aquí, descubrió que el entrenamiento militar de los cadetes de Norwich le había dado una capacitación mejor que la de los demás que estaban en el campo y se movió con rapidez a través del entrenamiento. Su aptitud para el liderato le trajo posteriormente un reconocimiento y, después de una capacitación adicional en Fort Monroe, Virginia, se le comisionó como teniente segundo. Fue una experiencia fuerte para un muchacho de 21 años, que poco tiempo antes había estado en la más profunda depresión. Luego, se le trasladó a Fort Rodman, justo en las afueras de Bedford, Massachusetts, "Aquí estaba toda la tradición del antiguo Ejército: Oficiales regulares maduros y de menor graduación, junto a hombres que estaban cumpliendo su servicio militar y voluntarios", recordó. "Cómo disfruté esa atmósfera, animado como estaba por haber sido puesto realmente al mando de soldados, pero a veces todavía se deslizaba en mí ese matiz fastidioso de ir a ultramar".

Lois, acompañada de la abuela de Bill y de su hermana Dorothy, le había visitado en Plattsburg. Ella y Bill llevaban comprometidos cerca de dos años y estaba claro que se casarían. Los padres de Lois aprobaban a Bill de manera tan completa, que le permitían visitarlo.

"Su comprensión y su confianza en Bill y en mí eran algo muy poco común durante esa época convencional", escribió Lois. Ella

Como un joven oficial, Bill esperaba que hubiera honor y gloria, temió el peligro . . . y tomó su primer trago.

tenía 25 años y su comentario ilustra claramente como las jóvenes de su tiempo continuaron respondiendo a lo que sus padres esperaban de ellas, incluso cuando ya no estaban viviendo en casa. En esa época, Lois tenía un puesto de maestra en Short Hills, New Jersey y estaba viviendo con su tía, la que manejaba la escuela en donde ella enseñaba.

Fue en Fort Rodman, New Bedford, en donde la vida de Bill tomó un nuevo curso: aprendió lo relativo al licor.

Hasta ese momento, nunca había tomado un trago. Los Griffith no bebían, y en la familia había un recuerdo de lo que el alcohol había hecho a algunos de los Wilson. Bill, que pensaba que podía ser una de las razones del divorcio de sus padres, tenía miedo al licor. Criticaba específicamente a los estudiantes de Norwich que se iban furtivamente a Montpelier, a beber cerveza y a acompañarse de "mujeres perdidas".

New Bedford era diferente. Bill recordaría después la atmósfera cargada del pueblo durante ese período de guerra: "momentos sublimes con otros de regocijo". También recordaba los círculos sociales que se abrieron a los jóvenes oficiales como él. "La gente de sociedad en el pueblo empezó a invitar a su casa a los oficiales jóvenes", recordó. "Una de las grandes fortunas y principales familias de New Bedford era la Grinnell; eran muy ricos y sociales. Recuerdo muy bien a Emmy y Catherine Grinnell; el marido de Emmy había ido a la guerra, Katy había perdido el suyo y las dos solían invitar a su casa a un grupo de nosotros. Esta fue la primera vez en mi vida que vi un mayordomo, y una gran ráfaga de miedo, ineptitud y autoconciencia se extendió sobre mí; al conversar, difícilmente podía decir dos palabras. La hora de la cena fue una prueba terrible".

En casa de los Grinnell se ofreció a Bill un coctel Bronx (por lo general preparado con ginebra, vermut seco y dulce, y jugo de naranja). A pesar de todas las advertencias, a pesar de todo su entrenamiento, a pesar de todos sus miedos acerca de beber, se encontró aceptándolo.

"Bueno, mi autoconciencia era tal, que sencillamente tenía que tomar esa bebida", recordó. "Así que la tomé, y luego otra, y luego ¡el milagro! Esa extraña barrera que había existido entre los hombres, las mujeres y yo pareció caerse instantáneamente. Sentí que pertenecía a donde estaba, que pertenecía a la vida, pertenecía al universo; por fin era una parte de las cosas. Oh, ¡la magia de esas tres o cuatro copas! Me convertí en la vida de la fiesta; realmente podía hablar con libertad, desenvueltamente; podía hablar bien y de pronto me volví muy atractivo para esta gente y caí en toda una serie de citas. Pero creo que incluso esa primera noche, me emborraché por completo, y a la siguiente o a la otra llegué a la inconciencia total. Pero como todo mundo bebía mucho, no pasó nada en particular".

Por lo que contó, Bill bebió en exceso desde el principio; nunca pasó por alguna etapa de moderación ni ningún período de beber socialmente. El sistema de prevención interna de Bill le debe haber dicho que su manera de beber no era común, porque "le ponía el tapón" cuando venía Lois a visitarlo y era invitada a reunirse con los amigos de Bill; pero no la dejó del todo, ya que sin el licor, una vez más se sentía inferior.

Ya era el inicio de 1918, los Estados Unidos estaban por completo en guerra y Bill podía ser embarcado en cualquier momento. El y Lois habían establecido como fecha de su boda el 1o. de febrero. Hubo un rumor de que pronto iban a mandar a Bill a ultramar y decidieron anticipar la fecha de la boda al 24 de enero, cambiando las invitaciones a participaciones. Escogieron seguir adelante con la boda religiosa que habían planeado y todos se dispusieron a ayudar. Se hizo con tal prisa, que el padrino, Rogers, el hermano de Lois, llegó de Camp Devens demasiado tarde para cambiarse las botas de servicio y tuvo que quedarse a un lado del pasillo.

En Brooklyn, para su matrimonio, una vez más Bill estuvo consciente de esos horribles sentimientos familiares de inferioridad, incluso, imaginó que algunos de los familiares y amigos de Lois se estaban preguntando: "¿En dónde conoció Lois a *ése?*" En contradicción, también recordó que se desvivieron por hacerlo sentir cómodo. Por su parte, Lois claramente estaba encantada con su flamante marido y con la "gran bienvenida" que esperaba a la pareja en un departamento amueblado, rentado por Bill para ellos en New Bedford. "Había flores y plantas por todos lados, y la gente llegaba continuamente a felicitarnos", recordó ella. "Bill era muy popular en la guarnición".

Un aspecto de su nueva vida social no había sido conocido por Lois, pero lo descubrió mientras estaban en New Bedford. Bill recordó que, durante ese período, él debe haber pasado a la inconsciencia en una de cada dos fiestas. En una de ellas, una noche Lois recibió un impacto al oír a los compañeros de Bill del Ejército decirle como lo habían llevado arrastrando a su casa y lo habían puesto en la cama. Aún así, no se perturbó mucho al respecto, confiada en que podría persuadirlo de que regresara a su abstinencia anterior. "Vivir conmigo sería una inspiración tal, que estaba segura que ¡no necesitaría el alcohol!"

En sus recuerdos de ese período, Bill se refería con frecuencia a su miedo de ir a la guerra y a la vergüenza que sentía por ese miedo. Incluso, le pareció que estaba defraudando a sus antecesores de Vermont: "Ninguno de esos que llegaron cruzando las montañas con rifles y hachas, hubiera actuado así".

Lo mandaron a esperar órdenes a Fort Adams, cerca de Newport, Rhode Island y, por último, llegó el temido día. Una noche de agosto, pocas horas antes de embarcar para Inglaterra, Lois y él subieron a los hermosos acantilados de Newport, que miran al mar. De pronto, desaparecieron la melancolía y depresión que tenían ambos y fueron reemplazadas por un sentimiento de patriotismo y deber. "El y yo contemplamos el océano, con asombro. En ese momento, el sol se estaba poniendo y hablamos acerca del futuro con alegría y optimismo. Creo que ahí sentí los primeros atisbos de lo que posteriormente iba a entender como una experiencia espiritual . . . Nunca lo olvidaré".

A bordo del barco británico Lancashire, en el Atlántico del Norte, sucedieron a Bill dos cosas importantes. La primera, fue que conoció a un oficial del barco, que compartía el brandy de Bill con él. La segunda fue que, en un breve encuentro con el peligro, para su gran alivio Bill descubrió que después de todo era un hombre valiente. La perspectiva de esta prueba, que tarde o temprano tendría que enfrentar, lo volvía aprehensivo, pesimista, ocasionalmente enfermo y con dudas sobre sí mismo.

Conocer a Lois (aquí con su vestido de boda) sacó a Bill de una depresión profunda y pasó a un amor y una esperanza renovados.

El Lancashire era un transportador de tropas y sus cubiertas estaban cuajadas de literas, durante la noche, de hombres que dormían. Había oficiales apostados en todas las escotillas de cada una de las cubiertas y, una noche Bill estaba de guardia en la cubierta inferior, "prácticamente sobre la quilla", de donde los hombres serían los últimos en ser rescatados en caso de emergencia. El Lancashire no estaba lejos de la costa británica y Bill estaba intentando permanecer despierto; de pronto sonó un gran golpe sordo en el casco del barco. Los hombres se despertaron en ese mismo instante e inmediatamente corrieron, llenos de pánico, hacia la escalera en cuya base estaba apostado Bill.

Sacó la pistola; tenía órdenes de disparar contra cualquiera que intentara subir sin permiso; pero en lugar de utilizar el arma, usó su voz. En pocos minutos se dio cuenta de que era capaz de calmar a los hombres, de volverles a dar confianza y de prevenir el pánico, sin que tuviera que dar ninguna información de lo que realmente había sucedido. A su vez, él se dio tanta confianza como la que dio a ellos, porque el incidente le mostró una prueba de valor, del que había dudado tan seriamente.

No había existido un peligro real. Una carga profunda estadounidense, de las llamadas "ashcan", que estaba destinada a un barco enemigo, había explotado tan cerca del Lancashire, que había hecho un ruido terrible al chocar contra el casco del barco.

El Lancashire llegó a salvo a Inglaterra. Poco después de desembarcar, ahí fue cuando Bill tuvo otra experiencia que le hizo vibrar el alma. Al igual que lo había hecho la experiencia a bordo del barco, le reveló una fuente interior que nunca había llegado a reconocer.

Una epidemia retuvo a Bill y a su regimiento en un campamento cerca de Winchester. Deprimido, solitario y aprehensivo, de lo que se extendía por delante, Bill fue a visitar la Catedral de Winchester. Dentro de la gran catedral, la atmósfera le impresionó tan profundamente, que se vio envuelto por una especie de éxtasis, movido y sacudido por un "tremendo sentido de Presencia". "Desde entonces, he estado en muchas catedrales y nunca he experimentado algo como eso", afirmó, "durante un breve momento, había necesitado y deseado a Dios. Había existido una humilde disposición a tenerlo conmigo . . . y vino". En ese momento Bill supo que todo estaba muy bien, como debía estar.

Atontado y ligeramente aturdido por su experiencia, encontró la manera de salir al patío trasero de la iglesia. Ahí le llamó la atención un nombre familiar grabado en una vieja lápida: Thomas T. muerto a los 26 años. Una letra del apellido era diferente, pero aún así, aquí se podía encontrar uno de los antecesores de Ebby T., el buen amigo de Bill de la escuela. Bill leyó divertido estos versos ramplones que eran el epitafio de Thomas; según su recuerdo iban así:

"Aquí yace un Granadero de Hampshire / A quien sorprendió su muerte/ Bebiendo una pequeña cerveza fría. / Un buen soldado nunca se olvida / Ya sea que lo mate el mosquete / O el tarro".[2]

Poco después, mandaron a Bill a Francia, en donde por fin vio la devastación de la guerra; también ahí, descubrió que el vino francés podía producir los mismos efectos que el licor de New Bedford, o el brandy que había introducido a bordo del barco. En esos últimos meses de 1918 la guerra estaba perdiendo intensidad rápidamente y la unidad de artillería de Bill estaba instalada en un pequeño pueblo de la montaña, lejos del frente. La única vez que él y sus compañeros de artillería estuvieron en un peligro real, fue durante una sesión de práctica de tiro al blanco.

El batallón había colocado sus armas en puestos cavados en un banco y se suponía que tirarían sobre la cumbre de una loma y al campo de más abajo. El banco era un pedazo de lona colocado aproximadamente a quince kilómetros. Se envió a Bill a observar los resultados de la práctica; él y sus hombres se colocaron en sus puestos en una trinchera situada alrededor de 300 metros del blanco, utilizando un periscopio para observar la operación desde esa distancia.

Fue disparada el arma número uno y la bala dio prácticamente en el blanco. Bill se entusiasmó y felicitó al grupo por su destreza; pero cuando se disparó el arma número cuatro, repentinamente se dio cuenta que la tierra se abría a su alrededor y "cayeron sobre todos nosotros toneladas de tierra". Arrastrándose por el polvo, descubrió que el arma había sido apuntada directamente a él y a su equipo, que sólo por un milagro se salvaron.

Todavía estaba Bill en el pueblo de las montañas el día en que se firmó el Armisticio. Lo dejaron en Francia hasta la primavera y

en los momentos en que estaba desarrollando un paladar para el
vino francés, fue embarcado de regreso a casa, para ser separado
del servicio.

"Como todos los veteranos que regresaban, pasé por algunas
dificultades", recordó posteriormente. "A diferencia de la mayor
parte de ellos, yo estaba iniciando el camino hacia un destino que
se encontraba en una dirección que, concebidamente no podía
haber anticipado cuando desembarqué en la costa de New Jersey,
hacia el abrazo con el que me esperaba mi adorable esposa".

---

1. Una explicación de la gran discrepancia de los recuerdos de Bill de esa época, es que, como él mismo
sugiere, estaba luchando para ganar la aprobación de su madre durante este período de 1914-15, y
mintió deliberadamente acerca de las ofertas de las fraternidades, para explicar porqué no pertenecía
a ninguna.

2. El famoso epitafio se lee en realidad: "Aquí duerme en paz un Granadero de Hampshire, / A quien
sorprendió la muerte por beber una pequeña Cerveza fría. / Soldados, sean prudentes de su última caída/
y, cuando estén acalorados, beban fuerte o nada en lo absoluto. / Un Soldado honesto nunca se olvida/,
Ya sea que lo mate el Mosquete o el Tarro".

Capítulo Tres

Cuando Bill fue desmovilizado del Ejército, ya se había probado a sí mismo que era un líder, y los hombres de su batería de artillería le habían dado un regalo como muestra de su aprecio. Tenía una habilidad reconocida para llevarse bien con otros, y también tenía algo de educación superior, así como facilidad para las ciencias y las matemáticas, y muchos impulsos. También tenía una amorosa esposa, que confiaba en que era inminente que subiera a grandes alturas.

Además, tenía una nueva compañía siniestra: el alcohol. Aunque todavía no aparentaba ser un problema, ya se había establecido un patrón de bebida; cuando se emborrachaba, con frecuencia era en exceso y, algunas veces, estaba acompañada de un extraño comportamiento y lagunas mentales (amnesias temporales).

En mayo de 1919, Bill fue un hombre libre. Intensamente ambicioso, lleno de grandes sueños para el futuro, no tenía planes específicos para el presente y, como muchos otros veteranos, encontró que era difícil adaptarse. Para él, no fue fácil aceptar su condición de ser otra vez una persona común, sin el grado y los privilegios de un oficial comisionado. "Por ejemplo, me sorprendió mucho en el metro de Nueva York que los guardias no me saludaran y que los pasajeros me empujaran", expresó.

A causa de que no había terminado la educación superior y de que en realidad no estaba capacitado para algún negocio o profesión, también tuvo dificultad para encontrar un empleo.

El padre de Lois, el Dr. Clark Burnham, con el que todavía estaban viviendo Bill y Lois, era hombre prominente en la comunidad de Brooklyn y ayudó a Bill para que obtuviera trabajo como oficinista en el departamento de seguros del Ferrocarril Central de Nueva York. "En realidad, trabajaba para mi cuñado, Cy Jones, que entonces era el jefe de la oficina.

Fue un descenso tremendo después de haber sido un oficial y fue difícil, demasiado difícil de aceptar el que proviniera de mi cuñado. Trabajé ahí durante algunos meses, resulté ser un administrador y tenedor de libros tan malo que el Central de Nueva York me despedió, y eso me produjo una fuerte rebeldía, afirmando que ya le enseñaría a esa ciudad, a esos amigos de Lois y de hecho, a todo el maldito mundo".

El resentimiento de Bill hacia el ferrocarril fue tan intenso, que realmente lo llevó a dar la espalda a todos los puntos de vista económicos conservadores, que había tenido toda su vida. "En esa época, estaba en voga el plan socialista para apoderarse de los ferrocarriles, y en muy poco tiempo, a pesar de mi educación y origen vermontianos, me volví completamente socialista, una reacción que, espero, fuera contra el Central de Nueva York".

Bill tuvo entonces lo que recordaba como un período de "aplazamiento y derrumbe" en su búsqueda de otro empleo. "Por último, acepté un trabajo en uno de los muelles del Central de Nueva York, colocando clavos en los tablones después de que los carpinteros los aserraban y los dejaban ahí; eso hacía que me levantara temprano para ir desde Brooklyn hasta las inmediaciones de la Calle 72, en donde trabajaba y salía corriendo a los sindicatos de Nueva York.

Bueno, ahora ya no era tan socialista. Ponía muchas objeciones a entrar al sindicato y se me amenazaba por la fuerza para que lo hiciera; prefería dejar el trabajo en vez de ingresar al sindicato. Mientras tanto, la bebida avanzaba lentamente".

Lois persuadió a Bill de que hiciera un viaje a pie con ella por

Maine, en parte para que reflexionara y, en parte, para alejarlo de la bebida. Desde Boston, tomaron un barco a Portland, Maine, y caminaron desde Portland hasta Rutland, Vermont, llevando mochilas y tiendas de campaña del Ejército.

Un pasaje del diario que Lois llevó durante el viaje muestra lo despreocupados que estuvieron y lo felices que fueron:

"Conocimos a un hombre pelirrojo muy humilde, con la cola de la camisa colgando a través de un agujero en la parte trasera del pantalón quien, con toda propiedad, nunca se dignó dirigir su mirada sobre el chocante espectáculo de una mujer con pantalones. Cuando le preguntamos sobre el Río Saco, dijo que estaba a cinco kilómetros sobre el camino, pero que este verano no había ido tan lejos . . .

Salimos bastante temprano, pero nos detuvimos en el primer arroyo que encontramos y tomamos nuestro baño matinal; aunque estábamos casi en el centro de un lugar llamado Ross's Corners, pudimos encontrar un lugar aislado. Nos pasó un auto con un caballo amarrado en la parte de atrás . . .

Pasamos la noche a la orilla del Lago Winnepesaukee; espiamos a una marta cazando entre las piedras y oímos a un pájaro bobo que chillaba en la quietud. En esa noche fría las luces del norte eran maravillosas.

Encontramos a un alegre campesino con un sombrero de percal de ala ancha, que le cantaba a su tronco cuando iba llevando el carro cuesta abajo. Nos explicó que su canto animaba a los caballos para que no dieran tumbos".

Después de regresar a Brooklyn, Lois encontró empleo en la Cruz Roja, como terapeuta ocupacional en el Hospital Naval de Brooklyn. Había tomado un curso de terapia ocupacional, mientras Bill estaba en ultramar. A diferencia de Bill, nunca tuvo problemas para conservar un trabajo.

También Bill encontró empleo como investigador en fraudes y desfalcos en la afianzadora United States Fidelity and Guaranty Company. También había dejado de lado su, en cierta forma, vaga ambición de llegar a ser ingeniero y, en su lugar, se había inscrito en las clases nocturnas de la Escuela de Leyes de Brooklyn.

Ante la insistencia de su abuelo, había abandonado la ingeniería y se había decidido por el estudio de las leyes. Aunque no estaba seguro de querer llegar a ser un abogado, sabía que le sería útil un conocimiento de las leyes, sin importar lo que finalmente decidiera al respecto.

En tanto que Bill estaba completando sus planes para ir a trabajar, había contestado un anuncio ciego del *Times* de Nueva York; para su asombro, recibió en respuesta una invitación del mismo Thomas Edison, en la que se le solicitaba que fuera a los laboratorios de Edison en East Orange, New Jersey, a una prueba de aptitudes para un trabajo. ¡Una oportunidad venida del cielo, Edison era uno de los héroes de Bill! Aunque el inventor era muy anciano y sus mayores logros habían quedado tras de él, todavía estaba activo.

Cuando Bill llegó a las instalaciones de Edison, lo llevaron junto con otros solicitantes al propio laboratorio de éste —un salón grande, sin pretensiones— y se les dio un examen escrito. Ahí estaba el mismo Edison, sentado en un escritorio barato y maltratado, que se encontraba en una esquina.

Fue una prueba difícil que contenía 286 preguntas; Bill recordó que "en una pregunta, querían que supiéramos cuál era el diámetro de la luna; en la siguiente cuáles eran los tonos de un instrumento de cuerda; en la que seguía, en dónde hacen el mayor número de zapatos; en la otra, qué clase de madera utilizan para las duelas de los barriles de aceite, y así se cubría la variedad. La idea evidente era darse cuenta de si eras observador de lo que leías y de las cosas de la vida en general.

Transcurrió la tarde y la gente terminó sus escritos y se los regresaron, y yo no había terminado. Contesté rápidamente todas las preguntas que pude y volví a empezar, ya que muchas era capaz de calcularlas, como la población relativa y otras cosas científicas, así como otras que puedes recordar si las piensas detenidamente. De esta manera contesté una proporción muy grande de las preguntas de una u otra forma y el anciano se acercó a mí y preguntó si encontraba difícil el examen; le dije que sí, que creía que era muy difícil.

En esos momentos pude verlo muy bien. Había sido uno de mis héroes cuando aspiraba a ser ingeniero eléctrico y recuerdo cómo uno de los que habían sido sus alumnos, que era de la nobleza japonesa, había ido a hacerle una visita y cuando un ayudante llegó con una barra de platino, que sería ruinosamente cara si la aplanaban porque así la echarían a perder; el anciano explotó en un torrente de maldiciones: 'Esto va a ser aplanado ¡y tú lo harás! Haz como te digo, ¿entiendes?, mostrándole que era un viejo autoritario".

En unas semanas más, después de que Bill empezó a trabajar en la U.S. Fidelity and Guaranty Company, lo llamó un reportero del Times de Nueva York para entrevistarlo ¡como uno de los ganadores de la prueba de Edison! Poco después, Bill recibió una carta personal de Edison invitándolo a ingresar a los laboratorios como investigador en el departamento de acústica. En la prueba, Bill había demostrado un conocimiento considerable del sonido y los instrumentos de cuerda, lo que evidentemente tenía relación con su interés en la radio y el violín.

Recibir una oferta de Thomas Edison debe haber reforzado tremendamente a Bill, incluso podría haber ayudado a compensarle su vergüenza por fracasar en sus exámenes de admisión al M.I.T. Se sabía muy bien que Edison daba un gran valor a la perseverancia y que atribuía parte considerable de su propio éxito al rechazo a rendirse. A pesar de lo tentadora y halagadora que tuvo que ser la oferta, Bill no la aceptó; en sus recuerdos del incidente, nunca ofreció una razón para su negativa.

Entre tanto, ya había empezado a trabajar para la compañía afianzadora y le estaba interesando, teniendo así su primer vislumbre del Wall Street y del mundo de las finanzas.

Aunque Bill ya no esperaba ser ingeniero, continuó interesándose en la radio con la que una vez había impresionado a sus vecinos de East Dorset. "Ahí, en la calle Amity, construí uno de los primeros aparatos superheterodinos hechos por un aficionado", recordó Bill. "Luego empecé a construir aparatos para vender y de esa manera ganamos un poco de dinero". Su taller estaba en un desván del edificio en el 142 de la Calle Amity, en el que Lois y él tenían ahora su propio departamento. "Superheterodino" era el circuito para seleccionar la frecuencia y amplificar; éste, que ahora es un tipo común de circuito, fue un gran adelanto en aquellos primeros años de la radio. Lois recordó que los aparatos de Bill podían captar estaciones tan lejanas como Dallas, Minneapolis y Los Angeles. (Uno de los aparatos todavía funcionaba perfectamente cuando 20 años después se mudaron a Bedford Hills).

Este no fue el único uso que dio Bill a su ingenio. La prohibición era un nuevo hecho de la vida. La 18a. Enmienda a la Constitución se había convertido en ley, en enero de 1920.

Esta no intimidó a Bill más de lo que disuadió a cualquier otro bebedor serio. El compraba uvas y las presionaba en grandes cazuelas. Recordó con frecuencia que bebía el vino antes de que estuviera medio fermentado.

Mientras tanto, la vida de los Wilson a principios de los veintes, ya estaba problematizada por la forma de beber de Bill, y también fue una época de crecimiento. Bill prosiguió sus estudios de leyes durante más de tres años y llenó los requisitos para que le dieran un diploma; sin embargo, estaba demasiado borracho para pasar el examen final. "Lo hice en el otoño y luego exigí mi diploma y nunca me lo dieron, ya que se suponía que me presentaría en el siguiente acto de entrega de títulos", dijo. "Pero nunca me presenté y mi diploma como graduado en leyes todavía descansa en la Escuela de Leyes de Brooklyn. Nunca regresé por él y tengo que ir antes de morir".[1]

Los Wilson deseaban profundamente hijos durante el verano de 1922, Lois llegó a estar embarazada. Fue el primero de tres embarazos extrauterinos que iba a sufrir. En un embarazo extrauterino, el embrión se desarrolla fuera del útero, en el caso de Lois, en una de las trompas de Falopio.

Después del segundo embarazo desafortunado, Bill y Lois se vieron obligados a enfrentar el hecho de que nunca tendrían hijos propios. Dijo Lois: "Incluso cuando estaba borracho, Bill tomaba esta abrumadora desilusión de buena gana y con bondad hacia mí. Pero su manera de beber había aumentado constantemente y sus combates con el alcohol se habían vuelto cada vez más frecuentes.

Años después, cuando estuvieron mejor económicamente, solicitaron la adopción de un hijo. Aunque esperaron largo tiempo y preguntaron varias veces, en cada ocasión se les decía que no habían encontrado un niño apto para ellos. Bill estuvo seguro siempre de que no les dieron un hijo, por su forma de beber.[2]

Aunque el alcoholismo de Bill afectó los primeros años de su matrimonio, no progresó lo bastante para interferir seriamente con su trabajo. Estaba probando que era un investigador capaz. Algunas de sus investigaciones lo llevaron a Wall Street y a casas corretaje de acciones. Justo estaba empezando el gran auge del mercado de acciones de los veintes y la gente ya estaba haciendo fortunas en el mercado; Bill se encontró sumergido en este nuevo mundo excitante. Además de leyes, Bill estudió los asuntos comerciales y empleó los limitados ahorros de la pareja en un programa de inversión, cuando demostraba que, aunque escaso, era espectacular. "Al vivir con modestia, mi esposa y yo habíamos ahorrado 1,000 dólares", refirió; "examinaba cuidadosamente ciertos valores, que entonces estaban baratos y más bien no eran populares, y acertadamente imaginaba que algún día podían subir mucho".

Bill estaba interesado principalmente en acciones de aparatos eléctricos y de servicios públicos. "Lois y yo teníamos dos acciones de la General Electric, por las que la gente pensaba que habíamos pagado una suma fabulosa, ya que cuando las compramos estaban a 180 dólares la acción", recordó. Había acertado respecto a su potencial de crecimiento. "Al subdividirse, estas mismas acciones llegaron a valer cuatro o cinco mil dólares cada una".

Bill se dio cuenta de que gran cantidad de gente hacía mucho dinero comprando y vendiendo acciones sobre la base de muy poca información, y otros perdían mucho mediante ignorancia similar. Decidió que para una inversión prudente, se necesitaba una información más completa acerca de las fábricas y de las administraciones que representaban las acciones.

Una idea poco común en los veintes tuvo por resultado que Bill se convirtiera en uno de los primeros analistas de valores. Hoy, sería inconcebible comprar acciones de una compañía sin saber algo acerca de su administración, mercados y perspectivas de negocios. Las firmas de agentes de acciones, los bancos y las compañías privadas tienen grandes departamentos para estudiar las compañías e industrias; los investigadores de hoy tienen acceso a las computadoras y a los bancos de almacenamiento de datos. De hecho, Bill fue uno de los primeros en darse cuenta de que los inversionistas debían fijarse en el valor real que está detrás de las acciones; tal como lo consideró: "Tuve la sensata idea yanqui de que es mejor mirar los dientes del caballo antes de comprarlo".

Sus amigos de Wall Street no creyeron gran cosa en su idea y se rehusaron a invertir en un extenso viaje que Bill les había propuesto hacer ahora, para investigar las plantas y su dirección. Sí interesó a Frank Shaw, esposo de la mejor amiga de Lois; éste era un yanqui de Maine, de agudo talento, que había empezado como especulador con algún dinero del capital de su esposa; ya tenía más de un millón de dólares, y como dijo Bill, "bien pudo saber a qué me estaba refiriendo". Aunque se rehusó a respaldar el proyecto, pidió ver cualquier informe que escribiera Bill.

Aunque no tenía ninguna garantía de que Shaw o cualquier otro pudiera darle dinero por sus reportes, Bill estaba tan fascinado con General Electric y algunas otras industrias, que decidió emprender una minuciosa investigación, con o sin respaldo financiero.

Lois y él tenían una motocicleta equipada con sidecar, que habían comprado para sus viajes a la playa; ahora, cargada con una tienda de campaña, mantas, un baúl del ejército lleno de ropa, equipos para cocinar y acampar, un conjunto de *Manuales de Moody* (libros de referencias financieras) y el poco dinero que poseían. En abril de 1925 dejaron sus empleos y su apartamento y salieron para Schenectady, a "investigar" la Compañía General Electric.

Bill describió la reacción de sus amigos ante el proyecto: "Pensaron que se le debía llamar una misión de locos". De hecho, Lois y Bill estaban en lo que "era un asunto de ellos", que en 1925 era algo nunca visto. Les encantaba acampar, existía el atractivo del viaje y estaban haciendo exactamente lo que querían hacer. Lois también tenía una agenda escondida: "Estaba tan preocupada por la manera de beber de Bill que quería alejarlo de Nueva York y sus bares. Me sentía segura de que durante un año al aire libre yo sería capaz de corregirlo".

¿Cómo se sintió Bill en ese tiempo respecto a la bebida? "No podía darle importancia, excepto de vez en cuando al suceder un episodio humillante", recordó.

Al ir en camino el matrimonio Wilson, difícilmente tenían el aspecto de gente que estaba embarcada en una empresa de negocios. Su pequeño vehículo explotaba en cada grieta con los libros, la radio, la estufa de gasolina, un colchón, el baúl de ropa, y en el sidecar, colocado arriba de todo eso, iba colgado Bill, prendido a las cuerdas que lo sujetaban. Lois iba manejando.

Su primera parada fue en East Dorset, en donde se quedaron en el chalet de los Burnham en el Lago Esmeralda. El abuelo de Bill, Fayette Griffith, había muerto el año anterior y, en 1921, murió su abuela Ella; además, Bill tenía muchas tareas por hacer en relación al establecimiento de un plan de trabajo.

Ahí se dieron cuenta de que su empresa ocuparía más tiempo de lo que habían pensado y su escasa provisión de dinero iba disminuyendo. Cuando llegaron a Schenectady sólo tenían unos cuantos dólares.

La situación de estar casi sin un centavo, no impidió que Bill se pusiera su único traje de buen aspecto y se encaminara a las oficinas principales de General Electric, en donde anunció que era un accionista y quería cierta información acerca de la compañía. "En realidad no sabían qué hacer conmigo, de eso me pude dar cuenta", recordó: "conté esa ingenua historia de que era un pequeño accionista, y no sabían si hablar poco o mucho; justo ahí, para mí empezó a ser evidente que tenía una aptitud especial para extraer información, porque de ella obtuve un par de cosas que tenían algún valor; pero no pude conseguir trabajo ahí". Había pensado que un empleo le posibilitaría hacer una investigación más completa.

Bill y Lois estaban desesperados por obtener un empleo. Después de tres días de búsqueda, contestaron el anuncio de una pareja de campesinos que necesitaban ayuda para la cosecha. Cuando llegaron a la granja de los Goldfoot en Scotia, Nueva York, en medio de una tormenta, se dieron cuenta de que los Goldfoot distaban mucho de ser la imagen de la prosperidad. Por su parte la pareja de campesinos, miró de arriba a abajo a los Wilson y se mostró reacia a contratarlos. "Pero insistí que sabía ordeñar y conocía las tareas del campo, mientras Lois declaraba que podía cocinar, lo cual era una maldita mentira", recordó Bill; "tenía un libro de cocina, pero creyó que podía cocinar para una granja. Así que empezamos a levantarnos a las cuatro de la mañana y Lois, basándose en el libro de cocina, empezó a hacerse cargo de ella, lo que dejaba a los viejos y a mí afuera, en el campo".

Al principio, el trabajo agotador casi mató a Bill, pero cerca de diez días después, estuvo en condición e incluso fue capaz de ocupar algunas horas en estudiar sus *Manuales de Moody*, después de haber terminado la jornada de trabajo.

Ahora, les sucedió algo de una suerte increíble: ¡descubrieron que la granja de los Goldfoot lindaba con los laboratorios de investigación de radio de la General Electric: "Así que adquirí el hábito de ir por las noches a los alrededores del laboratorio para hacer amistad con los muchachos", dijo Bill, "y muy pronto estaba dentro del lugar, y vaya con lo que supe de la radio, ya que podía ver muchas cosas. Obtuve un avance de toda la industria de la radio con cinco y diez años de anticipación, vi el inicio de las películas sonoras; vi las radios superheterodinas y las consolas, la reproducción magnética y del tono, y la comunicación telefónica por onda corta". Empezó a enviar informes que impresionaron a sus amigos de Wall Street. "Sólo fue una abertura y caí justo en ella", recordó.

Bill ayudó a producir sus propias "aberturas". Tenía habilidad para ver y escuchar, para reunir ideas, posibilidades, teorías y hechos de toda fuente disponible. Podía digerir y sintetizar esa información y luego presentarla en una forma lógica y sintética que casi cualquiera podía entender. "Este viaje me dio el tiempo y el material para satisfacer lo que para mí es el mayor pasatiempo del mundo: la construcción de teorías. Nada parece darme tanto placer cómo desarrollar una teoría a partir de un conjunto de hechos, y después comprobar que está justificada". Si unos cuantos hechos señalaban la existencia de un principio o una ley, Bill los pondría a prueba para ver si funcionaban en otros casos y, así, tenían una aplicación general. Siempre estaba consolidando lo que trabajaba, mientras que dejaba a un lado las teorías que no probaban ser ciertas o que presentaban peligros conocidos.

Se había dado cuenta de que los campesinos y otra gente de la región utilizaban mucho cemento y de que una cantidad considerable iba a dar a las carreteras de concreto. En los *Manuales de Moody* encontró varias empresas de cemento que le parecieron

La motocicleta le dio a la joven pareja la libertad para viajar, pero la "fuga geográfica" de Lois no funcionó.

tener el mérito suficiente para investigarlas más de cerca. Una que le llamó la atención fue la Giant Portland Cement de Egipto, Pennsylvania, cerca de Allentown. Los Wilson decidieron que Egipto sería su siguiente escala.

Recibieron sus 75 dólares por el trabajo del mes con los Goldfoot y se marcharon. Habían trabajado tan bien en el campo que, de hecho, los Goldfoot, que se habían mostrado tan escépticos cuando llegaron los Wilson, les escribieron al año siguiente para pedirles que regresaran, ¡con un aumento!

Bill y Lois colocaron su tienda de campaña en un terreno cerca de Egipto durante una tormenta de viento y lluvia que duró cuatro días. Cuando llegó un vecino con una botella, Bill empezó a beber y cuando aquél se despidió, Bill fue al pueblo a comprar otra. En realidad ésta fue una de las pocas borracheras durante todo el viaje que se prolongó varios días y, así, en cierta forma, su año fuera de Nueva York tuvo el efecto que había esperado Lois; eso ayudó a retardar la progresión del alcoholismo de Bill.

En otro episodio, cuando Bill se había abastecido del licor suficiente para el fin de semana, también Lois decidió emborracharse, para "poner ante él un espejo y mostrarle lo tonta que se ve una persona cuando está borracha". Por supuesto, su plan fracasó ya que Bill, borracho como una cuba, pensó que era una diversión maravillosa y continuamente la animaba a beber más. A la mañana siguiente, mientras ella sufría los efectos de la cruda, Bill, sentado tranquilamente, curaba su leve malestar dando sorbitos del mismo licor.

Bill se las arregló para introducirse en la fábrica Giant, en la cual descubrió algunos hechos importantes: "Me di cuenta de la cantidad de carbón que consumían para hacer un tonel de cemento", dijo; "leí el contador de consumo de fuerza y vi en qué proporción se gastaba; observé la cantidad del producto que embarcaban, tomé los estados financieros, y esta información, junto con el descubrimiento de que acababan de instalar un equipo más eficiente, significaba un mundo de ahorro en los costos de producción. Supuse que estaban fabricando cemento a menos de un dólar el tonel, lo cual estaba muy por abajo de la línea de costos, y la acción se cotizaba todavía en el mercado de Filadelfia a cifras muy bajas, aproximadamente a menos de 15 dólares cada una".

Frank Shaw se impresionó y, basado en los informes de Bill, su firma compró 5,000 acciones de Giant Portland Cement y 100 para Bill. El precio real de compra fue de 20 dólares, que rápidamente subió a 24, dando a Bill una utilidad de 500 dólares y convenciendo a los socios principales de la firma de Shaw, la J. K. Rice Company, de que Bill sabía lo que estaba haciendo. Bill recibió ahora la señal de seguir adelante para ver otras compañías e industrias y le autorizaron a retirar dinero contra la subida de precio de sus acciones de Giant, que finalmente llegaron a valer 75 dólares cada una.

En su motocicleta, Bill y Lois se encaminaron hacia el sur. En Washington, D. C., disfrutaron por fin del raro lujo de un cuarto de hotel. Ella llamó a Peggy Beckwith, la bisnieta del Presidente Lincoln, que veraneaba en la propiedad de su familia, en Manchester. Las dos jóvenes visitaron la Galería de Arte Corcoran y luego comieron en la casa de Georgetown de Peggy, todo un giro para la reciente condición de vagabunda de Lois. Por su parte, Bill fue a la Oficina de Patentes de los Estados Unidos y a la Biblioteca del Congreso.

Cuando se les acabó el dinero en Washington, se pusieron otra vez en camino, atravesando las Carolinas y Georgia. Al seguir su camino hacia el sur, Bill hizo un número de investigaciones importantes: la Aluminium Company of America, la American Cyanamid, la compañía de tubos de hierro U. S. Iron Pipe, la de electricidad Southern Power Company, además de la situación de la propiedad en Florida.

En Fort Myers, Florida, visitaron a la madre de Bill, que se había vuelto a casar y vivía ahí con su nuevo esposo, el Dr. Charles Strobel, en una casa barco de doble cubierta.

El Dr. Strobel había sido el médico general de Emily desde la época de East Dorset y en esos días vivía en Rutland; también era especialista de cáncer y durante algún tiempo estuvo conectado al Memorial Sloan-Kettering Hospital de la Ciudad de Nueva York. Después de que Emily —que ahora era la Dra. Emily— se casó con él en 1923, vivieron algún tiempo en Florida, en donde su hijo y nuera los visitaban ahora.

En la primavera, Bill y Lois se dirigieron de nuevo hacia el norte todavía viajando en motocicleta y acampando. Entre sus escalas estuvieron la compañía de fosfatos, Coronet Phosphate Company y la de carbón, hierro y el ferrocarril, Tennessee Coal, Iron and Railroad Company; había otras plantas que Bill quería investigar, pero también querían estar de regreso en Brooklyn a mediados de junio, ya que Kitty, la hermana de Lois, se casaría el día 17.

Cerca de Dayton, Tennessee, terminó abruptamente la parte de su viaje que hicieron en motocicleta, ya que Lois no pudo dar una vuelta en el camino debido a la arena profunda. Lois se lastimó la rodilla y Bill que iba en el sidecar, salió volando sobre la cabeza de ella y se rompió la clavícula. Pasaron los diez días siguientes en un hotel de Dayton recuperándose de sus lesiones, y por último, embarcaron la motocicleta y el equipo hacia Brooklyn y tomaron el tren a Nueva York, llegando a Brooklyn justo a tiempo para que Lois fuera cojeando por el pasillo como madrina de Kitty.

Era junio de 1926 y Bill estaba en el umbral de lo que prometía ser uno de los períodos más emocionantes de su vida. Sus informes financieros a Shaw estaban teniendo un éxito enorme y se le dio un puesto en la firma, una cuenta de gastos y una línea de crédito de 20,000 dólares para comprar acciones. Describió esto así:

"Durante el año siguiente, la fortuna derramó dinero y aplausos en mi camino. Había llegado. Muchos seguían mi criterio e ideas al tono de millones de papel; el gran auge de finales de los veinte hervía y aumentaba de volumen, la bebida se estaba convirtiendo en una parte importante y estimulante de mi vida, se vociferaba en los salones de jazz de la parte alta de la ciudad, todo mundo gastaba los miles y hablaba de millones, los burladores se burlaban y eran burlados, y yo me convertí en el anfitrión de los amigos de ocasión".

Bill había acertado al creer que su investigación sobre el terreno rendiría buenos resultados. Lois se había equivocado al creer que un año lejos de los bares de Nueva York pondría fin a la manera de beber de Bill.

---

1. Nunca obtuvo el diploma. Años después explicaría este fenómeno con más amplitud como un síntoma; por ejemplo, la tendencia del alcohólico a emborracharse y así destruir los frutos bien merecidos del arduo trabajo y el esfuerzo sostenido.

2. Después de la muerte de Bill, Lois se enteró de que esto era cierto. Como referencia, había dado los nombres de algunos amigos a la institución de adopción. Uno de éstos dijo que no serían unos padres confiables, ya que Bill bebía mucho.

Capítulo Cuatro

A finales de los veintes, Bill y Lois empezaron a disfrutar una afluencia nueva y emocionante. Como muchos especuladores de esa época febril, Bill hacía negocios marginales; compraba participaciones de la acción pagando sólo una parte del precio real y, si subía la acción, sus utilidades podían ser enormes; pero si el precio bajaba bruscamente, parte de la acción desaparecía e, incluso, se le podía requerir que pagara cantidades adicionales para nivelar el déficit, a lo cual se le llamaba "cubrir el margen". En la debacle del mercado de valores en 1929, la súbita caída de los precios[1] llevó a éstos aún a niveles más bajos debido a las ventas de pánico para evitar pérdidas mayores, o para obtener dinero a fin de cubrir los márgenes en otros valores.

Clint F., de Greenlawn, Long Island, Nueva York, recordó al Bill de los años de Wall Street:

"Conocí a Bill Wilson en J. K. Rice Jr. and Co., 120 Broadway, Ciudad de Nueva York, una firma de agentes de acciones que se especializaba en situaciones especulativas. Mi trabajo era negociar por teléfono durante los Fabulosos Años Veinte, cuando Coolidge era presidente y Wall Street era el lugar para hacerse rico rápidamente.

Como es comprensible, el clima era febril en el distrito financiero; era la construcción del primer mercado mamut de la nación y cualquiera que no se unía a la exuberancia masiva hasta el punto de desequilibrio, simplemente no estaba en ambiente y se hacía un poco notorio. Así era un tipo alto y desgarbado, llamado Bill, que trabajaba en el exterior como investigador especial para uno de los socios de nuestra firma, de nombre Frank Shaw. Para mí, este Bill era un misterio, ya que con todos los gritos y discusiones que había en nuestra oficina, llegaba y se iba con la grave dignidad de un juez de circuito, no se mezclaba mucho con los demás y nunca se unió a la palabrería ininterrumpida alrededor de la tirilla de cotizaciones, casi un año después, me enteré que sus investigaciones hacían posible algunas de las situaciones más exitosas en las cuales participaba la firma. Y por alguna razón, nunca se quitaba el sombrero, que era de color café y lo llevaba encasquetado sobre los ojos". (El recuerdo de Clint era rigurosamente cierto; en todas las fotografías de Bill, éste tiene el sombrero puesto de ese modo).

"Un par de años [después de conocer a Bill], ocurrió una división en la firma Rice, y Frank, el jefe de Bill, ingresó a otra casa de agentes de acciones, la Tobey and Kirk, llevándose a Bill con él, al igual que algunos negociantes, entre los que estaba incluido yo. En esa época yo estaba bebiendo un poco y cometí algunos errores costosos, que ningún bien me hicieron con Frank; no obstante, tuve poco contacto con Bill, que entonces era un individuo muy encumbrado, mientras que yo daba tumbos en mi propio camino de perdedor y me casaba con mi novia de toda la vida, Katy. Con buen sentido de los negocios, Frank me despidió el día de mi matrimonio.

Hasta el histórico desplome de 1929, todos parecían estar flotando en la riqueza sobre la dulce euforia de las utilidades de papel; de vez en cuando veía a Bill y, aunque su apariencia no había cambiado, supe que le estaba yendo en grande y, en algunos tratos, con muchas esperanzas. Me deprimía mi propia falta de gran éxito y me volví un poco loco; mi esposa había estado trabajando en Macy's desde que nos casamos y yo todavía no podía subir al gran tren, como Bill y otros lo hicieron. Quizá mi propio problema [de bebida] me estaba absorbiendo, si es que lo tenía.

Llegó el terremoto fatal y cayó en el mercado de valores con una marca de 8 en la escala de Richter. Los poderosos se cayeron de sus tronos y nosotros, los de un grado inferior, caímos más abajo".

Antes, en 1927, los Wilson no tuvieron ninguna premonición del desastre. El viaje en motocicleta había sido sustituido por un transporte más de acorde con su nuevo y superior nivel de vida; podían viajar en coche o en tren y había dinero para hoteles y diversiones. Aunque Bill bebía fuertemente en algunos de estos viajes, era capaz de completar excelentes informes.

Había empezado a mentir. Al regresar con Lois de un viaje a Canadá, a donde había ido a investigar el desarrollo de una compañía de aluminio y en el que había permanecido sin beber todo el tiempo, cuando estaban a punto de cruzar la frontera de regreso a los Estados Unidos, Bill mencionó casualmente que se iba a detener a comprar cigarrillos. "Me di cuenta de que esto carecía de sentido, ya que éstos eran más caros en Canadá", dijo Lois, "pero el licor era más barato y se adquiría con mayor facilidad que en los Estados Unidos, en la época de la Prohibición".

Estacionada en la plaza del puente que era la frontera Estados Unidos-Canadá, lo esperó durante horas; Bill se había llevado dinero y las llaves del coche y por fin empezó a buscarlo. "Estaba precisamente en la última cantina del área, incapaz de navegar. Todo nuestro dinero se había desvanecido".

Cuando Bill se interesó en el azúcar cubana, no había más que una investigación sobre el terreno. Habían comprado un Dodge de segunda mano por 250 dólares, adaptado para dormir, y éste los llevó a Florida como grandes señores. Era el verano de 1927.

En Cuba, se les dio una cálida recepción y trato como gente importante. Se puso a su disposición un coche, un chofer y una lancha de motor; en la Habana se hospedaron en el Hotel Sevilla, que aparentemente estaba fuera de su alcance, a juzgar por la carta que Bill escribió a Frank Shaw, en la que le prometía que "se iban a cambiar a otro lugar que fuera más razonable y que de ahora en adelante responderá igualmente bien a nuestro propósito". De acuerdo con Lois, nunca dejaron el Sevilla.

Lois dijo de ese viaje: "Para mí fueron unos días frustrantes, a causa de la manera de beber de Bill. Cierta vez, para impedir que bajara al bar, tiré uno de sus zapatos por la ventana, pero ésto no sirvió. Cayó en un tejado cercano y Bill simplemente llamó al portero para que lo regresara. En nada de tiempo, estaba en el bar usando ambos zapatos".

En la misma carta a Shaw, Bill se refirió a la inquietud que éste tenía sobre su forma de beber.

"Gracias por tu envío y la carta que lo siguió. Nunca te he dicho algo relacionado a la cuestión del licor, pero ahora que la mencionas y también por la buena razón de que estás invirtiendo en mí tu perfectamente buen dinero, por fin me siento feliz de decirte que he tenido una confrontación final (conmigo mismo) sobre el asunto. Siempre ha sido una limitación muy seria para mí, de manera que puedes darte cuenta de lo feliz que estoy por haberme liberado finalmente de él; llegué hasta el punto en que tuve que decidir si era un mono o un hombre. Sé que para mí va a ser un trabajo arduo; no obstante fue el mejor que haya hecho por mí mismo y por todos los que se preocupan. Eso se acabó, así que ahora olvidémonos de eso".

La carta está fechada el 3 de septiembre de 1927.

Bill hizo varias visitas a las plantaciones de azúcar y mandó sus informes, pero las investigaciones no tuvieron éxito. Para Lois, la razón pareció ser clara: Bill continuó bebiendo durante todo el mes que estuvieron en Cuba.

De regreso, se detuvieron a ver al padre de Bill y a su segunda esposa, Christine, en Miami Beach. Gilman tenía un contrato para cortar piedra para los cimientos de la Carretera Overseas que conectaría la tierra firme de Florida con los Cabos. En esta visita, Bill conoció también a la hija de Gilman y Christine, su joven media hermana Helen, nacida en 1916.

De regreso a Nueva York, rentaron un caro apartamento de tres cuartos en el 38 de la Calle Livingston, en una de las mejores partes residenciales de Brooklyn. En razón de que no era suficiente para satisfacer los deseos grandiosos de Bill, lo ampliaron rentando el apartamento de junto y derribando la pared que los dividía. Ahora, tenía dos recámaras, dos baños, dos cocinas y una sola y enorme sala.

El elevadorista de este edificio era un rosacruz de las Indias Occidentales llamado Randolph, que hizo lo que pudo para conservar abstemio a Bill y, cuando eso fallaba, mantenerlo fuera de peligro. Si Bill llegaba tarde a casa, Randolph iba a buscarlo a los bares cercanos. Bill estaba agradecido y, cuando se enteró que la hija de Randolph estaba estudiando música, le dio un cheque para que le comprara un piano.

En 1928, Bill fue una estrella ante sus socios de Wall Street. "Por supuesto, en aquellos días bebía por razones paranoides; lo hacía para soñar con más poder, con dominio. Para mí, el dinero nunca fue símbolo de seguridad, sino de prestigio y poder". Soñaba con el día en que se sentaría en prestigiosos consejos de directores. "Sabes, mis héroes eran J. P. Morgan y el First National Bank".

No había duda de la seriedad de su manera de beber. Tan pronto como sonaba la campanada de las tres de la tarde para cerrar el mercado de valores, se dirigía a un expendio clandestino de bebidas alcohólicas y después bebía durante el camino a su casa. "En la calle 14, ya estaba muy pasado y en la 59 me perdía por completo. Empezaba con 500 dólares y tenía que arrastrarme bajo la puerta del metro para regresar a Brooklyn".

Hubo escenas infelices en el suntuoso apartamento de la Calle Livingston; a una promesa fallida, la seguía otra. El 20 de octubre de 1928, Bill escribió en la Biblia familiar, el lugar más sagrado que conocía: "A mi adorada esposa que me ha soportado tanto, que esto quede como evidencia de mi promesa de que he terminado con la bebida para siempre". El Día de Acción de Gracias de ese año escribió: "Mi fortaleza se renovó mil veces en mi amor por tí" y, en enero de 1929, añadió: "Para decirte una vez más que he terminado con ella. Te amo".

A pesar de todo, ninguna de estas promesas contenía la angustia que Bill expresó en una carta sin fecha a Lois: "Hoy he fallado una vez más. Quizá sea incluso una gran tontería que siga intentando portarme bien, como si tuviera gran educación; sencillamente la virtud no parece existir en mí y nadie la desea más que yo, aunque también nadie la desprecia con mayor frecuencia".

Su manera de beber había empezado a preocupar mucho a sus socios de Wall Street, a pesar de su éxito fenomenal en la búsqueda persistente de situaciones que los beneficiaban; los avergonzaba al emborracharse en sus viajes o al entrar en discusiones con los directores de la compañía. Siempre agradable y de buenos modales cuando estaba sin beber, Bill podía volverse molesto y autoritario cuando bebía.

Ya no era bienvenido entre las amistades de Lois: "Aunque algunos bebían mucho, no podían soportarme", recordó Bill, "y por supuesto, yo era muy boquiflojo cuando bebía, y tenía un horrible sentimiento de inferioridad respecto a alguna de su gente, mostrándome como el muchacho del campo que había llegado y hecho más dinero del que ellos hubieran visto; ése era el tema de mi conversación y, simplemente cada vez más la gente no podía aceptarlo. Ya nos encontrábamos en el proceso de estar aislados, el cual sólo era mitigado por el hecho de que estábamos haciendo dinero y más dinero".

Como dijo Lois: "A finales de 1927, estaba tan deprimido por su propio comportamiento que decía: 'Ahora estoy a mitad del camino al infierno y sigo a todo vapor'. Entonces firmó a mi favor 'todos los derechos, títulos e intereses' de sus cuentas con sus agentes de acciones, Baylis and Company, y Tobey and Kirk. . . noche tras noche, llegaba a casa a primeras horas de la madrugada y estaba ya tan borracho que se caía justo al pasar la puerta de entrada o tenía que ayudarlo a acostarse".

Lois describió la profundidad de su dilema con estas palabras: "Rara vez bebía Bill social o moderadamente; ya que empezaba, casi nunca se detenía hasta que llegaba a estar tan borracho que caía inerte. Cuando estaba en copas no era violento y después tenía profundos remordimientos. Cuando por último se dio cuenta que no podía detenerse, me pidió que lo ayudara y peleamos juntos la batalla del alcohol. En esa época no sabíamos que tenía una enfermedad física, mental y espiritual; la teoría tradicional de que la borrachera sólo era una debilidad moral impidió que ambos pensáramos con claridad sobre el asunto. No obstante Bill era fuerte moralmente; tenía un vívido sentido del bien y el mal, que se extendía a cosas pequeñas, y su respeto por los derechos de otras personas era extraordinario; por ejemplo, no cruzaba sobre el prado de otra persona, aunque yo lo hacía con frecuencia. Tenía mucha fuerza de voluntad para hacer cualquier cosa que le interesara, pero ésta no funcionaba contra el alcohol a pesar de que le interesaba . . .

Supongo que su patrón de tolerancia al alcohol era como el de muchos alcohólicos; al principio, el licor lo afectó rápidamente, pero más tarde adquirió capacidad de beber cada vez más sin hacerlo notorio; después, de manera súbita, su tolerancia disminuyó dramáticamente. Incluso un poco de licor lo intoxicaba".

En un viaje a Manchester, a principios de 1929, bajó del tren en Albany y llamó por teléfono a Ebby, su amigo de la escuela en Burr and Burton; le sugirió que se reunieran en el centro de la ciudad y tomaran un par de tragos. Hasta entonces, nunca habían bebido juntos, aunque la forma de beber de ambos había progresado seriamente, y como dijo Ebby: "Veía mucho a Bill, nos reuníamos y tuvimos una amistad firme desde el principio". (Sin embargo, Lois recuerda de una manera diferente: al principio creía que Ebby era mucho más íntimo de su hermano Rogers, que de Bill).

Ebby era hijo de padres ricos, pero los negocios de la familia fracasaron en 1922. Durante un tiempo vendió seguros y trabajó para una casa de inversiones; también lo ayudó su hermano, el alcalde de Albany. La forma de beber de Ebby lo fue convirtiendo gradualmente en un problema local en esa ciudad.

De aquella vez en que se reunió con Bill, Ebby recordó: "estaba haciendo amistad en Albany con un puñado de pilotos que hacían vuelos desde el aeropuerto de ese lugar, y se llamaban a sí mismos Sociedad de Pilotos. Bill y yo asistimos a una fiesta en casa de uno de ellos y Bill se iba al día siguiente a Vermont y pensé que por qué tenía que tomar ese ferrocarril tan lento para llegar. ¿Por qué no alquilar un aeroplano? Así que hice un trato con uno de los muchachos, un tal Ted Burke, para que nos llevara al día siguiente". También recordó Ebby que, después de dejar a Bill en el hotel, "me fui y bebí toda la noche, para estar seguro de que haría el viaje".

Bill, que en su versión de la historia dijo que ambos se fueron de juerga toda la noche, recordó que le pagaron al piloto un precio alto para que los llevara a Vermont, ya que no quería despegar, probablemente por el mal tiempo. En Manchester se estaba construyendo un campo de aterrizaje, pero todavía no llegaban aviones. "Llamamos a Manchester para decirle a esos individuos que seríamos los primeros en llegar ahí", refirió Bill. Recuerdo vagamente haber localizado la ciudad de Bennington a pesar de la neblina. Los emocionados ciudadanos de Manchester habían nombrado un comité de bienvenida y también estaba la banda de la ciudad. Encabezaba la delegación la Sra. Orvis, una dama más bien majestuosa y digna, entonces propietaria de la famosa Casa Equinox.

Hicimos un círculo alrededor del campo, pero mientras tanto, los tres ʼabíamos estado bebiendo de una botella. De cualquier manera acabamos en una pradera llena de baches; la delegación cargó hacia adelante y lo apropiado era que Ebby y yo hiciéramos algo. Sin saber cómo, nos deslizamos fuera de la cabina del piloto, caímos en tierra y permanecimos ahí, inmóviles. Ese fue el episodio que hizo historia del primer aeroplano que bajó en Manchester, Vermont".

Esta historia, con todo lo jocosa que pueda parecer, realmente causó a Bill un gran remordimiento. Se recordó deambulando por East Dorset al día siguiente, en el esfuerzo por comprender una juerga lamentable. Visitó a Mark Whalon y también mandó una carta a la señora Orvis ofreciéndole disculpas. Ebby tomó el tren nocturno de regreso a Albany.

A pesar del remordimiento que sintió Bill por el incidente, éste no hizo que fuera indeseable en Manchester; regresó ahí con Lois ese año, para jugar golf en el exclusivo y distinguido Club Ekwanok. En ese alocado verano de los Fabulosos Años Veinte, Bill se dedicó a jugar golf con su determinación característica de destacar. Además, "El golf permitía beber todos los días y todas las noches", dijo; "era divertido caminar por el campo de golf exclusivo que tanto admiraba de muchacho, luciendo la distinguida tez bronceada que suelen tener los caballeros acomodados. El banquero local observaba con divertido escepticismo como ingresaba y retiraba con rapidez grandes cantidades de dinero en su caja".

Al continuar con la investigación de acciones, Bill llegó a interesarse en una compañía de productos de maíz que se llamaba Penick and Ford. En una maniobra bien orquestada, "Hice el trabajo al revés de como lo hacía todo mundo. Proseguí con la teoría de vender estas acciones a mis amigos y me convertí en un especialista en este valor. Les vendí una buena cantidad, después de acumular mi propia línea; entonces supuse que había hecho una buena publicidad al respecto y que, haciendo ventas sólidas, cada vez que tuviéramos un revés en el mercado, podría tener suficiente dinero para estabilizar la maldita cosa. No eran demasiadas, sólo 400,000 acciones, que en aquel entonces habían llegado a valer cuarenta y tantos dólares (habían empezado aproximadamente a 20 el año anterior). Podía estabilizarlas y así protegerme, lo que me capacitaría a operar con poquísimo dinero. En otras palabras, podía llevar líneas de miles de acciones de mi propiedad.

Y, en efecto, en la primavera de 1929 hubo un infierno de derrumbe en el mercado, y mi amigo, esa cosa bajó cinco puntos y puse miles de acciones de ella en manos de mis amigos y mientras tanto estabilicé el precio y me protegí a mí mismo. Así que pensé, 'Bueno, pusiste ahí a tus amigos cuando estaban bajando en lugar de venderles cuando estaban en alza y eso les da una oportunidad maravillosa. No estoy intentando aprovecharme de ellos para hacer dinero de esa manera y tenemos una operación grande y completa, lo suficientemente buena todavía durante bastante tiempo' ".

Incluso persuadió a su madre de que comprara 900 acciones aconsejándole, en enero de 1929, que no las vendiera a menos de 60 dólares la acción. Entonces decidió que estaba preparado para una posible baja en el mercado. También en 1929 fue cuando rompió con su amigo Frank Shaw. Bill Wilson iba a ser un lobo solitario, muy poderoso, en Wall Street.

Pocos negociantes marginales estaban preparados para el cataclismo que se abatió sobre el mercado ese octubre. Aún Bill sólo estaba preparado para una ráfaga, pero lo que se acercaba era un huracán. Cuando la primera oleada de ventas mandó los precios al fondo, sus acciones de Penick and Ford bajaron de 55 a 42, una pérdida de 13 dólares por acción. Con ayuda de los amigos, compró en gran cantidad, en un intento de respaldar el precio. Las acciones se recuperaron, subieron a 52 y luego se sumergieron vergonzosamente hasta 32 en un sólo día, aniquilando a los amigos que habían confiado en su criterio . . . y a Bill mismo. Estaba en bancarrota.

"En un minuto desapareció mi dinero, y la confianza que tenía en mí repentinamente bajó a cero", recordó.

Un amigo, llamado Dick Johnson, le ofreció trabajar en su firma, Greenshields and Co., una casa de agentes de acciones en Montreal y en diciembre se fue con Lois a esta ciudad. Después de su llegada, aproximadamente en los días de Navidad, se cambiaron a un apartamento de fea apariencia y semanas después, Bill estaba de regreso en el mercado, negociando otra vez con Penick and Ford, que en la primavera de 1930 había subido a 55 dólares la acción.

Parecía que Bill iba a tener una recuperación rápida. "Me sentí como Napoleón, al regresar de Elba", dijo, "ininguna Santa Elena para mí!" Pronto encontraron un alojamiento mucho mejor en Glen Eagles, una cara casa de apartamentos nueva que daba sobre el Río San Lorenzo. Se divirtieron mucho en Montreal, jugando golf y cenando en la Casa del Club. En el otoño, Johnson lo despidió y como siempre, su Waterloo fue la bebida.

En los últimos meses de 1930, Bill tuvo lo que llamó "vislumbres ocasionales de la cuesta abajo que conduce al valle de las sombras", expresó, "pero todavía podía volver la cara y ver el otro camino, a pesar de que había quedado profundamente impactado por la calamidad del derrumbe de 1929 y ahora por haber sido despedido por mi buen amigo Dick Johnson". Una vez más, escribió una promesa en la Biblia familiar: "Finalmente y para toda la vida, doy gracias a Dios por tu amor". La promesa está fechada el 3 de septiembre de 1930 y, como aquéllas que la habían precedido, no la respetó. Esa fue la última de las promesas en la Biblia.

Mientras Bill permanecía en Montreal para aclarar detalles, Lois regresó a Brooklyn debido a que su madre cayó enferma. "Incluso en el mismo final, con muchas cosas que hacer, aún así no pude mantenerme sin beber", recordó Bill. "Recuerdo que me emborraché mucho, cayendo en una discusión con un detective del hotel", a quien mandaron a la cárcel, pero a la mañana siguiente fue liberado por un juez indulgente. Borracho al medio día, Bill conoció a otro alcohólico, un individuo de la variedad "hombre de confianza mediocre". Esta compañía todavía estaba con él cuando finalmente despertó en Vermont, en el campamento de los Burnham, en el Lago Esmeralda. Bill gastó hasta el último centavo que todavía poseía, en mandar al hombre de regreso a Montreal.

Cuando Lois llegó a Vermont procedente de Brooklyn, hablaron sobre lo que debían hacer a continuación. "En esa época, empecé realmente a preciar su intensa dedicación, valor y todavía gran confianza en mí", dijo Bill. "Después de una temporada sin alcohol nos fuimos a Nueva York a recuperar nuestras fortunas". Fue después del desastre de Montreal cuando por primera vez Bill intentó arduamente dejar de beber ya que en verdad quería hacerlo. Todavía no se daba cuenta de que estaba bajo el dominio de una obsesión, que en lo referente a la bebida había perdido el poder de elegir, y que todos sus esfuerzos personales para controlarla o dejarla conducirían a nada.

De regreso a Brooklyn, los Wilson se hospedaron en casa de los padres de Lois. Aunque en esa época Bill tuvo que considerarse hasta cierto punto fracasado, según parece lo trataron con bondad y se interesaron en él. "Verdaderamente eran una pareja maravillosa", dijo de los Burnham, y de la madre de Lois, que "su capacidad para la clase de amor que no exige recompensa, para casi todo y todos, estaba más allá de la fe y la comprensión". Bill recordó a su suegro como "un individuo excesivamente apuesto, vestido inmaculadamente y tan refinado en su hablar y en sus maneras como no he conocido a nadie". Bajo los buenos modales del Dr. Burnham, opinó Bill, existía un terrible dominio y una agresividad extrema que afectaba toda la vida de la familia, sin que se lo propusiera en lo absoluto y sin que alguien se diera cuenta de que eso sucedía.

Un indicio de lo totalmente fuera de control que se había vuelto ahora la manera de beber de Bill, fue su comportamiento cuando falleció su suegra. Después de ardua serie de tratamientos con radio para el cáncer de huesos, murió el día de Navidad de 1930. Bill estaba borracho en esa ocasión, había estado borracho desde días antes y siguió borracho en los días que siguieron.

Lois escribió estas palabras en un momento de desesperación: "¿Qué puede uno pensar después de tantos fracasos? ¿Mi teoría de la importancia del amor y la fe no es más que una tontería? ¡Es mejor reconocer que la vida es como parece serlo —una serie de fracasos— y que mi esposo es una criatura débil y cobarde que nunca va a superar la bebida!

Si pierdo mi amor y mi fe, ¿qué haría? Tal como lo veo ahora, no hay nada más que vacío, altercados, reproches y egoísmo, cada uno de nosotros intentando obtener del otro tanto como sea posible para olvidar nuestros ideales perdidos.

Amo a mi esposo más de lo que puedo expresar y sé que él me ama. Es un hombre espléndido, excelente, de hecho, un hombre poco común con cualidades que lo harían llegar a la cumbre. Su personalidad es atractiva, todo mundo lo quiere y nació líder. Muy generoso y de buen corazón daría hasta su último centavo. Es honesto casi con exceso . . .

A la mañana siguiente después de emborracharse, está tan arrepentido, tan ofensivo consigo mismo y tan afable que me desarma y no puedo reclamarle.

Continuamente me pide ayuda y, casi a diario durante cinco años, hemos intentado juntos encontrar una respuesta a su problema de beber, pero ahora es peor que nunca. Si vamos de viaje, se pasa un mes o más sin probar un trago y dice que no lo extraña, pero en cuanto regresamos a la ciudad, el mismo primer día, a pesar de todos los planes y promesas, otra vez está ahí, algunas veces llegando a casa temprano y otras a las cinco de la madrugada . . .

Incluso, aborrezco pensar en ello, pero ¿ayudaría si me fuera durante algún tiempo y no regresara hasta que se portara bien, y luego, si las cosas no continuaran como se debe, permaneciera fuera más tiempo? ¿Despertaría por fin su interés?

Al escribir esto, puedo ver que. . . por supuesto el problema no se refiere a *mi* vida, porque probablemente el sufrimiento me está haciendo un bien, sino a la suya: el daño espantoso que le debe estar haciendo este tomar una resolución y romperla, volver a tomarla y romperla de nuevo. ¿Cómo puede llegar a lograr algo con esta desventaja espantosa? Me preocupo más al respecto por el efecto moral sobre él que del físico, aunque Dios sabe que la terrible sustancia que bebe es suficiente para consumirlo por completo . . .

Nos comprendemos uno al otro tan bien como es posible, al tener temperamentos radicalmente opuestos. Admito que no puedo entender su anhelo por el licor, porque a mí no me atrae, aunque varias veces me he emborrachado con objeto de probar y encontrar que me atraiga.

Creo que la gente es buena si se le da la mitad de una oportunidad y que el bien es más poderoso que el mal. Para mí, el mundo parece ser atormentante, a veces casi dolorosamente hermoso, y la bondad y generosidad de la gente con frecuencia excede a lo que yo había esperado. Francis Bacon dice que la mente humana se engaña fácilmente, que creemos lo que queremos creer y sólo reconocemos los hechos que van de acuerdo con esa creencia. ¿Estoy haciendo algo idéntico? ¿Es mala la gente, el amor inútil y está sentenciado Bill a ser menos que mediocre? ¿Soy una tonta al no reconocerlo y agarrarme a cuanto placer y comodidad puedo?"

Por su parte, Bill escribió a Lois "miles de cartas. Me escribía una y otra vez, diciéndome que nunca volvería a beber".

Humillado por sus fracasos y por su dependencia del padre de su esposa, Bill encontró un trabajo como investigador, con salario de 100 dólares a la semana. Lo que en esos días de la Depresión era una fortuna para muchas familias, para Bill fue humillante; sin embargo, se mantuvo en ese trabajo durante casi un año e, incluso, hizo algún progreso en la organización; pero fue despedido a raíz de un incidente de cantina que describió como "un escándalo con un taxista".

Con este despido, se terminó definitivamente la permanencia de Bill en Wall Street. Debía 60,000 dólares y no tenía un centavo. "Empecé a acercarme a los pocos amigos que me quedaban en la Street, que habían sobrevivido al derrumbe, pero encontré que su confianza en mí había desaparecido realmente desde hacía algunos años", refirió. "Ahora que estaba sin un centavo y evidentemente con un profundo problema con el licor, nada tenían para mí y con seguridad que no se les podía culpar por eso".

Bill entró ahora en una fase de beber sin esperanza, que se complicó con la Depresión, pero aunque hubiera sido una época de prosperidad, es dudoso que hubiera ganado los suficientes para vivir. Lois encontró un trabajo en Macy's, con sueldo de 19 dólares a la semana más una pequeña comisión sobre lo que vendiera, y eso llegó a ser su sustento. Bill se sentaba en alguna casa de agentes de acciones durante el día, intentando dar la apariencia de estar trabajando.

Ocasionalmente, era capaz de desarrollar ideas para tratos

pequeños en valores y los vendía por unos pocos cientos de dólares. Lois vio poco de ese dinero. "Ahora, la mayor parte del dinero era para pagar las cuentas de los expendios de licor clandestinos con objeto de tener una línea de crédito fresca cuando se me acabara el dinero. También me había vuelto bebedor solitario, en parte porque lo prefería, y en parte, porque a ninguno de mis compañeros de Wall Street interesaba ya mi compañía".

Algunas veces se pasaba el día con un quinto de ginebra dándole traguitos de manera discreta, mientras recorría las casas de agentes de acciones; por lo general, se las arreglaba para parecer lo suficientemente sobrio. Después de pedir prestados unos dólares para comprar otra botella con el contrabandista de licor más próximo, subía al metro durante horas, todavía dando traguitos, y podía presentarse en su casa a cualquier hora de la noche.

Esa fue la vida de Bill durante 1931, hasta el verano de 1932. Estaba empezando a mostrar signos de deterioro mental; cuando la gente intentaba razonar con él durante una borrachera prolongada, se volvía violento y hablaba cosas incoherentes que los asustaba. "Empecé a comprender lo que eran las crudas reales y algunas veces llegué al borde del delirio". Se acostaba en la cama y bebía mientras Lois estaba trabajando. "Ahora, el demonio estaba avanzando hacia la posesión plena", expresó.

En 1932, cuando las acciones de valores sólidos se estaban vendiendo a cotizaciones de ganga, Bill decidió formar un sindicato de compra para aprovechar los precios extremadamente bajos. Tenía la ayuda de su cuñado Gardner Swentzel, esposo de Kitty, la hermana menor de Lois, cuya firma era Taylor Bates and Company. que tenía numerosos amigos en la comunidad financiera.

Aunque Bill ya no era bien recibido en muchos despachos de Wall Street, hizo un esfuerzo sobrehumano para refrenarse durante las horas de oficina. No tardó mucho en iniciar amistad con dos hombres que estuvieron de acuerdo en formar el sindicato de compras con él. Eran Arthur Wheeler y Frank Winans; aquél era el hijo único del presidente de la compañía productora de latas para conserva American Can Company.

El año deprimente de 1932 parecía ser inapropiado para la compra especulativa, pero Bill se había dado cuenta de que en ealidad era época muy favorable, ya que muchos valores se estaban vendiendo a la mitad o la tercera parte de su valor neto. "Si uno pudiera superar sus miedos, tener capital y paciencia, podría existir una fortuna en la recuperación que está destinada a llegar un día", opinó. "Estados Unidos se estaba acercando con rapidez a la época en que sencillamente tenía que experimentarse un giro".

Bill estaba por completo loco de alegría ante esta oportunidad de hacer un regreso. Los nuevos socios, impresionados por sus ideas, le asignaron una participación generosa, pero en su contrato pusieron una estipulación importante: Si Bill empezaba a beber de nuevo, no sólo se anularía el trato, sino que también perdería sus intereses en la empresa. "Firmé el acuerdo y exhalé un tremendo suspiro de alivio", recordó Bill. Confiado, como estaba, en la ruta de la recuperación financiera, se lanzó con decisión al trabajo.

Durante los "dos o tres meses" siguientes, las cosas fueron bien. Para su asombro, tenía poca necesidad de beber; de hecho, sentía una ausencia completa de la tentación. Pronto se corrió la voz y empezó a mejorar su reputación en Wall Street, lo cual le condujo a otra oportunidad: una asignación para investigar un nuevo proceso fotográfico en los laboratorios Pathé en Bound Brook, New Jersey.

Acompañado por varios ingenieros, Bill llegó a Bound Brook para hacer la investigación. Después de cenar, los ingenieros empezaron a jugar póquer e invitaron a Bill a que se les uniera, pero él nunca había tenido interés alguno en las cartas, por lo que se rehusó. De algún lado apareció una jarra de un brandy de manzana llamado "relámpago de Jersey". Con rapidez y facilidad, Bill se rehusó una vez más.

Al ir transcurriendo la noche, de vez en cuando los compañeros de Bill renovaban su oferta de un trago y lo rehusaba con firmeza. En cierto momento, incluso llegó a explicar que era una persona que no podía manejar el licor.

A media noche, estaba aburrido e inquieto, sus pensamientos se desviaron al pasado, a sus jocosas aventuras del tiempo de guerra y lo que disfrutó los excelentes vinos de Francia. Se desvanecieron de su mente la miseria y la derrota de los años recientes y mientras estaba consintiendo su agradable recuerdo, se

le ocurrió que nunca había probado el relámpago de Jersey. L
siguiente vez que pasó enfrente de él, su pensamiento fue
"Supongo que un rayito del relámpago de Jersey no pued(
dañarme mucho".

Estuvo borracho durante tres días. Pronto corrió hasta Wa
Street la voz de la debacle y esto fue el fin de su contrato . . . y d(
su "regreso".

"Hasta esta época, creo que el deseo de lo grandioso habí
motivado mi manera de beber, pero ahora experimentaba u
cambio completamente brusco y abrupto en la motivación; todaví
pensaba que ésta era la misma, pero mi comportamiento l(
desmintió. Regresé a Wall Street, pero mis amigos lo sentía
mucho, muchísimo y nada quedaba por hacer. Ahora, alguna
veces me emborrachaba por la mañana, incluso aunque estuvier
intentando una transacción de negocios, y cuando estaba irritabl(
insultaba a la misma gente que estaba tratando de impresionar
Algunas veces, me tenían que sacar de las oficinas y me dirigía a
expendio de bebidas más cercano, me echaba algunos tragos
compraba una botella y tomaba grandes cantidades. Intentab(
llegar a casa cuando aún me quedara bebida, ocultando siempr(
un quinto de ginebra o posiblemente dos. En este momento, do
botellas me daban una seguridad mayor, ya que por la mañan(
quedaría algo, es decir, si podía encontrar la que había escondido

Como los demás alcohólicos, escondía el licor de la misma
manera que una ardilla protegería las nueces, que podí(
encontrarse en el desván, en las vigas del techo, bajo las tarima
del piso; también enterrado en el carbón en el sótano, en la caj(
de agua del inodoro, en el patio de atrás. Durante las horas en qu(
Lois estaba trabajando, hacía esfuerzos por reponer mi
existencias.

Pero, volviendo a mi motivación, ahora veo que estab(
bebiendo para olvidar. Había días en que bebía en la casa
raramente capaz de conseguir que me entraran alimentos, lueg(
la laguna mental, después de una dramática separación de Lois po
las mañanas y una vez más borracho durante el día. Dos o tre
botellas de ginebra al día se habían convertido en rutina.

Mi moral estaba completamente hecha pedazos. Recuerdo qu(
arrojé a la pobre de Lois una pequeña máquina de coser; otra ve

anduve por toda la casa pateando los paneles de las puertas. Ahora era también una rutina que estuviera bastante mal e irritable, y en los momentos de mayor lucidez, Lois me decía con terror en los ojos lo loco que había estado realmente. ¿Qué podíamos hacer al respecto?"

Pareció abrirse una salida del estado de desesperación cuando se presentó otra oportunidad profesional, en la forma de su viejo amigo Clint:

"Un día, en la esquina de Wall Street con Broad me tropecé con Clint F., un negociante independiente con el que tenía alguna amistad. Clint me dijo que estaba trabajando para un individuo que era perfectamente maravilloso, Joe Hirshhorn, el cual a pesar de la época, todavía tenia dinero y lo estaba ganando rápidamente. Pronto conocí a Joe y en líneas generales le describí algunas de mis ideas.

Joe había llegado a Wall Street por el camino difícil, empezando como un negociante en acciones de poca importancia cuando la gente se situaba en Broad Street y negociaba en el mercado libre. Subsecuentemente, su gran perspicacia le había llevado a tener contactos importantes y además, tenía una extraña aptitud para negociar.

Me hizo grandes promesas y empecé a animarme ligeramente. Algunas veces me decía que había comprado una línea de acciones en la que yo iba con ciertas acciones a crédito. De vez en cuando, me daba un cheque por poco dinero, el cual generalmente gastaba en quintos de ginebra, ahora de la variedad de tienda de golosinas".

La versión de Clint del contacto con Hirshhorn es:

"A raíz de la calamidad en el mercado de valores, que dañó a todos, la depresión y la pobreza de 1931 y 1932 parecía ser el final. Dándome mi esposa la tarifa del metro de dos monedas de cinco centavos, pero ninguna para comer, iba diariamente de un lado a otro de Wall Street, buscando algo. Afortunadamente, me encontré con un agente de valores rico y muy listo que había sobrevivido al cataclismo. Su nombre era Joe Hirshhorn y me aceptó porque le gustó mi capacitación como especialista; pero sabía que sólo fracasaría, como siempre me sucedió. ¿Cómo podría obtener ayuda en lo que con seguridad era una gran oportunidad bajada del ciclo?

Pensé en Bill y me pregunté si todavía viviría en Brooklyn Heights. Ahí estaba y no me sorprendí al enterarme que se había caído de la montaña rusa como el resto de nosotros. Habiendo abrumado a Joe con la reputación que le había dado a la capacidad de Bill, como investigador de valores, no hubo problema para lograr que éste llegara al 50 de Broad Street y fuera contratado, lo que a su vez redundaría en la seguridad de mi propio trabajo (o saltaba desde el Puente de Brooklyn). Joe estaba muy satisfecho con él, porque oí decir a un agente de acciones acerca de qué tipo tan 'listo' había conseguido, 'un Einstein y me llegó por correo'.

Ahora, era una época más animada del mercado que comenzaba a recuperarse, y cuando Bill se sintió más amistoso al estar en la nómina, me invitó a comer y hablar de la forma que tomarían las cosas por venir. Naturalmente, gravitábamos hacia e bien conocido bar de los caballeros, Eberlin's, mientras Bill decía cuando íbamos: 'Clint, un poco de jerez dulce aclarará nuestra visión'. Todavía usaba ese mismo sombrero triste color café y no variaba su posición mientras aclarábamos nuestra visión. Paso el medio día, y un hecho destacado que recuerdo, después de un breve sermón sobre economía [fue] es su predicción de las grandes cosas que íbamos a hacer por nuestro amigo Joe, 'porque este hombre puede llegar a ser un Rothschild, Clint'. El hecho de que ese hombre hiciera exactamente eso en los siguientes años, poco tuvo que ver con la clase de nuestras intenciones en la cantina Eberlin's.

Nunca supe con exactitud qué trabajo hacía Bill en nuestra oficina, pero viajaba mucho, según creo, para investigar las propiedades en las que Joe tenía grandes intereses financieros. Por mi parte, en 1933 permanecí comparativamente sobrio, llevando un vivir arduo con poco dinero para la bebida.

No me di cuenta si Bill se tomaba un trago de vez en cuando al principio de este trabajo; sin embargo, hubo algunos momentos peligrosos, como la fiesta que hizo nuestro jefe en el jardín de su propiedad en Great Neck. Fue un asunto de caridad a fin de colectar dinero para su nuevo templo, y a sus amigos de negocios y a otros invitados les retorcía el brazo realmente con fuerza. Se empujaban cajas de champaña sobre los invitados, que estaba a un precio espantoso, por supuesto para un buen propósito. Aunque en esos tiempos difíciles era una filantropía costosa, Joe era una persona de corazón generoso y no permitiría que Bill y yo pagáramos nada. Su esposa se sentó con las nuestras, Lois y Kay, la mayor parte de la tarde. Dimos pequeños traguitos del burbujeante, que nos proporcionaban gratis, de manera digna, después unos más y luego ¡de verdad! Lois y Kay no parecieron estar cómodas hasta que llegó la hora de irnos a casa.

En una ida al cuarto de baño, Bill y yo descubrimos la despensa en que almacenaban la champaña ¡Qué alivio! Bill dijo algo así como ¡Mira, un regalo del cielo! Cada uno escondimos en nuestras ropas tantas botellas como pudimos y decidimos que en una emergencia abriríamos un par de extras. Rompimos los cuellos contra el sanitario y nos tragamos el contenido como locos. En todas partes quedaron vidrios rotos y salpicaduras de líquido, así como sobre nosotros. Intentamos apresurarnos a reunirnos con los demás, diciendo buenas noches a nuestro jefe, pero a ambos nos golpeó la bebida al mismo tiempo.

Mi esposa me agarró por el brazo, pero ya no pude oír ni hablar. Lois se adelantó a Bill, que se movía lentamente y trataba de decir algo a Joe; Kay dijo que estaba renunciando pertenecer al nuevo templo. Se cerró la niebla. Kay llevó a Lois y a Bill de regreso a Brooklyn en un coche prestado. De alguna manera y con gran esfuerzo, Bill y yo llegamos a la oficina al día siguiente; entonces estábamos mucho más jóvenes. Joe nos dio la bienvenida y comentó, '¿Qué creen? Algún gorrón de la gente que invitamos se robo champaña y rompió algunas botellas en el cuarto de baño. ¡Imagínense a nuestra propia gente actuando de esa manera!'

Bill tenía la facultad de seguir adelante con su trabajo sin revelar que algunas veces estaba bastante borracho. Nunca se tambaleaba, aunque en ocasiones lo vi moverse un poco de un lado a otro como si le pegara una ráfaga de viento.

Antes que terminara la Prohibición, nos reuníamos en una variedad de cantinas llamadas 'speakeasis' (expendios clandestinos de bebida), como el Steam Club, el Busto's y cantidad de otros que ahora he olvidado. Ha pasado casi medio siglo, pero todavía puedo ver a Bill llegando con lentas zancadas —nunca se apresuraba— al Ye Old Illegal Bar (Tu propio bar ilegal), en una tarde, helada y mirando con solemne dignidad hacia el montón de botellas detrás de la barra que contenía raras bebidas importadas, recién salidas del puerto de Hoboken. Una vez, en la estación del metro de Whitehall, no lejos de Busto's, Bill rodó por las escaleras. El viejo sombrero café permaneció en su sitio, pero envuelto en ese largo abrigo, parecía un barco hundido en la plataforma del metro. Recuerdo cómo se iluminó su cara cuando, del enredo de sus ropas pescó un cuarto de ginebra que no se había roto.

Otra vez, posteriormente, en 1934, hicimos algunas rondas y nos dimos cuenta de que estábamos cortos de dinero; es decir, Bill estaba corto, ya que yo no tenía nada. Como consecuencia de gastar todos los billetes, había acumulado muchas monedas de cinco, diez y veinticinco centavos. Esto era grave, pues apenas empezaba la tarde, así que tomamos un taxi a Brooklyn y nos detuvimos en la tienda de departamentos Loeser's. Ahí estaba trabajando Lois, la siempre devota esposa de Bill, igual que mi abatida esposa Kay lo hacía en Macy's, mientras él y yo nos mantuviéramos sobre nuestros pies, por así decirlo.

Fue un poco peliagudo pagar el taxi con toda clase de monedas, y después de dejar caer varias en la banqueta, Bill vertió en el taxi una lluvia de ellas y lanzó un discurso de algo así como que tiene más bendiciones el que recibe que el que da. Lois nos vio caminar por el pasillo y su cara se alargó una milla. Después de un intercambio de susurros, Lois fue a algún lugar y regresó con su cartera. Nunca me sentí más insolvente, primero el último dólar de Bill, ahora probablemente el de ella. Fuimos a su apartamento en Brooklyn Heights, cerrando así un día difícil y con matices emocionales, abrimos una botella recién comprada. Me senté al piano y aporreé los primeros compases de algo en *la bemol*; nunca había tocado tan bien, según creí; mientras, Bill sacaba un violín de alguna parte de la pared y se unía a mí en un ruido estruendoso, hasta que Lois llegó y tranquilizó las cosas.

Sin embargo, ahora la pretensión de sobriedad se derrumbó gradualmente. En la oficina, especialmente Joe, comenzaron a fijarse en Bill con preocupación. Su asignación final fue una muy importante en Canadá; salió a Montreal por ferrocarril, con la acostumbrada seguridad en sí mismo, y lo siguiente que supimos de él fue por un telegrama de Bill diciendo que estaba en la cárcel en la frontera canadiense; Joe saltó hasta el techo y su secretario se fue a la frontera para arreglar las cosas con la ley: algo relacionado con los términos de 'muy borracho y desordenando'. 'Tiene que haber un error', afirmé, 'no puede tratarse de él. De vez en cuando podrá tomarse un vaso de cerveza con la comida, ¿pero intoxicado públicamente? ¡Nunca!' Busqué otro trabajo.

Meses después, recibí un par de delirantes cartas desde Green River, Vermont, en donde Bill se había vuelto ahora tan nativo como Thoreau. Estaba acampando en una tienda, en el terreno de su cuñado y empezando una cruzada contra la administración del New Deal y F. D. Roosvelt. No puedo decir que en esto estuviera involucrado algún licor de manzana, pero no sonaba como una buena manera de pensar de whisky".

Joe Hirshhorn recordó con gran aprecio tanto a Bill como a Clint. A éste lo describió como "un muchacho listo y un hombre excelente" y no recordaba que hubiera tenido un problema de bebida. Bill era otra cosa. "Era terrible, era un alcohólico, pero me agradaba. Era uno de los más brillantes analistas de acciones en Wall Street; había muchos analistas por ahí, pero no sabían qué diablos estaban haciendo. Bill era un hombre muy meticuloso y yo lo admiraba y me agradaba, era brillante y le ayudé. Sabes, solía emborracharse horriblemente enfrente de [nuestra oficina en] el 50 de Broad, y un par de los muchachos y yo íbamos y lo traíamos. Yo tenía una oficina grande, lo poníamos en el sofá y dejábamos que se secara".

Dijo Hirshhorn que Bill había quedado por los suelos con otros por causa de su manera de beber, ya que hacía promesas a mucha gente, y luego, después de algunos días, se emborrachaba otra vez. "Podía caerse en la calle o en el vestíbulo de un edificio. Los avergonzaba mucho".

Hirshhorn manifestó que en 1933 probablemente era uno de los pocos en Wall Street que todavía tenía algo que ver con Bill, pero los tratos que hacía con él le producían utilidades: "Me dio un informe sobre ciertas acciones que subieron de 20 a aproximadamente 200 y pico de dólares", afirmó Hirshhorn.

Bill y Lois continuaron viviendo en el 182 de Clinton Street, en el apartamento que el Dr. Burnham había construido para su esposa en el segundo piso, ya que el doctor, al volverse a casar en mayo de 1933, se había cambiado. Lois continuó trabajando en

Macy's, en donde tenía un salario semanal de 22.50 dólares, más un pequeño porcentaje de comisión sobre las utilidades.

Este fue el período más oscuro de su vida juntos. "A veces robaba dinero de los escasos fondos de mi esposa, cuando me invadían el terror y la locura de la mañana. Una vez más vacilaba alocadamente ante una ventana abierta o del gabinete de las medicinas en el cual había veneno, acusándome de mi debilidad de carácter. Hubo viajes rápidos de ida y vuelta al campo, conforme mi esposa y yo buscábamos el escape. Luego, vino la noche en que la tortura física y mental fue tan infernal, que temía tirarme por la ventana, con todo y marco... Llegó un doctor y me dio un sedante fuerte... La gente temía por mi cordura, y yo también".

Hubo veces en que Bill permanecía sin beber o hacía otros intentos determinados para dejar de beber. Una vez, Lois obtuvo de Macy's un permiso de ausentarse durante tres meses y pasaron el verano en Vermont, en la granja del Dr. Leonard Strong y su esposa, que era la hermana de Bill. Este trabajó arduamente en el campo todo el verano, pero tan pronto como regresaron a Brooklyn, volvió a beber. El y Lois tuvieron largas discusiones al respecto; él estaba haciendo un esfuerzo desesperado para dejar la bebida.

A finales de 1933, ambos estaban perdiendo la esperanza, ya que todos los esfuerzos habían fracasado, y en particular se desilusionaron cuando empezó a beber de nuevo, después del verano en el campo. Además de Lois y su padre, quedaban otras dos personas que todavía lo apoyaban: su hermana Dorothy y el esposo de ésta que, al igual que la madre de Bill, era un osteópata. Con frecuencia, el Dr. Strong trataba a Bill de sus terribles crudas y discutían los problemas de éste.

Leonard fue quien finalmente hizo los arreglos para la admisión de Bill en el Hospital Charles B. Towns en Central Park

El Towns lo dirigía el Dr. William Duncan Silkworth, el hombre que iba a tener profunda influencia en Bill. "Cuando salí de la neblina esa primera vez, lo vi sentado al lado de mi cama y parecía fluir de él una corriente, cálida y grande, de bondad y comprensión; eso lo pude sentir de inmediato, aunque escasamente dijo una palabra. Era muy delgado y estaría llegando a los 60, yo diría. Sus compasivos ojos azules me captaron con una mirada; un cabello en desorden de un blanco puro le daba el aspecto de ser de otro mundo. En ese momento, confuso como estaba, pude sentir que sabía lo que me aquejaba".

---

1. Se calcula que más de un millón de estadounidenses tenía acciones al margen durante el verano de 1929. Ver, de Frederick Lewis Allen, "Sólo Ayer". Harper and Brothers, 1931, págs. 309-337.

Capítulo Cinco

En el otoño de 1933, cuando Bill estuvo en el Hospital Towns por primera vez, a la aflicción del alcoholismo, por lo general, se veía como un misterio y una vergüenza terrible. Un alcohólico casi no podía esperar recibir comprensión o piedad; mientras que algunos decían que el alcoholismo era un pecado, otros lo veían como una mala conducta deliberada, y daban su asentimiento a las leyes que mandaban a los alcohólicos a la cárcel, convictos por ser "borrachos habituales". Incluso, el país había sufrido a lo largo de un experimento dislocador con la Prohibición nacional, en un intento de refrenar la borrachera mediante la prohibición del licor. Irónicamente, fue en esos años de la Prohibición cuando bebieron más Bill, el Dr. Bob y otros pioneros.

Generalmente, los expertos están de acuerdo en que, probablemente durante la Prohibición, descendió el consumo de alcohol. No obstante, a causa del enorme contrabando, tráfico ilegal y otras operaciones que fueron respuestas a la Prohibición, al "noble experimento" se le consideró un fracaso.

El Hospital Towns, en el 293 de Central Park West, Ciudad de Nueva York, había sido una instalación elegante y cara para tratar a los alcohólicos en el decenio de 1920; Bill recordó que de esos lugares era uno de los que tenía mejor reputación. También recordaba a su propietario, Charles B. Towns: un hombre alto, perfectamente proporcionado y algo así como un prodigio físico. "Irradiaba una vitalidad animal que caía sobre la gente como una tonelada de ladrillos. Tenía una gran fe en la gimnasia, pasándose alrededor de dos horas diarias en el Club Atlético de Nueva York".

Cuando Bill describió al Towns como "un hospital de renombre nacional para la rehabilitación mental y física de los alcohólicos", no estaba exagerando; aunque, algún otro que lo recordó, lo describió simplemente como un lugar en donde a los alcohólicos "se les purgaba y los ponían tontos". Probablemente la purga era el efecto de dosis liberales de aceite de ricino que se daba a los pacientes, junto con belladona. El tratamiento con belladona en el Towns lo había desarrollado el Dr. Sam Lambert, un médico de Nueva York de buena reputación, pero el jefe del personal médico, el Dr. Silkworth, fue quien, con el tiempo, llegaría a tener el impacto más importante en el tratamiento del alcoholismo.

Graduado en Princeton, William Duncan Silkworth tenía grado de la Facultad de Medicina de la Universidad de Nueva York-Bellevue. Silkworth se convirtió en un especialista en neurología, dominio que algunas veces coincide con la psiquiatría. Cuando practicaba la medicina por su cuenta, adquirió una "pequeña competencia" en la década de los veinte y la invirtió en la suscripción de unas acciones para un nuevo hospital privado. A esta inversión acompañaba la promesa de un puesto excelente en el personal, pero todo, incluidos sus ahorros, lo arrastró el colapso de 1929.

"En la desesperación, hizo contacto con el Hospital Towns. La paga era exigua, creo que algo así como 40 dólares a la semana y el hospedaje", explicó Bill, pero la llegada de Silkworth al Hospital Towns fue un momento decisivo en la vida del doctor. "Me contó como al ver el triste naufragio que flotaba por todo el lugar, había intentado hacer algo al respecto. Aún ante mí, admitió la gran desesperanza de la situación de los que iban y sufrían esa calamidad". Pero había ciertos casos que mostraban la esperanza de recuperarse y Silkworth se entusiasmó cuando le habló a Bill de ellos. El pequeño doctor había olvidado todo lo referente a la fama y la fortuna. "¿Qué podía hacer respecto al alcoholismo? Esa era la cuestión. Todos esos millones con ese mal misterioso de la mente, las emociones y el cuerpo".

Cuando llegó Bill, el Dr. Silkworth ya había formulado su teoría de una "alergía". Posteriormente, en 1937, en un artículo en el *Medical Record*, "El Alcoholismo como la Manifestación de una Alergia", comparó el estado alérgico del alcohólico a la condición de un paciente de la fiebre del heno, que gradualmente se sensibiliza más a ciertos tipos de polen.

El Dr. Silkworth describió su teoría como sigue: "Creemos. . . que la acción del alcohol sobre . . . el alcohólico crónico es la manifestación de una alergia; que el fenómeno obsesivo se limita a esta clase y nunca acontece en el bebedor moderado común.[2] Estos tipos alérgicos nunca pueden utilizar sin correr riesgos el alcohol en cualquier forma en lo absoluto, y una vez que han formado el hábito y se dan cuenta de que no pueden romperlo, una vez que han perdido la confianza en sí mismos y en los seres humanos, sus problemas se acumulan y se vuelven asombrosamente difíciles de resolver".

Embelesado, Bill escuchaba a Silkworth conforme explicaba su teoría. Por primera vez en su vida, Bill estaba oyendo hablar del alcoholismo, no como una falta de fuerza de voluntad, ni como defecto moral, sino como enfermedad legítima. La teoría del Dr. Silkworth —singular en su tiempo— consistía en que el alcoholismo era la combinación de esta misteriosa "alergia" física y la compulsión por beber; que el alcoholismo no podía ser "derrotado" por la fuerza de voluntad como tampoco lo podía ser la tuberculosis. El alivio de Bill fue inmenso.

No sólo fue la poco común teoría del doctor la que impresionó a Bill, sino también su evidente amor a la gente, su manera especial de interesarse. "Durante su vida, el doctor iba a hablar con 50,000 casos, pero ninguno de ellos era un caso, todos eran seres humanos. Cada uno de ellos era algo muy especial e instantáneamente lo percibí. Tenía una manera de hacerme sentir que mi recuperación significaba todo para él, que le importaba

El Hospital Towns, en la ciudad de Nueva York, fue el escenario del despertar espiritual de Bill y sus posteriores intentos de que los borrachos dejaran de beber.

mucho. Este hombre no era un gran Doctor en Medicina, sino un muy gran ser humano".

Ahora, al fin Bill estaba seguro que había encontrado la respuesta a su problema de bebida. "Cuando salí del Hospital Towns era un hombre nuevo. Nunca olvidaré ese primer valor y alegría que surgieron en mí cuando abrí la puerta del 182 de Clinton Street, en Brooklyn. Abracé a Lois; nuestra unión se había renovado; su color era mucho mejor, su paso elástico. Al visitarme cada noche había visto en mí el valor y el espíritu de recuperarme, y ella también había hablado con el doctor. Esto sí era real, y de eso, los dos estábamos seguros".

A causa de que ahora comprendía lo que sucedía de que ahora sabía que era un alcohólico y que no podía tomar un trago sin correr riesgos, Bill creyó que había encontrado su salvación; el conocimiento de sí mismo dictaba la abstinencia total, y ahora que lo sabía. . . desde luego, ¡el problema estaba resuelto! También Lois creía que había vencido el problema. "Puso flores en la casa; había

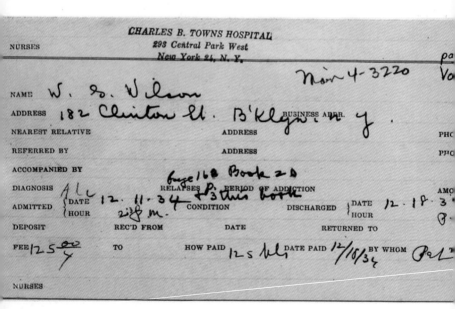

Ficha del alta final de Bill del Hospital Towns en 1934.

de todo lo que me agradaba comer; no cesaba de hablar acerca de los fines de semana maravillosos que nos esperaban, de cómo iríamos de campamento a Palisades, y quizá alquilaríamos en Yonkers una lancha de remos como lo hicimos una vez; cortaríamos palos para mástiles, en los cuales izaríamos una toalla de baño, como lo hicimos alguna vez, navegando libremente empujados por el viento. Había reunido toda clase de juegos, pequeños juegos tontos, a los que jugaríamos otra vez y seríamos niños felices. Sí, la vida empezaría de nuevo y de verdad que ambos lo creíamos en lo más profundo".

No está claro cuánto tiempo permaneció Bill sin beber; él creía que fueron de dos a cuatro meses, pero Lois aseguraba que fue "alrededor de un mes". El pensó posteriormente que estaba nublado su recuerdo de esa época, por la devastadora desilusión que le llegó cuando volvió a beber. Su regreso a la bebida también fue una gran decepción para Silkworth, ya que había respondido tan bien al tratamiento.

Los Wilson fueron de nuevo al campo, pero la segunda vez no fue, ni con mucho, tan buena como la primera. Lois, al faltarle el valor para pedir un segundo permiso en Macy's, dejó su trabajo en 1934 con objeto de llevar a Bill.

El primer día de pesca en Vermont, encontró a un hombre con una botella, el cual, por supuesto era generoso, y Bill se emborrachó otra vez.

Tuvo que ir a Brattleboro para que le arreglaran los dientes, y como no tenía coche, tomó el del correo, que era la única alternativa de transporte. En lugar de pagar al dentista, Bill compró una botella, que compartió con el chofer al regreso a casa y esto sucedió un buen número de semanas consecutivas. Un día en que Bill era el único pasajero, para mostrar su agradecimiento, el chofer lo llevó por la larga cuesta que iba desde la carretera a la casa; se estaba derritiendo el hielo en el suelo y pronto se atascó el coche en el lodo; los caballos de los vecinos lo tuvieron que sacar, jalándolo.

Luego, Lois se lastimó un ligamento de la rodilla y tuvo que quedarse en cama durante tres semanas. Durante ese tiempo Bill permaneció en casa sin hacer nada, lo que a ella causó doble agonía, pues yacía inutilizada en el sofá y observaba a Bill, medio borracho, llevando una lámpara de queroseno encendida, inclinándose a uno y otro lado, subirse por la empinada escalera abajo del techo. Un paso en falso y la casa empezaría a incendiarse.

Cuando arreglaron los dientes a Bill, dejó de ir a Brattleboro y, por tanto, de beber licor; después de eso, permaneció sin beber y llegó a ser buena compañía: El resto de su estancia fue un éxito; escribió varios artículos sobre finanzas y economía, pero característicamente, nunca los mandó a editor alguno.

Cuando llegó el verano y ambos se sintieron más fuertes, decidieron regresar a la ciudad. También tenían que ganar algún dinero.

Lois describió las consecuencias de su regreso: "poco después de la llegada a Clinton Street, mi esposo, que había sido mi diaria compañía en Vermont, se volvió un borracho embrutecido por el licor que no se atrevía a dejar la casa por miedo a que lo agarraran los encapuchados de Brooklyn o la policía".

Bill terminó en el Towns por segunda vez; pero al dejarlo en absoluto tenía la confianza en sí mismo que había seguido a su primera salida. Ahora se daba cuenta de que nada podía evitar lo que más tarde llamaría la "locura insidiosa" de tomar el primer trago.

El terror, el odio a sí mismo y los pensamientos suicidas se convirtieron en su constante compañía. En un estado de tortura continua, física y emocional, Bill estaba loco a causa del alcoholismo. La muerte le parecía el único escape de su agonía; una y otra vez pensaba en el suicidio, por veneno, saltando por la ventana. Las narraciones difieren respecto a si fue Lois o él quien arrastró el colchón escaleras abajo de manera que pudiera dormir en donde no hubiera una ventana como las del piso superior que lo tentara a saltar. Haría "un esfuerzo inmenso por lograr dejar de beber, que trabajaba cruda tras cruda, sólo para durar cuatro o cinco días, o quizá uno o dos. Durante las horas de la noche, me llenaba de horror, porque cosas como culebras plegaban la oscuridad y algunas veces, en el día, danzaban imágenes misteriosas en la pared. Lois me cuidaba durante las crudas".

El Dr. Willian D. Silkworth, "el pequeño doctor que amaba a los borrachos", convenció a Bill de que el alcoholismo es una enfermedad.

A mediados del verano de 1934, estaba de regreso en el Towns. "Creo que en esta ocasión mi cuñado Leonard Strong me ayudó de manera especial", dijo Bill. "Me pasé tres o cuatro días recuperando alguna apariencia de mis facultades. Luego se estableció la depresión.

Una noche caliente del verano, Lois llegó a verme y después habló con el doctor. En el piso de abajo, empezó a hacerle las preguntas que las esposas de los alcohólicos se plantean con el tiempo: '¿Qué tan malo es ésto? ¿Por qué no puede detenerse? ¿Qué le ha sucedido a la tremenda fuerza de voluntad que tuvo alguna vez? ¿Hacia dónde, sí, doctor, hacia dónde nos encaminamos?' Y por último: '¿Qué se puede hacer ahora? [3] ¿A dónde vamos a partir de aquí?'

Por supuesto, el hombrecito estaba acostumbrado a preguntas como éstas, ya que se las hacían todos los días, pero como me dijo después, siempre lastimaban. Era difícil decir la verdad sin paliativos pero, con su modo amable, el anciano finalmente se la dijo. 'Al principio pensé que Bill podría ser una de las excepciones; debido a su gran deseo de dejarla, a su carácter e inteligencia, pensé que podría ser uno de esos pocos. Pero ahora su hábito de beber se ha convertido en una obsesión, demasiado profunda para que la supere, y el efecto físico en él también es muy serio, porque está mostrando síntomas de daño mental. Esto es cierto, aún cuando no ha sido hospitalizado muchas veces. En realidad, temo por su cordura si sigue bebiendo'.

Entonces", dijo Bill, "Lois le preguntó: '¿Exactamente que quiere decir esto, doctor?'

El anciano respondió lentamente: 'Quiere decir que tendrá que recluirlo, encerrándolo en algún lugar, si es que va a permanecer cuerdo, o incluso vivo. Posiblemente no podrá continuar otro año de esta manera'.

Esta era mi sentencia, aunque ninguno de ellos me lo dijo en tantas palabras", recordó Bill, "pero no necesitaba que me lo dijeran, ya que en mi corazón lo sabía. Este fue el final de la línea. Llegué a estar mucho más asustado, confuso y desconcertado que nunca. Durante largas horas, pensé sobre mi vida pasada; ¿cómo y por qué pude haber llegado a ésto? Excepto por mi manera de beber, Lois y yo habíamos tenido juntos una vida maravillosa, toda mi carrera había estado llena de emociones e interés y, no obstante, aquí estaba, endemoniado por una obsesión que me condenaba a beber contra mi voluntad y por una sensibilidad corporal que, en el mejor de los casos, me garantizaba la locura.

Esta vez, dejé el hospital realmente invadido por el terror. Evité tomar teniendo un extremo cuidado de buscar sugerencias, de repasar una y otra vez los consejos y la información que me dio el Dr. Silkworth. Gradualmente, las semanas se volvieron meses; poco a poco, cobré ánimo; incluso fui a Wall Street y conseguí hacer unos tratos de poca importancia que llevaron a casa algún dinero, y se empezó a restaurar la muy destrozada confianza que tenían en mí uno o dos de los amigos que tenía ahí. Las cosas se veían mejor, mucho mejor".

Bill iba a tener una última y gran batalla contra la bebida, que sería una batalla sangrienta, pulverizante. Empezó el Día del Armisticio.

"El miedo se iba volviendo más intenso y no me tenía que esfozar mucho para resistir. Empecé a hablar a la gente acerca del alcoholismo y, cuando me ofrecían un trago, les daba la información como defensa y también como una justificación de mi conducta anterior. La confianza iba aumentando.

Transcurría el Día del Armisticio en 1934. Lois tenía que ir a la tienda de departamentos en Brooklyn en donde trabajaba; pensé en ir a jugar golf, no lo había jugado desde hacía mucho. La cartera de la familia tenía poco dinero, así que sugerí a Lois que yo podría ir a Staten Island, en donde había un campo de golf público. No pude ocultar del todo su recelo, pero se las arregló para decir alegremente: 'Claro, por favor, ¡será maravilloso!' Pronto crucé el río en el transbordador y me encontré sentado en el autobús, al lado de un hombre con un rifle para tirar a blancos volátiles. Eso me trajo el recuerdo de aquel Remington de un sólo cartucho que me regaló mi abuelo cuando tenía 11 años, y empezamos a hablar de la tirada.

Repentinamente, chocó con el nuestro un autobús que venía detrás; el impacto no fue grande, no hubo mucho daño y mi amigo y yo nos bajamos al pavimento a esperar el próximo. Todavía estábamos hablando de las armas de tiro, cuando nos dimos cuenta de algo que se parecía a las tabernas clandestinas. Me dijo. '¿Qué tal un traguito?'

Respondí, 'Excelente, vamos'. Entramos al lugar y ordenó un escocés; sin forzarme, ordené un ginger ale.

'¿No bebes?' me dijo.

'No', le respondí, 'soy una de esas personas que no puede manejarlo', y luego hablé largamente de la alergía y la obsesión, entre otras cosas; le conté acerca de la época terrible que pasé con el licor y cómo había terminado con él para siempre. Con mucho cuidado le expliqué toda la enfermedad.

Pronto estuvimos sentados en otro autobús que nos bajó en frente de una taberna del campo, ya muy adentro de la isla. Yo iba al cercano campo de golf y él iba a tomar otro autobús hacia el campo de tiro. Pero era mediodía, así que dijo: 'Entremos y comamos un sandwich; además, me agradaría tomar un trago'. Nos sentamos en la barra; como ya he dicho, era el Día del Armisticio y el lugar estaba repleto, al igual que los clientes; llenaba la sala el murmullo familiar de un gentío que está bebiendo. Mi amigo y yo continuamos nuestra plática, todavía sobre el asunto del tiro. Sandwiches y ginger ale para mí, sandwiches y otro trago para él.

Ya casi estábamos dispuestos a irnos cuando mi mente se regresó al Día del Armisticio en Francia, a todo el éxtasis de aquellas horas. Recordé cómo habíamos ido todos al pueblo; ya no oía lo que decía mi amigo. De pronto, el cantinero, un irlandés voluminoso y rubicundo, se puso frente a nosotros con aspecto radiante; en cada mano tenía un trago. 'Tomen una por cuenta de la casa, muchachos', gritó, 'es el Día del Armisticio'. Sin dudar un instante, tomé el vaso de licor y me lo bebí.

Mi amigo me miró horrorizado. 'Dios mío. ¿Es posible que te puedas tomar un trago después de lo que acabas de decirme? Debes estar loco'.

Y mi única respuesta fue: 'Sí, lo estoy'.

A la mañana siguiente, alrededor de las cinco, Lois me encontró inconsciente en el vestíbulo del 182 de Clinton Street. Me había caído contra la puerta y estaba sangrando mucho de una herida profunda en el cuero cabelludo. En mi mano todavía aferraba el asa de la bolsa de los palos de golf. Cuando recuperé la conciencia, no se dijo gran cosa; en realidad, no había nada qué decir. Ambos tocamos el fondo más bajo de todos los tiempos".

Después del fiasco del Día del Armisticio, Bill se metió sin esperanza ni ánimo en una especie de borrachera contínua, sin fondo; ya no hacía ningún intento de salir de la casa, excepto para reponer sus existencias; se pasaba el tiempo escribiendo cartas insultantes o sarcásticas a personas importantes cuyas políticas desaprobaba. Los políticos eran sus blancos favoritos, en particular el Presidente Roosevelt.

Así se encontraba Bill en una inhóspita mañana de noviembre de 1934, cuando sonó el teléfono. Tomó el auricular y escuchó la voz familiar de su buen amigo de bebida Ebby T. No se habían visto desde hacía cinco años, cuando juntos "inauguraron" el aeropuerto de Manchester.

Ebby estaba en Nueva York y había oído sobre la última dificultad de Bill. ¿Podría ir a Brooklyn para verlo?

Dos noches después, Ebby y Bill estaban sentados ante la mesa de la cocina en Clinton Street 182; entre ellos estaba una jarra de ginebra y jugo de piña, pero Bill estaba bebiendo solo. (A éste no agradaba mucho el jugo de piña con su ginebra, pero pensó que Lois se disgustaría menos si llegaba y los encontraba bebiéndola sola).

Ebby se veía diferente; tenía un nuevo aspecto y Bill lo notó en el momento que, en la puerta, dio la bienvenida a su amigo. Secretamente se había alegrado de no tener que compartir su preciosa ginebra, y también se encontraba sorprendido. Surgió su curiosidad y le preguntó: "Ebby, ¿qué es lo que te pasa? ¿Qué significa todo esto?"

Mirando directamente a Bill a través de la mesa, Ebby respondió: "Tengo religión".

Posteriormente, Bill dijo que muy bien Ebby podría haberlo golpeado en la cara con un estropajo mojado. "Tener religión" era la última cosa que le interesaba a Bill, aunque algunos años antes había hecho un intento de estudiar Ciencia Cristiana, como ayuda para fortalecer su fuerza de voluntad.

A pesar de todo, evidentemente a Ebby le estaba funcionando la religión. Lo último que Bill había oído de Ebby era que estaba a punto de ser internado en el manicomio del Estado en

Brattleboro y en lugar de eso estaba ahí en la propia cocina de Bill, sobrio y mostrando una confianza que no había exhibido en años. Bill tenía que saber más.

Lo que Ebby contó a Bill esa noche fue una historia dramática, casi increíble.

Durante más de cinco años, a partir de que ambos habían hecho su famoso vuelo en aeroplano al nuevo aeropuerto de Manchester, Ebby, al igual que Bill, se había estado deteriorando. "En Albany tuve que ser reprendido varias veces por las autoridades locales [por] beber demasiado". "Mi hermano era un hombre prominente en la ciudad y no le estaba haciendo ningún bien, así que, en el otoño de 1932, salí de Manchester y viví en la posada Battenkill Inn, aproximadamente durante dos años. Y por supuesto, ahí la bebida siguió aumentando de la misma manera".

El propietario de la posada estaba preocupado por Ebby. Justo antes de Navidad, mandó a su propio hijo y a Ebby a las montañas, a una de las cabañas vacantes de la compañía maderera local, para trabajar en los alrededores y ayudar a mejorar el Sendero de la Montaña Green. "Con los galgos hicimos algunas cacerías de conejos, fuimos y trazamos senderos y alguno de los muchachos iba con nosotros los fines de semana". Recordó Ebby. "Ahí no había licor, aunque en el camino de ida compré dos medios litros de ginebra que consumí la primera noche y eso fue todo lo que tomé".

Permaneció en las montañas durante seis meses, todo el tiempo sin beber. Al regresar a Manchester, continuó sin beber durante otros dos o tres meses, "cuando me caí otra vez del tren de la sequedad". Mientras tanto, su amigo el posadero había muerto de un ataque al corazón.

Ebby se mudó a un campo turístico y después, a solicitud de uno de sus hermanos, volvió a abrir la casa de la familia. Ya no estaba la mayor parte de los muebles, pero fue capaz de arreglar su propio dormitorio de la infancia, y ahí se quedó, "bebiendo mucho, viviendo solo y cavilando melancólicamente, pensando en cosas todo el tiempo".

Tenía razón para cavilar; el dinero de la familia se había ido y la casa vacía era un triste recuerdo de lo que había sido una vez. Quizá en un intento de restaurar las cosas a su anterior condición, decidió pintar la casa. "Teníamos ahí una escalera de buen tamaño; pero, por la bebida, estaba tan tembloroso, que no podía hacerlo. Estaba bien en los tres o cuatro primeros peldaños de la escalera, pero a partir de ahí, no podía hacer nada".

En julio de 1934, mientras Ebby estaba intentando terminar su trabajo de pintura, llegaron a verlo unos amigos. "Habían oído que yo estaba mal", recordó Ebby. "Ya había tenido roces con la ley un par de veces y en cada ocasión me habían multado con cinco dólares. Se me dijo que si se me volvía a arrestar, podría irme mal: seis meses en la prisión de Windsor".

Dos de los visitantes de Ebby, Shep y Cebra, alguna vez habían bebido mucho con Ebby; pero ahora, "dijeron que habían ido corriendo al Grupo Oxford y oído ahí algunas cosas muy sensatas, basadas en la vida de Cristo, de los tiempos bíblicos", expresó Ebby. "Realmente era un movimiento más espiritual que religioso; escuché lo que tenían que decirme y me impresioné mucho, ya que era lo que me habían enseñado cuando era niño y que internamente creía, pero que había dejado a un lado".

La que hizo impresión más profunda en Ebby, fue la experiencia del tercer visitante, Rowland H. Era de una familia prominente de Rhode Island, propietaria de molinos, y más tarde llegó a ser uno de los directores principales de una compañía de productos químicos. "Me impresionó mucho su carrera de bebedor, que consistió en borracheras prolongadas, en las que viajó por todo el país; y también me impresionó el hecho de que era buen tipo. La primera vez que fue a verme me ayudó a limpiar el lugar; todo era un enredo y me ayudó a ordenarlo, y permaneció conmigo desde el principio hasta el final".

Rowland estaba tan preocupado acerca de su propia manera de beber que se fue a Suiza a ponerse bajo los cuidados de Carl Jung, el psiquiatra. Este lo trató alrededor de un año, pero cuando dejó a Jung, pronto se emborrachó. Regresó a él para un tratamiento más, pero le dijo que sería inútil. En la opinión de Jung, lo único que ahora podía ayudar a Rowland a liberarlo de su adicción era un "despertar espiritual". Cuando Rowland alegó que ya creía en Dios, Jung le respondió que creer no era suficiente; con objeto de tener la experiencia religiosa vital que él, Jung, creía que se necesitaba, sugirió a Rowland que se aliara a algún movimiento religioso. Este, impresionado por la sencillez de las primeras enseñanzas del Cristianismo como las recomendaba el Grupo Oxford, se volvió uno de sus miembros y, por medio de esa alianza, encontró la sobriedad que había buscado tanto tiempo y tan arduamente.

Rowland, afirmó Ebby, había tenido una adoctrinación completa (en las enseñanzas del Grupo Oxford). "De éstas me transmitió todo lo que pudo. Se sentaba y trataba de que elimináramos cualquier pensamiento del mundo material y viéramos si podíamos encontrar el mejor plan para nuestras vidas para ese día y siguiéramos cualquier guía que nos llegara".

Rowland grabó en él los cuatro principios del Grupo Oxford: honestidad absoluta, pureza absoluta, desinterés absoluto, amor absoluto. "En particular recomendaba fuertemente la honestidad absoluta", dijo Ebby; "honestidad contigo mismo, honestidad con tus semejantes, honestidad con Dios. Y él mismo seguía estas cosas y, de esa manera, con su ejemplo, me hizo creer en ellas otra vez como cuando era joven".

Ebby fue capaz de completar de pintar la casa con la ayuda de un contratista local (que probablemente pagó el hermano de Ebby). Cuando estuvo terminada, no tenía nada qué hacer. "Me fui derecho de regreso a la botella", expresó.

"Un día estaba lloviendo mucho y se me ocurrió ver hacia afuera y vi cuatro o cinco pichones que habían descendido sobre el techo. No me gustó —por la pintura reciente— así que tomé la escopeta de dos cañones y salí. El pasto estaba resbaloso, ya que había estado lloviendo mucho; me senté y desde esa posición, empecé a disparar sin interrupción sobre los pichones. A los vecinos no les gustó y se quejaron a alguien, así que al día siguiente, me fueron a buscar, pero estaba profundamente dormido y no pudieron agarrarme".

Al otro día, al arrestarlo, llevaron a Ebby al juzgado en Bennington y le ordenaron que se presentara de nuevo el lunes siguiente. En este momento fue cuando Rowland intercedió ante el juez y le dijo que él, Rowland, sería el responsable de Ebby.

Con la ayuda de Rowland, Ebby cerró la casa familiar en Manchester y, durante un tiempo, estuvo de huésped en la casa de Rowland en Shaftsbury, a 25 kilómetros al sur de Manchester;

luego fue a vivir a la Ciudad de Nueva York, en donde se quedó con Shep durante un tiempo y después se fue a vivir con uno de la "hermandad", que dirigía la Misión Episcopal del Calvario en la Calle 23. Mientras estaba hospedado ahí y trabajando con el Grupo Oxford, se enteró de la situación desesperada de Bill.

Bill escuchó atentamente cuando Ebby habló del cambio que había llegado a su vida. Como lo recordó Bill, Ebby subrayó especialmente la idea de que había estado sin esperanza. "Me dijo cómo se había vuelto honesto acerca de sí mismo y de sus defectos, cómo había estado haciendo restituciones en dónde era debido, como había intentado practicar un dar que se caracterizaba por no exigir nada en pago para uno mismo", manifestó Bill. "Luego, corriendo mucho riesgo, tocó el tema de la oración y de Dios; dijo francamente que esperaba que me desanimara ante esos conceptos". Pero Ebby prosiguió diciendo que cuando había intentado la oración, incluso experimentalmente, el resultado era inmediato: No sólo había sido liberado de su deseo de beber —algo muy diferente de estar en el tren de la sequedad— había encontrado la paz mental y una felicidad de una clase que desde hacía años no experimentaba.

Ebby había narrado su sencilla historia, sin una pizca de evangelismo. Aunque Bill continuó bebiendo, la visita de Ebby ocasionó que algo cambiara dentro de él. "Lo bueno de lo que había dicho se adhirió a mí tan bien que, a partir de ahí, en ningún momento que estuve despierto pude apartar de mi mente a ese hombre y su mensaje", recordó. Pronto estuvo hablando con Lois acerca de la visita de Ebby, al llegar ella a casa después del trabajo.

Conforme pasaban los días, Bill continuó bebiendo y se trabó en un diálogo interior consigo mismo. Admitió que, para él, tenía sentido un inventario despiadado, sin importar lo difícil que pudiera ser esa honestidad, pero la plática de Ebby sobre Dios contradecía todo aquello en lo que Bill creía. Recordó los momentos de gran intensidad espiritual —uno de ellos era la experiencia en la Catedral de Winchester— pero no podía aceptar lo que enseñaban las organizaciones religiosas del mundo.

El único hecho que no podía negar —y al que no podía escapar— era que Ebby estaba sobrio, mientras que él, Bill, estaba borracho.

Ebby regresó pocos días después y trajó con él a Shep C. Este, un miembro activo del Grupo Oxford, le entregó a Bill un mensaje sin rodeos: "Me dio del Grupo Oxford, agresivamente y con toda la fuerza que él tenía y esto no me gustó en lo absoluto. Cuando se fueron, tomé la botella y de verdad la desquité", expresó Bill. Secretamente se preguntaba qué tan bebedor había sido en realidad Shep.

Para Bill, el momento de decisión llegó una tarde a principios de diciembre. En un estado de ánimo sensiblero, de lástima por sí mismo, decidió hacer su propia investigación de la misión de Ebby, en la Calle 23. Salió del metro lejos de la misión y en su camino hacia ella tuvo que pasar frente a varios bares; así que hizo varias paradas y, a la caída de la noche, estaba bebiendo con un finlandés llamado Alec. "Dijo que en su país había sido fabricante de barcos y también pescador", recordó Bill. "De alguna manera, la palabra 'pescador' me volvió a la realidad y recordé la misión, ya que ahí encontraría 'pescadores de hombres'. Pareció ser una idea maravillosa".

El destino de Bill era la Calle 23 Este 246, cerca de la esquina suroeste de la segunda Avenida. Era la misión de rescate dirigida por la Iglesia del Calvario de Sam Shoemaker, en la Cuarta Avenida (llamada ahora Park Avenue South) y la Calle 21 Este, cerca de Gramercy Park. La iglesia también dirigía un muy respetable albergue llamado Casa del Calvario, anexo a la iglesia misma; pero, el de la Calle 23, era el que tenía por objeto ayudar a los desamparados. (Entre 1926 y 1936, se dice que más de 200,000 hombres visitaron la misión). Los hombres sin hogar, que se albergaban y alimentaban ahí, se llamaban a sí mismos "la hermandad", un término que Ebby había empleado.

Billy D., un miembro de la hermandad que era auxiliar del superintendente de la misión, recordó la visita de Bill:

"El día en que Bill Wilson llamó en la Misión del Calvario, Spoons Costello estaba en la cocina y más o menos era el responsable, ya que yo estuve fuera toda la tarde. Esa tarde vino dos o tres veces, preguntándome por Ebby T. Spoons, me habló acerca de él cuando llegué aproximadamente a la hora de la cena, que era a las 5:00 p.m. cada día; me dijo que un hombre alto, usando un traje caro, muy borracho y acompañado de un desamparado, llegaba y cada vez hacía tanto ruido que Spoons no le permitió entrar. En esa época Spoons era nuestro cocinero".

En cuanto al traje "caro" de Bill, era uno de Brooks Brothers que la madre de Lois había encontrado en una venta con fines benéficos. Era 1934, estaba la Depresión y el lugar era una misión para indigentes.

Continuó Billy:

"Le pregunté a Spoons si le había dicho al tipo acerca de la reunión de cada noche y me dijo que sí. Cuando empezó la reunión, Bill estaba en el piso de abajo en la capilla, acompañado por J., un sueco que, a juzgar por sus ropas, había sido vagabundo durante algún tiempo.[4] John Geroldsek, uno de los hermanos que no vivía en la misión, estaba en la tribuna y a cargo de la reunión. La hermandad tenía turnos para conducir las reuniones, seleccionar la lección de la Biblia, los himnos y luego iniciar con su propio testimonio. Geroldsek acababa de terminar con la Biblia y empezaba a dar testimonio, cuando Bill se levantó de entre el auditorio o congregación y comenzó a caminar por el pasillo hacia la tribuna".

Bill recordó que Tex Francisco, un exborracho, estaba ahí cuando llegaron Alec y él. "No sólo dirigía la misión, sino que propuso corrernos de ella", refirió Bill; "esto me dolió mucho, cuando pensé en nuestras buenas intenciones.

Justo entonces, se presentó Ebby, que sonreía mostrando los dientes como un gato Cheshire. Dijo: '¿Qué les parece un plato de frijoles?' Al terminarlo, Alec y yo teníamos mayor claridad en la mente. Ebby informó que muy pronto habría una reunión en la misión. ¿Nos gustaría ir? Seguro, iríamos, para eso nos encontrábamos ahí. Pronto estábamos sentados los tres en uno de los duros bancos de madera que llenaban el lugar; me estremecí un poco al ver el auditorio de gente mal cuidada; podía oler el sudor y el alcohol. Cuál era su sufrimiento, lo sabía muy bien.

Hubo himnos y oraciones. Tex, el líder, nos exhortó; sólo Jesús puede salvar, afirmó; algunos hombres se levantaron y dieron testimonio. Insensible como estaba, sentí surgir interés y emoción. Luego vino la llamada; los penitentes empezaron a caminar hacia el barandal. Impelido incontrolablemente, también caminé, arrastrando a Alec conmigo. Ebby me alcanzó a tomar por el faldón del saco, pero era demasiado tarde.

Pronto estuve arrodillado entre penitentes sudorosos y malolientes. Quizá ahí entonces, por vez primera, yo también era penitente. Algo me tocó. Supongo que fue más que eso. Me golpeó. Sentí un incontrolable impulso por hablar y poniéndome de pie de un salto, empecé.

Después de eso, nunca pude recordar qué dije; sólo sé que fue con seriedad y la gente pareció prestarme atención. Después, Ebby, que había estado asustado mortalmente, me dijo con alivio que lo había hecho bien y que había entregado mi vida a Dios".

Billy D. recordó el incidente de una manera un poco diferente:

"Cuando Bill empezó a caminar por el pasillo, yo estaba sentado en la parte posterior con los hombres de la hermandad que se encontraban presentes. A los nuevos los sentábamos al lado derecho del local; por nuevos, quiero decir aquéllos que no habían hecho su limpieza; ya que a Bill lo acompañaba su amigo J., estaba sentado con el grupo de la derecha. Le pedí a dos de los hermanos que fueran y a su vez le pidieran que se sentara, pero no les hizo caso y caminó hasta el frente del salón cerca de la tribuna. Geroldsek se enojó por la interrupción; era un hombre corpulento y su ocupación era pintor de casas. Fui por el pasillo hasta el frente y le hablé a Bill, le pedí que se sentara; dijo que no, que no lo haría; todo el día había estado intentando decir algo en este lugar y ahora nadie iba a detenerlo. Al ver que no podía calmarlo, le pedí a Geroldsek que se sentara y dejara hablar a Wilson.

[Entonces] le dije a Bill que, por lo común, primero teníamos el testimonio desde la tribuna y luego abríamos la junta, de manera que cualquiera pudiera dar testimonio desde su lugar; pero, al ver que estaba determinado a hacerlo, abriríamos inmediatamente la junta y podría decir lo que estuviera en su mente.

Bill nos dijo que la noche anterior había estado en la Iglesia del Calvario y vio que Ebby T. se levantó y dio testimonio desde el púlpito, del hecho de que, con la ayuda de Dios, había estado sobrio durante varios meses. Bill dijo que si Ebby T. pudo obtener ayuda ahí, estaba seguro que él necesitaba ayuda y también podría obtenerla en la misión. Cuando al terminar hizo la invitación, Bill y J. pasaron adelante y se arrodillaron. Cuando se levantaron, sugerí que J. pasara al piso alto; pero, ya que Bill se veía próspero en contraste con los clientes habituales de nuestra misión, se estuvo de acuerdo en que se fuera al Towns, donde Ebby T. y otros del Grupo [Oxford] podrían hablar con él".

Pero Bill todavía no estaba listo del todo y bebió durante otros dos o tres días. Sin embargo, ir a la misión había sido más que un impulso de borracho y meditó sobre la experiencia. En la atmósfera cargada del salón de reuniones, había estado consciente de profundas sensaciones; pero, una vez más, peleó contra esos sentimientos, apartándolos rápidamente, ya que iban contra la razón y la educación, aunque la razón también le dijo que su enfermedad lo había dejado tan impotente como una víctima del cáncer. Si tuviera cáncer y en la recuperación estuviera incluido rezar a medio día con otros sufrientes en una plaza pública, ¿no lo haría? ¿Cuál era la diferencia respecto al alcoholismo? También era una especie de cáncer. Era cierto que estaba destruyendo su mente y su cuerpo . . . y su alma, si es que había algo así. No hay mucha diferencia, admitió silenciosamente Bill. Finalmente empezó a ver con claridad su alcoholismo, como una condición de impotencia y sin esperanza.

Sintió un fuerte deseo de regresar al hospital con el Dr. Silkworth y, dejando una nota para Lois, salió hacia el Towns. Sólo tenía seis centavos, lo cual le dejaba uno después de pagar la tarifa del metro. En el camino, se las arregló para obtener cuatro botellas de cerveza, en una tienda de comestibles en la que tenía algún crédito; cuando llegó al hospital, se había terminado tres de ellas. El Dr. Silkworth lo encontró en el vestíbulo.

Bill estaba muy animado. Blandiendo la botella, le anunció que había "encontrado algo". Silkworth recordó que Bill estaba leyendo dos libros de filosofía, en los cuales esperaba encontrar nueva inspiración. Era el 11 de diciembre de 1934, un mes exacto después de que había empezado a beber otra vez.

Recibió el tratamiento que entonces se acostumbraba en el Towns: barbitúricos para sedarlo y belladona para disminuir los ácidos del estómago.

Al desvanecerse los efectos del alcohol —no había sido una de sus peores borracheras continuadas— cayó en la depresión profunda y en la rebelión. Quería la sobriedad que había encontrado Ebby, pero no podía creer en el Dios del que éste le había hablado. Las sensaciones que había experimentado con el alcohol, se habían desvanecido con el alcohol.

A los pocos días lo visitó Ebby y una vez más hablaron como lo habían hecho ante la mesa de la cocina. La visita de Ebby hizo que momentáneamente Bill se sintiera menos deprimido, pero después de que se fue, Bill cayó en una profunda melancolía. Estaba lleno de culpa y remordimiento por la manera en que había tratado a Lois, que con firmeza había permanecido a su lado, de principio a fin. Pensó en los extraordinarios momentos que compartieron en los acantilados de Newport la noche anterior a que embarcara hacia Inglaterra, en los viajes de campamento, en los años maravillosos en que fueron unos vagabundos en la motocicleta, en los triunfos y fracasos en Wall Street. Pensó acerca de la Catedral de Winchester y en el momento en que casi había creído en Dios.

Ahora, Lois y él estaban esperando el final; ahora, no quedaba nada por delante, más que muerte y locura; este era el final, era el "trampolín". "La horrible oscuridad se había vuelto completa", dijo Bill. "En la agonía del espíritu, una vez más pensé en el cáncer del alcoholismo que ahora me había consumido la mente y el espíritu y pronto el cuerpo". Ante él se abría el abismo.

En su impotencia y desesperación, Bill gritó: "¡Haré cualquier cosa, cualquier cosa en absoluto!" Había alcanzado un punto de desinfle total, extremo, un estado de rendición completa, absoluta. Sin fe ni esperanza, gritó: "¡Si hay un Dios, que se manifieste!"

Lo que sucedió a continuación fue electrizante: "De pronto, mi cuarto resplandeció con una indescriptible luz blanca. Se apoderó de mí un éxtasis más allá de toda descripción. Toda la alegría que había conocido era tenue en comparación con ésto. La luz, el éxtasis ... durante un tiempo no estuve consciente de nada más.

Luego, visto con los ojos de la mente, estaba ahí una montaña y yo estaba de pie en su cumbre, en donde soplaba un gran viento, que no era de aire, sino de espíritu; con una fuerza grande y pura, soplaba a través de mí. Entonces llegó el pensamiento resplandeciente: 'Eres un hombre libre'. No sé en absoluto cuánto tiempo permanecí en este estado; pero, por último, la luz y el éxtasis descendieron gradualmente y de nuevo vi la pared de mi cuarto. Al estar más calmado, me embargó una gran paz, acompañada de una sensación difícil de describir. Llegué a estar gradualmente consciente de una Presencia que parecía un verdadero mar de espíritu vivo. Reposé en las playas de un mundo nuevo. 'Esto', pensé, 'debe ser la gran realidad, el Dios de los predicadores'.

Saboreando mi nuevo estado, permanecí en él durante largo tiempo. Parecía que estaba poseído por el absoluto y se profundizó la curiosa convicción de que, sin importar qué tan equivocadas parecieran estar las cosas, no había ninguna duda de la realidad fundamental del universo de Dios. Por primera vez, sentí que realmente pertenecía; supe que era amado y a mi vez podía amar. Agradecí a mi Dios, que me había dado un vislumbre de su Yo absoluto. Incluso, aunque era un peregrino en un camino incierto, no necesitaba preocuparme más, porque había vislumbrado el gran más allá".

Bill Wilson acababa de cumplir 39 años y todavía tenía la mitad de su vida por delante. Siempre dijo que después de esa experiencia, nunca volvió a dudar de la existencia de Dios. Nunca tomó otro trago.

---

1. La Prohibición Nacional estuvo en efecto en E.U.A. durante 14 de los años en que Bill bebió. Empezó el 17 de enero de 1920 y terminó el 5 de diciembre de 1933.

2. Desde que Silkworth formuló su teoría, muchos proyectos de investigación se han enfocado sobre las bases metabólicas y posiblemente genéticas, para tener una predisposición al alcoholismo; por ejemplo, en un estudio de la Escuela de Medicina de Harvard: "Los científicos han encontrado en la sangre de los hombres que sufren de alcoholismo severo, una sustancia que parece que no la producen los no alcohólicos en su disposición metabólica, del alcohol". En la Universidad de California, en San Francisco, un estudio que incluía células cerebrales aisladas condujo a los investigadores a sospechar "una anormalidad en la función de la membrana celular de la gente predispuesta al alcoholismo".

3. Shep recordó la reunión con Bill. Dijo que Ebby y él habían asistido a la iglesia, de manera que habían tenido juntos un "tiempo de silencio", una práctica del Grupo Oxford y, en el tiempo de silencio, le llegó a Ebby la idea de que debían visitar a Bill. Siendo el único de los tres que tenía un trabajo, Shep llevó a Ebby, Lois y Bill a cenar a Manhattan.

4. El mismo hombre llamado "Alec el finlandés".

Capítulo Seis

La duda hizo ahora su inevitable aparición, la experiencia había sido demasiado hermosa. Bill empezó a temer que hubiera estado alucinando y llamó al Dr. Silkworth.

Silkworth se sentó pacientemente al lado de la cama mientras Bill le decía lo que había sucedido. "Todo había sido tan increíble, que todavía temía transmitir el pleno impacto de ello", recordó Bill, "pero los hechos esenciales, suavizándolos en cierta manera, emocionalmente, se los relaté". Finalmente Bill hizo la pregunta que le estaba molestando en su mente: "Doctor, ¿ésto es real? ¿Todavía estoy completamente cuerdo?"

Bill agradeció siempre a Silkworth la respuesta: "Sí, mi muchacho, estás cuerdo, completamente cuerdo, según mi juicio. Has sido sujeto de alguna gran vivencia psíquica, algo que yo no comprendo. En los libros he leído de cosas así, pero nunca he visto antes una por mí mismo. Has tenido una especie de conversión espiritual. Sea la que fuere la experiencia", dijo, "ya eres un individuo diferente, así que, mi muchacho, mejor te aferras a lo que tienes ahora; es mucho mejor a lo que tenías hace sólo un par de horas".

Viniendo de Silkworth, ahora una figura central en la vida de Bill, esta evaluación significaba todo. Puso la garantía en la experiencia de Bill, haciéndola aceptable para la parte de su mente, que había discutido por mucho tiempo y arduamente, contra la idea de Dios.

Ebby, que llegó a verlo al tercer día, no estaba del todo preparado para la descripción de Bill sobre lo que le había sucedido; él no había visto luces brillantes ni estado de pie en la cumbre de una montaña, pero llevó a Bill un libro que le ofreció una clarificación más amplia. Era "Las Variedades de la Experiencia Religiosa", de William James; Ebby no la había leído, pero se lo habían recomendado los miembros del Grupo Oxford.

Bill dijo que empezó a leerlo, al momento que Ebby se fue, y era difícil seguirlo. James, un profesor de Harvard y padre fundador de la psicología estadounidense, había hecho un análisis detallado de un amplio número de experiencias religiosas o de conversión. El material había sido desarrollado, en primer lugar, para la serie de Conferencias de Gifford, en Edimburgo, en 1901 y 1902. "Tenía una percepción del tipo más agudo, acompañada de una comprensión humanitaria", recordó Bill. El objetivo de James era mostrar que estas experiencias de conversión tenían validez y valor.

Conforme lo leía Bill, sus propios poderes de razonamiento le ayudaron a extraer algunas ideas importantes del denso e intrincado texto. Vio que todos los casos descritos por James tenían ciertos denominadores comunes, a pesar de las diversas formas en que se habían manifestado. Para Bill, estas percepciones llegaron a ser importantes para pensar acerca de la situación del alcohólico y de su necesidad de ayuda espiritual. (Posteriormente diría que James, a pesar de llevar largo tiempo en la tumba, había sido un fundador de Alcohólicos Anónimos). De los tres denominadores comunes en las historias de los casos, el primero era la calamidad; cada una de las personas descritas por James había enfrentado la derrota completa en alguna área vital de su vida; todos los recursos humanos habían fracasado para resolver sus problemas; cada una de las personas había estado completamente desesperada.

El siguiente punto común era la admisión de la derrota. Cada uno de los individuos reconocía su propia derrota como completa y absoluta.

El tercer denominador común era recurrir a un Poder Superior. Este grito pidiendo ayuda podía tomar muchas formas y podría ser o no ser en términos religiosos.

Las respuestas variaban de la misma manera. Algunos tenían experiencias relampagueantes, como la de San Pablo en el camino de Damasco; otros tenían experiencias de transformación lenta, gradual. Sin embargo, cualquiera fuera el tipo de la experiencia, llevaba al sufriente a un nuevo estado de conciencia y así abría el camino para la liberación de los viejos problemas.

Así como Silkworth le dio a Bill la información que necesitaba para comprender su propio alcoholismo, James le dio el material que necesitaba para comprender lo que acababa de sucederle, y también lo hizo en una forma que era aceptable para Bill. Bill Wilson, el alcohólico, ahora tenía ratificada su experiencia por un profesor de Harvard, que algunos consideraban como *el padre* de la psicología estadounidense.

¿Cómo respondió Lois a su nueva condición? Cuando llegó a casa y encontró su nota diciendo que se había ido de nuevo al Towns, se enojó. ¿Quién iba a pagar la cuenta? ¿Qué bien le haría, de cualquier manera? Se emborracharía al minuto de salir. Esos fueron sus pensamientos, cuando iba en el metro hacia el Towns.

Sus preguntas tuvieron respuesta dijo, al momento de verlo. "Supe que algo abrumador sucedió", recordó. "Sus ojos estaban llenos de luz. Todo su ser expresaba esperanza y alegría. A partir de ese momento compartí su confianza en el futuro".

Y, por fin, sí tenían un futuro. Era un final maravilloso a un año aciago, un año en el que Bill había estado hospitalizado cuatro veces. La depresión continuaba todavía, la carrera de Bill estaba en ruinas, ni siquiera sabían de cierto cuánto tiempo podrían seguir viviendo en Clinton Street, pero Bill y Lois estaban inspirados profundamente por el respeto a la nueva idea poderosa, que había cambiado sus vidas en una fracción de segundo.

Incluso, mientras permanecía el éxtasis de su experiencia en la cumbre de la montaña, Bill reflexionaba acerca del por qué había recibido un regalo así de la gracia, por qué había sido liberado, cuando incontables sufrientes antes que él "igual de deteriorados, se volvieron locos y finalmente murieron. La diferencia entre estos casos y el mío residía en la relación con mi amigo Ebby, que él mismo fue una vez un alcohólico sin esperanza; como un individuo que sufría, sí podía identificarse conmigo y así lo hizo, como ninguna otra persona pudo hacerlo. Como un residente reciente en el extraño mundo del alcoholismo, podía en el recuerdo volver a entrar y permanecer a mi lado en la cueva en donde estaba, mientras que todos los demás tenían que permanecer en el exterior mirando hacia adentro; pero él pudo entrar, tomarme de la mano y confiadamente guiarme hacia afuera". Lo que es más, expresó Bill: "El era la prueba viviente de todo lo que había proclamado. Nada teórico ni de segunda mano al respecto".

Reflexionando, Bill se dio cuenta de que un vasto número de alcohólicos podía recuperarse al aceptar las mismas ideas que Silky y Ebby le habían transmitido. Empezó a pensar acerca de un movimiento de alcohólicos recuperados que ayudaría a otros alcohólicos.[1]

"En este punto mi entusiasmo llegó a no tener límites. Podría ponerse en movimiento una reacción en cadena, formando una fraternidad siempre creciente de alcohólicos, cuya misión sería visitar las cuevas de otros sufrientes más y llevarlos hacia la libertad. Al dedicarse cada uno a llevarle el mensaje a otro y, los que sean liberados, a otros más; una sociedad así podía crecer piramidalmente hasta proporciones tremendas, porque podían llegar hasta cada uno de los alcohólicos en el mundo, capaces de ser lo suficientemente honestos para admitir su propia derrota". Palabras visionarias y proféticas.

Su mente funcionaba de esa manera; podía captar el potencial de una idea que a otros les parecía insignificante. En Wall Street había mostrado consistentemente su capacidad para mirar el futuro, para ver oportunidades de crecimiento en situaciones aparentemente ordinarias. Tenía una mente e imaginación de hombre de negocios; le estimulaba el reto de desarrollar lo que era nuevo y diferente.

A estos atributos se sumaba ahora el lado espiritual de la naturaleza de Bill; siempre generoso, quería ayudar a que otros recibieran lo que a él le había dado de una manera tan gratuita. Se podría decir que las mejores cualidades de los Griffith

—perseverancia, imaginación, capacidad para hacer innovaciones— combinadas ahora con las mejores cualidades de los Wilson —inquietos, amigos de la compañía, humanitarios y generosos— para formar la ambición más noble de William Griffith Wilson.

Después de que Bill fue dado de alta del Towns el 18 de diciembre, Lois y él empezaron a asistir a las reuniones del Grupo Oxford, en la Casa del Calvario, anexa a la Iglesia Episcopal del Calvario. El rector, el Dr. Sam Shoemaker, era una figura destacada del Grupo Oxford. Con el tiempo, Bill llegaría a considerar a este hombre como uno de sus amigos personales más íntimos.

Las cosas empezaron bien para los Wilson. En las reuniones del Grupo Oxford encontraron la clase de entusiasmo y amistad que Bill describió como "maná del cielo". (Lois y él, probablemente, estaban experimentando lo que muchos de los alcohólicos enfermos de hoy y sus esposas, cuando llegan a Alcohólicos Anónimos por primera vez: calor, auxilio y una sensación de que por fin "salieron del frío"). Les impresionó e inspiró el éxito del Grupo Oxford para ayudar a que la gente cambiara sus vidas. "En la tribuna y fuera de ella, hombres y mujeres, viejos y jóvenes, narraban cómo se habían transformado sus vidas", recordó Bill.

Le pareció a Bill que en el Grupo Oxford casi no existían las barreras sociales, de clase y raciales, e incluso las diferencias religiosas se habían olvidado. "Se oía poco de teología, pero oíamos mucho de honestidad absoluta, pureza absoluta, desinterés absoluto y amor absoluto", los cuatro principios del Grupo Oxford. "La confesión, la restitución y la guía directa de Dios, subrayaban todas las conversaciones. Siempre estaban hablando sobre moralidad y espiritualidad, así como de estar centrados en Dios, en lugar de estar centrados en uno mismo".

Así es como Bill resumió el origen y el primer crecimiento del grupo:

"El Grupo Oxford era un movimiento evangélico no denominacional, simplificado para el mundo y así a la altura de su éxito muy considerable. El ministro luterano, Dr. Frank Buchman, lo había fundado diez o doce años antes. Entre sus primeros conversos estuvieron el Dr. Sam Shoemaker y otro clérigo, Sherry Day. Se pusieron de acuerdo en denominadores comunes sencillos, de todas las religiones, que fueran lo suficientemente potentes para cambiar las vidas de hombres y mujeres. Tenían la esperanza de iniciar una reacción en cadena: una persona llevando a otra la buena nueva; su objetivo sería la conversión, ya que todos, como lo dijeron, necesitábamos cambiar. Habían hecho su primer intento en el campus de Princeton entre los estudiantes.

Estando de acuerdo con James en el Nuevo Testamento, pensaron que las personas debían de confesar sus pecados 'uno al otro'.[2] Subrayando fuertemente esta clase de limpieza personal de la casa, llamaron al proceso 'compartir'. No sólo se confesaban las cosas, sino que había que hacer algo al respecto; por lo general esto tomaba la forma de lo que llamaban restitución, la restauración de las buenas relaciones personales al hacer reparaciones por los daños causados.

También eran muy apasionados de la práctica de la meditación y la oración, cuando menos una hora al día, y dos horas sería mejor. Sentían que cuando la gente empezaba a adherirse a estas altas normas morales, entonces Dios podía entrar y dirigir sus vidas. Bajo estas condiciones, todo individuo podía recibir una guía específica, que podía inspirar todas las decisiones y actos de su vida, grandes o pequeños. A continuación de la meditación y la oración, practicaban lo que llamaban un tiempo de silencio, pidiendo a Dios directivas específicas. Lápiz en mano, escribían lo que llegaba a sus mentes; se podía hacer esto a solas, con su familia o en compañía de un grupo de mentalidades similares al que se llamaba un 'equipo'. Esa forma de vida se recomendaba insistentemente a todos los que llegaban. Era un evangelismo muy dinámico y a veces muy agresivo".

Cuando, en 1931, Rowland H. salió adelante entre estos buenos individuos, el Grupo Oxford había empezado a recibir la atención del mundo. A todos los niveles de la sociedad, la gente estaba interesada en él; el grupo parecía ser capaz de cruzar con facilidad las líneas denominacionales y sociales. El entusiasmo y el poder real de la sociedad eran inmensos. Al principio de su existencia, al movimiento se le llamó la Fraternidad Cristiana del Primer Siglo. (A finales del decenio de 1930, el Dr. Bob, cofundador de A.A., y otros miembros de Akron, continuaron refiriéndose a ella de esa manera). En 1928 se convirtió en el Grupo Oxford y, en 1938, se cambio el nombre, por Rearmamiento Moral (M.R.A.)

Aunque Bill situó el origen del Grupo Oxford aproximadamente en 1920, la semilla se plantó, en realidad, en 1908 cuando Frank Buchman, nacido en Allentown, Pennsylvania, experimentó una notable transformación espiritual. Buchman, que había estado dirigiendo una casa para niños huérfanos en Filadelfia, renunció después de una amarga disputa con los depositarios. Alimentando sus resentimientos, salió hacia Inglaterra y ahí, en su infelicidad, fue sin propósito determinado a una asamblea religiosa en Keswick, en donde un sermón inspirado de un miembro del Ejército de Salvación le causó un profundo efecto. Su cambio fue tan dramático que se sentó y escribió cartas de reparación a sus depositarios anteriores, un paso que le trajo un gran alivio y alegría. Al compartir su experiencia con otros, pronto empezó a ver el cambio espiritual personal como una manera de sanar al mundo entero.

Buchman trabajó durante un tiempo como secretario de la Y.M.C.A. y, posteriormente, dio conferencias sobre el evangelismo personal en los campus de las universidades. Viajó por todo el mundo y, tanto él como la gente que reunió a su alrededor, llevaron el mensaje a países extranjeros. Sam Shoemaker, el rector de la Iglesia del Calvario, conoció a Buchman en China en 1918.

De acuerdo con Willard Hunter, un asociado cercano, Buchman no era un hombre atractivo físicamente y creía que Dios lo había hecho feo con un propósito. Tenía un talento para atraer e inspirar a otros y una habilidad única para lograr que la gente se abriera al compartir sus propias faltas entre ellos y, con frecuencia, podía sentir lo que estaba causando problemas a otros.

Buchman nunca se interesó específicamente en ayudar a los borrachos; aunque, por ejemplo, en Akron, al Grupo Oxford se le conoció desde sus inicios como un programa que podía funcionar

El Rev. Samuel Shoemaker ayudó a conducir a los primeros miembros hacia los principios espirituales contenidos en los Doce Pasos.

con los borrachos. Pero, como afirmó Buchman: "Soy completamente partidario de que se cambie a los borrachos, pero también tenemos naciones 'borrachas' en nuestras manos". Cuando los Wilson empezaron a ir a las reuniones, el Grupo Oxford estaba en la cumbre de la opinión pública y la noticia.

En aquellos primeros meses de 1935, Bill Wilson predicó el mensaje del Grupo Oxford a cualquiera que lo escuchara. Se pasó largas horas en la Misión del Calvario y en el Towns, en donde el Dr. Silkworth, arriesgando su reputación profesional, dio permiso a Bill para hablar con algunos de los pacientes."Inflamado de confianza y entusiasmo, perseguí a los alcohólicos mañana, tarde y noche", recordó Bill.

Ni la seducción de Wall Street pudo distraerlo de su nueva cruzada: "Aunque hice unos esfuerzos débiles para conseguir un trabajo, pronto se olvidaron en el frenesí de persecución. Lois prosiguió trabajando en su tienda de departamentos, contenta con mi nueva misión en el mundo". Ella había aceptado el trabajo en Loeser's porque no estaba lejos de Clinton Street. Ahí, los habitantes de la casa aumentaron a tres, ya que Ebby se había cambiado por vez primera, de las varias que lo hizo; finalmente llegó a ser un huésped casi permanente.

En estos primeros meses emocionantes de la recién adquirida sobriedad, Bill no se dio cuenta que, junto con su deseo sincero de ayudar a otros alcohólicos y crear algo nuevo, en él estaba funcionando otra motivación. Mezclada con sus instintos humanitarios y su espiritualidad, estaba la misma ambición que lo impulsaba y que había creado al único fabricante de búmerangs en Vermont. Como lo describió el mismo Bill: "Pronto oí decir que yo iba a arreglar a todos los borrachos del mundo, incluso, aunque en 'porcentaje de bateo' había sido virtualmente nulo durante los últimos 5,000 años. Los del Grupo Oxford lo habían intentado, mayor parte de las veces habían fracasado y se cansaron. De hecho Sam Shoemaker acababa de pasar una racha de mala suerte; había dado albergue a una colección de borrachos en un apartamento cercano a su iglesia y uno de ellos, que se resistía todavía a la salvación, había lanzado de mal humor un zapato a través del fino cristal de color de la iglesia de Sam.

No era extraño que mis amigos del Grupo Oxford pensaran

que mejor debería olvidarme de los borrachos, pero todavía tenía mucha seguridad y no hice caso de su consejo. Mi ímpetu era como el de una máquina impulsada por dos motores, consistente en una parte de espiritualidad genuina y otra de mi viejo deseo de ser el hombre Número Uno. La actitud que adopté no funcionó bien del todo y, después de seis meses, nadie seguía sin beber y créanme que lo intenté con veintenas de ellos. Se despejaban durante un tiempo y luego fracasaban de una manera lamentable. Naturalmente, los del Grupo Oxford perdieron el entusiasmo respecto a mi actitud de enderezar borrachos".

Una experiencia, un domingo en la noche, hizo que Bill sintiera que estaba en el umbral de un descubrimiento verdaderamente importante. Se le pidió que hablara ante una numerosa reunión del Grupo Oxford en la casa del Calvario. "Dije lo que sabía referente al alcoholismo y todo acerca de mi maravillosa experiencia espiritual. Antes de terminar, vi a un hombre en la segunda fila; tenía la cara muy roja y prestando toda su atención, nunca quitó los ojos de mí".

Al momento en que terminó la reunión, el hombre se fue apresuradamente hacia Bill y lo tomó de las solapas. Dijo que también era un alcohólico, un profesor de química que escasamente se las arreglaba para conservar su puesto de maestro. Había llegado al Grupo Oxford a instancias de su esposa, pero que no podía soportar esta palabrería "absurda" acerca de Dios, ni tampoco le gustaba "toda esta gente agresiva que estaba intentando salvar su alma" y, en tanto que no podía aceptar la "excéntrica" experiencia religiosa de Bill, ciertamente estaba de acuerdo con lo que había dicho acerca del alcoholismo.

Bill invitó al hombre, Fred, a unirse a él y a un pequeño grupo de alcohólicos que se reunían en la cercana Cafetería de Stewart después de las reuniones. "Yo estaba loco de alegría, ya que parecía como si fuera un converso seguro", manifestó Bill. "Si hablando desde la tribuna producía resultados como éste, pensé que debía hacerlo con mayor frecuencia. En ese momento decidí que me gustaba hablar en público".

Bill tenía mucho que aprender. Aunque Fred B. llegó a ser un buen amigo, siguió emborrachándose con alternativas, durante 11 años, hasta que finalmente llegó a estar sobrio en el programa de A.A.

Durante los cinco meses primeros de 1935, Bill encontró una tras de otra frustación semejante. En años posteriores, iba a explicar el origen del fracaso debido al método que utilizaba, ya que durante ese período, dijo, estaba predicando a los borrachos. También creía todavía que un alcohólico requería de una experiencia espiritual espectacular, similar a la suya, para poder recuperarse y difícilmente podía ser humilde respecto a la cruzada en la que estaba; no obstante que estaba consciente que trabajar con otros le daba un tremendo empuje, no se daba cuenta que en realidad necesitaba al alcohólico enfermo.

El Dr. Silkworth fue quien lo ayudó a corregirse; Bill estaba predicando, observó el doctor, y su prédica estaba alejando a los borrachos. Hablaba acerca de los principios del Grupo Oxford y de su propia experiencia espiritual; ¿porqué en su lugar no hablar sobre la enfermedad del alcoholismo? ¿Por qué no hablar a sus borrachos respecto a la enfermedad que los condenaba a volverse locos o a morir si continuaban bebiendo? "Viniendo de un alcohólico, un alcohólico hablando con otro alcohólico, quizá ello resquebrajaría a profundidad esos duros egos", subrayó Silkworth; "sólo entonces puedes intentar tu otra medicina, los principios éticos que has encontrado en el Grupo Oxford".

La primera oportunidad de actuar, de acuerdo al consejo del Dr. Silkworth, llegó de una manera extrañamente indirecta. Años antes se había destruido la reputación de Bill en Wall Street y la mayor parte de sus previos asociados de negocios permanecía escéptica respecto a su nueva sobriedad. Pero, un amigo, Howard Tompkins, de la cervecera Beer and Company, estaba impresionado por su recuperación y en diciembre de 1934 le mandó una calurosa carta de ánimo.

Mediante su conexión con Tompkins, Bill se enteró acerca de una pelea de procuración por el control de una pequeña compañía fabricante de maquinaria en Akron, Ohio. De acuerdo con los recuerdos de Bill, se "insinuó" él mismo en esta pelea de procuración y realmente tuvo fantasías de llegar a ser presidente de la compañía, cuando su grupo ganara el control. Hizo un rápido estudio de la compañía de Akron y después, en abril, fue a Ohio a persuadir a los propietarios de acciones descontentos para apoyar el intento de su grupo por asumir el control.

Bill no hubiera podido insinuarse a sí mismo si no hubiera tenido el apoyo, la confianza y la cooperación de sus asociados de negocios. Aunque no tenía dinero, sí tenía ventajas de considerable valor para una empresa así; ante todo, la capacidad para captar rápidamente lo esencial de cualquier negocio o industria.

La firma era la National Rubber Machinery Company, constructora de prensas para curar hule y otro equipo utilizado en la fabricación de llantas. Fundada en 1909 como Akron Rubber Mold and Machine Company, en 1928 había sido reorganizada y combinada con otras tres compañías que trabajaban líneas relacionadas. Pero la compañía había pasado por dificultades durante la Depresión; hubo discrepancias en la administración y entre los accionistas. En las juntas de consejo, los directores disputaban continuamente entre ellos mismos.

En cuanto a Bill, tenía un objetivo que lo consumía: reconstruir su carrera destrozada. En Wall Street, el éxito en la pelea de procuración podía restaurar la confianza en él. La sobriedad y el éxito podían significar una vida nueva y cómoda para los Wilson y Lois podría dejar para siempre la tienda de departamentos. Al llegar esta oportunidad, debe haberle parecido mandada del cielo.

Pero incluso, antes de que Bill abordara el tren del oeste hacia Akron, el grupo rival en la pelea de procuración, encabezado por un hombre llamado Nils Florman, había reclutado un apoyo considerable entre los accionistas de la N.R.M. y estaba intentando convencer a los indecisos administradores de la compañía, a que se le unieran.

Beer and Company tenía un cierto número de procuraciones en sus propias cuentas y entre sus conocidos. Bill y sus asociados se pasaron varias semanas en Akron localizando accionistas y persuadiendo a algunos de los miembros más antiguos de la compañía, a que se les unieran. Conforme continuaba la petición insistente de procuraciones, Bill empezó a sentir la creciente excitación de la victoria en perspectiva; su grupo ya tenía más apoyo entre los accionistas que los administradores o la otra facción que estaba peleando por el control. Cuando brevemente regresó Bill a Nueva York, estaba entusiasmado; después de años de derrota y fracaso, nuevamente se abría de par en par la puerta del éxito, National Rubber Machinery sería el inicio. Todavía podía construir la ilustre carrera que había imaginado años antes, controlando vastas empresas que podría "manejar con extrema seguridad". Después de todo, todavía tenía 39 años.

Casi se había terminado la pelea; Bill y sus asociados estaban confiados en que tenían suficientes procuraciones y bastantes acciones en las cuentas de Beer para tomar el control de la compañía. Una votación rápida, un recuento del resultado y, entonces, en una junta inmediatamente después, organizada con premura, Bill Wilson se convertiría en un funcionario de la nueva administración de la compañía. Finalmente Lois podría dejar su trabajo en Loeser's.

Pero el grupo de Florman ejecutó ahora una maniobra que cogió fuera de guardia al equipo de Beer. Al aliarse con la administración, reunieron sus recursos para sumar casi el 60 por ciento de los votos, de los que algunos, claramente, habían sido acciones recién asignadas al grupo de Bill; ¿por qué habían cambiado sus procuraciones algunos accionistas? Fue una situación muy desagradable.

Prometiendo pelear en los juzgados, los asociados de Bill regresaron a Nueva York, dejándolo solo en Akron con el fin de hacer un último intento para salvar la empresa. Tenía poco dinero, pero le prometieron apoyar sus esfuerzos.

Salieron un viernes y Bill se vio frente a un fin de semana solitario, en una ciudad extraña donde acababa de experimentar un desengaño colosal. Tenía tiempo en sus manos y amargura en su corazón; repentinamente el destino se había vuelto contra él. Empezaron a surgir la lástima de sí mismo y el resentimiento; estaba solo; ni siquiera tenía a sus colegas como compañía de fin de semana. A medio día del sábado, se encontraba paseando de un lado a otro del vestíbulo del Hotel Mayflower, en una agitación extrema, preguntándose cómo pasaría el fin de semana. En el bolsillo tenía alrededor de diez dólares.

Ahora empezó la crisis personal que iba a poner en movimiento una serie de eventos que cambiaron la vida de Bill. A un lado del vestíbulo había un bar y Bill se sintió atraído por él.

¿Debía tomarse uno o dos *ginger ales* y quizá conseguir una amistad? ¿Qué daño podía haber en eso?

Para casi cualquier otro individuo, ninguno, pero para Bill Wilson, el alcohólico, la idea estaba cargada de peligro. Era un engaño igual al que lo había conducido a beber el Día del Armisticio. Por primera vez en meses, Bill tuvo la sensación de estar en dificultades, que lo llenó de pánico.

En Nueva York, se había conservado sobrio mediante el trabajo con otros borrachos en el Towns y en la Misión del Calvario. El trabajo había sido su protección, le había conservado a salvo; ahora no tenía a nadie. Como posteriormente recordó: "Pensé, 'necesitas a otro alcohólico para hablar con él. ¡Lo necesitas tanto como él te necesita!'" Este pensamiento fue el que lo condujo al directorio de iglesias al otro extremo del vestíbulo del hotel.

El directorio era una lista de las principales iglesias de Akron y sus ministros; un directorio característico de esa clase puede haber tenido de 30 a 50 nombres. Bill los miró y, completamente al azar, escogió el del Reverendo Walter F. Tunks; no tenía una razón consciente para elegirlo, quizá haya sido porque su expresión favorita de Vermont era: "taking a tunk" (que significa "dar un paseo"); o quizá escogió a Tunks debido a que era un ministro episcopal como Sam Shoemaker. Lois pensó que fue debido a que a Bill le gustaban los nombres curiosos. Cualquiera que haya sido la razón, sin proponérselo, escogió al hombre más poderoso del Grupo Oxford, entre todos los clérigos de Akron.

Con esta elección, Bill logró lo que le gustaba llamar una "chuza". Le pidió ayuda para que lo pusiera en contacto con un borracho con el cual hablar y Tunks nunca vaciló o se detuvo cuando oyó la extraña petición de Bill, nunca se preguntó si era prudente darle a un extraño los nombres de diez personas que podían ayudar directamente a "un borracho".

Bill llamó a todos, sin obtener el nombre de un solo borracho; pero un hombre, Norman Sheppard, conocía a una mujer llamada Henrietta Seiberling e, incluso, sabía de los intentos que ella había hecho para ayudar a cierto amigo. "Tengo que ir a Nueva York esta noche, pero llame a Henrietta Seiberling", le dijo Sheppard.

Bill se frenó ante la idea de llamar a la Sra. Seiberling, el nombre le era conocido y lo temía, era el de gente de la hulera

Goodyear. Bill creyó que Henrietta era la esposa de Frank Seiberling, el hombre de negocios que había construido la compañía Goodyear, y después de perder el control de esa firma, posteriormente formó la compañía llantera que lleva su nombre; incluso Bill lo conoció durante los años felices en Wall Street. Como lo recordó, "difícilmente me podía imaginar llamar a su esposa y decirle que era un borracho de Nueva York buscando a otro borracho con el cual trabajar".

Continuó dando paseos de un lado al otro del vestíbulo, algo le impedía llamar a la Sra. Seiberling. Regresó a su cuarto e hizo la llamada.

Henrietta no era la esposa de Frank Seiberling, sino su nuera. No vivía en la gran mansión de 65 cuartos en Portage Path; vivía con sus tres pequeños hijos en la casa de entrada. (Su esposo, del que estaba separada, vivía en la mansión con sus padres).

Como contó posteriormente Henrietta, Bill se presentó a sí mismo por la línea telefónica así: "Soy del Grupo Oxford y soy un borracho de Nueva York".

Internamente ella pensó: "Realmente esto es maná del cielo". Habló en voz alta: "Venga aquí en seguida".

Puede parecer extraño que una mujer sola, con tres hijos adolescentes, invitara de una manera tan rápida a un extraño a su hogar; pero entre los miembros del Grupo Oxford, había un fuerte lazo de confianza.

Henrietta Seiberling descansó su vida en la guía de Dios. Tuvo la certeza de que la llamada telefónica era la ayuda que ella y otros miembros del Grupo Oxford habían estado buscando para uno de sus miembros. Hacía pocas semanas que, finalmente, el hombre había admitido ante el grupo que era un bebedor secreto y Henrietta creyó que, como resultado de su honestidad, la ayuda podía llegarle en alguna forma, de cualquier manera. Este visitante de Nueva York podía ser precisamente esa ayuda.

Cuando llegó Bill, llamó por teléfono al hombre que tenía en mente; su nombre, Robert Smith, médico de profesión; era un alcohólico y estaba en una situación desesperada. Después de conversar un poco por teléfono con Anne, la esposa del Dr. Smith, fue evidente que tenía que demorarse la ayuda. Era la víspera del Día de las Madres y el hombre recién había llegado a su casa, llevando una maceta con una planta para su esposa. Después, también "plantado" él, pronto quedó inconsciente, así que la reunión entre los dos hombres se acordó para la tarde siguiente, del Día de las Madres, en la casa de entrada de la mansión Seiberling.

En retrospectiva, todo parece como si hubiera sido decretado divinamente. Incluso el local era simbólico, ya que la mansión se llamaba Stan Hywet Hall, un nombre galés que significa "Aquí se encuentra la roca".

---

1. Hasta esa época, sólo habían proporcionado ayuda a los sufrientes, los profesionales y expertos: doctores, ministros, profesores, autoridades. En la vanguardia de la nueva era, Bill previó la eficacia y efectividad del apoyo y la terapia del "grupo" y de los "iguales". En los años siguientes, este concepto encontraría aplicación a incontables problemas, además del alcoholismo.

2. "Confiesen, pues, los pecados unos a otros; oren unos por otros para ser curados", versión ecuménica del Nuevo Testamento de Taizé.

Capítulo Siete

El Dr. Bob, que tenía 55 años en la época de esa reunión, era un poco más de 15 años mayor que Bill. También era nativo de Vermont, de St. Johnsbury, aproximadamente a 120 km. al norte de East Dorset. Como hijo único de un juez prominente, creció con comodidades, pero irritado por la disciplina estricta de sus primeros años.

Bob empezó a beber cuando era un estudiante en el Dartmouth College. Durante los años anteriores a su graduación tuvo gran capacidad para el alcohol y durante el tiempo que estuvo en la escuela de medicina, la bebida se convirtió en un problema. De hecho, dejó la Universidad de Michigan durante el segundo año debido a la bebida. Aunque sacó adelante su trabajo e hizo buenos exámenes, se le pidió que dejara la universidad. Completó sus estudios profesionales en la Rush Medical School de Chicago. Por poco no logra graduarse en Rush; en su último año, su manera de beber llegó a ser tan tremenda, que fue incapaz de completar los exámenes finales, siendo obligado a asistir a la escuela durante dos trimestres adicionales —y a permanecer absolutamente seco— con el fin de graduarse.

Bob permaneció seco durante dos años difíciles, de interno en el Akron City Hospital y luego abrió un consultorio, en un edificio para oficinas, en el centro de Akron. Tanto sus conocimientos como su trabajo profesional eran loables, cuando estaba sin beber.

Poco después de abrir su oficina, el Dr. Bob empezó a beber otra vez y finalmente estuvo en tantas dificultades, que su padre mandó a otro doctor, desde St. Johnsbury a Akron, para llevarlo a casa. Varios meses de descanso y recuperación en Vermont, capacitaron a Bob para regresar a Akron y a su práctica de la Medicina. Después de un "relampagueante" noviazgo de 17 años, se casó con Anne Ripley en 1915, cuando Bob tenía 36 años. Compraron una casa y en 1918 nació su primer hijo, Bob. La otra hija, Sue, fue adoptada.[1]

Al discurrir la Prohibición, una vez más Bob empezó a beber; su racionalización era que ahora se había salvado, porque de cualquier manera pronto no habría nada disponible. Continuó bebiendo mucho durante el decenio de 1920 y se deterioraron tanto su práctica como su familia. A principios de la década de los 30', él y su familia estaban desesperados.

Durante este período de 17 años, el Dr. Bob desarrolló una rutina inflexible que le permitía beber y, en cierta manera, mantener su práctica de la medicina. Teniendo cuidado de no ir cerca del hospital cuando estaba bebiendo, permanecía sin beber hasta las cuatro de la tarde. "En realidad era una pesadilla horrible este ganar dinero, conseguir licor, meterlo a casa sin que fuera advertido, emborracharme, los temblores de la mañana, tomar grandes cantidades de sedantes para que me fuera posible ganar más dinero, y así 'ad nauseam' ", escribió. "Solía prometer a mi esposa, a mis amigos y a mis hijos que ya no bebería más, promesas que rara vez me conservaron sin beber durante todo el día, aunque al hacerlas era muy sincero".

En contraste con esa forma de vida, los miembros del Grupo Oxford eran atractivos para el Dr. Bob debido a su aparente "equilibrio, salud y felicidad. Hablaban con gran libertad sin avergonzarse, lo que yo nunca podría hacer", escribió, "y parecían muy tranquilos, aparentando tener mucha salud . . . Yo estaba intimidado e incómodo la mayor parte del tiempo, mi salud estaba en el límite y era desgraciado por completo". Dijo que le dio al programa de ellos mucho tiempo y estudio, pero de todas maneras se emborrachaba todas las noches.

En la época de su reunión con el "borracho de Nueva York", probablemente, el Dr. Bob sabía más que Bill acerca de los principios del Grupo Oxford, pero ese conocimiento por sí mismo no era suficiente para mantenerlo sin beber, no más de lo que Bill había sido capaz de permanecer sin beber sin el beneficio de la experiencia de Ebby.

Posteriormente, el Dr. Bob dijo que no recordaba haberse sentido peor de lo que estaba la tarde que conoció a Bill. Había estado de acuerdo en ir a la reunión, sólo a causa del mucho cariño que le tenía a Henrietta, y de que Anne ya se había comprometido a que irían; pero hizo que Anne le prometiera que se quedarían sólo 15 minutos. "No quiero hablar con este embaucador ni con ningún otro y realmente lo haremos de prisa".

Acompañados por Bob, su hijo de 17 años, los Smith llegaron a las cinco de la tarde a la casa de entrada de Stan Hywet. Bob anunció de inmediato que sólo permanecerían brevemente.

"Aunque molesto, se alegró un poco cuando le dije que creía que él necesitaba un trago", recordó Bill. Después de la cena, que no comió, discretamente Henrietta nos llevó a su pequeña biblioteca. Ahí, Bob y yo hablamos hasta las once de la noche".

¿Qué fue lo que hizo que el Dr. Bob se quedara hasta las once de la noche en lugar de salir huyendo como planeaba? Para empezar, rápidamente se dio cuenta de que este Bill Wilson sabía de qué estaba hablando. El Dr. Bob había leído mucho acerca del alcoholismo y había escuchado las opiniones de compañeros de profesión que habían tratado a alcohólicos, pero Bill era la primera persona con la que hablaba, que sabía por experiencia lo que era el alcoholismo. "En otras palabras, hablaba mi idioma", afirmó Bob; "sabía todas las respuestas y ciertamente no era porque las hubiera sacado de sus lecturas".

No sólo fue la experiencia personal lo que Bill compartió ese día. Una parte vital de su mensaje fue el punto de vista médico del Dr. Silkworth, que éste le había explicado y le había insistido que

Aunque, por último, los alcohólicos se separaron del Grupo Oxford, ese movimiento influenció profundamente a la Fraternidad.

—Times-Pre

Russell Firestone, left, and Dr. Frank N. D. Buchman, before the
ing, at the left. At the right a scene as the dinner jacket revival
ing got under way. Mr. Firestone is speaking. Left to right are, Re
A. E. Holme, Oxford; Sir Walter Windham, London; Rev. Wa
Tunks, rector of St. Paul's Episcopal church, and Mr. Firesto

❖ ❖ ❖

Oxford Group Hits Strid
In Akron Modern Revi

Buchman and Followers Begin Personal Meetings Too
New-Style Evangelism; Score Will Fill Pulpits Sund
Hundreds Throng First Session to Hear Converts

By DON STROUSE

The Oxford group of dinner jacket revivalists started
the serious business of winning Akron to Christ today
whirlwind opening meeting last night that drew close
people to jam two improvised meeting houses.

"Personal evangelism"—one man talking to anoth
woman discussing problems with another woman was th
of the day. The clergy of the city got together with Dr.
N. D. Buchman, founder of the group, to talk over thin
bothered them, and about 400 women gathered in Hote
flower ballroom for the first women's meeting.

Another public evening
will be held tonight in
room of the A. Polsky
The overflow crowd tha
pected will be cared for at t
C. A. auditorium, corne
Bowery and South High sta

Fill Pulpits Sunday

Arrangements were mad
for members of the group
two-score Akron pulpits at
Sunday morning and eveni
separate men's and women
ings were arranged for 3 p
day. The women's meeting
at the Y. W. C. A. and th

lo presentara a los "conversos" en perspectiva. (Fue irónico que Bob, un médico, debiera aprender acerca del alcoholismo como una enfermedad, de Bill que era un agente de valores. Sin embargo, la capacitación médica del Dr. Bob puede haberle ayudado a captar lo que entonces era un concepto radical).

En tanto que Bill Wilson y el Dr. Bob congeniaron desde su primera plática en la casa de Henrietta, ninguno tuvo manera de anticipar las ramificaciones descomunales que resultarían de ese

Henrietta Seiberling dio la bienvenida a la histórica llamada de Bill como "maná del cielo" y en seguida lo puso en contacto con el Dr. Bob.

encuentro. En ese momento, todo lo que Bill supo fue que Henrietta parecía determinada a conservarlo en Akron para ayudar al Dr. Bob, pero Bill, no podía permitirse el lujo de permanecer más tiempo en el Mayflower. Ella llamó a un vecino, John Gammeter, y le pidió que hospedara a Bill en el Portage Country Club, que estaba a unos cientos de metros al sur de la propiedad de Seiberling en Portage Path. [2] Incluso Bill jugó golf ahí ese verano, compartiendo las "calles" con algunos de los ciudadanos más ricos de Akron.

Gammeter era precisamente la clase de hombre que se había hecho a sí mismo y que Bill admiraba tanto, como Edison y Joe Hirshhorn. Hijo de una lavandera, Gammeter (como Bill se lo hizo notar en junio en una carta a Lois) había empezado empujando una carretilla en la B.F. Goodrich Company; luego le asignaron un trabajo de recortar a mano partes de hule y, al poco tiempo, sus supervisores se preguntaban cómo holgazaneaba en su trabajo y aún así producía más que los demás obreros. Pronto descubrieron que había adaptado una vieja máquina de coser para hacer el trabajo. No pasó mucho tiempo para que empezara su carrera de inventor.

Mientras que Gammeter era "rudo, grande y muy mal hablado", también lo había influido mucho el cambio espiritual que había visto realizarse en Henrietta, por lo que estaba dispuesto a ayudar a los amigos de ésta.

Probablemente Bill permaneció en el Country Club alrededor de dos semanas y, durante ese tiempo, vio mucho a los Smith. Su primera mención a Lois del Dr. Bob fue en una carta de mayo, escrita en papel membretado de Bob.

"Te estoy escribiendo desde el consultorio de uno de mis nuevos amigos. Tenía el mismo problema que yo y va a ser un ferviente miembro del Grupo; he ido a comer a su casa y el resto de su familia es tan agradable como él. He sido testigo de buen número de reuniones y me han presentado a muchas personas. El Dr. Smith me está ayudando a cambiar al Dr. M., que una vez fue un cirujano prominente de la ciudad, convirtiéndose en terrible calavera y en borracho".

Nada resultó de los intentos para ayudar al desafortunado Dr. M., que desapareció de la historia de A.A. Sin embargo, la carta muestra que Bill y el Dr. Bob empezaron inmediatamente a trabajar con otros alcohólicos.

Las reuniones del Grupo Oxford, a las que asistió Bill, se pudieron efectuar en diferentes lugares de Akron, pero la importante era la sesión del miércoles en la noche, en la casa de T. Henry Williams, en Palisades Drive 676. Estaba ubicada a poca distancia y se podía ir a pie desde el club de campo y la casa de Henrietta.

T. Henry Williams era abstemio, a pesar de su rostro rubicundo. Nativo de Connecticut, había llegado a Akron en 1915 y pronto había mostrado una aptitud especial para el diseño de maquinaria. Un hombre humilde de gustos sencillos, no obstante estaba orgulloso de ser un descendiente directo de Roger Williams el fundador de Rhode Island y campeón de la libertad religiosa en la Norteamérica colonial.

En realidad Bill conoció a T. Henry en el curso de la batalla de procuración, quizá incluso antes de que se diera cuenta de que era miembro del Grupo Oxford. Había sido ingeniero jefe de la National Rubber Machinery Co., firma que era el blanco en la pelea de procuración, y ahí T. Henry perdió su empleo. En medio de la Depresión, se las arregló para conservar su hermosa casa, en la que se efectuaban las reuniones del Grupo Oxford, pero sólo fue a causa de que aquél ante quien estaba hipotecada, se aburrió de hacer tantos intentos para finiquitar la hipoteca y estuvo dispuesto a aceptar que sólo le pagaran los intereses.

T. Henry y su esposa Clarace, eran gente profundamente religiosa y se habían comprometido a servir a los demás; mediante el Grupo Oxford, encontraron un fuerte apoyo de los no alcohólicos para trabajar con los primeros alcohólicos de Akron. T. Henry tenía una simpatía particular a los alcohólicos.

Su hija Dorothy recordó cuando era muy joven e iba con él en un tranvía: "Vivíamos en North Hill en lo alto de la colina y las cantinas estaban en la parte baja de ella en los barrios bajos; los borrachos se subían en el tranvía durante una parte de la cuesta arriba y si armaban desorden, [el conductor] los detenía y los echaba fuera. Mi padre movía la cabeza en señal de desaprobación ya que esto le daba mucha pena y decía que siempre lo perturbaba porque se preguntaba, '¿y sus pobres familias?' En particular le desconcertaba que bebieran; él nunca bebió, pero le preocupaba. Así, a lo largo de los años, estuve segura de que pensaba en algo, que pudiera ayudar a esta gente".

Bill Wilson expresó, refiriéndose a la reunión del miércoles en la noche, en el hogar de los Williams: "Temo que aquellos bebedores problema de los primeros días hacían con frecuencia que los Williams la pasaran mal; cosas que variaban, desde visiones estremecedoras de la vida en bruto, hasta quemaduras de cigarro en los tapetes; pero , T. Henry y Clarace siempre nos trataron con gran generosidad y bondad, y ninguno de nosotros podrá olvidar el ambiente inspirador de su hogar y su influencia espiritual en ese primer grupo de Akron de alcohólicos amedrentados, en el que cada uno se preocupaba de quién sería el siguiente que recayera".

La mayor parte de las cartas de Bill a Lois durante ese verano se referían a la pelea de la procuración y, hasta el final de esa estación, estuvo optimista respecto a las probabilidades de ganarla.

"Con mucho es la oportunidad más grande que haya tenido de hacer un excelente trabajo y no veo que exista nada que pueda ser demasiado para sacrificarlo temporalmente. Querida, piensa en ello, en la oportunidad de ser presidente de esta compañía y tener algún ingreso real con el cual pagar las cuentas, una nueva vida, conocer gente nueva, nuevos escenarios. Ya no habría Loeser's y sí una oportunidad de viajar, de ser alguien, que por fin descanses después de tu larga espera para que yo llegara a alguna meta. Todas esas cosas están en el premio, ¿no valen la pena, querida? Nunca he intentado hacer algo empleándome a fondo, pero esta vez sí y no tendré excusa si pierdo".

En otra carta escrita aproximadamente en esos días, describe la situación de la compañía: "Hay una enorme carga de discrepancias internas, odio, miedo, envidia, etc., y es una cuestión de ajustar las relaciones personales y restaurar la confianza. En particular en este caso, la confianza es la clave de todo el asunto. Esto ha sido un asunto sucio durante tantos años que la gente de la población no le tiene ni chispa de confianza; me quedaré aquí todo lo que pueda para convencerlos de nuestras buenas intenciones, tanto hacia ellos como hacia la National Rubber, y alabado sea Dios, creo que lo estoy haciendo bien.

Al igual que esta pequeña compañía, toda la población está impregnada de odio, celos, ambición por el dinero y la posición social. Una lucha amarga y hercúlea durante años entre Firestone, Seiberling, Goodrich, etc. Muchos de los miembros del grupo de aquí creyeron que habían sido guiados para solucionar las cosas. Quizá eso está traído por los pelos, pero con seguridad que aquí hay un gran trabajo para que nosotros lo hagamos. Espero que Dios nos utilizará para hacerlo".

La capacidad de Bill para expresarse y para hablar acerca de su recuperación, aparentemente ya lo habían hecho popular entre los miembros del Grupo Oxford de Akron.

A sugerencia de Anne, Bill se cambió con los Smith. Escribió a Lois: "Como ves, pienso que los he ayudado mucho y ella está agradecida. Son personas que tienen 10 ó 12 años más que nosotros; él estuvo en peligro de perder su práctica, aunque aparentemente es muy competente y popular. Te gustarán inmensamente".

Bill se unió ahora a Bob y Anne en la práctica del Grupo Oxford, de tener juntos la sesión matinal de guía, con Anne leyendo la Biblia. "Al leerla . . . desde su silla de la esquina, concluía suavemente: 'La fe sin obras está muerta' ". Tal como el Dr. Bob lo describió, estaban "convencidos de que la respuesta a nuestro problema estaba en el Libro Bueno. Para algunos de nosotros los más antiguos, las partes que encontrábamos absolutamente esenciales eran el Sermón del Monte, el capítulo 13 de la Primera de los Corintios y la Carta de Santiago". De hecho, esta última se consideraba tan importante, que algunos de los primeros miembros sugirieron como nombre para la Fraternidad: "El Club de Santiago".

Con esta rutina de leer y meditar, además de la ayuda de Bill, el Dr. Bob no estaba bebiendo. En algún momento durante la última semana de mayo, cuando había estado sin beber alrededor de dos semanas, anunció su intención de ir a la convención anual de la Asociación Médica Estadounidense, a la que había asistido con regularidad durante 20 años, que se efectuaba en la primera semana de junio en Atlantic City. Anne, que recordó las convenciones previas, se opuso decididamente a que fuera, pero Bill apoyó la idea, ya que razonó que los alcohólicos recuperados tenían que aprender a vivir sobrios en un mundo de bebedores.

El Dr. Bob empezó a beber en cuanto abordó el tren y, cuando llegó a Atlantic City, compró varias botellas de tres cuartos en el camino al hotel. Eso sucedió un domingo y el lunes se las arregló para permanecer sin beber hasta la noche, pero el martes empezó a beber por la mañana. Después de pagar la cuenta del hotel, encontró el camino a la estación del ferrocarril, deteniéndose en la ruta para proveerse para el viaje a casa.

Mientras tanto, Bill y Anne estaban esperando con una aprehensión frenética. Cinco días después de que Bob se fue —el jueves siguiente— recibieron una llamada telefónica de la enfermera del consultorio del Dr. Bob, diciendo que el Dr. Bob estaba en su casa, que le había llamado por teléfono aproximadamente a las cuatro de la mañana desde la estación, pidiéndole que fuera y lo recogiera. Su esposo y ella habían ido por él. El Dr. Bob no podía recordar nada desde el momento en que abordó el tren hasta que despertó en casa de su enfermera; había estado en laguna mental cuando menos durante 24 horas, quizá más. Bill lo llevó a su casa y lo pusieron en una cama en el dormitorio de la esquina, que tenía dos camas. El Dr. Bob nunca volvió a asistir a otra convención de la Asociación Médica Estadounidense.

Ahora, Bill ocupó la otra cama y se hizo cargo del proceso de recuperarlo gradualmente. Había una gran urgencia en sus esfuerzos, ya que el Dr. Bob estaba programado para llevar a cabo una operación importante cuatro días después; Bill y Anne se preguntaban si podría estar seco a tiempo. "Era algo que nos preocupaba, ya que si estaba muy borracho no podría hacerla", recordó Bill, "y si estaba demasiado seco, estaría tembloroso. Así que tuvimos que cargarlo de esta combinación de jugo de tomate, coles amargas y miel de maíz Karo. La idea era abastecerlo con vitaminas de los tomates y las coles amargas, y con energía de la miel de maíz. También le dimos algo de cerveza para calmar sus nervios".

Como Bill lo recordó, a las cuatro de la madrugada del día de la operación, los dos estaban bien despiertos. El Dr. Bob, temblando, se volvió para mirar a Bill y le dijo: "Voy a llevar éso a su término".

"¿Quieres decir que vas a llevar a su término la operación?"

"Tanto a la operación como a mí, los he colocado a ambos en las manos de Dios", respondió el Dr. Bob. "Voy a hacer lo que se necesita para llegar a estar sobrio y permanecer de esa manera".

El Dr. Bob no dijo una palabra más esa mañana. Estaba temblando miserablemente cuando se vistió. Bill y Anne lo llevaron al hospital y, justo antes de bajarse del coche, Bill le dio "una bola boba"[3] y una sola botella de cerveza, para frenar los temblores. El Dr. Bob salió del coche y entró al hospital; Bill y Anne se fueron a la casa a esperar.

Después de lo que pareció un siglo, sonó el teléfono. Era el Dr. Bob, todo había resultado bien. Pero, pasó el tiempo y aún no regresaba a casa. Cuando finalmente llegó, horas después, explicó la razón de su demora.

Después de salir del hospital, el Dr. Bob había empezado a hacer un recorrido visitando a sus acreedores y a otros que previamente había evitado. Les dijo de qué se trataba y expresó su deseo de hacer reparaciones. Cumpliendo con la declaración que le había hecho a Bill esa madrugada, estaba haciendo lo que se necesitaba para llegar a estar sobrio y permanecer de esa manera. Para el Dr. Bob, un profesional, uno de los grandes obstáculos había sido la necesidad de su orgullo para ocultar su manera de beber. Ahora, admitió abiertamente su problema ante la gente misma a la cual había querido ocultárselo.

Fue algo difícil de hacer: "Se estremecía conforme lo iba haciendo, porque esto podía significar la ruina, en particular para una persona de su profesión".

Cuando llegó a casa esa noche, su aspecto había cambiado. Estaba feliz, y al igual que Bill, finalmente era un hombre libre. Era el 10 de junio de 1935, que ahora se respeta como la fecha en que en realidad empezó A.A. La botella de cerveza que le dio Bill esa mañana fue su último trago.

Después de tantos meses de perseguir a los borrachos, por fin Bill había ayudado a recuperarse a uno.

---

1. Está claro que la manera de beber del Dr. Bob no creó los obstáculos que tuvo Bill para la adopción.

2. Quizá Gammeter pagó el hospedaje de Bill, aunque éste se refirió al costo (2.50 dólares por día) en una carta a Lois, como si él mismo lo estuviera pagando. Quienquiera lo haya pagado, fue la calidad de miembro de Gammeter la que permitió que Bill se quedara ahí.

3. Como el artículo del Grapevine de noviembre de 1945 titulado "Esas 'Bolas Bobas' ", previniendo a los alcohólicos sobre el empleo de sedantes, Bill y otros de los primeros A.As. aplicaron el término del argot a una amplia variedad de esas drogas.

Capítulo Ocho

El joven Bob Smith, que cumplió 17 años justo cinco días antes del último trago de su padre, recuerda a Bill como a un maravilloso huésped de su casa durante ese verano de 1935.

Bill y el Dr. Bob tuvieron largas y continuas discusiones . "Se quedaban hasta las dos o tres, todas las noches, y bebían mucho café" recordó el joven Bob. "Estaban intentando desarrollar una presentación que tuviera sentido para los alcohólicos que estuvieran 'en la cama' y que no fuera complicada".

Eddie R. fue el hombre que esperaban llegara a ser el tercer miembro sobrio. Venía de una prominente familia de Youngstown y su esposa era hija de un profesor universitario. Ella había hecho su "rendición" en el Grupo Oxford, pero Eddie todavía estaba luchando. Habían perdido la casa que rentaban y él estaba a punto de perder su trabajo; cuando Anne invitó a toda la familia —tenían dos hijos jóvenes— a vivir en Ardmore Avenue.

El hogar de los Smith era confortable, una casa sin pretensiones, en el 855 de Ardmore, al sur y un poco al oriente de las secciones exclusivas cercanas a Portage Path. Sólo tenía tres dormitorios; cuando llegó a estar atestada, se obligó a los jóvenes Bob y Sue a dormir en el desván.

Acerca de Eddie, Bill escribió a Lois:

"Bob Smith y yo empezamos a trabajar con este tipo el miércoles hizo una semana, lo pusimos seco . . . [Entonces] prontamente trató de suicidarse, lo cual ya había intentado antes... Al día siguiente, llamó desde Cleveland para decirme adiós, ya que había encontrado un buen muelle desde el cual saltar; sin embargo, no se sintió capaz de hacerlo sin llamar antes. Le aconsejé que bebiera algo más y me permitiera llegar antes de que hiciera cualquier cosa. Así que salimos hacia Cleveland a mitad de la noche, lo llevamos al hospital y comenzamos a darle el tratamiento del Towns. El efecto de eso . . . ha sido mágico y ha creado una gran conmoción en el City Hospital, en donde los doctores están muy inquietos, ya que son incapaces de hacer algo en estos casos".

A causa de la prominencia social de Eddie y de sus importantes conexiones en Akron, evidentemente Bill y el Dr. Bob esperaban que su recuperación arrastraría a otros, pero no funcionó de esa manera. Eddie tenía muchas dificultades e incluso una vez amenazó a Bill y Anne con un cuchillo. Los Smith hicieron todo por Eddie, excepto escriturarle la casa, pero el hombre continuaba bebiendo. La paciencia de Anne estaba casi exhausta, cuando finalmente se mudaron él y su familia.[1]

Ellos todavía estaban viviendo con los Smith cuando Lois llegó a Akron para pasar sus vacaciones. Este fue su primer contacto con los Smith y con la comunidad de Akron. Dijo: "Amé a Annie y Bob desde el momento en que los vi; eran tan cálidos, tan finos, tan *buenos*. Bob era un vermontiano alto y larguirucho como Bill y, al igual que él, anhelaba ser útil a los demás. En otros aspectos eran muy diferentes".

A finales de junio, el Dr. Bob llamó al hospital de la ciudad de Akron; explicó a la enfermera, que estaba en la sala de recepción, que un hombre de Nueva York acababa de encontrar una cura para el alcoholismo. La enfermera, que aparentemente no se había enterado de la recuperación reciente del propio Dr. Bob, le preguntó porqué no la intentaba en él mismo. Cuando el Dr. Bob le explicó que ya la había intentado y que ello incluía trabajar con otros alcohólicos, ella se mostró más comprensiva. Dijo que precisamente conocía al hombre y que en ese mismo momento estaba en el hospital con *delirium tremens*. Más o menos en un día estaría lo suficientemente seco para hablar con él.

Bill y el Dr. Bob estaban a punto de conocer a Bill D., un hombre de poca estatura, robusto y bien parecido, que tenía una cautivante habla lenta, unos modales agradables, sociales y una cabeza con abundante cabello ondulado, que se volvería blanco en sus últimos años. Cuando llamaron por teléfono, esta alma agradable y social acababa de golpear a dos enfermeras y estaba en la cama en el City Hospital.

En muchos aspectos Bill D. era el hombre ideal para convertirse en el tercer miembro del grupo. Era un muchacho de una granja de Kentucky que había llegado a Akron a trabajar en una planta llantera, mientras asistía a la escuela de leyes; evidentemente era un hombre de familia acomodada que, de una manera inexplicable, había llegado a ser un borracho sin esperanza. Durante los seis primeros meses de 1935, había sido hospitalizado ocho veces por borrachera, aunque por lo demás era respetable; incluso había sido consejero de la ciudad y director financiero de un suburbio de Akron. Su esposa y él asistían a la iglesia todos los domingos y rezaban con frecuencia acerca de su problema. Como les manifestó a Bill y al Dr. Bob, cuando lo visitaron en el City Hospital: "No tienen que convencerme en lo referente a la religión; una vez fui diácono en la iglesia y todavía creo en Dios, pero supongo que El no cree mucho en mí".

Si Bill creyó que Dios lo había abandonado, su esposa Henrietta pensó de otra manera.[2] Insatisfecha con el progreso que Bill y ella estaban haciendo en su propia iglesia, recientemente había visitado a otro ministro para rezar acerca de la aflicción de su esposo y llegó a estar convencida de que éste dejaría de beber. Cuando, poco después, la visitaron Bill y el Dr. Bob, no tuvo dudas de que sus oraciones habían sido contestadas.

Las experiencias de recuperación que los dos hombres compartieron con Bill D. fue breve, de acuerdo a las normas de hoy, pero ellos ya estaban desarrollando fortaleza en su sociedad; esto se los transmitieron al nuevo. También tenían la esperanza de haber encontrado la clave de la sobriedad permanente, no sólo para ellos tres, sino para cientos que podrían seguir.

Al principio asombró a Bill D. que un médico le ofreciera ayudarlo sin cobrarle y, después de alguna resistencia inicial, reaccionó bien a sus sugerencias. Cuando el 4 de julio de 1935 salió del hospital, al igual que los dos hombres que lo visitaron, era un hombre libre. Nunca volvió a beber y permaneció siendo un miembro activo de A.A. hasta su muerte, en 1954.

Ahora había tres hombres que nunca volverían a beber. No tenían un nombre para su Fraternidad y todavía estaban ligados íntimamente al Grupo Oxford, una situación que continuaría en Akron durante otros cuatro años.

Pero también compartían un punto de vista del alcoholismo, que no les había llegado del Grupo Oxford, y que era la comprensión del alcoholismo como una enfermedad de la mente y del cuerpo, que Bill había aprendido del Dr. Silkworth. Para ellos el alcoholismo no era sólo otra falla humana o pecado, sino un mal destructor. La alternativa para la sobriedad era siniestra: muerte o locura; nada podía ser más importante en la vida de un alcohólico recuperado que conservar su sobriedad y, tanto Bill Wilson como el Dr. Bob Smith, creían que para conservar la sobriedad se requería llevar el mensaje a otros. (Vale la pena hacer notar que estos tres hombres recientemente sobrios, tenían devotas esposas que habían conservado la fe en ellos. Estos primeros pioneros de Akron Y Nueva York trabajaron junto con sus esposas, tanto para permanecer sobrios como para llevar el mensaje).

Pronto se presentó el alcohólico Número Cuatro, que fue Ernie G.; sólo tenía 30 años y a los ojos de sus padrinos era "casi demasiado joven". Lo visitaron los tres hombres; sin perder el tiempo, Bill y el Dr. Bob llevaron a Bill D. a que se involucrara en el trabajo.

Ernie permaneció sin beber durante un año y entonces inició una recaída que duró siete meses (su historia, "La Recaída de Siete Meses", apareció en la primera edición del Libro Grande). Aunque tuvo dificultades con su manera de beber durante toda la vida, su abstinencia inicial desempeño su parte en aquellos tiempos. En 1941 se casó con Sue la hija del Dr. Bob, según se rumoró, contra los deseos de su padre (posteriormente se divorciaron).

Durante esos meses, Bill y el Dr. Bob establecieron la alianza y asociación de trabajo que duraría todas sus vidas y los marcó como los cofundadores de A.A. Cada uno de ellos aportó talentos especiales y rasgos personales a su papel; Bill era el promotor, el "hombre de idea", cuya mente iba constantemente adelante con planes y proyectos. El Dr. Bob representaba la fortaleza y la estabilidad de la Fraternidad inicial, su consejo prudente con frecuencia detenía las aventuras temerarias que podrían haber retardado el crecimiento e incluso arruinado a A.A., y posteriormente Bill reconocería esa deuda en un tributo a su socio. "Con ninguna otra persona he llegado a experimentar por completo la misma relación; lo mejor que puedo decir es que, durante todo el agotador tiempo de nuestra asociación, nunca tuvimos una diferencia violenta de opinión. Con frecuencia su capacidad para la hermandad y el amor estaba más allá de mi comprensión".

El joven Bob confirmó la armonía poco común: "Papá me decía frecuentemente que aunque Bill y él veían las cosas desde ángulos diferentes, nunca tuvieron una discusión y que sus dos mentes parecían mezclarse para desarrollar un programa inteligente que pudieran presentar a los alcohólicos".

Otro asociado que los conoció bien, comparaba su relación a aquella de "dos hermanos que se amaban y confiaban profundamente uno en el otro. Bob podía decir cualquier cosa a Bill, podía lastimar un poquito los sentimientos de éste y con frecuencia estaban en desacuerdo, pero nunca era algo duradero y en alguna parte siempre eran capaces de situarse en el justo medio y así lo planeaban; ambos se sentían felices al respecto. Nunca vi una confianza más completa que la que se tenían uno al otro". Su notable asociación se convertiría posteriormente en un tema de conversación en A.A.; había quienes veían la intervención divina en la manera de llevarse de estos dos hombres.

Superficialmente, Bill y Bob tenían mucho en común. Ambos eran de Vermont, altos; en política, conservadores: Bill se oponía a la intervención del gobierno en los negocios y Bob anticipaba un futuro oscuro para los doctores en una época cercana de medicina socializada. Ambos eran compasivos, bondadosos y generosos al compartir con otros lo que ellos tenían. Los dos fueron arrastrados al espiritismo y a los fenómenos extrasensoriales. Tenían un interés común en los asuntos médicos: El Dr. Bob como un profesional y Bill como un no profesional que durante toda su vida formó vínculos cercanos con el mundo de la medicina. Cada uno de ellos tuvo dificultades para completar su educación formal, aunque los problemas de Bill se arraigaban en vicisitudes emocionales, nunca fue un problema principal para el Dr. Bob. Cada hombre ideaba apodos para sus amigos y tenían gustos sencillos, a ninguno le gustaba la ostentación ni las falsedades de ninguna clase. Ambos eran muy inteligentes.

Pero de la misma manera había marcados contrastes entre los dos. Roy Y., un veterano de Texas y posteriormente en Florida, los describió de esta manera: "Ambos decían que simplemente 'no podían' ser miembros de A.A. El Dr. Bob iba a sus juntas en King School, se escurría hacia la parte de atrás y nadie sabía que estaba ahí. Si Bill llegaba a la misma junta, se aseguraba de tropezar con una silla; le encantaba ser el centro de atracción".

En tanto que Bill pudo no haber hecho en realidad algo tan rudimentario, verdaderamente es cierto que llamaba la atención de los demás; nunca fue un espectador durante mucho rato, la gente se daba cuenta de su presencia. Estaba impresionado por los logros y a la vez impresionaba a la gente; con el tiempo, su círculo de conocidos y amigos incluiría a gente distinguida de muchas áreas. Admitió que era un "motor", una cualidad totalmente ajena a su socio.

Al Dr. Bob le interesaba poco ser el centro de atracción. Dio pocas pláticas en público en A.A. y evidentemente tampoco se llegó a hacer cargo de conversaciones personales, como a veces lo hizo Bill. "Doc tenía una forma de ser totalmente calmada", dijo un admirador; "tenía sentido del humor, pero no era capaz de expresarlo en otra gente como lo hacía Bill. Doc era un gran escucha y nunca lo oí hablar demasiado. Bill hablaba mucho y también era un gran escucha, que realmente escuchaba, con los oídos abiertos. Sabía lo que estabas diciendo".

Además de hablar y escuchar, Bill también era escritor y planeador, y ninguna de esas dos actividades interesó al Dr. Bob; sin embargo, éste construía ideas y juicios importantes que encontraron su camino en los escritos de Bill. Algunas veces el Dr.

Bob hacía que Bill cambiara de opinión o actuaba como un freno para él; también le dio a Bill el apoyo más fuerte en los proyectos que creyó eran necesarios. "Alcohólicos Anónimos", el Libro Grande, iba a ser un ejemplo fundamental. Aunque los miembros de Akron aprobaron la empresa sólo por la diferencia de un voto, el Dr. Bob estaba apoyando a Bill y dándole cálidos ánimos y su aprobación en algunos de sus momentos más difíciles, cuando el proyecto pareció que se había estancado de una manera permanente.

Bill empujaba, el Dr. Bob estaba dispuesto a esperar. El estilo de Bill era buscar activamente apoyo para sus ideas, en tanto que el Dr. Bob esperaba hasta que el apoyo para una propuesta se desarrollara por su propio ímpetu. También hay algunos indicios de que el Dr. Bob era un padrino más eficaz; no se puede negar que, en los primeros años, A.A. creció con mayor rapidez en Akron que en Nueva York, y hubo quienes atribuyeron este éxito al fuerte liderato del Dr. Bob.

A pesar de todo, no hubo competencia entre los dos, ni parecieron tenerse envidia uno a otro. Al final, cada uno de ellos se vio a sí mismo como un instrumento del Poder Superior en el desarrollo de la Fraternidad. Quizá su singular compañerismo fue en realidad el instrumento.

En tanto que proseguía el trabajo de Bill con los alcohólicos, su carrera en los negocios oscilaba entre adelantos y retrasos. Continuando con la junta de accionistas en mayo, aparentemente el punto en discusión era la inspección de las procuraciones que votaron sus asociados y sus oponentes, el grupo encabezado por Nils Florman. Este hombre nació en Suecia, era bien parecido y encantador, y tenía conexiones importantes. Tanto Bill como él querían ser presidentes de la National Rubber Machinery Company y, con mucho, Florman iba adelante. El puesto se pagaba aproximadamente a 14,000 dólares anuales (una cantidad importante en esa época). La compañía no era grande, pero tenía un lugar sólido en el mercado, además de un crecimiento potencial. Para Bill, salir económicamente adelante parecía tener una importancia vital.

En las cartas a Lois, Bill criticaba mucho a Florman y sus compañeros; posteriormente escribiría acerca de la pelea de las procuraciones como un "procedimiento . . . impregnado de muchos resentimientos y controversias".

En 1935, la National Rubber Machinery necesitaba con desesperación el liderato; había sido paralizada por las discrepancias, las contiendas y la indecisión. Desde 1932 la compañía había sustentado fuertes pérdidas de operación y ahora parecía estar en el camino a una quiebra final. Pero Florman y sus asociados no eran los únicos oponentes de Bill; el bloque principal de las 113,000 acciones de la compañía era controlado por un grupo de la administración, encabezado por un M. D. Kuhlke, cuya firma, Kuhlke Machine Co., había sido de los cuatro negocios familiares que se fundieron en la N.R.M. en 1928. Se decía que Kuhlke era un hombre amistoso y decente que tendía estar de acuerdo con las dos partes en disputa. Una vez apoyaba al grupo de Florman, pero otra se inclinaba hacia el de Bill. Si Bill hubiera sido capaz de ganar el apoyo de Kuhlke, hubiera asumido el control de la N.R.M. Algunas de las cartas de Bill expresaban su exasperación por el puesto que ocupaba Kuhlke, ya que podía inclinar la balanza.

Pero poco había en los antecedentes de Bill que indicara que fuera la persona adecuada para dirigir la compañía. Su pasado tiene que haber preocupado a Kuhlke que, por tanto, tuvo pocas razones para favorecer a Wilson sobre Florman.

La lucha para obtener que se inspeccionaran las procuraciones duró todo el verano y, cuando la carrera llegó al final del alambre, Bill se las había arreglado para acumular alrededor de 30,000 votos, mientras que el campo de Florman sólo tenía 20,000; pero este recibió 42,000 votos adicionales, entre los que pidió por correo y los de Kuhlke y sus amigos en Akron. El total de 62,000 votos de Florman le dio más del 51 por ciento que se necesitaba para el control.

La batalla había terminado y la empresa de negocios de Bill en Akron había fracasado. Todo lo que tenía para mostrar, por los cuatro meses que había permanecido ahí, era el trabajo que había hecho con el Dr. Bob y los otros dos alcohólicos que ahora no bebían. A finales de agosto tomó el tren de regreso a Nueva York.

---

1. Sin embargo, la historia de Eddie tuvo un final feliz, ya que se presentó sobrio y agradecido en el funeral del Dr. Bob, 15 años después.
2. Henrietta D. trabajó posteriormente como jefa de enfermeras en el Asilo para Pobres de la Ciudad de Akron y ayudó a llevar el mensaje a las alcohólicas que ahí estaban confinadas.

Capítulo Nueve

Cuando Bill regresó a la Ciudad de Nueva York, el lunes 26 de agosto de 1935, tenía dos preocupaciones inmediatas. Tan presionante como era su necesidad de encontrar para él una posición ventajosa en los negocios, era igualmente urgente su necesidad de hacer algo acerca del alcoholismo.

Clint F., quien antes había sido su compañero de bebida y lo había presentado a Joe Hirshhorn, encontró a Bill en una oficina de agentes de acciones poco después de su regreso y Bill le contó acerca de la pelea de procuración. "Yo no estaba interesado en sus asuntos económicos", dijo Clint, "pero hubo algo que sí me interesó mucho y lo escuché con mucha atención. Manifestó que no había tomado un trago de licor desde hacía varios meses y de verdad que así lo parecía. Le faltaba la impresión de lejanía del viejo juez de circuito; de hecho, su expresión era más bien benévola, como si le hubiera llegado una cierta clase de asentamiento personal. Dijo que él y un doctor amigo de Akron creían haber encontrado una respuesta a uno de los problemas más desconcertantes de la sociedad: el borracho crónico, el alcohólico; afirmó que habían aprendido a ayudarse uno al otro, de una manera que no prohibía, sino que más bien eliminaba el deseo de beber. También habló algo sobre la ayuda de un poder más grande".

Clint, que había estado a punto de invitar a Bill a tomarse un par de tragos, se encontró pendiente de cada una de las palabras de Bill. "Sólo es de un día a la vez", expresó Bill, "y no es una batalla contra el licor; ésta se acabó". Clint quería oír más, pero Bill se estaba impacientando; tenía una cita en un hospital de la parte alta de la ciudad.

"Yo estaba intentando prolongar la conversación, porque en los últimos tiempos me estaba sintiendo terriblemente solo, y aquí estaba un Bill que no había conocido antes", dijo Clint, "de manera que me agarré a él débilmente. Lo perseguí hasta el elevador y le pregunté qué hacía en el hospital".

Bill respondió: "Bueno, Clint, estamos en la línea de fuego con los borrachos. Voy a ver a los peores casos que tienen y hablarles acerca de mí mismo; es maravilloso ver que aunque sea uno responde". Clint estaba consciente de su propio problema con la bebida; recordó que, después que se cerró la puerta del elevador, se dio cuenta de que quería ir con Bill. (Tuvieron que pasar otros 13 años para que Clint "fuera con Bill"; llegó a Alcohólicos Anónimos en 1948).

Por supuesto, el hospital era el Towns y ahí Bill encontró a Hank P., un pelirrojo lleno de energía, cuya manera de beber le había costado un puesto ejecutivo en una de las principales compañías petroleras. Un promotor incansable, Hank fue el primero de los borrachos con los que Bill trabajó en Nueva York, que permaneció sin beber durante un buen tiempo. (Hank es"El Incrédulo" de la primera edición del Libro Grande).

En el Towns, Bill también encontró a Fitz M. ("Nuestro Amigo Sureño", del Libro Grande), que residía en Cumberstone, Maryland. Hijo de un ministro, Fitz estaba bebiendo cuando fue internado, por un sentimiento de inferioridad, incompetencia e indignidad y, cuando lo abrumaron las necesidades de otros en su familia: como sus enfermedades, nacimientos y traumas. Lois

Clinton Street 182, en Brooklyn Heights, hogar y lugar de reunión para los alcohólicos de Nueva York que estaban en A.A. en los días en que se forme ésta.

describió a Fitz como un "soñador adorable y poco práctico". El y los Wilson pronto fueron devotos amigos.

Bill tenía muchas de las cualidades de Hank y, sin duda, admiraba la agresividad y la condición atlética del mismo; sin embargo, Bill también tenía un lado intelectual, erudito que le daba un campo común con Fitz. A Bill le interesaban las ideas nuevas y también era un soñador.

Pero Bill y el Dr. Bob eran capaces de formar íntimos amigos con cualquier clase de personas; el enlace común era el alcoholismo y la propia gran gratitud por su sobriedad. Fue evidente que Bill reconoció esto cuando escribió para la Fraternidad :"Somos gente que en circuntancias normales no nos mezclaríamos. Pero existe entre nosotros un compañerismo, una amistad y una comprensión idescriptiblemente maravillosa. Somos como los pasajeros de una gran embarcación recién salvados de un naufragio, cuando la camanadería, la democracia y la alegría prevalecen en el barco desde las bodegas hasta la mesa del capitán;

Muchos alcohólicos, borrachos y abstemios, se reunían en la sala de Clinton Street para ser amados en la sobriedad.

pero, a diferencia del sentir de los pasajeros del barco, nuestra alegría por haber escapado del desastre no decrece al ir cada cual por su lado. La sensación de haber participado en un peligro común es uno de los poderosos elementos que nos unen".

Esta "alegría por escapar del desastre", dio a la Fraternidad inicial un ambiente casi de euforia. Al buscar la metáfora para describir esta sensación, es probable que Bill recordara su experiencia durante la Primera Guerra Mundial, a bordo del Lancashire.

A partir del otoño de 1935, Bill y Lois empezaron a efectuar juntas semanales los martes por la noche, en su hogar, en Clinton Street. Hank P. y su esposa Kathleen iban desde Teaneck, New Jersey; Fitz M. iba con frecuencia desde Maryland y según Lois, también asistía algunas veces Shep C., su amigo de Vermont. Todavía estaban trabajando con Freddie B., el profesor de química; otros que mencionó Lois, de los que asistían, fueron Brooke B., de la Misión del Calvario, Bill R. y su esposa, no alcohólica, Kathleen, Ernest M., Herb D. y su esposa Margaret, desde New Jersey y, por supuesto, Ebby, Alec y los demás que vivían en la casa de los Wilson.

La práctica de abrir el propio hogar, conviertiéndolo en una especie de "casa de medio tratamiento", ya la habían iniciado en Akron el Dr. Bob y Anne Smith, que a lo largo de los años continuarían amparando a los hombres sin hogar.

Ahora, siguiendo la guía establecida por sus amigos de Akron, Bill y Lois convirtieron su propio domicilio en un albergue similar. Estos también tenían una teoría de que los alcohólicos sentían que no eran amados y, por tanto, ellos, los Wilson, los amarían en la sobriedad. Bill y Lois ocuparon el apartamento del segundo piso, que había sido remodelado por el Dr. Burnham para su esposa cuando estuvo enferma; el resto de la casa, lo pusieron a disposición de los alcohólicos que "se estaban recuperando".

Aunque Lois hacía la mayor parte del trabajo de la casa y la cocina —además de ir a su trabajo de tiempo completo en Loeser's— aparentemente ninguno de los dos lo consideró injusto: Russ R., que recibió su hospitalidad durante más de un año, lo describió de ésta manera:

"Todos nosotros vivimos en Clinton Street sin pagar renta, con alimentos gratuitos, todo de balde, y Lois estaba haciendo todo el trabajo. Durante el día se iba a trabajar en una tienda de departamentos y cocinaba para nosotros y nos proporcionaba todo el dinero que había en la casa entera".

Russ recordó a algunos de los otros "huéspedes" de ese tiempo, entre ellos Wes W., que vivía en el sótano. Alguna vez Wes había disfrutado de las mejores cosas de la vida y había viajado por el mundo. Tenía una anécdota llena de colorido acerca de que se había lanzado a la alberca de un hotel muy exclusivo, causando que los demás huéspedes huyeran disgustados.

Wes nunca perdió su paladar por el tratamiento de primera clase. Una mañana, cuando Lois hizo hot cakes para todos los que vivían en la casa, Wes llegó tarde de su dormitorio en el sótano y sólo quedaban unos pocos. Herido y ofendido, cuando Lois se rehusó a hacer más, se levantó, arrojó su servilleta y salió ruidosamente de la casa, jurando que nunca volvería. En realidad, sólo fue tan lejos como se encontraba un restaurante Childs, ¡por más hot cakes!

La última vez que Russ lo vio, Wes se estaba muriendo de cáncer en Bellevue. Le pidió a Russ que le llevara una botella de escocés, "no de cualquier marca, quiero Johnnie Walker". Luego añadió: "No cualquier Johnnie Walker, que sea Etiqueta Negra". Pero cuando Russ regresó al día siguiente con la botella de Johnnie Walker Etiqueta Negra, Wes había muerto. El Dr. Silkworth mandó un "prospecto, ligeramente intoxicado". Después de pasar la noche en Clinton Street, a la mañana siguiente tenía unas náuseas horribles. Posteriormente, Lois encontró una botella de whisky vacía en la cocina; el día anterior, la misma botella, que había sido un regalo de Navidad para los Wilson, había estado llena de miel de maple de Vermont. Al reconstruir lo que había sucedido, Lois se dio cuenta que su invitado se la debió haber tomado sin respirar, antes de enterarse de qué era lo que estaba pasando por su garganta.

Bill C. fue "huésped" de los Wilson durante casi un año. Era abogado y jugador profesional de Bridge; o sea, durante el día un respetable abogado y un jugador durante la noche. Debido a su programación diurna y nocturna, rara vez lo veían los Wilson.

Permaneció solo en la casa durante el verano de 1936, cuando los Wilson fueron a visitar a Fitz y compañía en Maryland. Bill Wilson regresó antes a casa y al momento en que abrió la puerta principal, olió a gas. Corriendo escaleras arriba, encontró el cuerpo de Bill C., que se había suicidado, dejando correr el gas de la cocina por una de las tuberías que puso en su boca. En apariencia, había estado tirado ahí durante varios días. Pasaron algunos meses antes de que Bill y Lois se dieran cuenta de que Bill C. había estado vendiendo su ropa, que había estado colgada en un ropero del vestíbulo cerca de su habitación. Entre las cosas faltantes, estaban un traje de vestir y el de etiqueta de Bill; Lois, perdió vestidos de noche y una bufanda de terciopelo. Con su aptitud característica para las exageraciones, Bill dijo que Bill C. "vendió todas las puntadas de la ropa que había en la casa y por el remordimiento abrió la llave del gas".

Finalmente, tanto Bill como el Dr. Bob, empezaron a dudar de la sabiduría de permitir que los alcohólicos en recuperación vivieran en sus hogares durante periodos extensos. Bill se refirió a este suicidio como un ejemplo literal de "matar a la gente con bondad". Russ, el hombre que le llevó el escocés a Wes y que él mismo no logró estar sin beber de una manera permanente, sino hasta 1949, dijo que no podía recordar que alguno de los hombres llegara a estar sobrio, cuando él estuvo viviendo con los Wilson.

En tanto que Lois, posteriormente, también admitió que su tasa de éxito fue baja durante el período 1935-36, en Clinton Street, hizo notar que muchos de los alcohólicos con los que Bill trabajó durante esa época, después se recuperaron. En otras palabras, manifestó Lois, se habían plantado las semillas de la sobriedad y arraigaron lentamente.

El Libro Grande, cuando fue publicado tres años después, sugirió precaución y prudencia para ofrecer hospitalidad a un alcohólico: "Estén seguros de que será bien recibido por su familia y que no esté intentando abusar de su dinero, contactos o albergue; permítanle eso y sólo lo dañarán, ya que le estarán haciendo posible el que no sea sincero. Pueden estar ayudando a su destrucción en vez de a su recuperación . . . Rara vez permitimos que un alcohólico viva en nuestros hogares durante mucho tiempo;

no es bueno para él, y algunas veces crea complicaciones serias en una familia".

Bill y Lois habían permitido que algunos de los hombres vivieran con ellos tanto tiempo como un año; aparentemente dejaron la práctica cuando se dieron cuenta de que era de muy poca ayuda para que, en realidad, los hombres permanecieran sin beber. Con frecuencia, Bill era demasiado optimista respecto al trabajo que estaba haciendo. De la ingenuidad de Bill en este primero y quizá segundo año de su sobriedad, apuntó Russ: "Con una hora de plática intentaba que la gente dejara de tomar. Los llevaba a un cuarto, discutía con ellos, les exponía sus teorías y salía radiante diciendo: 'Ahí hay un hombre que nunca volverá a tomar otro trago, te lo apuesto'.

En aquellos días, los argumentos de Bill no siempre eran congruentes. Era muy egoísta y la mayor parte de nosotros lo fuimos, pero lo era tan tenazmente que, si quería algo, lo creía cierto, y empezaba con una conclusión. Si pensaba, 'este hombre va a dejar de beber', suponía que el hombre iba en camino de estar sobrio; comenzaba con una falsa premisa y, con lógica, trabajaba paso por paso para llegar a la conclusión inicial". En tanto que Bill era bastante más listo que la mayoría de la gente, dijo Russ, se perdía en el camino cuando quería algo con mucho empeño; llegaba a estar dispuesto a "doblar las cosas un poco". Vivía el muchacho que había tenido la determinación de hacer un Búmerang; Bill continuaba yendo tras lo que quería con la misma mentalidad de tener un solo objetivo. "Sin embargo", concluyó Russ, "si no hubiera sido así, no existiría A.A."

Lois no se quejaba por la carga de trabajo que había caído sobre ella. (Posteriormente explicaría su enorme capacidad para el trabajo arduo diciendo que su padre había sido un "verdadero conductor de esclavos"). Pero, su actitud hacia la nueva vida de Bill, de cierta manera era más ambivalente, como indica su descripción:

"Los meses siguientes fueron una época feliz para Bill. Tenía la compañía de sus amigos alcohólicos, la inspiración espiritual del Grupo Oxford y la satisfacción de ser útil a aquellos con los que trabajaba".

Por mi parte, no me dejaba a mí misma percibir que yo no era tan feliz, como debía haber sido después de todos mis sueños de que llegara a ser un hecho la sobriedad de Bill. Aunque continuaron mi alegría y fe en su renacimiento, extrañaba nuestra mutua compañía, ya que ahora rara vez estábamos juntos, a solas. No había tiempo para paseos al campo los fines de semana, debido a que Bill estaba ocupado con sus alcohólicos, atendiendo un pequeño negocio que Hank P. y él habían empezado en New Jersey y haciendo investigaciones ocasionales . . . Sentí que me dejaba a un lado y no me necesitaba.

Pero, íbamos con regularidad a las reuniones del Grupo Oxford, adonde lo acompañaba por su propio bien, porque eso era lo que debía hacer una devota esposa, no porque yo necesitara las reuniones.

Sentí que ya tenía el conocimiento y la disciplina que estaban buscando esos individuos bondadosos . . .

Los impulsos de poder de Bill no eran nada para la sutil seguridad que tenía en mí misma . . . Incluso, después del despertar espiritual de Bill, no se me ocurrió que yo necesitara cambiar . . .

Un domingo, Bill me dijo despreocupadamente: "Tenemos que apresurarnos o llegaremos tarde a la reunión del Grupo Oxford".

Yo tenía un zapato en la mano y antes de que me diera cuenta de lo que sucedía, se lo había lanzado diciéndole: ¡Que se vayan al demonio tus anticuadas reuniones! . . .

Ese día, por primera vez, empecé a mirarme analíticamente. Hasta entonces, me había sentido segura de mí misma; ya que amaba a Bill y quería ayudarlo, sentía que tenía que estar en lo correcto . . .

Gradualmente, se fue aclarando la verdadera imagen. . . Después de que Bill dejó de beber, fue un gran golpe para mí darme cuenta de que Bill ya no me necesitaba como antes . . . Poco a poco me fui dando cuenta de que era a causa de que yo no había sido capaz de "curar" a Bill de su alcoholismo, y resentí la realidad de que alguien más lo hubiera hecho, así que tenía celos de sus recientes amigos: Lentamente, ví que mi ego se había estado alimentando durante los años en que Bill bebió, por los papeles importantes que tuve que llenar: madre, enfermera, la que ganaba el pan y tomaba las decisiones . . . También, mi ego se había reforzado por mi capacidad para mantenernos a ambos, aunque escasamente, y para tomar las decisiones familiares que Bill era incapaz de hacer...

También ví que me creía muy virtuosa y era muy pagada de mí misma, al creer que estaba haciendo por Bill lo que ninguna esposa podía hacer. He llegado a creer que la seguridad en mi virtud es uno de los peores pecados... es inconquistable. Ningún rayo de luz puede atravesar su coraza; conserva apartadas a sus víctimas, muy lejos de los demás.

Lois y Bill fueron a las reuniones del Grupo Oxford, desde finales de 1934 hasta 1937 aproximadamente. También fueron a un buen número de "fiestas caseras" del Grupo Oxford durante esos años; a partir de 1935, Hank y Fitz se les unían con frecuencia.

Se empezó a desarrollar tensión en la Iglesia del Calvario entre el grupo principal y la esforzada banda de alcohólicos de Bill. Los líderes del Grupo Oxford resentían el hecho de que Bill estuviera efectuando juntas por separado para los alcohólicos en Clinton Street. Criticaban su trabajo con los alcohólicos calificándolo de "restringido y divisorio", por otra parte, los alcohólicos sentían que necesitaban estas juntas especiales, porque muchos de los miembros no alcohólicos del Grupo Oxford no los comprendían.

Jack Smith, uno de los ayudantes de Sam Shoemaker, no aprobaba el trabajo de Bill y, por último, lo expuso así abiertamente. En una plática informal en la reunión del Grupo Oxford del domingo, se refirió a las juntas especiales, que "se efectuaban subrepticiamente detrás del cobertizo de la Sra. Jones". El ambiente del Grupo Oxford "se enfrió ligeramente" para los Wilson.

Cerca del final de 1935, a los alcohólicos que vivían en la Misión del Calvario se les dieron instrucciones de que no asistieran a las juntas de Clinton Street. "Esto no sólo nos lastimó, sino que nos sentimos decepcionados del liderato del grupo", recordó Lois.

A pesar de la crítica y el rechazo, Lois y Bill no se desilusionaron de inmediato del Grupo Oxford ni de sus principios, de los cuales Bill se apropió gratuitamente.

Lois describió las "fiestas caseras" de fin de semana del Grupo Oxford a las que asistieron como: "una mezcla de convención y retiro.

Llegaba gente de lejos y de cerca para estar reunidos con el fin de adorar, meditar, para pedir guía a Dios y, al hacerlo juntos, ganar fortaleza. Por lo general, dos o tres personas muy conocidas conducían las reuniones, inspirándonos al resto para hacer lo que ellos habían hecho".

Bill asistió por primera vez a una de esas fiestas caseras en Richmond, Virginia, en diciembre de 1935; al siguiente año Lois y él fueron a otras, en Stockbridge, Massachusetts, Los Poconos de Pennsylvania y en West Point, Nueva York. Conocieron a Frank Buchman, el fundador del Grupo Oxford, pero nunca llegaron a intimar con él. Cuando, posteriormente, se le preguntó a Bill si había conocido a Buchman, sólo contestó "nos saludamos de mano".

En junio de 1936, cuando el Grupo Oxford estaba en la cúspide de su popularidad como un movimiento inspiracional, 10,000 personas se congregaron en los Berkshires para asistir a la reunión de Stockbridge. Del suceso de diez días de duración informó la edición de octubre de *Good Housekeeping*, en un artículo titulado: "El Grupo Oxford reta a los Estados Unidos".

Good Housekeeping lo describió así: "En el Grupo Oxford no se da ningún comprobante de ser miembro, no se pagan cuotas ni los líderes cobran, no es una religión nueva ni expone teorías teológicas, incluso no tiene reuniones de una manera regular. Meramente es una fraternidad de individuos que buscan seguir una cierta forma de vida; según dicen, es una determinación, no una denominación. Sigue los principios cristianos del primer siglo, aplicados al siglo XX. Con él se identifican los católicos, episcopales, metodistas presbiterianos, bautistas . . . miembros de todas las iglesias y de ninguna.

'No es una religión', dice su fundador, 'sino una revitalización de esa religión, que el individuo puede haber permitido que degenere'".

Durante el decenio de los 1930, la práctica del Grupo Oxford de "dar testimonio", estaba ayudando a los alcohólicos en todo el país. El movimiento había proliferado en todos los Estados Unidos: en el sur, en las Virginias, en California, en todo el medio oeste e igualmente en Canadá; en cada uno de esos lugares había alcohólicos que buscaban la sobriedad.

Es posible que los miembros alcohólicos de esos grupos finalmente llegaran a Alcohólicos Anónimos. Con toda probabilidad, el Grupo Oxford atrajo alcohólicos sencillamente porque acudía gente que tenía problemas.

El año de la gran reunión de Berkshire, 1936, también fue de dificultades para el Grupo Oxford. En agosto, el *World-Telegram* de Nueva York, publicó un artículo acerca de Buchman, en el que se le acusaba de haber sido pronazi. El periódico citaba que Buchman había expresado: "Doy gracias al cielo por un hombre como Adolfo Hitler, que construyó una línea frontal de defensa contra el Anticristo del comunismo. Pienso en lo que significaría para el mundo si Hitler se rindiera a Dios; mediante un hombre así, Dios podría controlar a una nación y resolver todos los problemas, ya que los problemas humanos no son económicos, sino morales y no se pueden resolver por medio de medidas inmorales".

En tanto que la mayor parte de las exposiciones del incidente, incluso de los críticos de Buchman, a partir de entonces lo han vindicado, el artículo llevó al grupo a una controversia pública.

Al mismo tiempo, tuvo lugar un cambio sutil, tanto en el mensaje como en la función del Grupo Oxford. Cambió de pequeños grupos íntimos, a grandes reuniones. En 1938, después de que la Universidad de Oxford exigió que, debido a la controversia, el grupo ya no utilizara su nombre, tomó la denominación de Rearmamiento Moral; abreviado: M.R.A. "Cada vez más se funcionaba mediante asambleas nacionales y mundiales. Se salió del movimiento un buen número de los primeros seguidores, insatisfechos con el cambio del énfasis individual a los métodos masivos.

Hubo varias razones para que Bill saliera del Grupo Oxford en 1937: tenía una convicción creciente de que los alcohólicos necesitaban trabajar con los de su propia clase, un punto de vista que continuó teniendo durante el resto de su vida. El mismo había recibido la ayuda de los servicios de un "pequeño grupo íntimo" del Grupo Oxford, un concepto que estaban a punto de abandonar. En Akron, en donde el Dr. Bob y los demás permanecieron en el Grupo Oxford hasta 1939, la intimidad del pequeño grupo continuó en el hogar de T. Henry Williams.

Debido a que, con frecuencia, las razones de Bill eran mal

interpretadas, posteriormente escribió cartas y artículos para indicar la escisión. Una de sus declaraciones más extensas de la situación la hizo en una carta fechada el 30 de octubre de 1940 a un miembro de Richmond, Virginia:

"Siempre me agrada decir en privado que algunas de las presentaciones y el énfasis del Grupo Oxford sobre el mensaje cristiano salvaron mi vida. No obstante, también es cierto que otras actitudes del G.O. casi me llevaron a beber otra vez y, desde hace mucho, descubrimos que, si pretendíamos acercarnos con éxito a los alcohólicos, estas (actitudes) deberían abandonarse. Al ser la recuperación un asunto de vida o muerte para los alcohólicos, llegó a ser una cuestión de adoptar las que funcionaban y rechazar aquellas que no lo hacían.

Por ejemplo:

1.- El principio del evangelismo agresivo tan prominente como una actitud del Grupo Oxford, tuvo que dejarse a un lado con objeto de obtener algún resultado con los alcohólicos. La experiencia mostró que este principio, que pudo haber sido absolutamente vital para el éxito del Grupo Oxford, rara vez tocaría a los neuróticos de nuestro matiz.

2.- Se encontró que era mala la publicidad o prominencia personal excesiva en el trabajo. Los alcohólicos que hablaban demasiado en tribunas públicas era probable que llegaran a inflarse y a beber de nuevo. Nuestro principio del anonimato, en tanto concierne al público en general, corrige hasta cierto punto esta dificultad.

3.- Los principios de honestidad, pureza, desinterés y amor, equivalen a una meta para los miembros de A.A. y los practican tanto ellos como otros grupos de gente; sin embargo, encontramos que, cuando se ponía la palabra "absoluto" calificando a estos atributos se iban por centenares o les daba una inflación espiritual temporal que resultaba en un derrumbe.

4.- Se descubrió que había que dejar todas las formas de coerción, tanto las directas como las indirectas. Encontramos que, con frecuencia, resultaba en críticas la "comprobación" en manos de aficionados y que eso llevaba al resentimiento, que probablemente es el problema más serio que molesta al alcohólico común.

5.-En tanto que la mayor parte de nosotros creemos profundamente en el principio de la 'guía', pronto fue aparente que para recibirla con certeza, se necesitaba una considerable preparación espiritual.

6.-Nos dimos cuenta de que se tenía que poner mucho más énfasis en la práctica real de los principios de tolerancia y amor del que tenían en el G.O., principalmente en la tolerancia. Teníamos que volvernos mucho más inclusivos y, si fuera posible, nunca exclusivos. Nunca podemos decir a nadie (ni insinuar) que debe estar de acuerdo con nuestra fórmula o será excomulgado. El ateo puede levantarse en una junta de A.A. negando a Dios; aunque, relatando cómo ha sido ayudado de otra manera; la experiencia nos dice que más tarde cambiará de modo de pensar, pero nadie le dice que tiene que hacerlo.

7.- Con objeto de poner en práctica todavía más allá el principio de la inclusividad y la tolerancia, no pedimos ningún requisito religioso a nadie. Todo aquél que tenga un problema de alcohol, que desee liberarse de él y ajustarse felizmente con las circunstancias de su vida, se convierte en miembro de A.A. sólo por asociarse con nosotros. A nadie se le pide nada más que sinceridad. En este ambiente, el ortodoxo, el no ortodoxo y el incrédulo se mezclan de una manera feliz y útil, y en casi todos los casos resulta un gran crecimiento espiritual.

8.- Si fuéramos a hacer a la gente alguna exigencia religiosa, temo que muchos católicos sentirían que no podían interesarse. Tal como están las cosas ahora, supongo que en A.A. hay 25 por ciento de católicos, y [miembros católicos] se dan cuenta que nuestras sugerencias, de ninguna manera, los hacen entrar en conflicto con sus propios puntos de vista o reglas de conducta religiosa. Ya que hay muchos alcohólicos católicos, ¿por qué privarlos de la oportunidad de ser dogmáticos, cuando la experiencia muestra que otra cosa sería por completo innecesaria?

Por último, con frecuencia me preguntan porqué no reconozco públicamente mi deuda de gratitud con el Grupo Oxford. La respuesta es que, por desgracia, en todo este país existe un perjuicio vasto y algunas veces irrazonable contra el G.O. y su sucesor el M.R.A. Mi dilema es que si hago un reconocimiento así, puedo establecer una conexión entre el G.O. y Alcohólicos Anónimos, que actualmente no existe.

Tuve que preguntarme a mí mismo que era lo más importante: que el G.O. recibiera el crédito y que así yo tuviera el placer de descargar mi deuda de gratitud, o que los alcohólicos de cualquier parte tuvieran la mejor oportunidad posible de permanecer vivos, sin importar quién reciba el crédito.

Bill tuvo amigos en el Grupo Oxford que entendieron su punto de vista de la situación. Uno de ellos fue John Ryder, un ejecutivo de publicidad de Nueva York, que Bill conoció en la época de la Misión del Calvario. Ryder hizo estos comentarios acerca de la separación de Bill del Grupo Oxford:

"Yo estaba, o me sentía, muy cerca de Bill Wilson en los días anteriores a que se iniciara Alcohólicos Anónimos. Herb Wallace, un compañero de equipo íntimo mío, ocupó mucho tiempo con Bill, hizo que estudiara un curso de oratoria en el Downtown Athletic Club, pero creo que el propio 'grupo' rechazó a Bill cuando procedió de acuerdo a su guía para crear un grupo especial para los A.A. En esa época, si estabas asociado con el 'grupo', tu guía parecía ser de un valor dudoso, a menos que le diera el visto bueno Sam Shoemaker, Frankie Buchman o uno de los representantes acreditados.

Recuerdo a un querido amigo sacudiendo tristemente la cabeza al apuntar: 'Bill nunca tendrá suerte con una empresa de él mismo'. Le pregunté por qué y me respondió: 'Porque no le da todos los créditos al grupo'. En esa época Bill tenía bastantes curaciones a su crédito y sé lo arduamente que había intentado trabajar con el grupo, y cómo habían sido recibidos sus esfuerzos. Bill nunca falló en dar el crédito correspondiente al grupo o a los miembros que lo ayudaron, de hecho, sus expresiones habían sido mayores de lo acostumbrado en reconocimiento y gratitud.

Por supuesto, no podía decir lo que mi amigo deseaba que él manifestara: "Le debo todo al Grupo Oxford", ya que si lo hubiera dicho sería mentiroso. Esto sería de la misma manera como si un hombre dijera: "Todo se lo debo a mi maestro de la escuela primaria".

El Grupo Oxford no aprobaba la concentración de los alcohólicos en su problema, con la exclusión de otras inquietudes del grupo. Incluso, Lois dijo que "el Grupo Oxford, más o menos, nos dio un puntapié para que nos fuéramos", que a Bill y a ella los agrupados no los consideraban "el máximo". (En el Grupo Oxford se utilizaba la expresión "el máximo", para definir el grado de compromiso que se esperaba respecto a los objetivos del grupo).

Bill siempre era generoso al reconocer la deuda de A.A. al Grupo Oxford e invariablemente, ligaba a éste en relación al Dr. Sam Shoemaker.

A Bill le empezaron a llegar algunas oportunidades de negocios y siempre las recibía con agrado; todavía los Wilson sólo contaban con lo que ganaba Lois. A principios de febrero de 1936, recibió una asignación para investigar una compañía en Harrisburg, Pennsylvania. También tuvo un breve trabajo solicitando procuraciones y se materializaron algunas otras asignaciones.

La mayor parte de las investigaciones de Bill en el mercado de valores, en esa época, fueron para Clayton Quaw de la firma Quaw y Foley. Al no estar realmente en la nómina, se le pagaba cada asignación, recibiendo con frecuencia una acción en las utilidades que resultaban sus investigaciones. Hubo una vez en que la firma casi lo colocó en el consejo de administración de la compañía llantera Fisk Tire de Boston; se le hizo uno de los directores de la compañía Pierce Governor, fabricante de piezas automotrices en Anderson, Indiana. También tuvo algunas asignaciones de su viejo amigo Frank Shaw, el que le había dado su primera oportunidad en Wall Street; aunque Bill y Shaw se separaron legalmente en 1929, permanecieron siendo amigos durante toda la vida. En una carta de 1960 a la esposa de Frank, Elise Shaw, Bill escribió:

"A la vez es admirable y confortante que mi experiencia con Frank en Wall Street, haya tenido mucho que ver con el éxito actual de A.A. Fue el entrenamiento que recibí entonces en los grandes asuntos y el esfuerzo constante para prever y evaluar el futuro, lo que a partir de ahí ha contado tanto y, sin esa experiencia invaluable, hubiera cometido gran cantidad de errores deplorables. Mediante ningún esfuerzo de la imaginación hubiera podido integrar el lado de los asuntos materiales y la política de nuestros asuntos de A.A. con su objetivo espiritual".

El trabajo de investigación que hizo Bill en 1936-37 fue el último intento serio para reincorporarse al campo de los valores, aunque durante los cinco años siguientes intentó algunas otras empresas comerciales.

En septiembre de 1936 murió el padre de Lois, que era el propietario de la casa de Clinton Street. Tomó posesión de ésta la compañía hipotecaria, que permitió a los Wilson que permanecieran ahí por una pequeña renta.

Fue su aguda pobreza (Bill había persuadido a Lois para que dejara su trabajo en Loeser's, desde marzo) la que casi persuadió a Bill de que aceptara un empleo como terapista de alcoholismo pagado. La oferta vino de Charlie Towns, el propietario del hospital en donde Bill se había recuperado y también en el que había encontrado algunos de sus prospectos más promisorios.

Un día en que Bill estaba en el Towns, Charlie lo llamó a su oficina y mostrándole los estados de cuenta que revelaban cuánto había ganado el hospital en años anteriores (no le había ido tan bien en los más recientes), le propuso abrir una oficina en el hospital y trabajar como un terapeuta no profesional, con una cuenta disponible y una participación en las utilidades.

Bill estaba desconcertado; la oferta no sólo tenía sentido sino que parecía perfectamente ética. Incluso, había un precedente para el empleo de terapeutas no profesionales en el tratamiento del alcoholismo y la más conocida de esas personas había sido Richard Peabody, autor de "El Sentido Común de Beber", Peabody, un alcohólico que se recuperó por sí mismo, había muerto recientemente después de una carrera breve, pero con éxito, como terapeuta no profesional, independientemente de que ayudaba a los alcohólicos sobre una base de honorarios.

Bill pensó que la oferta estaba verificada por la guía celestial: Cuando iba a casa en el metro, le llegó la cita bíblica "El trabajador merece su salario". Al llegar a casa iba convencido de que su destino divino era convertirse en un terapeuta pagado.

Le esperaba una gran desilusión: Lois no compartió su

entusiasmo. Pero aun se sorprendió más por la manera en que respondieron los alcohólicos recuperados y sus esposas, después de que se reunieron para la junta del martes por la noche. Aunque los alcohólicos que vivían con Bill estaban teniendo considerables problemas, ahora se encontraban en el área cierto número de alcohólicos recuperados.

Los del grupo escucharon con caras impasibles, mientras Bill les contaba la oferta de Towns. Luego tomó la palabra un miembro: "Sabemos los problemas que tienes, Bill... nos preocupa mucho y con frecuencia nos hemos preguntado qué podríamos hacer al respecto, pero creo que hablo por todos los que estamos aquí cuando digo que lo que tú nos propones ahora nos incomoda... ¿No te das cuenta... que tú nunca puedes convertirte en profesional? A pesar de lo generoso que Charlie ha sido con nosotros, ¿no ves que no podemos atar esto a su hospital ni a ninguna otra cosa?... Esto es un asunto de vida o muerte, Bill, y no lo arreglará nada sino lo mejor... ¿No has dicho con frecuencia aquí, en estas juntas, que algunas veces lo bueno es enemigo de lo mejor? Bueno, esto es un caso evidente de ello..."

Bill, no puedes hacernos esto", añadió. "¿No ves que los demás pronto nos desanimaríamos si tú, nuestro líder, recibieras dinero por pasar nuestro magnífico mensaje, mientras que los demás haríamos lo mismo sin paga?... ¿Por qué tendríamos que hacerlo gratis si a tí se te paga? En poco tiempo nos emborracharíamos".

Bill comprendió, casi inmediatamente, que este trabajo debe hacerse por amor, nunca por dinero. Rechazó la oferta de Charlie. Cuando Bill relató el incidente posteriormente, se describió como el oportunista impulsivo, que se busca a sí mismo y que así podía haber hecho naufragar al inexperto movimiento sino hubiera sido por el consejo sabio y a tiempo de otros. Tanto Bill como Lois recordaron el incidente como un primer ejemplo de la conciencia de grupo en acción.

Bill puede haber sido el impulsivo y el que miraba por sí mismo —cuando menos, públicamente deploraba con frecuencia estas características suyas— pero también tuvo una notable capacidad para aceptar las críticas y, además, estaba aprendiendo a aceptar consejos; algunos de estos consejos fueron en realidad su propia enseñanza que le regresaban.

En ese año hubo muchas desilusiones, como la recaída de Ebby. En 1936, éste había regresado a Albany y había encontrado un trabajo en la Ford Motor Company, en un pequeño pueblo de las cercanías. "Permanecí con la compañía Ford hasta finales de abril de 1937, fui en un viaje a Nueva York y me caí del vagón de la sequedad", recordó Ebby. "Eso fue aproximadamente dos años y siete meses de estar sin beber y trabajando con el Grupo Oxford. Regresé a Albany y se inició el viejo carrusel; estuve bebiendo mucho y de una manera contínua durante largo tiempo".

Una segunda desilusión fue que en los nuevos problemas económicos que golpearon al país en el otoño de 1937, se derrumbó el trabajo de Bill para Quaw y Foley. Este fue un asunto grave; Lois estaba tratando de ganar para vivir como una decoradora de interiores, independiente, pero las tareas de los que trabajan por su cuenta eran escasas.

Posteriormente, en 1937, Bill hizo un viaje a Detroit y Cleveland buscando un trabajo. No lo encontró, pero sí visitó al Dr. Bob y Anne en Akron. En esta visita fue cuando los dos hombres llevaron a cabo una revisión "formal" de su trabajo de los dos años anteriores. Bill pudo haber estado exagerando las cosas cuando declaró que, cuando menos, 20 casos habían estado sobrios un par de años; pero al contar a todos los que parecían haber encontrado la sobriedad en Nueva York y Akron, concluyeron que más de 40 alcohólicos estaban permaneciendo secos como consecuencia del programa.

"Al revisar con cuidado esta marca, súbitamente nos asaltó la idea de que una nueva luz estaba brillando en el oscuro mundo del alcohólico", escribió Bill. "A pesar de la recaída de Ebby, una benigna reacción en cadena, un alcohólico llevando la buena nueva al siguiente, había empezado partiendo el Dr. Bob y de mí. Concebiblemente, un día ello podría circular en todo el mundo. ¡Qué formidable fue darse cuenta de ésto! Por fin estábamos seguros. No habría más un valor totalmente a ciegas. En realidad lloramos de alegría y Bob, Anne y yo inclinamos nuestras cabezas dando gracias en silencio".

Su gratitud hubiera sorprendido a algunos: Bill, que en ese año había cumplido 42, estaba sin trabajo, mientras que el Dr. Bob, a los 58 años, estaba en peligro de perder su casa; pero Bill tenía ahora casi tres años de permanecer sobrio y Bob, dos y medio.

---

1. Posteriormente este incidente condujo a Sam Shoemaker a disculparse con Bill, después de que él mismo había roto con el Grupo Oxford en 1941. Shoemaker escribió: "Si llegas a escribir la historia de la anterior conexión de A.A. con el Calvario, creo que tiene que decirse con toda honestidad que estábamos preparados al sentir que te ibas por tu propio impulso, intentando hacer algo por tu cuenta y quedando fuera de nuestra corriente principal de trabajo. Tuviste tu inspiración desde aquellos primeros días, pero no obtuviste mucho ánimo de ninguno de nosotros y, por mi parte, de ese estúpido deseo de controlar el Espíritu, tal como El se manifiesta a Sí Mismo individualmente en la gente, como a ti, estoy sinceramente apenado y avergonzado".

Capítulo Diez

Bill y el Dr. Bob sabían que sus 40 casos de alcohólicos recuperados en Ohio y Nueva York, habían probado la eficacia de sus métodos, ¿pero cómo podrían llevar el mensaje a los alcohólicos que sufrían en otros lugares? Había tomado más de dos años llevar la sobriedad a un puñado y "el número de alcohólicos en el mundo que querían llegar a estar bien se calculaba en millones", afirmó Bill. "¿Cómo podría llevarse hasta ellos la gran oportunidad que teníamos? Al paso de tortuga que habíamos estado caminando, estaba claro que nunca le llegaría a la mayor parte de ellos.

Por lo tanto ya no podríamos seguir siendo una especie de sociedad secreta de la que poco se sabía. La comunicación personal directa, con los pocos alcohólicos con los que podíamos tener contacto por los métodos que hasta entonces empleábamos, no sólo sería lenta, sino peligrosa . . . porque el mensaje de recuperación en el que ahora teníamos tanta confianza, pronto podría ser llevado a tientas y tergiversarse de tal manera que no sería reconocible. Estaba claro que nuestra incipiente sociedad y su mensaje deberían tener una publicación".

En las discusiones con el Dr. Bob, Bill insistió en que el movimiento necesitaba misioneros a sueldo, para llevar el mensaje a otras áreas. También necesitaba hospitales especiales, ya que los regulares no aceptaban pacientes a los que se les diagnosticara oficialmente como alcohólicos. Por último, necesitaban un libro que narraría la historia "al mundo" y también evitaría la mutilación o la distorsión del mensaje.

Al Dr. Bob le gustó la idea del libro, pero tuvo dudas acerca de los misioneros y los hospitales; sentía que la gente a sueldo podría dañar el espíritu del movimiento. A su manera, estaba reiterando la respuesta de los alcohólicos de Clinton Street, a la proposición de Bill respecto a trabajar en el Hospital Towns como un terapeuta a sueldo. Pero, como Bill continuaba presionando, finalmente sugirió que presentaran las proposiciones a los demás miembros de Akron. A pesar de sus propias dudas, respaldó a Bill por completo, "en especial acerca de la necesidad del libro", manifestó Bill.

Los 18 alcohólicos de Akron, que se reunieron en la casa de T. Henry Williams, escucharon calladamente mientras Bill, con el apoyo del Dr. Bob, presentaba el plan. Entonces, como recordó Bill, "en los momentos que siguieron ¡aquellos alcohólicos realmente se enfrentaron a nosotros!" Pusieron muchas objeciones: Los trabajadores a sueldo en realidad acabarían con su buena voluntad con los alcohólicos; los hospitales harían que la Fraternidad pareciera ser un asunto sucio; incluso los libros y folletos podrían ser dañinos, pero Bill y el Dr. Bob presionaron con su argumento. Cuando se puso a votación se aprobó todo el plan —los misioneros, los hospitales y el libro— aunque algunos continuaron objetando a gritos. El voto se logró "por muy poco margen" y fue evidente que los miembros de Akron no colectarían el dinero que se necesitaba para esas empresas. Eso sería responsabilidad de Bill, que ya estaba pensando en millones de dólares.

Armado este inseguro mandato de Akron, Bill se apresuró a regresar a Nueva York e hizo la misma proposición a su propio grupo. "Nuestro pequeño grupo de Nueva York me dio más aliento del que me habían dado los akronitas", afirmó: "La mayor parte cayó pronto en mis grandiosas nociones. Se sintió que colectar dinero para una empresa tan noble, no presentaría ninguna dificultad en lo absoluto… 'Era seguro que los ricos nos ayudarían. ¿Qué otra cosa podrían hacer?' "

Pero, aparentemente, los ricos tenían otras cosas que hacer con su dinero. Bill fue incapaz de colectar una sola moneda; incluso, con la ayuda de los superpromotores del grupo, no encontraron a nadie que se interesara en invertir en el proyecto. Ayudar a un puñado de borrachos sin nombre se había convertido en una pasión para Bill y el Dr. Bob, pero como una idea para colectar fondos, no tuvo éxito. Durante un tiempo, Bill estuvo muy amargado por "la tacañería y la miopía" de los ricos, que se rehusaron a apoyar la causa.

En años posteriores Bill fue criticado por quienes vieron sus primeros esquemas de colectar dinero como signo de su egotismo y la ambición de autoservirse. Bill mismo se preocupaba constantemente respecto a sus propios motivos y, con frecuencia, describió sus planes como "grandiosos", pero tenía inclinación a censurarse a sí mismo y el hecho fue que estaba haciendo un esfuerzo determinado para ampliar el trabajo y el ámbito de acción de la Fraternidad. Pueden haber tenido razón los ultraconservadores que se opusieron a su plan de colectar fondos, pero fueron ellos los que aceptaron el enorme reto de llevar el mensaje a Denver, Seattle y Houston, para no hablar de ciudades más remotas como Melbourne o Estocolmo. Bill tuvo muy presente en su mente esta tarea y su inquietud fue compartida por el Dr. Bob. (Resolvieron practicar, con una anticipación de 28 años, la Declaración de la Responsabilidad, adoptada en 1965 por La Convención Internacional: "Yo soy responsable. Cuando cualquiera en donde quiera, extienda su mano pidiendo ayuda, quiero que la mano de A.A. esté ahí, y por eso: Yo soy responsable")

Un día del otoño de 1937, desanimado y falto de espíritu, Bill visitó a su cuñado el Dr. Leonard Strong, Jr., del que siempre podía depender como consejero y confidente. El Dr. escuchó en silencio mientras Bill volcaba su frustración y, entonces, quizá más que para consolar a Bill que por cualquier otra razón y sin que Bill se lo preguntara, Leonard dijo que una vez había conocido a alguien que estaba conectado con las filantropías de Rockefeller. No estaba seguro de que este hombre, Willard Richardson, viviera o lo recordara.

Pero él, Leonard, estaba dispuesto a llamarlo por teléfono en nombre de Bill. Quizá ahí podría encontrar alguna ayuda; ¿no había sido John D. Rockefeller un ardiente campeón de la Prohibición?

Willard Richardson no sólo estaba vivo, sino que recordó a Leonard Strong y le agradó saber de él. Más aún, benévolamente consintió en ver a Bill, al mismo día siguiente.

El cuñado, consejero y confidente de Bill, posteriormente llegó a ser un depositario no alcohólico de A.A.

Willard Richardson proporcionó a Bill y los demás un primer contacto con John D. Rockefeller Jr. . . . y sus millones.

Leonard, siempre correcto y formal, preparó una carta de introducción, fechada el 26 de octubre de 1937, para que Bill la llevara con él: "Mi estimado Sr. Richardson. Esta servirá de presentación a mi cuñado, el Sr. William Wilson, de quien le hablé ayer en nuestra conversación telefónica.

Su obra con los alcohólicos parece ser muy eficaz y creo que amerita su interés y posiblemente el de la Fundación Rockefeller.

Aprecio mucho su cortesía en verlo y lamento no poder estar presente".

Bill conoció a Richardson, "un caballero entrado en años que tenía un par de ojos centelleantes y una de las caras más estupendas que haya conocido", en su oficina del piso 56 del edificio de la RCA. Richardson estuvo cálidamente cordial y mostró un profundo interés, al narrar Bill su propia historia y la de la esforzada Fraternidad.

Pocos días después, Leonard recibió la siguiente nota de Richardson, fechada el 10 de noviembre: "Ya he conferenciado con cuatro hombres, cuyo juicio respecto a la interesante historia del Sr. Wilson es bueno. Le aseguro que les impresionó la historia cuando se las repetí y piensan que el asunto es muy importante. Todos se inclinan a estar de acuerdo conmigo en que, si es posible, cualquier organización de este proyecto y cualquier cosa que tienda a profesionalizarlo o institucionalizarlo sería un asunto grave y por completo indeseable. Algunos de ellos tienen tan buen concepto de la experiencia del Sr. Wilson, que la consideran relacionada tanto con la religión como con el licor.

La carta sugería entonces una primera reunión almorzando Bill, Leonard y Richardson.

Como resultado de este almuerzo, llegó la oferta de Richardson de efectuar una reunión más en la sala de juntas privada de John D. Rockefeller Jr. Como recordó Bill, "Llevaría con él al Sr. Albert Scott, presidente de los depositarios para la Iglesia Riverside, Sr. Frank Amos, un publicista e íntimo amigo y al Sr. A. Leroy Chipman, un asociado que se ocupaba de algunos de los asuntos personales del Sr. Rockefeller". A Bill lo acompañaría Leonard, el Dr. Silkworth, algunos de los alcohólicos de Nueva York y el Dr. Bob con ciertos miembros de Akron. Esta reunión podría ser el momento decisivo; si Bill y el Dr. Bob los convencían de su plan, era probable que John D. Rockefeller Jr. diera el respaldo financiero. Llegar tan cerca del dinero de Rockefeller era una impresión desconcertante y, como recordó Bill: "Estábamos montando en lo alto de la nube rosa número 17". Se apresuró a llegar a su casa, para dar por teléfono al Dr. Bob las buenas noticias, quien llegó con Paul S. para la reunión. Bill también reunió un grupo de los alcohólicos confiables de Nueva York.

La reunión, que tuvo lugar después de la cena, se salvó de un inicio embarazoso, cuando alguien sugirió que cada uno de los alcohólicos que estaban presentes narrara su propia historia. Después de escuchar cierto número de esas narraciones, Albert

Scott declaró: "Pero, iéste es el cristianismo del primer siglo! Luego preguntó, ¿Qué podemos hacer para ayudar?"

Bill recorrió toda la lista: cadenas de hospitales, trabajadores a sueldo, literatura. El Dr. Bob, el Dr. Silkworth y los otros del contingente de Bill secundaron su presentación.

Pero ahora en su turno el Sr. Scott hizo una pregunta importante: "¿No hechará a perder esto el dinero?" Posteriormente, cuando la propuesta llegó por último a John D. Rockefeller Jr., éste expreso los mismos recelos.

Sin embargo, la reunión terminó con lo que Bill consideró era una nota favorable: Frank Amos se ofreció a hacer una investigación de la diminuta Fraternidad, para explorar la posibilidad de establecer en Akron un hospital para los alcohólicos y ver al Dr. Bob y considerar sus necesidades.

Así, en febrero de 1938, Amos pasó varios días en Akron y como lo describió Bill, "peinó a fondo la situación ahí". Con 57

A Leroy Chipman (izquierda) y Frank Amos se encontraban entre los asociados de Rockefeller que apoyaron a una incipiente Alcohólicos Anónimos.

años y siendo el mismo natural de Ohio —su familia era propietaria del periódico de Cambridge, 110 km. al sur de Akron— Amos se sintió muy en su casa entre los profesionales que entrevistó en Akron. Rápidamente se le puso en contacto con gente que conocía a los alcohólicos de Akron y expresó una gran alabanza para el Dr. Bob y su labor en el área.

El informe de Amos, mostró exactamente cuánto habían logrado el Dr. Bob y sus compañeros, a escasos tres años del primer encuentro con Bill. Declaraba que ahora había más de 50 hombres y dos mujeres que habían sido "reformados" y subrayaba el importante papel del Dr. Bob como líder. "Aparentemente, en la mayoría de los casos, se necesita de uno que haya sido alcohólico para tener éxito con un alcohólico, y además de ser un médico estupendo y de reputación excelente, que él mismo había sido un alcohólico y que tiene las cualidades del liderato natural.

Un plan que entonces propuso Amos, fue establecer un pequeño hospital para alcohólicos, con 30 a 50 camas, que sería dirigido por el Dr. Bob. Otra proposición fue continuar utilizando el City Hospital, pero proporcionando una pequeña instalación que se usaría como un "hogar para recuperación". En cualquiera de los casos, el Dr. Bob necesitaría alguna clase de remuneración económica durante un mínimo de dos años, con objeto de iniciar el trabajo.

Amos recomendó una suma de 50,000 dólares para el trabajo inicial. Aunque, muy lejos de los millones que se imaginó Bill, era una cantidad generosa a principios de 1938. No obstante, Albert Scott reiteró su temor de que "demasiado dinero pudiera echar a perder la obra".

John D. Rockefeller estuvo de acuerdo y también lo estuvo en que, tanto Bill como el Dr. Bob, merecían alguna ayuda económica en particular, ya que había que liquidar la hipoteca de la casa de los Smith. Consintió en colocar 5,000 dólares para el uso de éstos en la tesorería de la Iglesia de Riverside, cuyos fondos distribuirían Richardson y sus asociados. También expresó la opinión de que el

El concepto de A.A. de mantenerse a sí misma vino de John D. Rockefeller Jr. Un regalo mucho más valioso que el dinero.

movimiento debía ser capaz de mantenerse a sí mismo, pronto. "Si usted y los otros no llegan a estar de acuerdo, si realmente creen que el movimiento necesita dinero, por supuesto, puede ayudar a ellos a reunirlo"; se cuenta que manifestó Rockefeller. "Pero por favor nunca me pidan más".

La decisión de Rockefeller fue una desilusión aplastante para Bill. No obstante, admitió que Rockefeller los ayudó satisfactoriamente: Parte del dinero fue para liquidar la hipoteca de la casa del Dr. Bob y, del resto, cada uno obtuvo 30 dólares semanales. (Posteriormente, Bill siempre dio crédito a Rockefeller respecto a evitar la trampa del profesionalismo, aunque no está claro de quien haya sido originalmente esta idea. Richardson ya había expresado esta opinión en su carta del 10 de noviembre; así, mientras Rockefeller pudo haber llegado de una manera independiente a la misma opinión; no obstante, manifestó una convicción que ya era fuerte entre sus asociados).

Pero de las reuniones resultó algo importante diferente al dinero. Richardson, Amos y Chipman se habían llegado a interesar en el incipiente movimiento y ofrecieron sus propios servicios. Continuaron reuniéndose con Bill, el Dr. Strong y los alcohólicos de Nueva York, para discutir cómo se le daría una estructura al movimiento.

Estas reuniones produjeron un plan para una fundación o fideicomiso de caridad, libre de impuestos. Con la ayuda de Frank Amos, un dotado y joven abogado llamado John Wood, fue reclutado para unirse al grupo y hacer el trabajo legal para establecer la nueva fundación.

Había que solucionar muchos detalles. (Irónicamente, uno de los obstáculos fue la incapacidad de todos para dar una definición "legal" de un alcohólico). Finalmente, se estuvo de acuerdo en que el fideicomiso se llamaría la Fundación Alcohólica y su consejo de depositarios fue completado formalmente el 11 de agosto de 1938, con cinco miembros, tres de los cuales no eran alcohólicos: Richardson, Amos y John Wood; los miembros alcohólicos eran el Dr. Bob y Bill R. del área de Nueva York. El convenio del fideicomiso estipulaba que un depositario alcohólico tenía que renunciar inmediatamente si se emborrachaba; ésto sucedió realmente en el caso del depositario de Nueva York y fue reemplazado a partir de ese momento.

Bill Wilson sirvió en un comité de ocho miembros, creado al mismo tiempo, para asesorar al consejo. (A diferencia del consejo, el comité asesor tenía una mayoría de alcohólicos). En enero de 1939, el consejo se aumentó de 5 a 7 miembros, en el que los no alcohólicos retenían la mayoría. En tanto que la fundación tenía poco dinero y virtualmente ninguna autoridad sobre los grupos, le dio al movimiento un centro legalmente constituido con base en Nueva York. También sirvió como una unidad con el fin de colectar fondos para el proyecto del libro.

La Fundación Alcohólica, con sus depositarios y sus escasos recursos económicos, le supo poco a Bill, comparada con su sueño de hospitales para alcohólicos y misioneros a sueldo. Pero, cuando menos, el intento de recaudar fondos había tenido por resultado el inicio de una estructura para el movimiento.

Bill y el Dr. Bob ya habían empezado a pensar seriamente qué clase de libro le daría la mejor publicidad al programa. Sería un libro referente a sus propias experiencias personales; contaría lo que habían hecho para conservarse sobrios ellos mismos y ayudaría a otros en el proceso.

---

1. Henrietta Seiberling siempre sostuvo que ella y otros, fueron los que convencieron a Amos, de que el dinero "estropearía esto". Y que él, a su vez, lo informó a Rockefeller, quien estuvo de acuerdo.

2. Años después, Bob P., de la Oficina de Servicios Generales, hizo la observación de lo previsor que en realidad fue Bill. "El campo del alcoholismo ha crecido tanto y hay un flujo de dinero tal en él, y todas estas instalaciones han surgido como lo soñó, excepto que no están bajo los auspicios de A.A. No obstante, en la mayor parte de ellas, el programa de A.A. es una parte esencial de la terapia y, finalmente, llegan a Alcohólicos Anónimos muchos que pasan por ellas".

Capítulo Once

De los planes que habían discutido Bill y el Dr. Bob en 1937, el más realista fue la proposición de publicar un libro referente al programa. Incluso, para muchos de los que se opusieron a los hospitales y los misioneros a sueldo, el libro tenía sentido, aunque el plan había sido aprobado sólo por una escasa mayoría. Al exponer en una forma clara el programa de recuperación, un libro podía prevenir la distorsión del mensaje; podía ser enviado o llevado a los alcohólicos de ciudades distantes; podía ayudar a dar publicidad al movimiento entre los no alcohólicos y hasta incluso podía dar a ganar dinero, el cual podría ser utilizado para establecer una oficina que manejara solicitudes, publicidad, etc.

Tanto Bill como el Dr. Bob se preocupaban constantemente del dinero. Perder el contacto con Quaw y Foley había significado una desilusión impactante para los Wilson; a Bill se le había asegurado que estaba trabajando bien para la firma y que sus investigaciones habían sido completas y acertadas. El hecho de que Quaw y Foley estuvieran fuera de los negocios, parecía significar que no podría ganar una posición permanente en el campo que conocía mejor, lo cual le resultaba desagradable. Pero, al igual que en el asunto de la National Rubber Machinery, dos años antes, la pérdida aparente de Bill, a largo plazo, mostró ser una bendición, ya que ahora empezó a dirigir toda su atención a actividades que ayudarían a hacer crecer la diminuta banda de alcohólicos recuperados.

En 1937, el Dr. Silkworth llamaba con frecuencia a Bill para decirle que tenía un prospecto; Fitz M. fue el primero y Hank P. el segundo. Hank estaba lleno de ideas y ahora Bill se había asociado con él en una de sus muchas aventuras de negocios. Esta consistía en un plan para organizar a los expendedores de gasolina del norte de New Jersey para formar una organización cooperativa de compras. Tenía un nombre: Honor Dealers (Distribuidores Honrados), una dirección: 17 William Street, Newark y una secretaria: Ruth Hock.

Ruth Hock no tenía idea de en dónde se estaba metiendo, la mañana de un lunes, en que entró en la oficina de Honor Dealers para solicitar un trabajo que había visto anunciado. Después de una jovial entrevista con Hank, le sorprendió que se le contratara para empezar a trabajar inmediatamente, con un salario de 25 dólares a la semana, tres dólares más de lo que había ganado previamente. "La impresión inmediata que me produjo Hank fue que tenía una personalidad vibrante", recordó Ruth, "que era capaz de que algo le gustara o disgustara mucho, que parecía estar poseído de una energía inextinguible y que le gustaba tomar las decisiones". Tenía razón, Hank era tan impaciente como Bill era paciente.

Más tarde llegó Bill y la primera impresión de Ruth fue de una cordial tranquilidad. Vio a una persona de decisiones lentas y deliberadas y, según supuso, sin mucho interés real en el negocio de las estaciones de servicio.

Ese día más tarde, cuando Bill tuvo un visitante, Ruth escuchó fragmentos de una extraña conversación: "el sufrimiento del borracho" . . . "la esposa que sufre" . . . "la borrachera es una enfermedad". Cuando poco después oyó que Bill y Hank se reían a carcajadas, pensó que más bien eran crueles; pero la paga era buena y le agradaban ambos, así que decidió quedarse.

Pocos días después, se asombró al descubrir a Bill, Hank y un extraño ¡arrodillados ante un escritorio en la oficina privada y rezando! (Tanto en Akron como en Nueva York, los primeros miembros siguieron con la práctica del Grupo Oxford de arrodillarse juntos para rezar. Aparentemente ésta se descontinuó a raíz de la ruptura final con el Grupo Oxford, en 1939). Ese comportamiento parecía incompatible con las risas y la alegría anteriores; pero, con el transcurso de los días, Ruth dijo: "Pronto me conmovía todo el que llegaba".

Ruth había nacido en Newark y se crió en una ahorrativa familia alemana; asistió a la iglesia de habla alemana y vivía en un barrio étnico de la ciudad. Bill y Hank empezaron a llamarla "Dutch" (alemana) y también algunas veces "the Dutchess" (la duquesa), porque dirigía la oficina. Ruth recordó que en la oficina todos tenían un apodo y a nadie se le llamaba por su nombre. Con sólo 24 años, ya había pasado por un matrimonio y tenía un hijo pequeño que mantener; pero, afirmó: "Todos ustedes me hicieron sentir como si yo fuera una persona digna por mi propio derecho y que era muy importante para ustedes, lo que a mi vez hizo que yo quisiera darle a todos lo mejor de mí; para mí eso es parte del secreto del éxito de A.A.: el generoso dar de uno mismo para las necesidades del otro. "Como muchos no alcohólicos que llegaron a estar asociados con la Fraternidad, Ruth encontró una ayuda para sus propios problemas mediante sus principios.

Ruth Hock probó ser un regalo caído del cielo para el pequeño grupo, ya que fue una trabajadora incansable y leal; permanecería con ellos durante cinco años. Según creyó Ruth, Bill y Hank pudieron llegar a algo con el negocio de la estación de servicio, si hubieran desplegado tanta energía, reflexión y entusiasmo, como lo hicieron para ayudar a los borrachos. Pronto se dio cuenta que el negocio de Honor Dealers en realidad era un medio para un fin y que "ese fin era ayudar a un puñado de borrachos sin nombre". Se dio cuenta que "cada vez le interesaba más cada nuevo rostro que llegaba con el problema alcohólico y que se preocupaba mucho de que ellos tuvieran éxito".

No pasó mucho tiempo para que Bill y Hank tuvieran dificultades para pagar, tanto el salario de Ruth como la renta de la oficina, Ruth siguió ahí sin ninguna paga durante algún tiempo, pero el dueño, que no había sido alcanzado por el contagio de su trabajo, finalmente los forzó a salirse y se cambiaron a una oficina más pequeña, también en Newark, más de acuerdo con sus posibilidades. Hasta 1939, la oficina central principal de Bill estuvo en Newark.

Bill empezó a trabajar en el libro en marzo o abril de 1938. Ruth, que mecanografió el manuscrito, recordó que llegaba a la oficina con varias hojas de papel amarillo a rayas, con notas delineando en general cada capítulo. "Lo que entendí", recordó, "fue que esas notas eran el resultado de mucho pensar, después de horas de discutir los pros y los contras con todo el que pudiera estar interesado. Esa es la manera en que recuerdo que vi por primera vez un perfil de los Doce Pasos".

Bill se colocaba detrás de Ruth y dictaba el material mientras ésta mecanografiaba. Dictaba una sección y luego repasaba las páginas mecanografiadas, mientras sus pensamientos todavía estaban trabajando en esa vena. El trabajo iba con lentitud, dijo Ruth, porque Bill estaba dispuesto a dejarlo en cualquier momento en que llegara alguien que quisiera hablar.

Trabajando a su manera, más bien no ortodoxa, Bill completó pronto su historia personal y el capítulo llamado "Hay una solución". Estos, que llegarían a ser los capítulos primero y segundo, se elaboraron inmediatamente en lo que llamaban multilite, para ser utilizados el verano de 1938, en la campaña para recaudar fondos. Bill y los nuevos depositarios todavía creían que las contribuciones de los ricos, estarían disponibles tan pronto como se comprendiera plenamente la importancia del nuevo movimiento.

Ahora sucedió una cosa emocionante. Por medio de Frank Amos, Bill fue puesto en contacto con Eugene Exman, el editor religioso de Harper y Brothers. Exman leyó los dos capítulos, pulsó la capacidad de Bill para completar el libro y luego le ofreció publicarlo, dándole 1,500 dólares a cuenta de los derechos de autor.

Bill regresó a las nubes, ya que no muchos autores reciben esa aceptación tan rápida. No obstante, con posterioridad, dijo que por unos segundos reflexionó respecto a la oferta, debido a que la Fraternidad no sería la propietaria de su libro. ¿Qué sucedería si se convertía en un importante "best-seller"? Serían incapaces de manejar las miles de solicitudes de alcohólicos desesperados y de sus familias.

Con todo, los depositarios estaban encantados y apremiaron a Bill para que aceptara la oferta de Harper.

Hank intervino ahora. Este era el que Bill describía como "uno de los más formidables motores" que hubiera conocido y lo convenció que debían dejar a un lado a los depositarios y vender las acciones de su propia compañía para también vender el libro ellos mismos. A Bill le molestó ir contra los depositarios, pero le gustó la idea de publicar su propio libro. Cuando regresó a Harper a ver a Exman, "ante mi total asombro estuvo de acuerdo, todo lo contrario a su propio interés, en que una sociedad como la nuestra debía controlar y publicar su propia literatura. Más aún, sintió que era posible hacer esto con éxito", recordó posteriormente Bill. Por último, la desaprobación de los depositarios no pudo impedir que Bill y Hank emprendieran con ánimo su nueva empresa.

Hank fue capaz de hablar con la mayor parte de los miembros de Nueva York para que aprobaran el plan de publicar por sí mismos. El Dr. Bob también estuvo de acuerdo con la idea, pero tenía tantas dudas que al principio no se los dijo a los demás akronitas. Bill y Hank se acercaron entonces a Edward Blackwell, presidente de la Cornwall Press en Cornwall, Nueva York. Les explicó que el costo de impresión de un libro de tamaño común sólo era alrededor del diez por ciento de su precio de venta y eso los animó más aún; podían permitirse pagar tanto como un dólar por libro para su distribución y todavía tener grandes utilidades.

Hank elaboró un proyecto para una nueva compañía que vendería 600 acciones a 25 dólares a la par. Una tercera parte se vendería a los miembros por dinero en efectivo y las otras dos terceras partes se dividirían entre Hank y Bill por su trabajo. Los derechos de autor acostumbrados se asignarían a la Alcoholic Fundation, un gesto cuya intención era apaciguar a los depositarios. Hank apoyó su plan con diagramas que mostraban cálculos de las utilidades sobre la venta de 100,000, 500,000 e incluso 1,000,000 de libros, recordó Bill.

Este, que no pensaba de una manera tan optimista, esperaba que los ingresos del libro capacitarían a él y a otros pocos a convertirse en trabajadores de tiempo completo para la Fraternidad y a establecer una oficina central general.

La siguiente acción de Hank fue formar una compañía a la que llamó Works Publishing, Inc. (Editora de Obras, Trabajos o Lo que Funciona). La razón por la que se eligió ese título es asunto de cierta disputa; algunos dijeron que la llamaron así por la cita que era la favorita de los akronitas (en particular de Anne Smith): "La fe sin obras está muerta", otros que fue por el dicho favorito de los miembros: "¡Funciona!" Hank compró un block de certificados de acciones en una papelería, macanografió el nombre de la nueva compañía en la parte superior de cada certificado y puso su firma en la parte inferior con el título de "Presidente". "Cuando protesté por estas irregularidades", recordó Bill, "Hank dijo que no había tiempo que perder; ¿por qué preocuparse de pequeños detalles?"

Bill puede haberse arrepentido después de su anterior precipitación, ya que la propiedad de las acciones de Works Publishing finalmente llegó a ser un asunto de aguda controversia. En retrospectiva, las versiones difieren respecto a quién fue creador de qué. El hijo de Hank dijo que éste fue el que hizo que caminara como sobre ruedas el proyecto del libro y que su padre y Bill habían esperado ganar un millón de dólares por el proyecto. Ruth no estuvo de acuerdo: recordó que los dos fueron responsables por igual. "En aquel entonces, no se hubiera escrito sin Bill y no se hubiera publicado sin Hank", afirmó. Tampoco creyó que ninguno de los dos "esperara hacer una fortuna". Siempre, el motivo fue ayudar a la Fraternidad; su idea original fue empezar por deshacerse de los libros, tan pronto fuera posible

Cualesquiera fueran sus intenciones, lo que sucedió a continuación fue totalmente inesperado, tanto para Bill como para Hank: ¡Ninguno de los alcohólicos de Nueva York compró una sola de las 600 acciones de Works Publisihing!

Bill y Hank se acercaron al *Reader's Digest*: ¿consideraría esa publicación hacer una historia acerca de la Fraternidad y el libro? Con la misma suerte que les había seguido en Harper, obtuvieron del editor del *Digest* lo que les pareció una promesa de una historia, cuando el libro se completara en la primavera.

Sin embargo, no funcionó de esa manera. Cuando regresaron al siguiente año con el libro recién publicado, el editor del *Digest* se había olvidado de ellos; pero mientras tanto, con la fuerza de la promesa del *Digest*, se persuadió a otros miembros y amigos a que invirtieran. Pronto vendieron 200 acciones por 5,000 dólares y Charlie Towns les prestó 2,500; eso fue suficiente para apoyar el trabajo del libro durante el proceso de escritura, aunque no cubría el costo de impresión.

Bill continuó poniendo gradualmente las ideas básicas en papel amarillo a rayas y luego dictando a Ruth borradores provisionales de los capítulos. No tenía unas líneas generales reales, sino que seguía sólo una lista de encabezados posibles de los capítulos. Entonces enviaba al Dr. Bob, a Akron, copias de los capítulos para control y críticas, y él revisaba el mismo material con los miembros de Nueva York.

Mientras que Bill recibió de Akron "nada, excepto el más cálido apoyo", de los miembros de Nueva York, obtuvo lo que recordó como "un verdadero mazazo". Posiblemente, los miembros de Akron estaban fuertemente en armonía con las ideas espirituales del Dr. Bob, mientras que en el grupo de Nueva York se encontraban miembros que eran agnósticos o escépticos. Otra razón posible fue la enorme influencia y el carácter del Dr. Bob; su apoyo al libro virtualmente garantizaba que la mayor parte de los miembros de Akron también lo apoyarían.

Después de completar el tercero y cuarto capítulos —"Más acerca del Alcoholismo" y "Nosotros los Agnósticos"— Bill llegó a un punto que había sido una barrera en su propia mente y le había dado preocupaciones considerables. Tenía que escribir el programa real para que lo siguiera el alcohólico y quería hacerlo tan poderoso como fuera posible. Tenía un gran temor de que el mensaje pudiera ser malinterpretado por los alcohólicos en lugares distantes, porque era diferente a pasar el mensaje cara a cara, cuando uno podía observar personalmente la reacción del otro y responder a las objeciones y preguntas, o aclarar cualquier confusión. En letra impresa, no había una segunda oportunidad; lo que estaba impreso en la página bien podía ser la única información a la que tendría acceso el alcohólico sufriente.

Debería tener fuerza y ser completa; como aseguró Bill: "No debe haber una sola excusa que sirva al alcohólico racionalizador para evadirse rápidamente". Bill estaba a punto de escribir el famoso capítulo quinto, "Cómo Funciona".

El material básico para el capítulo fue el programa que, en forma personal y directa, había estado utilizando Bill desde su propia recuperación. En gran parte eran los principios del Grupo Oxford y, además, tenía algunas de las ideas que había recogido de William James y del Dr. Silkworth. Más aún, Bill había trabajado con el Dr. Bob y otros alcohólicos probando y analizando cuidadosamente la funcionalidad y eficacia del programa inicial. En tanto que él fue el autor nominal del capítulo quinto, de hecho estuvo sirviendo como vocero de todos los demás.

De acuerdo con Bill, su programa personal directo había sido un procedimiento muy consistente, que contenía seis pasos para lograr y mantener la sobriedad. No hay evidencia de que el Grupo Oxford tuviera un programa así de específico; sin embargo, prevalecieron las ideas de él en estos seis pasos originales, según la lista que hizo Bill:

1.- Admitimos que estábamos derrotados, que éramos impotentes ante el alcohol.

2.- Hicimos un inventario moral de nuestros defectos o pecados.

3.- Confesamos o compartimos nuestras limitaciones en confidencia con otra persona.

4.- Hicimos restituciones a todos aquéllos que habíamos dañado por nuestra manera de beber.

5.- Intentamos ayudar a otros alcohólicos sin pensar, en lo absoluto, en recompensa en dinero o prestigio.

6.- Rezamos a cualquier Dios que pensamos que existiera, para obtener la fuerza para practicar estos principios.

Aunque estos pasos habían ayudado a la recuperación de los alcohólicos de Nueva York y Akron, Bill sintió que el programa todavía no era definitivo. "Quizá nuestros seis trozos de verdad se deben romper en partes más pequeñas", afirmó. "Así podríamos llegar mejor hasta el desamparado lector distante y, al mismo tiempo, podríamos ser capaces de ampliar y profundizar las implicaciones espirituales de toda nuestra presentación".

Bill dijo que escribió los Doce Pasos mientras estaba acostado en la cama, en el 182 de Clinton Street, lápiz en mano y con un block de hojas amarillas a rayas en su rodilla. Dijo Lois que los escribió en la cama, no porque realmente estuviera enfermo, aunque no se sentía bien, y si podía acostarse, lo hacía: "Estaba en la cama, ya que ese era el mejor lugar para pensar".

Al empezar a escribir, pidió guía y se relajó. Las palabras empezaron a volcarse con asombrosa velocidad. Completó su primer borrador aproximadamente en media hora, luego siguió escribiendo hasta que sintió que debía detenerse y revisar lo que había escrito. Al numerar los pasos, encontró que sumaban doce, un número simbólico; pensó en los Doce Apóstoles y pronto quedó convencido de que la Sociedad debería tener Doce Pasos.

Se ha perdido el primer borrador de los Doce Pasos, tal como Bill lo escribió esa noche. Esta es una reconstrucción aproximada de la manera en que los escribió la primera vez:

1.- "Admitimos que éramos impotentes ante el alcohol; que nuestras vidas se habían vuelto ingobernables.

2.- Llegamos al convencimiento que Dios podría devolvernos el sano juicio.

3.- Tomamos la decisión de poner nuestras voluntades y nuestras vidas bajo el cuidado y dirección de Dios.

4.- Sin miedo hicimos un minucioso inventario moral de nosotros mismos.

5.- Admitimos ante Dios, ante nosotros mismos y ante otro ser humano la naturaleza exacta de nuestros defectos.

6.- Estuvimos enteramente dispuestos a que Dios nos liberara de todos estos defectos de carácter.

7.- Humildemente, de rodillas pedimos a Dios que nos liberara de nuestros defectos, sin que retuviéramos nada.

8.- Hicimos una lista completa de todas aquellas personas a quienes habíamos ofendido y estuvimos dispuestos a reparar el daño que les causamos.

9.- Reparamos directamente a cuantos nos fue posible, excepto cuando el hacerlo implicara perjuicio para ellos o para otros.

10.- Continuamos haciendo nuestro inventario personal y cuando nos equivocábamos lo admitíamos inmediatamente.

11.- Mediante la oración y la meditación buscamos mejorar nuestro contacto con Dios, rezando sólo para conocer su voluntad para nosotros y la fortaleza para cumplirla.

12.- Habiendo tenido una experiencia espiritual como resultado de este curso de acción, intentamos llevar este mensaje a otros, en especial a alcohólicos, y practicar estos principios en todos nuestros actos".

Los primeros tres pasos de Bill fueron extraídos de la lectura de James, de las enseñanzas de Sam Shoemaker y de aquéllas del Grupo Oxford. El Primer Paso se refería a la calamidad y al desastre, el Segundo era una admisión de la derrota, de que uno no podía seguir viviendo sobre la fuerza de los propios recursos, y elTercero era un acudir a un Poder Superior pidiendo ayuda.

Como Bill lo recordó, esa noche tuvo dos visitantes tardíos: su íntimo amigo Horace C.[3] y con él un "recién llegado, seco escasamente durante tres meses". Los dos pusieron algunas objeciones: al empleo frecuente de la palabra Dios y al pedir de rodillas que fuéramos liberados de nuestros defectos.

Ruth Hock refirió que Bill apareció un día en la oficina con los pasos prácticamente completos; pero, cuando le mostró el manuscrito a los miembros locales, hubo acaloradas discusiones y muchas otras sugerencias. Jimmy B. se opuso a las fuertes referencias a Dios, tanto en los Pasos como en el resto de los primeros capítulos; Hank quería suavizarlos, pero Fitz insistió en que el libro debía expresar las doctrinas cristianas y utilizar términos y expresiones bíblicas. Ruth recordó: "Fitz estaba porque Dios estuviera en todo, tú (Bill) en el término medio y Hank por muy poco; y yo, intentando reflejar la reacción de la no alcohólica, por muy poco. El resultado de esto fue la frase 'Dios tal como lo entendimos', que no creo que haya tenido muchas reacciones negativas en ningún lado". Bill recordó estos cambios como "concesiones a aquéllos de poca o ninguna fe" y los llamó "la gran contribución de nuestros ateos y agnósticos. Había ampliado la puerta para entrar de manera que todo el que sufra pueda pasar por ella, sin importar su fe o su *falta de fe*".

Al escribir los pasos, Bill también produjo la promesa de gran peso de los párrafos introductorios, que empieza: "Raramente hemos visto fracasar a una persona que haya seguido de principio a fin nuestra trayectoria (direcciones en el primer manuscrito). Aquéllos que no se recuperan son gente que no puede o no desea darse por completo a este sencillo programa, generalmente hombres y mujeres que por su constitución son incapaces de ser honestos consigo mismos". (De acuerdo con una historia apócrifa, en años posteriores se le preguntó a Bill si habría algún cambio que él desearía hacer en el Libro Grande, y que respondió que cambiaría "raramente" por "nunca". Bill aseguró que nunca consideró ese cambio).

Bill escribió cuando menos diez de los capítulos iniciales del libro; hay alguna razón para creer que "A los Patrones", pudo haberlo escrito Hank, pero no hay duda acerca de quién es el autor de "A las Esposas", ya que sobre este capítulo declaró Lois: "No estuve tanto rabiosa como lastimada; todavía no sé porqué lo escribió Bill, nunca me metí a averiguarlo, el porqué insistió en escribirlo. Le pregunté: '¿Quieres que yo lo escriba?' Y respondió que no, que pensaba que debía quedar en el mismo estilo que el resto del libro".

Cada semana Bill leía lo que había escrito, a los que se reunían en su casa, el martes por la noche. Mientras que él estaba trabajando de esta manera, los miembros de Nueva York y Akron presentaban sus historias personales. Jim S., un periodista de Akron, entrevistó a los miembros de esa área y después les ayudó a escribir sus historias. Los miembros de Nueva York las escribieron ellos mismos, siendo editadas por Bill y Hank, algunas veces ante las objeciones de sus autores. Además de las historias de Bill y el Dr. Bob, finalmente el libro contuvo 16 historias de Akron y 12 de Nueva York.

A finales de enero de 1939, el manuscrito estuvo listo para su distribución preliminar; se hicieron 400 copias en multilite y se circularon a los miembros, amigos y otros aliados, para sus comentarios y evaluación.

Quizá una de las contribuciones más importantes fue "La opinión del médico", por el Dr. Silkworth, que aparece al principio mismo del libro. La idea de incluir un capítulo escrito por una persona de la medicina, llegó de la Dra. Esther L. Richards del Hospital John Hopkins de Baltimore; de la copia que le mandó Bill, dijo: "No tengo mejor cumplido que decir, que leí de principio a fin los dos primeros capítulos sin detenerme, así de absorbente es la presentación del material".

Después sugería conseguir "un Médico sobresaliente que tenga un amplio conocimiento de los problemas médicos y sociales del alcohólico, para que escriba una introducción". Es evidente que Bill actuó de inmediato sobre la sugerencia, porque una carta fechada sólo nueve días después contiene el mensaje del Dr. Silkworth que aparece en la primera edición. Silkworth ya había escrito dos artículos acerca del alcoholismo para la revista *Medical Record* (en 1939 apareció un tercero).

Expuso una serie de razones convincentes para considerar al alcoholismo como una enfermedad de la mente y del cuerpo, utilizando el término "psicología moral", para caracterizar el trabajo de la Fraternidad de Nueva York.

Bill estaba preocupado por la reacción de la religión organizada. El Dr. Harry Emerson Fosdick, el ministro muy respetado de la Iglesia de Riverside, aprobó cálidamente una copia anticipada y prometió un resumen crítico del libro cuando fuera publicado. El apoyo de Fosdick virtualmente garantizó el interés en los círculos protestantes. Bill estaba más aprehensivo acerca de la respuesta de los católicos. ¿Qué pasaría si esa iglesia decidía que era un culto herético?

La suerte estaba de su lado. Un miembro nuevo, Morgan R., que era católico, conocía a alguien del Comité Católico sobre Publicaciones de la Arquidiócesis de Nueva York. Este fue de prisa con el libro y pronto se recibió una maravillosa respuesta: los miembros del Comité alabaron mucho el libro y su mensaje; sugirieron algunos cambios menores, que Bill aceptó rápidamente. El más importante de éstos era al final de la propia historia de Bill, en donde declaraba que los alcohólicos recuperados habían encontrado el cielo justo aquí en la tierra. El comité amablemente sugería que cambiara de "cielo" a "utopía", pues como dijeron, "después de todo, los católicos estamos prometiendo a ustedes algo mucho mejor posteriormente". Aunque los miembros del comité no dieron ninguna aprobación oficial del libro, el apoyo no oficial permitió a Bill respirar con mayor facilidad.

Bill siempre dijo que se consideraron más de 100 títulos para el libro y el que apareció en las copias de multilite fue "Alcohólicos Anónimos". Hay alguna disputa acerca de quien fue el que pensó primero este título; la mayor parte creyeron que fue Joe W., un escritor de la revista *New Yorker*, que sólo permaneció sin beber "entrando y saliendo", eso fue lo que recordó Bill, y creía que el nombre hizo su primera aparición en las discusiones en octubre de 1938. El primer empleo documentado del nombre que está en los archivos de A.A., es una carta de Bill a Willard Richardson, fechada el 15 de julio de 1938, en una invitación a los Sres. Richardson, Chipman y Scott de la Fundación Rockefeller para venir a alguna de las juntas de Clinton Street. Bill escribió: "Ciertamente, en el caso de ustedes, caballeros, renunciaremos con agrado a la manera de beber exagerada que nos ha calificado para ser miembros de Alcohólicos Anónimos. Pensamos en ustedes como en uno de nosotros, ya que no hay miembros honorarios". Ahí, el nombre se utiliza de una manera que parece indicar que Richardson ya estaba familiarizado con él.

De acuerdo con una carta del Dr. Richardson del Johns Hopkins, fechada el 18 de julio de 1938, en esa época Bill estaba empleando "Alcohólicos Anónimos", tanto como título de trabajo para el libro, como nombre para la Fraternidad.

Entre otros títulos sugeridos para el libro estuvieron: "Cien Hombres", "El Vaso Vacío", "El Camino Seco", "La Vida Seca", "Fronteras Secas" y "El Camino de Salida". En un golpe fuerte de su propio egotismo, Bill dijo que, incluso, había propuesto llamarlo "El Movimiento B.W."

El nombre "Cien Hombres", cayó a un lado por las objeciones de Florence R., en ese tiempo la única miembro femenina. (Su historia en la primera edición fue "Una Victoria Femenina". Posteriormente volvió a beber y murió de un aparente suicidio en Washington, D.C.) Sin embargo, el título anterior describía el libro como "La Historia de cómo más de Cien Hombres se han Recuperado del Alcoholismo". En la segunda impresión, ésto fue cambiado a "Miles de Hombres y Mujeres".

"Cien Hombres", todavía fue el título de trabajo en una carta fechada el 6 de enero de 1939, dirigida por Frank Amos a los asociados de Rockefeller, pero "Alcohólicos Anónimos" la encabezaba, indicando que por ahora ésta había llegado a ser, cuando menos en Nueva York, una manera informal de identificar el movimiento. También un folleto preparado como presentación para colectar fondos, a principios de 1939, se tituló "Alcohólicos Anónimos".

Las preferencias rápidamente se redujeron a "El Camino de Salida", favorecido por la mayor parte de los de Akron y "Alcohólicos Anónimos" preferido por la mayoría de los de Nueva York. Cuando se efectuó una votación en los grupos, prevaleció "El Camino de Salida", por una escasa mayoría.[4]

Aunque Bill favorecía a "Alcohólicos Anónimos", sabía que no podía establecerlo arbitrariamente por su propia preferencia; ya estaba aprendiendo a trabajar con la conciencia del grupo. Así que le pidió a Fitz, que vivía cerca de Washington, D.C., que comprobara los títulos en la Biblioteca del Congreso. ¿Cuántos libros se llamaban "El Camino de Salida", y cuántos "Alcohólicos Anónimos". Se supone que Fitz le respondió telegráficamente diciendo que en la Biblioteca del Congreso había 25 libros titulados "El Camino de Salida", 12 de "El Camino" y ninguno llamado "Alcohólicos Anónimos". Eso dejó establecido el asunto; nadie quería luchar con la carga de ser simplemente otro "Camino de Salida".

El título del libro se convirtió rápidamente en el nombre de la Fraternidad, aunque continúa el debate acerca de cómo o dónde un grupo utilizó por primera vez el nombre de "Alcohólicos Anónimos". El veterano Clarence S. afirmó que el grupo de Cleveland que él fundó en mayo de 1939 fue en realidad el primer *grupo* en utilizar el nombre de "Alcohólicos Anónimos". Cualquiera haya sido la forma en que los grupos se llamaban a sí mismos (por lo común sólo "juntas"), ciertamente el nombre se empleó antes de eso para describir a la Fraternidad como un todo. En el libro "Alcohólicos Anónimos", que salió de la prensa en abril de 1939, aunque apareció en letra impresa mucho antes, dos pasajes del prólogo se leen:

"Los de Alcohólicos Anónimos somos más de cien hombres y mujeres que se han recuperado de un estado aparente de desesperanza de la mente y el cuerpo. Mostrar a otros alcohólicos *precisamente cómo nos hemos recuperado* es el propósito principal de este libro ...

Cuando escribimos o hablamos públicamente acerca del alcoholismo, instamos a cada uno de los de nuestra Fraternidad a que omita su nombre personal, designándose a sí mismo en su lugar como 'Un miembro de Alcohólicos Anónimos' ''.

En abril de 1939, Alcohólicos Anónimos fue una Fraternidad con su texto básico y su programa propios.

La edición final del libro fue hecha por Tom Uzzell, miembro de la facultad de la Universidad de Nueva York. Uzzell recortó el libro en una tercera parte (algunos dicen que la mitad: de 800 a 400 páginas) y lo afinó durante el proceso. Fue muy firme al declarar que "Alcohólicos Anónimos" era el título correcto; describía a la Fraternidad y era agradable de leer. El Dr. Howard, un psiquiatra de Montclair, New Jersey, hizo una contribución vitalmente importante: sugirió que había demasiados "tú tienes que". Bill dijo que la "idea del psiquiatra fue eliminar todas las formas de coerción, de poner a nuestra Fraternidad sobre una base de 'nosotros deberíamos' en lugar de 'tú tienes que' ''.

Jimmy B. tuvo una descripción llena de colorido de este intercambio: "El Dr. Howard lo leyó (el manuscrito) y lo trajo de regreso al día siguiente",   recordó. "Aseguró que Bill estaba cometiendo un maldito gran error. 'Este es el Grupo Oxford', apuntó. 'Tienen que cambiar toda la maldita cosa'.

Le preguntamos: '¿por qué? ¿Qué tiene de malo? Es perfecto'.

Prosiguió: 'deben quitar el 'tienes que'. Deben quitar Dios, pero por completo'. ¡La confusión que le entró a Bill entonces! Casi se voló la tapa de los sesos. Aquí estaba su bebé destrozado por un psiquiatra loco".

Con todos los capítulos completos y editados, Bill y Hank regresaron con Edward Blackwell de la Cornwall Press y dijeron que estaban listos para que empezara la impresión. Pero había un problema: casi estaban en quiebra; sin embargo, todavía creían que el artículo del *Reader's Digest* podría hacer que el libro tuviera un éxito abundante.

Blackwell los ayudó de dos maneras: primera, en que estuvo de acuerdo en imprimir el libro y aceptar 500 dólares —era todo lo que había disponible— como pago inicial. Después, en que les sugirió una tirada inicial de 5,000 ejemplares, en lugar de las cifras irreales en las que habían pensado Bill y Hank. Bill creyó que Blackwell había captado el espíritu y quería ayudarlos, incluso a riesgo de una pérdida financiera para él mismo y su firma. (En años posteriores, Bill nunca dejó de expresar gratitud hacia Blackwell, y A.A. continuó imprimiendo el Libro Grande en Cornwall Press, durante mucho tiempo después de que llegó a tener una venta constante, de manera que el libro también dio utilidades a la compañía).

El manuscrito que entregaron a la imprenta en Cornwall, Nueva York, había sido revisado y cambiado tantas veces que casi era ilegible. El administrador de la imprenta estaba tan horrorizado, que casi se los regresó para que lo volvieran a mecanografiar; pero, como recordó Bill, el supervendedor Hank lo persuadió para que lo aceptara así y pronto les entregó las galeras para sus correcciones y aprobación.

Hubo una última cuestión que se discutió y argumentó antes que empezaran a rodar las prensas: ¿Cuál sería el precio de venta? Por último decidieron que sería 3.50 dólares, más bien alto para 1939. Para compensar el precio, eligieron el papel más grueso que había en la imprenta de Blackwell. "El volumen original resultó ser tan voluminoso que se le llegó a conocer como el 'Libro Grande' ", recordó Bill. Por supuesto, la idea era convencer al comprador alcohólico de que realmente estaba obteniendo algo que valía ese dinero". La primera impresión resultó un centímetro y cuarto más gruesa que la edición actual, aunque la última tiene 14 historias más y un apéndice adicional.

Ruth Hock recordó otra razón diferente para el tamaño del libro. Pensó que se produjo teniendo en mente al miembro nuevo o en prospecto. "La idea, tal como la entiendo, fue que para empezar, todo el que leyera este libro iba a estar tembloroso y nervioso, y no querría una letra chica en páginas delgadas. Creyeron que un alcohólico las manejaría mejor [las páginas gruesas]".

En marzo de 1939 salieron de las prensas las páginas y se encuadernaron en una cubieta gruesa, de color rojo oscuro con un sencillo "Alcohólicos Anónimos", en doradas letras cursivas en bajo relieve. Para haber tenido todos los obstáculos que tuvo en su preparación, "Alcohólicos Anónimos" resultó ser tanto atractivo como agradable, digno de su papel como "libro de texto" básico de esta nueva Fraternidad. Se había terminado en sólo un año y presentaba la experiencia de A.A. con el alcoholismo, además del programa de Doce Pasos; en un lenguaje sencillo, directo. Las historias personales eran dramáticas y persuasivas. Significativamente, casi todo lo que el libro tuvo que decir referente a los problemas del alcohólico y de su recuperación, todavía es aplicable hoy.

El prólogo de esa primera impresión, publicada en abril, establecía: "No somos una organización en el sentido convencional de la palabra, no se pagan derechos ni cuotas. El único requisito para ser miembro es un deseo sincero de dejar la bebida. No estamos aliados con ninguna creencia, secta o religión en particular, ni nos oponemos a ninguna. Sencillamente deseamos ser útiles a aquéllos que sufren esta enfermedad".

Con pocos cambios y adiciones, esa declaración de propósito se repetiría como un preámbulo en los años por venir, todos los días, en miles de grupos de A.A.

---

1. En septiembre de 1983 se habían impreso y distribuido 4,000,000 de ejemplares del Libro Grande.

2. En años posteriores, algunos miembros de A.A. se refirieron a este procedimiento como los seis pasos del Grupo Oxford. El Rev. T. Willard Hunter, que durante 18 años fue miembro del personal de tiempo completo en diversos puestos en el Grupo Oxford y el M.R.A., dijo: Nunca vi ni oí nada parecido a los Seis Principios. Sería imposible encontrarlos en ninguna literatura del Grupo Oxford-M.R.A. Creo que deben haber sido escritos por alguien más bajo una especie de concepto erróneo.

3. En "Alcohólicos Anónimos Llega a la Mayoría de Edad", que se publicó en 1957, Bill se refirió a Horace C. como "Howard A." Horace había renunciado como depositario después de una disputa y Bill no deseó ofenderlo al utilizar su nombre.

4. El resultado de la votación apoya la creencia de que el término ya estaba en uso entre los miembros de Nueva York, que habían roto su liga con el Grupo Oxford. El término era menos familiar a los miembros de Akron, en donde la ruptura tardó todavía varios meses (para tener lugar en noviembre y diciembre de 1939).

Capítulo Doce

Los 5,000 ejemplares del Libro Grande yacieron ociosos en el almacén de Edward Blackwell. Durante meses después de su publicación, pareció que se había desperdiciado el papel que habían impreso.

Bill y Hank estaban convencidos de que el libro tendría éxito si llegaba a las manos adecuadas, la de los alcohólicos sufrientes; pero por el momento, no podían venderlo. No estaban seguros de que pudieran deshacerse de él; buscando publicidad, habían hecho el intento con todas las revistas de circulación nacional sin que le hicieran el menor caso; ningún editor había descubierto todavía el gran potencial de A.A. Para que el libro empezara a moverse, necesitaban alguna clase de publicidad a nivel nacional.

Entonces Morgan R., el miembro que recién había dejado de beber y que había guiado el libro a través del Comité Católico sobre Publicaciones, tuvo una idea espléndida. Antes de aterrizar en una época mala, Morgan había sido publicista de éxito. "Conozco muy bien a Gabriel Heatter y estoy seguro que nos dará una mano", declaró Morgan.

Heatter tenía un programa de radio inmensamente popular llamado "Nosotros la Gente". Se especializó en entrevistas de interés humano seguidas por un comentario conmovedor que decía con una voz consoladora y paternal. En 1939, una entrevista en "Nosotros la Gente" tenía un valor publicitario equivalente al de los programas nocturnos de TV, de hoy.

Fue una pequeña oportunidad, pero valió la pena. Heatter aceptó la proposición y programó a Morgan·para una entrevista. Perfilaría la carrera de bebedor y la recuperación de Morgan, e incluiría material del libro; serían sólo tres minutos, pero se transmitiría a toda la nación. Bill y Hank estaban seguros de que Gabriel Heatter proporcionaría el gran avance que habían estado esperando. El programa sería exactamente una semana después, el 25 de abril a las 9 p.m.

Había un obstáculo: ¿Qué pasaría si Morgan se emborrachaba? Sólo recientemente había sido dado de alta de la institución de Greystone. Para evitar esa posibilidad, Hank persuadió al reacio irlandés a que se sometiera a una vigilancia continua durante la semana que faltaba para la noche de la emisión. Con ese objeto, aseguraron el uso de una habitación doble en el Club Atlético del Centro de Manhattan y alguien permanecería con Morgan a todas horas. Lo hicieron relevándose sin permitir que en ningún momento se apartara de su vista.

El plan promocional de Hank para acompañar la emisión fue mandar tarjetas postales a todos los doctores que residían al este del Mississippi, anunciándoles el programa de Heatter e incitándolos a que compraran un ejemplar de "Alcohólicos Anónimos". Las respuestas se remitirían a la Alcoholic Foundation. Para conseguir los 500 dólares que necesitaban para el envío de la correspondencia, suscribieron pagarés contra Works Publishing, una acción audaz en vista de la condición de quiebra de la compañía. Después de mandar por correo 20,000 tarjetas postales, confiaron que, a consecuencia de la emisión de Heatter, llegaría una avalancha de respuestas.

Sin aliento, esperaron el momento en que A.A. se convertiría en una palabra de uso común. Una vez más hablaron de ventas del libro por toneladas. "Una hora antes del programa, todos nuestros miembros y sus familias se reunieron ante sus radios para esperar el gran momento", recordó Bill.

Se mostraron señales de alivio en los hogares de todos los miembros de Nueva York cuando se escuchó la voz de Morgan, había llegado al plazo fijado sin emborracharse. Durante tres minutos se agitaron los corazones y se encargó de eso Gabriel Heatter, bien ayudado por Morgan, que como hombre de la radio no se quedo atrás".

Este es el texto completo de la entrevista en "Nosotros la Gente":

Heatter: "El hombre que está a mi lado tiene una de las experiencias más emocionantes y dramáticas que conozco. No voy a decirles su nombre y, cuando escuchen lo que les tiene que decir, creo que comprenderán por qué; pero después de comprobar los hechos, el Comité de Escuchas de "Nosotros la Gente", decidió concederle el tiempo, porque sienten que si a una persona se le ayuda por escuchar su historia, entonces 'Nosotros la Gente' habrá hecho un verdadero servicio. Muy bien señor".

Anónimo: "Hace seis meses que salí de un manicomio. Me mandaron ahí porque estaba bebiendo como para morirme, pero los doctores dijeron que no podían hacer nada por mí, y hace sólo cuatro años estaba ganando 20,000 dólares al año, estaba casado con una muchacha estupenda y tenía un hijito. Pero trabajaba duro y como muchos de mis amigos, solía beber para relajarme, sólo que ellos sabían detenerse y yo no. Pronto mi manera de beber me sacó del trabajo; prometí a mi esposa que me corregiría, pero no pude. Finalmente, me dejó, llevándose con ella al bebé.

El año siguiente fue como una pesadilla: estaba sin un centavo, deambulaba por las calles, pedí limosna para comprar licor. Cada vez que dejaba de beber, juraba no volver a tomar otra gota; pero, si seguía sin beber durante algunas horas, empezaba a llorar como un niño y me temblaba todo el cuerpo. Un día después de dejar el manicomio, me encontré a un amigo quien, a su vez, me llevó a casa de uno de sus amigos. Ahí estaban sentados algunos hombres, fumando puro, contando chistes, divirtiéndose mucho; pero noté que no estaban bebiendo. No podía creerlo cuando Tom me aseguró que todos habían estado en el mismo barco que yo, y añadió: ¿Ves a ese tipo? Es un doctor y por beber perdió su práctica. Luego se corrigió y ahora es jefe de un gran hospital. Otro individuo fuerte y grande era dependiente de una tienda de comestibles y uno más, el vicepresidente de una gran compañía. Se juntaron hace cinco años y se llama a sí mismos Alcohólicos Anónimos y desarrollaron un método de recuperación. Uno de sus más importantes secretos ha sido ayudar a otro alcohólico. Al empezar a practicarlo, el método demostró tener éxito al ayudar a otros a ponerse bien, dándose cuenta que podían permanecer alejados del licor.

Gradualmente, esos hombres me ayudaron a volver a la vida y dejé de beber, y encontré el valor para enfrentarla una vez más. Hoy, tengo un empleo y voy a regresar al éxito.

Recientemente, escribimos un libro que se llama 'Alcohólicos Anónimos' y que narra precisamente cómo todos regresamos de una muerte en vida. Trabajando en ese libro hizo que me diera cuenta de lo mucho que otra gente ha sufrid, de cómo todos pasaron por lo mismo que yo. Por eso quise venir a este programa; quería decir a quienes están pasando por ese tormento que si sinceramente lo quieren, pueden regresar, ¡tomar su lugar en la sociedad de nuevo!" (*Aplausos*) , (*Música*).

Bill y los demás descansaron entonces y especularon sobre cómo manejarían el torrente de solicitudes que sabían que ya estaban en camino. Bill recordó el gran dominio de sí mismos, que ejercieron para no acercarse a la oficina de correos durante tres días íntegros. Cuando finalmente fueron a revisar el apartado, llevaron maletas vacías para meter ahí las tarjetas de respuestas.

Los esperaba un escaso puñado de cartas. "Con ansia enfermiza, miramos las 12 respuestas", contó Bill. "Algunos nos tomaron el pelo sin misericordia; otras respuestas, escritas sin duda por médicos con sus copas dentro, eran totalmente ilegibles. Las dos restantes eran pedidos del libro 'Alcohólicos Anónimos' ".

Abril de 1939, continuó transcurriendo como un mes desastroso, en un año muy difícil. Hubo algunos momentos luminosos, pero éstos no se reconocerían como tales hasta mucho después. Uno fue la llegada de Marty M., la primera mujer que logró una sobriedad duradera en Alcohólicos Anónimos. A.A. fue llevada ante su atención de una manera forzada cuando era paciente en el Sanatorio de Blythewood en Greenwich. El psiquiatra Harry Tiebout, que era el director médico de Blythewood, ya estaba interesado en el movimiento; se le había mandado con anterioridad una copia en multilite del Libro Grande para su crítica. Se la dio a Marty, una atractiva mujer de 34 años que era tan difícil como atrayente; al principio, se rehusó a leerla, pero finalmente consintió, discutiéndola con escepticismo y desdén. "No puedo aguantar todas esas Gs. mayúsculas", dijo (Dios en inglés se dice God). "No creo en Dios y no quiero leer un libro que en su totalidad es referena Dios". La gente de A.A. se había hipnotizado a sí misma, comunicó a Tiebout con desafío; eran fanáticos. A causa de que Tiebout continuó presionándola, leería del libro sólo lo suficiente para darse elementos para provocar una discusión con él.

Esta discusión intelectual continuó durante meses, hasta el día en que Marty se encontró en una crisis, que fue de resentimiento y furia personales. En su cólera, dijo, literalmente vio todo en rojo, incluyendo las páginas del libro que descansaba abierto en su cama. "Pero", recordó, "a mitad de la página había una línea que no era roja, sino negra azabache y que se destacaba como si estuviera realzada en madera; y leyó: 'No podemos vivir con ira', y eso fue lo que lo logró. Estuve de rodillas al lado de la cama y debe haber sido durante buen rato, porque de mis lágrimas la colcha tenía una gran mancha de humedad. Sentí algo en ese cuarto y la sensación principal fue de: soy libre, ¡Yo soy libre!"

Poco después de ese incidente, Marty asistió por primera vez a una junta de A.A.:

"Después de la cena [la llevó Horace "Popside" M.], abordamos el metro para ir a Brooklyn. Llegamos a la casa de piedra caliza y me mandaron al piso de arriba a dejar mi abrigo, y no bajé. Había dado un vistazo y este cuarto estaba separado con varios tabiques. En el frente se encontraba una sala y en la parte posterior un comedor —ya conocen el primer piso de una vieja casa de piedra caliza—; había probablemente 30 ó 40 personas y todos llevaban a sus familias, si las tenían.

Quizá nunca hubiera bajado si alguien no hubiera llegado al piso de arriba. Llegó Lois, me abrazó y dijo: "Sabes, te hemos estado esperando durante mucho tiempo. Todos quieren que bajes, baja; nunca sentí tanto amor como el que había sentido de esa mujer y la seguí escaleras abajo como un corderito.

Para mí esa primera noche fue evidente que [Bill] era un líder. El grupo con el que estaba y Bill se sentaron (algunos otros se fueron arriba a sus aposentos) y le hicimos preguntas. Por entonces había leído el libro alrededor de 20 veces. Yo sabía de memoria hasta la más mínima parte y tenía mil preguntas. Recuerdo a Bill mirándome y riéndose mientras decía: 'Sabes, hoy es martes por la noche, mira Marty, no puedes hacerlo todo para el jueves'. La segunda cosa que más me encantó fue que me dijo: 'Hay algo que debemos tener mucho cuidado en evitar' (creo que el Dr. Tiebout puede haberle hablado . . . sobre quién era yo y demás), 'los resentimientos. ¿Cómo manejas tus resentimientos?' Yo me defendí: '¿Resentimientos? Nunca he tenido un resentimiento en mi vida'.

Entonces exclamó: 'No me lo digas. No es posible que sea por tu edad . . .' Yo sólo tenía 34 años. Todos se rieron.

Me sentí muy molesta, desconcertada y muy herida. Dije: 'No sé de que se ríen, no creo que sea gracioso en lo absoluto'.

Bill preguntó: ¿Qué haces, cómo te sientes cuando alguien te hace algo que crees injusto o que te daña? ¿O hace algo que está muy equivocado con respecto a tu punto de vista, que directamente se aplica a ti?'

Repuse: 'Bueno, me siento herida'.

Ellos observaron: '¿Y no sabes que tienes un resentimiento? ¿Qué piensas que es?'

'Bueno, cuando la gente me daña así, la evito. Simplemente me encierro en mí misma', afirmé.

'Bien, te das cuenta a quien estás dañando, ¿es así?' Apuntó Bill.

'No, no sé lo que quieres decir'. Respondí.

Dijo: 'Sólo te estabas lastimando tú misma'. En otras palabras, esa noche tuve mi primera lección con Bill como maestro, y era un gran maestro".

También Lois recordó esa noche: "[Marty] estaba temerosa de lo que podría encontrar en la junta así que prefería quedarse arriba conmigo. Finalmente la persuadí de que los A.As. la apreciaban y necesitaban y entonces bajamos juntas".

De regreso en Greenwich, Marty habló de su viaje a Brooklyn a su íntima amiga, otra alcohólica que estaba en Blythewood:

"Grennie, ya no estamos solas", dijo, una afirmación de A.A. que ahora es famosa, porque resume el alivio que siente todo alcohólico que está aislado y por último encuentra a la Fraternidad.

La primera junta de Marty fue una de las últimas que se efectuaron en el 182 de Clinton Street. Desde la muerte del Dr. Burnham en 1936, Lois y Bill habían estado pagando una pequeña renta a la compañía hipotecaria por permanecer en la casa; pero, en 1939, conforme aflojó la Depresión, hubo más dinero disponible y subió el valor de la propiedad; la compañía hipotecaria pudo vender la casa. El miércoles 26 de abril de 1939, día que siguió a la emisión de "Nosotros la Gente", Lois y Bill fueron forzados a salir de la casa que había sido el hogar de la familia Burnham durante medio siglo.

Lois dijo: "No sólo fue necesario empacar nuestras propias pertenencias, sino salir de aquéllas acumuladas por mis padres a partir de 1888. El Ejército de Salvación y las Industrias de Buena Voluntad, se llevaron toneladas". Su propio mobiliario, incluído el gran piano de cola, de Lois, comprado en sus días de afluencia, se puso en almacenaje. Uno sólo puede preguntarse qué fue lo que pasó por su mente, conforme veían meter cada pieza en el camión de mudanzas.

Uno sólo puede preguntarse —e imaginar— lo que pasó por sus corazones conforme abandonaron el último vestigio de seguridad y "normalidad".

No tenían hogar ni ingresos. El apunte de ese día en el diario de Lois es lacónico: "Dejamos para siempre el 182. Nos fuimos a casa de los P." (Hank y su esposa).

Durante los dos años siguientes no serían propietarios de un hogar permanente; vivirían como vagabundos, primero con una familia de A.A., luego con otra.

Cuando, posteriormente, alguien le preguntó a Bill cómo Lois y él habían logrado pasar los dos años siguientes, en una obra maestra de comprensión, Bill explicó: "Nos invitaban mucho a cenar". Varían los cálculos, pero la mejor suposición de Lois respecto al número de sus "hogares" durante los dos años siguientes es aproximadamente de 50, sin contar las "visitas" que hicieron los fines de semana.

Arduo como tiene que haber sido, quizá esta especie de "vivir por ahí", en forma ambulante, fue más fácil a los Wilson de lo que pudiera haber sido para otra pareja. Siempre, desde los primeros días de su matrimonio y en su vida en el camino como "vagabundos de Wall Street", habían estado movilizándose por algún lado. Excepto en los años oscuros en que Bill bebió más, su estilo de vida siempre había incluído muchos amigos y gran cantidad de visitas en ambos sentidos, siendo tanto huéspedes como invitados. Los Wilson tenían una clase de energía y vitalidad que habrían agotado emocionalmente y físicamente a otra pareja menos gregaria. A juzgar por los apuntes en los diarios de Lois, Bill y ella eran casi infatigables. La privacía fue una experiencia que con frecuencia anhelaban, pero rara vez recibían.

El equivalente a una semana característica de andar por ahí, según los apuntes en el diario de Lois, lo ilustrará esto:

Sábado 10 de febrero: "Pasamos la noche con Dot. Bill y yo nos fuimos en automóvil con Leonard, alrededor de las 4 p.m."

Domingo 11 de febrero: Dot nos llevó en coche al transbordador en Tarrytown. No funcionaba, así que nos fuimos en el mismo coche a Yonkers, y Bill y yo tomamos el transbordador a Alpine. El autobús de Rockland llevó a Bill a N. Y., pero mediante una conjunción de errores esperé tres horas a Mag y finalmente llegué aquí a Monsey. Jimmy B. regresó con Bill y tiene un trabajo en Filadelfia, así que necesitaba su coche, por lo que este es el final del coche para nosotros".

Martes 13 de febrero: "Tomamos el autobús a la ciudad. Nos encontramos con Edith M. y tomamos té. Después de la junta, Bill y yo pasamos la noche en casa de Chris".

Viernes 16 de febrero: Fuimos en coche de regreso con Cy y Barb a Ardsley para pasar la noche. Bill va a ir a la junta de Greenwich.

Domingo 18 de febrero: Tomamos el tren de medio día a N. Y. y para mí sorpresa, Bill se reunió conmigo en Grand Central. Había malinterpretado en dónde estaría yo y creyó que era con Ora T. Fuimos a la junta de South Orange y pasamos la noche con los M.

Lunes 19 de febrero: Bill y Gordon fueron a la oficina del libro. Posteriormente Herbert me llevó con mi maleta a Newark, en donde tomé el metro a N. Y. para buscar un cuarto amueblado.

Decidí dejar mi maleta en el departamento de Morgan R., al cual nos había pedido que nos fuéramos durante algún tiempo. Cuando llegué ahí lo encontré tan elegante y tranquilo, con un piano y una sirvienta, y Morgan parecía querer que nos quedáramos, así que de cualquier manera decidimos permanecer ahí hasta el primero de marzo.

Lois lo llamaba "vivir por ahí". Con una notable excepción, parece haber tolerado sus dos años de existencia como gitanos con su paciencia, buen humor y extraordinaria capacidad para encontrar lo positivo que le eran usuales.

Característicamente, la primera reacción a su primera residencia temporal —un chalet de veraneo en Green Pond en la parte norte de New Jersey— fue admirar su belleza:

"Estaba encantada de encontrarme en el campo, en especial cuando la primavera está transformando el mundo. Las delicadas hojas nuevas bordan lentamente las desnudas siluetas de los árboles, cada variedad marcando un encaje diferente contra el cielo... No teníamos coche, así que teníamos que ir a pie alrededor de seis kilómetros y medio hasta Terranova (New Jersey) para obtener provisiones y tomar el tren a Nueva York. Bill tenía muchas cosas que atender acerca de su libro y la Fundación Alcohólica, así que con frecuencia iba a Nueva York.

En Green Pond nos visitaron muchos A.As. y, cuando estábamos solos en los días que Bill no tenía que ir a Nueva York, hacíamos muchas cosas divertidas: remar en el lago, dar paseos a pie, incluso probar nuestra vieja idea de poner de vela una toalla...

Deambulando por el área, encontramos muchas bellas flores silvestres, tales como madroños y orquídeas color de rosa. Después de una buena excursión a pie, a menudo nos sumergíamos en el estanque y luego tomábamos un baño de sol sobre una roca grande y plana.

Cualesquiera fueran sus circunstancias, sin importar qué tan inquietante pareciera el futuro, Bill y Lois siempre retuvieron su capacidad para disfrutar de sí mismos, el uno del otro y de la naturaleza. No permitían que ansiedades acerca del pasado o futuro interfirieran con ese disfrute; como una pareja, fueron dotados con esa capacidad evasiva para "vivir en el ahora".

(Entonces, es difícil que sorprenda que ésta sea una de las más potentes y útiles sugerencias del programa de A.A.)

La única excepción al buen humor de Lois —o al menos la única que sobrevive de las historias de ese período— tuvo lugar un día de febrero de 1940, cuando los Wilson estaban (como tenía que ser) caminando a través de la Estación del Grand Central. Súbitamente Lois se encontró sentada a mitad de las escaleras, llorando. ¿Nunca tendría su propio hogar? ¿No dejarían nunca de ir de un lado a otro?

Fue en este momento cuando empezaron una búsqueda vehemente; a donde quiera que iban se fijaban en posibles casas; pero, como apuntó Lois: "En su mayor parte la cacería fue un gesto, porque todavía no teníamos con qué mudarnos".

Cuando vivían en Clinton Street, ahí se habían efectuado las juntas de A.A., y A. A. los siguió a donde quiera que fueron. Green Pond, su primer hogar temporal, fue su punto de partida para ir a las juntas de New Jersey, en Montclair y South Orange.

De las juntas de aquellos días, Lois recordó:

"Cuando menos se habían desarrollado una docena de grupos en el área metropolitana de Nueva York y, aquéllos que éramos inquietos, íbamos a todas las juntas posibles, sin importar qué tan lejos. En 1939, poco después de dejar Clinton Street, Hank y Kathleen empezaron a efectuar juntas los domingos, en su nueva casa en Montclair, New Jersey, y Bert T. nos permitó continuar las juntas de los martes en su elegante sastrería de la Quinta Avenida (las que antes se efectuaban en Clinton Street). En tanto que Marty y Grenny fueron pacientes en el Sanatorio de Blythewood en Greenwich, Connecticut, las dos, junto con Bill, persuadieron a la propietaria, la Sra. Wylie, para que les permitiera efectuar juntas ahí. Luego, un amigo de Leonard y Helga H. nos prestó un apartamento durante algunos meses en la Calle 72 y Riverside Drive en Manhattan . . . Harold y Emily S. abrieron constantemente su casa de Flatbush al grupo. Bert T. sugirió que el desván de su sastrería en el lado Oeste era más práctico para las reuniones de A.A. que su tienda de la Quinta Avenida, así que cuando ya no estuvo disponible el apartamento de la calle 72, nos cambiamos a su desván".

Por supuesto, Bill y Lois no tenían coche. Caminaban al autobús de Terranova, a seis kilómetros y medio, o descansaban en los amigos para que los transportaran de un sitio a otro, de junta a junta. En el aire había un espíritu valiente, pero no había dinero. El apunte del diario de Lois para el domingo 14 de mayo de 1939, dos semanas después de su llegada a Green Pond, indica los estados de su corazón y de su bolsillo:

"Bill decidió que mejor fuéramos para establecer algunas cosas acerca de la fundación y ver a Leonard (Dr. Strong) acerca de mi cadera, que no estaba muy bien. Chrys, Tom K. y su esposa nos llevaron y después vinieron por nosotros Bert T. y Henry K., para llevarnos a la junta en casa de los P., en la cual, cuando llegamos, ya habían decidido abonar dinero suficiente para que viviéramos un año".

Bill y Lois, cuyo único ingreso habían sido los 30 dólares de la Fundación Rockefeller, ahora tenían el "Fondo de mejoras para el hogar de Bill y Lois", por voto, en la casa de Hank y Kathleen. Lois recordó que les dieron 20 dólares adicionales al mes, que era lo justo para pagar el almacenaje de sus muebles.

El apunte en su diario para el día siguiente, 15 de mayo, es alegre, indicando el alivio y gratitud que podía haber estado sintiendo, aunque no lo mostrara. Eso sería revelar preocupaciones y ansiedades anteriores y ese no era su estilo; raramente expresaba menos que completa confianza en Bill.

Lunes 15 de mayo: "Fuimos temprano a la ciudad y vimos a Leonard. Nueva York parece estar en ambiente de gala; los árboles completamente llenos de hojas en frente de radio City, en cierta manera tienen un aire exótico y en la ciudad hay muchos extranjeros para la feria; con frecuencia se pueden detectar".

Su agradable estancia en Green Pond fue breve. Un mes después fueron obligados a dejar el pacífico chalet para hacer lugar a los que lo rentaban durante el verano. En ese mes de junio de 1939, fue el principio de la rutina de dos años de los Wilson de "vivir por ahí". Se trocaron los papeles: En Clinton Street ellos habían dirigido un hogar para los alcohólicos en recuperación (según esperaban) que no lo tenían y ahora, los alcohólicos en recuperación abrían sus hogares a Bill y Lois. La tradición de la generosidad y la hospitalidad dentro de la Fraternidad ya estaba bien establecida en el área de Nueva York, al igual que lo había estado en Akron.

En Bog Hollow, en Monsey, Nueva York, Bill y Lois se quedaron con Bob y Mag V., en una vieja casa de campo que era como un laberinto. Tenía una enorme habitación en el segundo piso del ala "siberiana" de la casa. Eran tan frías, que se le llamaba Siberia de Arriba y a la habitación que estaba debajo de ella, Siberia de Abajo. Varios kilómetros al este de Monsey está el Hospital Estatal de Rockland y ahí, en el hospital, Bob V. inició juntas para los alcohólicos que estaban internados. El Dr. Russell E. Blaisdell, entonces jefe del hospital, se encontraba tan contento que "pocos meses después permitió que autobuses realmente repletos de alcohólicos bajo su cuidado, fueran a las juntas de A.A. que entonces se habían establecido en South Orange, New Jersey y en la Ciudad de Nueva York". Los egresados del Estatal de Rockland se hospedaban con frecuencia en Siberia de Arriba y de Abajo, después que se fueron los Wilson.

A.A. continuó creciendo: un libro que se vendía, un miembro que se agregaba, un mensaje que se pasaba; pero no había dinero, ni perspectiva de tenerlo, ni una evidencia real de que las cosas estuvieran cambiando; en verdad, durante todo el verano de 1939, las "cosas" fueron continuamente empeorando. La situación en Europa se oscurecía a diario; la agresión de Hitler se extendía; la guerra parecía inminente. En casa, el desempleo se había generalizado y para la diminuta banda de alcohólicos sobrios, había una continua miseria económica. Su lealtad de unos para otros, para su recién encontrada sobriedad y para su líder, Bill W., parecía aumentar conforme declinaban sus circunstancias; y en donde quiera, mediante actos de responsabilidad, se mantenían a flote ellos mismos y unos a otros, conservando en alto su valor y confianza.

Su valor y confianza también se reforzaban diariamente por las juntas mismas. Ruth Hock los describió; Estaban "estructurados hasta el grado que siempre había otro orador y Bill —quizá media hora cada uno— y entonces una larga sesión de café, una convivencia verdadera. Con frecuencia estábamos hasta las 12 de la noche, habiendo empezado a las ocho". También dijo; "en esa época, no trabajábamos los Pasos, no había requerimientos de 90 días, ni aniversarios, ni se hacía ningún conocimiento si estabas sobrio una semana o un año. Si sentías que te gustaría hablar al año, al mes o a las dos semanas, permitían que te levantaras y hablaras, y tampoco te lanzaban fuera si te presentabas borracho; sentían que estaban para animarte, que se te quedaría algún mensaje".

Cada vez que hablaba Bill, tenía un enfoque diferente. No había ningún mensaje preformulado y, aparentemente, sus pláticas variaban tanto en longitud como en el asunto que trataba.

En una junta, habló de Helen W., una de las primeras miembros mujeres, cuyo reciente suicidio estaba causando ansiedad y profundos presagios en todos los miembros de Nueva York. En esa junta, Bill incitó a los miembros para que no permitieran que su fe fuera destruida por la tragedia.

En aquellas primeras juntas tuvo lugar la introducción de algunas costumbres que hoy son tan tradicionales, que su presencia, por no mencionar sus orígenes, rara vez se cuestiona. Una de éstas fue el humor, a veces negro, otras profundamente enfático; esta atmósfera de risa fue un legado directo de la personalidad de Bill; sus pláticas siempre estaban salpicadas de humor, gran parte del cual era censurándose a sí mismo: Dijo Ruth: "Siempre podía sacar risa de lo patético. Había profundas risas sonoras".

Otra fue la manera en que los miembros se presentaban a sí mismos: "Mi nombre es Bill W. Soy alcohólico". Siendo alguien que nunca dejó pasar por alto una idea imaginativa o apropiada, es probable que Bill adquiriera esta costumbre de los primeros días en el Grupo Oxford, cuando Frank Buchman (que después abandonó esa modestia) se refería a sí mismo como Frank B. En las reuniones del G.O. a las que asistieron Bill y Lois a mediados del decenio de 1930, los miembros se sentaban en un círculo para las sesiones de "compartimiento" y decían: "Mi nombre es fulano de tal" para identificarse a sí mismos.

Algunos de los "refranes de A.A." también fueron utilizados desde hace tanto tiempo como los finales de los 1930: "Lo primero es primero", "Poco a poco se va lejos" (o "Tómalo con calma", o "Ve despacio", o "Sin prisa"), "Vive y deja vivir". A causa de que éstos aparecen en la primera edición del Libro Grande (al final del capítulo sobre "Y Después, la Familia"), es probable que el empleo de los axiomas se originó con Bill y que los trajo con él de Vermont: viejos refranes con dientes nuevos.

En ese año de 1939, otra desilusión personal fue el desahucio de Honor Dealers, de sus oficinas en el 17 de William Street en Newark. Desde 1937 la oficina había sido de hecho la oficina central de A.A., en la que se había escrito gran parte del Libro Grande; incluso el membrete decía "Works Publishing, 17 William Street". Como negocio, Honor Dealers nunca había tenido mucha oportunidad; Bill, Hank y Ruth habían ocupado la mayor parte de su tiempo y toda su energía con los borrachos en lucha y ahora, los tres, estaban obligados a cambiarse a una oficina todavía más pequeña: un espacio diminuto en el mismo edificio.

La nueva situación no fue diferente de la vieja. "De alguna manera dimos un anticipo de la renta, preguntándonos cuántos meses pasarían antes de que el cobrador se presentara una vez más", recordó Bill. Como Ruth lo describió: "Incluso entonces, yo fui quien dio la cara con el superintendente para explicarle porqué no se había pagado a tiempo la renta".

A finales de 1939, Bill se estaba llegando a convencer de que tenía que separarse de las actividades de A.A., que le estaban ocupando gran parte de su tiempo. Este fue un problema que le había molestado desde el principio de su sobriedad y que continuaría haciéndolo durante un buen número de años, hasta que fue capaz de elaborar un compromiso satisfactorio entre sus principios y lo que, dada su situación especial, era práctico. Lois y él tenían que vivir de alguna manera y ahora que estaba sobrio, desesperadamente quería asumir su apropiado papel que, como lo veía, era el de ganar el pan.

En una carta fechada el 14 de noviembre de 1939, cerca del quinto aniversario de la sobriedad de Bill, los miembros de Nueva York y sus esposas le mandaron una carta apoyándolo y animándolo: "Todos sabemos que, al igual que el resto de nosotros, estás confrontando con la necesidad de ganarte la vida y que hay ciertas obligaciones a ese respecto que tienes que encarar. Sentimos que tenemos una deuda contigo que sólo se puede medir en términos de la vida misma y, por tanto, quizá es poco apropiado que te pidamos que continúes haciendo los sacrificios que has hecho en el pasado, en beneficio de nosotros mismos y de otros todavía desconocidos. Así es que te pedimos, si consideras posible hacerlo, que continúes durante un tiempo con el trabajo de Alcohólicos Anónimos, ya que sentimos que la pérdida de tu guía en este muy crítico período del desarrolló del movimiento, sería nada menos que una gran catástrofe. Por nuestra parte, nos proponemos hacer cualquier cosa que podamos en todas las formas para ayudarte a llevar la carga".

La carta la firmaron más de 50 personas, inclüidos Jimmy B., Bert T., Morgan R., Tom V. y Leonard V. Harrison, un no alcohólico que servía como depositario. A pesar del refuerzo moral que ésto debe haber significado, Bill no desistió de buscar empleo.

Durante todo este tiempo, en que Bill y Lois no tenían nada propio, ¡él estuvo profundamente preocupado por la situación económica del Dr. Bob! En 1939, mandó una carta a la Fundación Guggenheim, preguntando respecto a una subvención, no para él mismo, sino para su amigo. Al describir el gran servicio desempeñado por el Dr. Bob, escribió: "Durante más de cuatro años, sin cobrar a los sufrientes, sin fanfarrias y casi sin fondos, el Dr. Smith ha efectuado su trabajo entre los alcohólicos . . . A causa de la gran cantidad de su trabajo alcohólico voluntario, el doctor no ha sido capaz de reconstruir su práctica quirúrgica . . .

Si continúa trabajando al paso actual, puede perder lo que le queda de su práctica y probablemente su casa. Evidentemente, debe continuar, pero, ¿cómo? . . . El no sabe nada de esta solicitud que para su beneficio les estoy dirigiendo".

En apariencia Bill no estaba consciente, como lo escribió, de qué tan acertadamente (excepto en detalles menores), esta elocuente solicitud a favor de su amigo, de hecho lo describía a él mismo.

Nada resultó de la solicitud (la Fraternidad Guggenheim apoya las artes); no obstante, la carta permanece como un testimonio de la constante preocupación de Bill por el bienestar de los demás, con frecuencia en detrimento de la propia.

En 1940, Bill intentó convertirse en vendedor de cable de acero, un puesto que logró con la ayuda de Horace C. Lois describió sus esfuerzos; "Todo el verano, Bill intentó heróicamente vender cable de acero, aunque no tenía interés en el producto y pocas oportunidades de entrar en la industria marítima y otras que lo utilizaban". Finalmente dejó el puesto cuando llegó a estar claro que no era apto para él.

Es cierto que Bill era un genio en las empresas en las que se invertían las emociones e, igualmente, puede ser cierto que era menos que competente en las que no le interesaban. (En verdad esto se aplicó a Bill como conversador: si el asunto le interesaba era un parlachín, y un escucha, ardiente y atento; si no, 'Se estiraba, decía 'Jo, jum', se daba palmadas en las rodillas, se levantaba y se iba lentamente", recordó uno que durante mucho tiempo trabajó con él en la Oficina de Servicios Generales de Nueva York).

Bill estaba agudamente consciente del dilema incluido en su propio problema de dinero. En una carta de 1940, escribió: "Desde el principio, hemos luchado con el problema del trabajador alcohólico a sueldo; parecía una necesidad absoluta y probablemente lo fue hasta hace poco tiempo. Era un asunto difícil sobre cómo hacer para que la gente como yo, aparentara ser un trabajador voluntario y, no obstante, recibir su sustento. Aunque más bien esperé hacer de A.A. el trabajo para toda mi vida exactamente en ese sentido, siempre he experimentado cierta inconsistencia acerca de un arreglo así. La idea parecía buena, pero siempre tenía una sensación de que todavía no era lo mejor".

A principios de 1941, Bill todavía estaba buscando activamente un empleo. Aún pensaba en términos de trabajadores no profesionales, voluntarios para la Fraternidad, incluido él mismo, que estaba dedicándole más horas que las equivalentes a tiempo completo.

Este era un asunto muy molesto, ya que había dos principios, parecían estar en dirección opuesta uno del otro. Por un lado existía la necesidad de conservar a los A.As. no profesionales, sin sueldos, con el trabajo hecho por el amor al mismo, el principio de la Fraternidad cimentado en sólida roca y la razón por la que en primer lugar funcionaba. Por el otro lado, estaba la necesidad de los cofundadores de un ingreso en tanto trabajaban para la Fraternidad, que desesperadamente necesitaban de su atención de tiempo completo. La reconciliación satisfactoria de estas dos fuerzas aparentemente irreconciliables, llegaría hasta varios años después, en el contenido elaborado con todo cuidado, de la Octava Tradición.

Las ventas del Libro Grande, un primer paso en esa dirección, fue la señal distintiva de la época, en el verano de 1939. Incluso no mostraron resultados unos pocos buenos juicios emitidos en publicaciones.

El del *Times* de Nueva York, del 25 de junio, informó en parte: "Para que este título no haga surgir risas en algún lector, permítame afirmar que la tesis general de 'Alcohólicos Anónimos' está basada psicológicamente con mayor firmeza que cualquier otro tratado sobre el asunto, que me haya encontrado".

El de Harry Emerson Fosdick, que apareció en algunas publicaciones religiosas, se leía en parte: "Este extraordinario libro merece la atención cuidadosa de cualquiera que esté interesaso en el problema del alcoholismo, ya sea como víctima, amigo de las víctimas, médicos, clérigos, psiquiatras o trabajadores sociales y, hay muchos así; este libro les dará, como no lo hará ningún otro tratado conocido por este crítico, una visión interna del problema que enfrenta el alcohólico. Las ventanas de una catedral gótica no son las únicas cosas que se pueden ver verdaderamente desde adentro; el alcoholismo es otra. Todas las vistas externas están nubladas y son inseguras; sólo aquel que ha sido un alcohólico y ha escapado de esa esclavitud, puede interpretar la experiencia".

En las palabras de Bill, Charlie Towns, que había sido su apoyo leal y acreedor de confianza, había estado "removiendo cielos y tierra para obtener publicidad para nosotros y tuvo éxito". Le había contado la historia de A.A. a Morris Markey, un escritor, quien se la llevó a Fulton Oursler, en esa época editor de la revista *Liberty*, un semanario nacional popular. (Oursler llegó a ser conocido posteriormente como autor de libros religiosos Best-sellers, el más famoso de los cuales es "La historia más grande que se haya contado"). Oursler aceptó un artículo de Markey titulado "Los Alcohólicos y Dios" (el título le causó a Bill algún recelo).

El artículo fue programado para aparecer en el número del 30 de septiembre de 1939 lo cual, según calculó Bill, quería decir que sería hasta octubre cuando podían esperar algunos pedidos del libro, por la fuerza del artículo. Mientras tanto, simplemente debían tener dinero para pagar a sus acreedores, la renta de Newark y a Ruth Hock, que había vivido trabajando durante meses por certificados de acciones de Works Publishing, ahora sin ningún valor.

Bert T. (el de la sastrería de la Quinta Avenida, en donde se habían efectuado las primeras juntas), llevó a cabo ahora un negocio que era característico del espíritu del grupo; fue la clase de gesto que los mantuvo funcionando ante barreras aparentemente insuperables: emprendió la tarea de pedir prestados 1,000 dólares para conservar a flote Alcohólicos Anónimos. El único colateral aceptable que podía ofrecer, era su propio y elegante negocio de sastrería, y lo arriesgó. A.A. ahora tenía los 1,000 dólares que necesitaba para conservarse todavía a flote durante otra coyuntura.

El artículo de *Liberty* estimuló la venta de varios cientos de Libros Grandes al precio de menudeo de 3.50 dólares y puso a trabajar a la diminuta oficina de Newark con el fin de contestar 800 solicitudes urgentes para gente desesperada en todo el país.

También probó ser efectiva la publicidad a nivel local. En el otoño de 1939, Clarence S. (que había iniciado un grupo en Cleveland en mayo de ese año), persuadió a un escritor llamado Elrick B. Davis, para hacer una serie de artículos en el periódico acerca de A.A., publicados en el *Plain Dealer* de Cleveland, fueron presentados en un espacio prominente y estuvieron apoyados con editores pro-A.A., Bill describió la serie así: "De hecho", el *Plain Dealer* estaba diciendo: 'Alcohólicos Anónimos es buena y funciona. Venga y tómela'". Cientos lo hicieron; al año siguiente la ciudad tenía 20 ó 30 grupos y varios cientos de miembros. Bill afirmó: "Los resultados fueron . . . tan buenos y el número de miembros de A.A. en otras partes . . . tan pequeño, que más de uno de los de Cleveland realmente creía que A.A. se había iniciado ahí por primera vez".

Los problemas que afloraron en conexión con la expansión de la Fraternidad, fueron legión y muchos de ellos surgieron simplemente por lo nuevo de la situación. Una carta de Bill a Earl T., un miembro de Chicago, en 1939 indica exactamente algunas de las dificultades que confrontaron los pioneros de A.A.:

"Es algo excelente ser capaz de sentarme y escribirte igual que si fueras un viejo amigo, pero me da una poderosa sensación de alegría saber de ti y de lo que haces en Chicago.

Por lo general es un gran trabajo, de hecho un infierno de trabajo, hacer que un grupo funcione en una nueva localidad, pero una vez que tienes ocho o diez realmente eficientes, las cosas van mucho más rápido y fácil.

Nuestra experiencia muestra desde el principio que no podemos, entrar en los hospitales públicos ni salvar borrachos sacándolos a la calle de grado o por fuerza y que sólo obtendremos un gran dolor de cabeza.

De esta manera es muy fácil atraer un gran séquito de limosneros y de gente mentalmente defectuosa; con seguridad, todos ellos son tan importantes a la vista de Dios como el resto de nosotros, sólo que ellos han tenido una racha más dura y posteriormente nos damos cuenta de que, cuando un grupo ya tiene la suficiente talla y fortaleza, se puede asimilar a muchos de esos individuos y que aquéllos que no pueden, o que no quieren, pierden la fe rápidamente; pero si al principio consigues muchos de éstos, es probable que encuentres que tu hogar se convierte en un club de bebedores, un hospital, un banco o una guardería.

Todos queremos resultados y con seguridad eso requiere que nos apeguemos a la gente que quiere y puede detenerse ahora mismo, dando a esas personas la máxima atención y la mínima a aquéllos que tienen una mentalidad opuesta. Así es que intentamos arduamente saber lo que podamos de un caso antes de pescarlo. ¿El candidato desea vehementemente detenerse y aparte de su alcoholismo estar mentalmente en buenas condiciones? Por supuesto, no existe ninguna regla respecto a estos asuntos, ya que la gente que se ve fuerte algunas veces da malos resultados y los débiles ocasionalmente tienen éxito a pesar de su frágil apariencia.

Sobre todo, no te desanimes si el discurrir es lento al principio, ya que eso parece ser parte de nuestra educación en este caminar. El verano que trabajé en Akron con Doc Smith, nos movimos frenéticamente y sólo nos embolsamos dos que tuvieron éxito, Ernie G. y Bill D.

Aquí en Nueva York sucedió la misma historia. Me pasé seis meses hablando con muchos de ellos antes de obtener algún resultado permanente y, en ese tiempo, estuve trabajando bajo el engaño de que tenía un encargo divino para salvar a todos los borrachos del mundo.

Es probable que sean buenos prospectos quienes escriben diciendo que han obtenido buenos resultados del libro y continuaremos mandándote a aquéllos de tu área de los que tengamos noticias.

Al educar doctores, hospitales, ministros, en esa línea de acción, es seguro que después de poco obtengas fuertes prospectos.

Por favor déjanos saber qué podemos hacer para ayudar ahí.

Además de los problemas de logística—organizar y encontrar albergue para un grupo nuevo— existió el problema de cuál era exactamente el candidato prometedor para Alcohólicos Anónimos. Pasarían muchos años antes de que se formulara la Tradición de "atracción más bien que promoción"; en aquella época, la promoción activa era con mucho la orden del día, y los pioneros de A.A. naturalmente querían poner su atención y energía para ayudar aquellos borrachos que creían que tenían la mejor oportunidad de recuperarse. (La palabra operativa en esa época era "borrachos", como opuesta a la última, más distinguida "alcoholicos").

Bill y Hank creían entonces que un borracho tenía que estar en un fondo absoluto física, espiritual y económicamente para poder "captar" el programa. Ruth Hock recordó cuando Bill le preguntó a un prospecto: "¿Todavía tienes trabajo?" O a Hank diciendo: "¿Todavía estás casado? ¿Viven en tu casa tu esposa y tus hijos?" Y entonces decían: "Bueno, no creemos que podamos hacer algo por ti; no podemos ayudarte". Pero como lo indica claramente la carta Bill a Earl T., en tanto que el recién llegado tenía que ser "prácticamente un borracho de la alcantarilla, no tenía que estar tan abajo como para haber perdido por completo la esperanza; tenía que querer dejar de beber. Bill y Hank buscaban prospectos que todavía tuvieran una chispa de vida, y aún más importante, la esperanza quemándole en algún lugar dentro de él.

En la carta se refleja otra lección: Pronto aprendieron a dejar de hacer predicciones acerca de quien permanecería sobrio o no lo haría. Como dijo Ruth: "Con frecuencia tenían éxito los casos que parecían más difíciles, mientras que otros más promisorios frecuentemente se caían al borde del camino".

Ella hizo reminiscencia de uno de esos casos: "¿Te acuerdas [Bill] de aquellos dos jóvenes llenos de esperanzas a los que prácticamente les apostamos? Creo que eran Mac y Shepherd. Eran interesantes, en especial porque eran más jóvenes que la mayoría; Shepherd era la gran apuesta como favorito, mientras que él pobre Mac no tenía esperanza. Para nuestra sorpresa, Shepherd tuvo dificultades casi inmediatamente, en tanto Mac pareció hacer un progreso continuo en la sobriedad. Toda la situación explotó en nuestras caras un día que el Sr. Chipman (el asociado de Rockefeller) prometió visitarnos, de manera que podrías mostrarle el progreso maravilloso que estaba haciendo A.A. en todos los caminos. Y para rematar la actuación, invitaste a Mac a que se presentara para probar que incluso los muy jóvenes podían lograr permanecer sobrios.

El escenario estaba dispuesto y te citaste para almorzar con el Sr. Chipman. Mientras tanto, Mac se presentó en la oficina completamente intoxicado, por primera vez aproximadamente en seis meses. Estaba tan pasado que sufrió un colapso, entrando en coma en el sillón grande de tu oficina privada. No lo pude mover, así que todo en lo que acerté a pensar, fue cerrar la puerta y tratar de dirigirte a otro lado. Sin embargo, cuando te presentaste con el Sr. Chipman ibas hablando entusiastamente y sin parar, con ademanes y todo, y no pude intervenir. Así que abriste de golpe la puerta de tu oficina, para revelar a Mac en toda la gloria de su borrachera. Después del momento proverbial de atolondrado silencio, rompiste en carcajadas y un minuto después, bendito sea, el Sr. Chipman se unió a ti".

Alguna vez, durante ese año difícil de 1939, Hank empezó a beber otra vez. Nadie sabe muy bien cuando comenzó, pero el diario de Lois del 13 y 14 de junio indica que Hank estaba peleando con su esposa y había determinado divorciarse de ella.

Su diario del 5 de septiembre: "Kathleen (la esposa de Hank) me llamó por teléfono diciendo que creía que Hank había bebido".

El 6 de septiembre: "Hank bebió, llamó a Bill por la tarde", y el 7 la anotación indica que todavía estaba borracho.

Hank no sólo fue el socio de Bill, sino también el primer alcohólico de Nueva York al que Bill había sido capaz de hacer que dejara de beber. Nadie sabe realmente cuándo empezó a beber de nuevo; pero, para Bill debe haber sido una gran decepción. Con el correr del tiempo, se aclaró que la recaída en cierta forma estuvo conectada con sus sentimientos sobre Bill y la Fraternidad.

Hank era un hombre impaciente. Siempre pensó en cosas grandes, en términos del *ahora*: "Tienes que hacerlo *ahora*". Ruth describió a Hank como un hombre que había tenido éxito toda su vida, había trabajado para grandes compañías y había obtenido grandes sumas de dinero hasta que llegó a las ciudades perdidas. Ella dijo que él estaba intentando presionar a Bill a llevar un paso que no iba de acuerdo con la manera de proceder de Bill, así que se volvió insatisfecho y criticó muchas de las cosas que Bill hacía y aquéllo en lo que creía.

Ruth Hock no sabía en la que se estaba metiendo cuando fue a trabajar para Bill y Hank P.

Parte de la infelicidad de Hank, agregó Ruth, la incluía a ella: Hank y yo estuvimos interesados el uno en el otro y en una época consideré seriamente casarme con él". Cuando finalmente Ruth decidió no hacerlo, Hank culpó a Bill, propugnando que ella estaba más comprometida con A.A. y Bill de lo que estaba con él. "La manera de pensar de Hank se volvió cada vez más errática", dijo Lois. "Pronto, estuvo borracho y culpando a Bill por el rechazo de Ruth". Después de esta primera recaída, Hank nunca fue capaz de regresar realmente al programa de A.A. ni de volver a ganar una sobriedad duradera.

Hubo otra fuente de fricción: Bill había decidido que en Manhattan se necesitaba una oficina de servicios generales y no había miembros que opinaran que fuera en Newark; Hank quería quedarse en New Jersey; así, continuaría atendiendo lo que quedaba de Honor Dealers.

A finales de 1939, Hank escribió a Bill el siguiente memo:

"Por favor creeme cuando digo que esta carta no está escrita con la menor intención de discutir. Sólo deseo desarrollar algunos pensamientos que he tenido.

He estado pensando en lo de combinar la oficina del libro con la de la fundación. Me pregunto si, en tanto que sea económicamente posible, no debemos conservar separadas las dos.

¿Cuáles son mis razones para conservar aquí la oficina del libro? ¿Por qué una oficina de la fundación?

¿Tenía una oficina Jesucristo? ¿Había una central de intercambio? ¿Va con lógica el trabajo del libro? ¿Se están curando borrachos? En vez de gastar el dinero en la oficina, ¿no sería mejor emplearlo en gastos de viaje para gente que extienda la buena nueva? ¿Habría un "gran mandamás" de A.A.? ¿Tendería una oficina a quitar de este trabajo lo atractivo del no profesionalismo y a profesionalizar? Bill, todo esto solía ser tan maravilloso que me pregunto si se ha perdido aquel viejo toque. ¿Eres el sencillo muchacho que solía entusiasmarse y ser feliz al ver a alguien salir del agujero? ¿Estoy tendiendo a volverme engreído al contar a todos como vencer todo ésto, en lugar de decir solamente mi historia? ¿Ha estado siempre en casa la fuerza del cristianismo? ¿Ganará con la organización este trabajo?

Honestamente creo que se está levantando una marea sobre el libro. Tú y yo vamos a obtener utilidades de éi si sube lo suficiente. Si lo hace y cuando llegue el momento, creo que encontraremos que es menos criticado si no se ha llevado nada de la fundación ni del trabajo mismo. Dejemos que la compañía del libro sea una dadora, no una receptora.

Entonces, una vez más, si la venta del libro aumenta a quinientos o a mil mensuales, sobre ésto puede hacerse una buena promoción. De nuevo tu departamento de promoción será obstaculizado por el mismo hecho de que mucha gente presione con sus ideas. Cierto, todas las ideas de promoción de las ventas deben revisarse con los depositarios de la fundación, pero deben nacer de una fuente.

Otro punto: Esencialmente, Works Publishing Company, si tiene éxito, debe ser una organización comercial. ¿Se mezcla esto con el humanitarismo y el trabajo de caridad? Las reglas de los negocios y las de ese trabajo son diametralmente opuestas, en particular cuando toda persona que esté en el trabajo tenga el interés que tú deseas que tenga. En otras palabras, ¿cómo puedes dirigir con éxito, lo que podría ser una gran organización comercial, cuando todos sienten como natural un interés de propietarios respecto a ella? En este orden de ideas, tuve un par de conversaciones con los primeros ciencia-cristianos. Dicen que Eddy conservaba asiduamente separados el negocio y el trabajo.

Con mis mejores deseos. Espero que en pocos meses se reanudará nuestra anterior intimidad''.

La respuesta de Bill sugiere que en esos momentos Hank ya había vuelto a beber:

''Tu asunto de combinar el libro y la fundación ya tiene mucho tiempo, con lo que supuse que habías llegado a estar de acuerdo: que si hubiera fondos disponibles, todo el equipo se centraría en Nueva York. Como no hay fondos, no hay nada que hacer al respecto en lo que a mí concierne, aunque tengo que resistir constantemente la presión de toda la pandilla para que ahora se haga el movimiento. Aunque todavía puedes tener razón cuando dices que el negocio del libro y las actividades de la fundación deben estar separados, me temo que no vas a encontrar a nadie que esté de acuerdo; en todo el grupo, la opinión contraria es cien por ciento unánime. Si fuera a oponerme a ello con objeto de estar de acuerdo contigo, me temo que estaría haciendo lo que tú tanto pareces temer, o sea, jugando a ser Dios. El dinero de la pandilla se ha ido en la empresa; han contribuido con el material para la mitad del libro e inevitablemente el libro y el trabajo están atados juntos. Me gustaría estar de acuerdo contigo si pudiera, pero no veo cómo puedo estarlo.

Cuando el libro estuvo escrito, sé que algunas veces encontré difícil aceptar sugerencias e ideas tuyas cuando realmente debí haberlas aceptado, y entonces llegamos al punto comercial de nuestro trato: creo que siempre tuviste la misma dificultad para aceptar mi consejo.

Otra cosa: a la pandilla le gustaría muchísimo que regresaras con nosotros; sería útil para todos, especialmente para mí. Incluso con respecto al libro, es difícil que acepten tus sugerencias e ideas personales que algunas veces sienten que ya no eres uno de ellos. Y te lo pido por favor, no sientas que cuando no estoy de acuerdo, de alguna manera no soy amistoso; esa es una idea que me ocuparía de desmentir por completo. Afectuosamente".

Su ruptura fue dolorosa y en muchas maneras desconcertante, porque Hank había sido uno de los más sólidos apoyos y aliados de Bill. Hank fue el que a principios del año había organizado la recolección de fondos con objeto de dar a los Wilson un ingreso mensual regular. Nunca se sabrá si fue la bebida la que causó la división o la división la que causó la bebida, pero, después de que Hank volvió a beber, salieron a la superficie muchos resentimientos contra Bill, que se reflejaron en la relación.

---

1. El texto es: "Si es que vamos a vivir, debemos hacerlo libres de ira".

2. Mary Baker Eddy, fundadora de la Ciencia Cristiana, cuya vida estudió Bill.

Capítulo Trece

En 1940, John D. Rockefeller dio una cena para Alcohólicos Anónimos. Aunque éste había permanecido detrás del telón, estaba siguiendo el progreso de A.A. con real interés.

Willard Richardson, ahora "Tío Dick" para Bill, anunció la propuesta de la cena en una junta de depositarios. Bill estaba entusiasmado y otra vez empezó a pensar en millones. Supuso, no sin razón, que el Sr. Rockefeller había cambiado su manera de pensar y había decidido dar dinero a Alcohólicos Anónimos. La lista de los invitados, afirmó, era "una verdadera constelación de los prominentes y ricos de Nueva York. Cualquiera podía ver que su valor financiero total podría ser fácilmente de mil millones de dólares".

La cena se efectuó el 8 de febrero, en el exclusivo Club Unión de Manhattan. De las 400 personas prominentes e influyentes invitadas, aceptaron 75. Al irse reuniendo los invitados, antes de la cena, muchos tenían una expresión de perplejidad, atribuible, según decidió Bill, al hecho de que no podían definir exactamente qué era Alcohólicos Anónimos. Con su previsión característica, Bill había planeado que un A.A. estuviera en cada mesa; como lo había esperado, "Hubo muchas preguntas y algunas de nuestras respuestas divirtieron a los notables. En una mesa se sentó nuestro héroe Morgan, tan impecablemente vestido como el del anuncio de cuellos para camisa. Un banquero de pelo gris le preguntó: 'Sr. R., ¿en qué institución está usted?

Morgan sonrió burlonamente y respondió: 'Bueno, señor, por el momento no estoy con ninguna institución. Sin embargo, hace nueve meses era un paciente en el manicomio de Greystone' ".

El Dr. Bob vino desde Akron, trayendo con él a Paul S. y Clarence S. Estaba ahí el Dr. Russell Blaisdell del Hospital Estatal de Rockland, al igual que el Dr. Silkworth. El Dr. Harry Emerson Fosdick habló a favor de A.A., en representación de la religión, y el Dr. Foster Kennedy, lo hizo por la profesión médica. Tanto Bill como el Dr. Bob, narraron sus historias personales. A causa de que John D. Rockefeller se había puesto súbitamente enfermo, coordinó los procedimientos su hijo Nelson, que entonces tenía sólo 31 años. Bill recordó que el menú fue pichón en pan tostado.

Al ir pasando la noche, fue evidente que los reunidos estaban profundamente impresionados por lo que estaban oyendo. Ascendieron a gran altura la esperanza y la experiencia de Bill.

"Al observar las caras de los invitados, era evidente que habíamos captado su interés y comprensión. La gran influencia y la gran riqueza pronto estarían a nuestra disposición. La fatiga y la preocupación iban a ser cosa del pasado . . .

Sin aliento, esperamos el momento culminante: el asunto del dinero. Nelson Rockfeller nos complació . . .'Caballeros, todos ustedes pueden ver que éste es un trabajo de buena voluntad. Su fuerza reside en el hecho de que un miembro lleva el buen mensaje al siguiente, sin pensar para nada en ingresos económicos ni recompensa. Por lo tanto, creemos que Alcohólicos Anónimos debe mantenerse a sí misma en lo que se refiere al dinero. Sólo necesita nuestra buena voluntad'. A consecuencia de ésto los invitados aplaudieron con vehemencia, y después de apretones de mano cordiales y adioses en todos lados, todo lo que valía mil millones de dólares salió con ellos por la puerta".

Una vez más, A.A. no recibió ningún millón y una vez más se desvanecieron las esperanzas de Bill, de expansión.

La Fraternidad sí recibió algún dinero como resultado de la cena y llegó de la manera siguiente: El Sr. Rockefeller compró 400

ejemplares del Libro Grande y le mandó uno de ellos a cada uno
de los invitados, junto con la transcripción de las pláticas
efectuadas en la cena, además de una carta personal en la que
reiteraba su convicción de que, en caso de tener éxito, A.A.
finalmente debería mantenerse a sí misma; pero sugería que podría
admitirse una poca de ayuda, temporalmente, hasta que el
movimiento se estableciera con mayor solidez, y que por la
presente, él estaba donando a la causa 1,000 dólares. (Debido a
que el Sr. Rockefeller había comprado sus 400 ejemplares del
Libro Grande a 1.00 dólar cada uno —con 2.50 dólares de
descuento del precio original— ¡De hecho, los 1,000 dólares
equivalían al descuento que había recibido!

Quedando establecido así el tono y el precedente para las
contribuciones, Rockefeller consistió entonces a la requisición de
la Fundación Alcohólica para que le diera permiso de solicitar
dinero a los invitados a la cena, de una manera independiente.
Estas solicitudes, que se repartían anualmente durante los cuatro
años siguientes, trajeron 2,000 dólares adicionales. En parte, el
dinero se utilizó para dar a Bill y al Dr. Bob una ayuda semanal de
30 dólares a cada uno.

Con o sin millones, Rockefeller sabía exactamente lo que
estaba haciendo; Bill pronto iba a saber que el nombre de
Rockefeller añadía lustre a todo aquello con lo que estaba
conectado. El multimillonario no había permitido que la prensa
estuviera presente en la cena. "Comprensible", afirmó Bill. "Si
alguno de nosostros se hubiera presentado borracho, todo el
asunto podría haberse derrumbado ignominiosamente". Pero,
cuando terminó y quedó en claro que había sido un éxito, A.A. fue
puesta en contacto con la empresa que se ocupaba de las relaciones
públicas de Rockefeller y juntas hicieron el borrador de una
declaración a la prensa. "La publicidad resultante fue favorable y
se difundió ampliamente". A pesar de algún sensacionalismo y
periodismo de tabloide (en un encabezado se leía, "John D.
Rockefeller cena con borrachos"), empezaron a llegar más
solicitudes de ayuda y más pedidos del libro a la oficina de la
fundación.

La cena también dio ímpetus a los depositarios, que ahora
empezaron a proporcionar más dirección a los asuntos públicos y

de negocios de la Fraternidad. El consejo era más numeroso, ya que incluía a tres depositarios alcohólicos y cuatro no alcohólicos. Con objeto de proteger a la fundación del suceso, poco probable, de que a un tiempo "se emborracharan repentinamente" todos los depositarios alcohólicos, a los miembros no alcohólicos se les dio una mayoría de votantes en el consejo. Bill aprobó este arreglo; en realidad es probable que fuera él quien lo propuso inicialmente, irónico a la luz de que esta misma proporción, cuando algunos años después propuso que se cambiara, iba a ser la fuente de prolongados y a veces amargos altercados, tanto entre los depositarios como entre los miembros en general.

El 16 de marzo de 1940, un mes después de la cena de Rockefeller, la Works Publishing cambió sus oficinas de Newark, al 30 de Vesey Street, en la parte sur de Manhattan. La cena de Rockefeller sólo mejoró ligeramente sus precarias finanzas, así que era una aventura en la que no se podían predecir los resultados. Este cambio le dio a Alcohólicos Anónimos por primera vez una oficina propia.

En este cambio se arrojaron a la basura muchas cosas: probablemente entre éstas estaban los borradores de los Doce Pasos y el resto del capítulo quinto del Libro Grande, que se escribió ahí. El equipo total de la oficina (Hank se había ido; no asistió a la cena de Rockefeller) consistía de Bill, Ruth y la nueva ayudante de ésta, Lorraine Greim, también una no alcohólica, que había empezado a trabajar en la oficina de Newark un mes antes del cambio a Manhattan. (Para compensar a Lorraine por el cambio, ya que creía que trabajaría en New Jersey, le subieron el salario de 12 a 15 dólares a la semana).

Ahora que el Libro Grande se estaba empezando a vender, algunos de los suscriptores demandaron una participación de las utilidades. Había 49 suscriptores; Bill y Hank tenían una tercera parte cada uno y Ruth también había recibido acciones en lugar de su paga. A principios de 1940, Bill y los depositarios decidieron que el libro debía pertenecer a Alcohólicos Anónimos, no a los individuos que habían suscrito las acciones. Por medio de la emisión de algunas acciones preferentes y de obtener un préstamo de los asociados de Rockefeller, fueron capaces de recuperar las acciones que debían, pagándolas a un valor a la par, de 25 dólares por acción. A la mayor parte de los accionistas les encantó salir a mano; incluso unos donaron todo o parte del dinero a la Fundación Alcohólica.

Pero Hank resistió todas las súplicas para regresar su tercera parte (200 acciones), de la Works Publishing a la fundación. "Un día, completamente en bancarrota y muy tembloroso, se presentó en la oficina de Vesey Street", refirió Bill. "Hizo notar que la mayor parte del mobiliario de nuestra oficina todavía le pertenecía, en particular el enorme escritorio y el ostentoso sillón".

Eso le dio a Bill una idea. Le propuso que la fundación le compraría los muebles en 200 dólares, si Hank endosaba sus acciones de Work Publishing. Después de insistir algunas veces, por último Hank consintió y firmó los papeles necesarios.

Pero resintió que Bill lo persuadiera de endosar sus acciones. Para empeorar las cosas, no fue mucho tiempo después de este encuentro cuando a Bill se le concedió un derecho de autor sobre el libro, similar al que ya se había votado para el Dr. Bob. En tanto que el derecho de autor, al principio fue muy modesto, finalmente llegó a ser importante y tanto a Bill como a Lois les proporcionó un ingreso para toda la vida.

El hijo de Hank dijo que éste sintió que se le había tratado injustamente y que pensó que Bill había hecho un trato con la fundación, que lo excluía de cualquier futura participación en las utilidades del libro. Lo que nubla todo el asunto es el hecho de que, al beber, Hank había puesto un muro entre él y muchos de los miembros, que finalmente apoyaron los derechos de autor para Bill.

En la primavera de 1940 llegó una sucesión de acontecimientos que fue desconcertante para todos. En mayo, en la primera ruptura de anonimato a nivel nacional, Rollie H., cátcher de los Indios de Cleveland (acababa de recibirle a Bob Feller un juego que lanzó sin hit), reveló que había estado sobrio en A.A. durante un año. La historia, cuando lo rompió, fue presentada en las páginas deportivas de los periódicos de E.U.A. A causa de que sus borracheras eran un asunto del dominio público (se le llamaba Rollie el Alegrón) y casi habían arruinado su carrera, su sobriedad fue una gran noticia.

Cuando apareció la historia completa, con nombres y

fotografías, le proporcionó a Alcohólicos Anónimos el primer reto a nivel nacional, a su todavía en evolución, principio del anonimato, que surgía lentamente. A Bill se le presentó un profundo dilema: ¿Qué actitud debería asumir?

El dilema era en particular profundo porque la publicidad resultante atrajo a muchos, muchísimos, a la Fraternidad y también le dio la exposición pública que necesitaba. Tener en las filas de A.A. una figura nacional como Rollie H. y que éste la alabara públicamente, fue un refuerzo publicitario tremendo; sin embargo, no estaba en contradicción directa con los principios de la Fraternidad.

Lo que sigue a continuación es la versión de Bill de lo que sucedió: "Hace años, un notable jugador de beisbol dejó de beber mediante A.A. A causa de que su regreso fue tan espectacular, obtuvo una tremenda ovación personal en la prensa y Alcohólicos Anónimos obtuvo gran parte del crédito. Su nombre completo y sus fotografías, como un miembro de A.A., fueron vistas por millones de aficionados. Temporalmente, eso nos hizo mucho bien porque los alcohólicos llegaron por bandadas; ésto nos encantó. Fue en especial emocionante porque me dio ideas.

Pronto estaba en marcha, manejando felizmente entrevistas y fotografías personales. Para mi deleite, me di cuenta de que yo podía aparecer en las primeras páginas, tal como él había podido; además, él no podía seguir el paso de su publicidad, mientras que yo sí podía; sólo necesitaba seguir viajando y hablar; los grupos locales de A.A. y la prensa hacían el resto. Me asombré cuando recientemente miré esos viejos recortes de periódico. Durante dos o tres años supongo que fui el rompedor número uno del anonimato de A.A. . . .

En esa época, parecía que era lo que había de hacerse. Sintiéndome justificado, me lo tragué. Qué impacto tuve cuando leí esos desplegados a dos columnas acerca de 'Bill el Agente de Bolsa', con el nombre completo y la fotografía, ¡el individuo que estaba salvando borrachos por millares!"

Sin embargo, otras fuentes indicaron que Bill viajó poco en esa época. El diario de Lois de 1940 muestra que, con excepción de un viaje a Washington y Baltimore en abril, permaneció dentro del área Nueva York-New Jersey.

La explicación de la discrepancia en estas historias, puede residir en Bill mismo; si esto es así, revela una faceta atractiva, importante, de la personalidad de Bill.

Cuando narró esta historia achacándosela a sí mismo lo hizo en sentido figurado, en metáfora, en vez de relatar los acontecimientos como en realidad sucedieron. En ese tiempo no llegó a ser "el rompedor número uno del anonimato de A.A."; los que hizo llegaron dos años después, no precisamente a continuación de la publicidad de Rollie H., en mayo de 1940; pero es probable que Bill nunca dejara pasar por alto la oportunidad de decir una parábola cuando pensaba que podría hacer algún bien, y nunca temió utilizarse a sí mismo como un ejemplo negativo (algo que nunca haría con ningún otro), cuando podía insistir en un principio o destacarlo, no siendo nunca reacio a ampliar un hecho por el bien del énfasis. Lo más probable es que combinara estos dos incidentes —la ruptura del anonimato de Rollie H. y posteriormente la suya— para ilustrar cómo las emociones humanas despreciables, tales como la competitividad y la envidia, pueden ser disfrazadas como motivos de altruismo y de deseo por el mayor bien. También pudo haber estado tentado a hacer lo que manifestó haber hecho; la ruptura del anonimato de Rollie pudo haber levantado los viejos sentimientos de competencia y envidia de Bill; pero la verdad es que no actuó de acuerdo a esos sentimientos.

Se podría escribir un libro entero acerca del período 1939-1941, cuando A.A. estuvo en los años que formaron su carácter. Un suceso importante en 1940 fue la adquisición por la Fraternidad de un centro para las juntas, el primero que fue de ella: La Casa Club de la Calle 24.

Los miembros de Nueva York, cada vez estaban más inquietos y descontentos con todos los cambios de lugar para sus juntas. En febrero de 1940, Bert T. (el del establecimiento de sastrería) y Horace C. (en cuyo chalet de Green Pond, Bill y Lois se hospedaban con frecuencia) descubrieron y garantizaron la renta de una pequeña y extraordinaria construcción en el 334 1/2, de la Calle 24 Oeste.

Del diario de Lois, el 11 de junio de 1940: "Solía ser una caballeriza, así que está ubicado atrás respecto a la línea de la calle y se entra por un pasillo cubierto que tiene una puerta a la calle. Llegó a ser el Club de Ilustradores, así que es muy atractivo. En el piso de abajo hay un gran salón, con chimenea y sus paredes revestidas de pino nudoso, y la cocina. En el de arriba hay otro salón grande con tragaluces, y dos dormitorios pequeños y dos baños. La renta es de 75 dólares al mes, que con el gas, la luz y los extras es probable que llegue a 100 dólares".

Otro punto de vista subraya el ambiente de vida en la Casa Club de la Calle 24. "Era como Clinton Street en 1935, sólo que más que éso. Siempre había visitantes, gente que en su coche venía desde Westchester o Connecticut, revueltos con alcohólicos de las ciudades perdidas, que venían del Ejército de Salvación, situado calle abajo, o gente de fuera de la ciudad, lejos de la seguridad de sus grupos, que en ésta necesitaban la que les proporcionaba este loco y sólido oasis. Probablemente eran hombres y mujeres de todos los peldaños de [la] escala social, que es concebible que nunca habían bebido juntos, nunca hubieran ido a los mismos bares y que, a pesar de todo estaban en un salón, ayudándose el uno al otro a mantenerse sobrios. A cualquier hora en que Bill llegaba por ahí, había la sensación de ser una junta: En cierto sentido todos eran miembros de un club exclusivo y sólo ellos comprendían qué derechos habían tenido que pagar para estar ahí".

El 4 de noviembre de 1940, Bill y Lois se mudaron a uno de los dormitorios de arriba de la Casa Club. A esta habitación le llamarían su hogar durante los cinco meses siguientes. Lois, con la combinación acostumbrada de su domesticidad, inventiva y capacidad para hacer "limonada sin limones", aumentó el tamaño aparente del pequeño cuarto quitando todos los estantes innecesarios, pintando las paredes de blanco con detalles en rojo. Se confeccionó un tocador con una caja de naranjas vacía.

A donde quiera que se cambiaban Bill y Lois, ella mejoraba su ambiente a base de imaginación. También tenía talento para mejorar la ropa: rehaciéndola, poniéndola a la moda, tiñéndola y cosiéndole un adorno para hacerla más atractiva o que quedara mejor. En aquellos años de extrema necesidad de los Wilson, con frecuencia la gente le daba ropa, que ella adaptaba hasta que les quedaba bien y de acuerdo a la moda. Algunos apuntes característicos de su diario de ese período:

"Hice un sombrero que fuera con mi vestido beige, usando plumas de faisán que me dio Ken . . . Remendé y puse un bolsillo en unos pantalones para Tom . . . Intenté arreglar el cuello de piel de uno de los abrigos negros que me dieron . . . Terminé de bordar las medias para Muriel. Cosí para Barb después de la comida . . . Hice un sombrero que fuera con mi vestido azul marino; lo usé . . . Compré algunas cosas en Macy's, luego regresé a casa e hice una falda para Ruth J. para que se la lleve a Florida si se va el próximo fin de semana . . . Rehice un abrigo de seda y después intenté teñirlo . . . Tuve que teñir otra vez mi abrigo . . . Francis C. le dio un traje a Bill".

Para Bill estos fueron días atormentadores; aumentarían sus esperanzas sólo para ser defraudadas. Todavía no tenía su propio hogar; no tenía trabajo; el Libro Grande no se vendía; A.A. no estaba obteniendo la amplia publicidad que necesitaba con desesperación; los de Rockefeller no daban señales de vida; Hank estaba bebiendo. Bill estaba frustrado, impaciente, inquieto, insatisfecho y deprimido. Incluso, algunos lo describen como atravesando por una borrachera seca; en otras palabras, tenía todos los síntomas de estar borracho, excepto el alcohol.

Lo que sucedió a continuación fue inesperado e imprevisto; si a Bill se le hubiera preguntado qué lo podría haber hecho sentirse mejor, difícilmente se le hubiera ocurrido el nombre del regalo que le llegó, aparentemente por casualidad.

En una noche fría y lluviosa de finales de 1940, en lo profundo del invierno del descontento de Bill. "Estaba en nuestro pequeño club de Nueva York, el primero que haya abierto sus puertas. Me encontraba arriba recostado y solo, excepto por la compañía del viejo Tom M., que hacía el café abajo. Lois estaba afuera en algún lugar y yo estaba sufriendo un ataque imaginario de úlcera, de los cuáles solía tener muchos; sentía lástima de mí mismo. Era una noche más bien dura, afuera caía aguanieve y el viejo Tom, un irlandés muy rudo, llegó arriba y dijo: 'Bill, odio molestarte, pero aquí está un vagabundo de San Luis'.

El Padre Edward Dowling se presentó saliendo de la lluvia una noche, iniciando un "apadrinamiento espiritual" que duró 20 años.

Bueno, eran las diez de la noche y le dije: 'Ah, no, ¡otro más no! Bueno, házlo pasar'. Así fue que escuché un subir doloroso por las escaleras y me dije: 'éste realmente viene mal'. Finalmente se paró en la puerta de mi pequeño dormitorio un personaje lisiado, con un abrigo que le tapaba todo el cuerpo, recargado en un bastón. Se dobló el cuello y entonces vi lo que era un clérigo.

Manifestó: 'Soy el Padre Dowling de San Luis; pertenezco a los jesuitas de ahí y he estado mirando este libro "Alcohólicos Anónimos".

Así empezó una conversación que duró 20 años. El padre Dowling, el jesuita lisiado de San Luis y editor de: *"La Obra de la Reina"*, una publicación católica, afirmó que estaba fascinado por los paralelos, que había descubierto entre los Doce Pasos de Alcohólicos Anónimos y los Ejercicios de San Ignacio, la disciplina espiritual de su orden jesuita. Cuando confesó que no sabía nada de los Ejercicios de San Ignacio, el Padre Dowling pareció encantado y esto confortó a Bill.

"Hablemos acerca de muchas cosas y mi espíritu continuó en alza y, poco después, empecé a darme cuenta de que este hombre irradiaba una gracia que llenaba el cuarto con un sentido de presencia". (Bill había utilizado el mismo término, "sentido de presencia", para describir el ambiente de la Catedral de Winchester).

Esa noche, el Padre Ed estuvo compartiendo con Bill una comprensión espiritual que entonces y después siempre pareció referirse a la condición de Bill. Este, el autor del Quinto Paso, posteriormente caracterizaría a esa noche como aquélla en que practicó su Quinto Paso y, también, como una "segunda experiencia de conversión". Se descargó de todos sus pecados y omisiones, de todo lo que yacía pesadamente en su mente y de lo que, hasta entonces, no había encontrado la forma de hablar. Esta comunicación extraordinaria, esta apertura en el compartimiento, iba a ser vital para Bill. El "apadrinamiento espiritual" del Padre Ed duraría, crecería y sería fomentado por correspondencia y una profunda amistad que duraría los dos siguientes decenios. Los asuntos de este intercambio, aunque entremezclados con asuntos de "negocios" de la Fraternidad —el Padre Ed fue uno de los más sólidos apoyos y el responsable de la fundación de A.A. en San

Luis— siempre fueron cuestiones que Bill continuó considerando toda su vida, sobre la fe y la carencia de ella, acerca de la iglesia y de su papel en los asuntos humanos.

Esa noche Bill "habló de sus grandes esperanzas y planes; también respecto a su ira , desesperación y frustraciones en aumento. El jesuita escuchó y citó a Mateo; 'Benditos sean los que padezcan hambre y sed'. Señaló que la elección de Dios siempre se distinguía por los anhelos, la intranquilidad y la sed de quien había sido elegido.

Con dolor, Bill preguntó si nunca habría alguna satisfacción. El sacerdote casi le da una cachetada: 'Nunca. Nunca, ninguna'. Continuó en un tono amable, describiendo como 'insatisfacción divina' aquello que haría que Wilson continuara hacia adelante, siempre tratando de alcanzar metas inconseguibles, sólo que por ese intento conseguiría las metas de Dios, ocultas para él. Esta aceptación de que su insatisfacción, que su misma 'sed', podían ser divinas, fue uno de los grandes regalos de Dowling para Bill Wilson y mediante él, para Alcohólicos Anónimos".

---

1. Hank que murió en Pennigton, Nueva Jersey en 1954, tuvo poca relación con A.A. durante varios años. El regresó al programa después por poco tiempo, y se volvió a casar con Kathleen. Después de un par de fracasos matrimoniales. Lois atribuye su muerte a la bebida y manifestó el desacuerdo con Bill, lo cual impedía su regreso a la comunidad.

2. De acuerdo a "Dr. Bob y los Buenos Veteranos"; "cuando Akron dejó el Grupo Oxford Rollie permaneció con T. Henry [Williams] por un tiempo. Así, cuando la historia de su alcoholismo se inicia en 1940, el crédito de su recuperación lo tenía el Grupo Oxford. En ese tiempo, sin embargo, Rollie rompió su silencio y reconoció que su sobriedad era gracias a Alcohólicos Anónimos"

Capítulo Catorce

Cuando en el número fechado el 1o. de marzo de 1941, el *Saturday Evening Post* publicó un artículo referente a Alcohólicos Anónimos, la esforzada Sociedad que finalmente apareció en el mapa de la conciencia nacional mediante la fuerza de la narración de la revista familiar Número Uno de los Estados Unidos.[1] Como Marty M. apuntó, fue "lo más emocionante que haya llegado a suceder, porque era mucho lo que necesitábamos la publicidad; queríamos que alguien supiera de nosotros".

El juez Curtis Bok, propietario y editor del *Saturday Evening Post*, había oído acerca de Alcohólicos Anónimos por medio de dos amigos de Filadelfia, los Dres. A.Wiese Hammer y C. Dudley Saul, quienes sólo expresaban alabanzas.

A.A. había llegado a Filadelfia de una manera muy parecida a como lo había hecho en Akron y ahora estaba extendiéndose hacia otras partes del país. Los hombres viajaban por negocios, una vez después de que los habían vuelto a emplear, luego de haber dejado de beber y, finalmente, se encontraban solos en cuartos de hotel extraños en ciudades también extrañas. Como lo había hecho Bill, buscaban a otros alcohólicos, para ayudarlos a dejar de beber y mantenerse sobrios ellos mismos. A principios de 1940, Jimmy B., el vendedor que había insistido en disminuir las referencias a "Dios" en el Libro Grande, había ido a Filadelfia a hacer un trabajo. Bill le proporcionó los nombres de algunos prospectos de esa ciudad, incluyendo a George S., que había dejado de beber después de leer "Los Alcohólicos y Dios" en *Liberty*.

"Rápidamente me di cuenta de que necesitaba algunos compañeros alcohólicos a mi alrededor, si es que quería permanecer sobrio", dijo Jimmy, "y así me encontré en medio de un grupo completamente nuevo".[3]

Durante el invierno 1940-41, el Juez Bok, interesado en saber la verdad que había detrás de todos los rumores disparatados que había escuchado, llamó al reportero Jack Alexander, cuya reputación era la de ser inflexible. Alexander acababa de terminar un desenmascaramiento importante de los negocios sucios de New Jersey; se enorgullecía de su cinismo. ¿Se ocuparía Alexander de hacer una historia para el *Post*?, preguntó Bok. Al principio el reportero estaba dudoso; pero, cuando supo que estos Alcohólicos Anónimos "tenían conexión, tanto con la religión *como con* Rockefeller", se le despertó el apetito.

De los cuatro miembros de A.A. que lo visitaron en su apartamento, Alexander opinó: "Tienen buen tipo y están bien vestidos y, al sentarnos bebiendo Coca Cola (que es todo lo que toman), contaron historias de horribles desgracias cuando bebían. Estas sonaron falsas y, después de que se fueron los visitantes, tuve la fuerte sospecha de que me habían tomado el pelo. Se habían comportado como un puñado de actores mandados por alguna agencia de contrataciones de Broadway".

Del mismo Bill, a quien conoció al día siguiente en Vesey Street, Alexander consideró: "Es un tipo que desarma mucho y un experto en adoctrinar al extraño con la psicología, psiquiatría, fisiología, farmacología y folklore del alcoholismo". Pero, la apertura de Bill puede haber tenido el efecto inicial, como algunas veces sucede, de agudizar más el ya de por sí agudo escepticismo de Alexander. Bill habló francamente de su propio pasado de borrachera y, en la misma manera tan cándida, de su grandiosidad y sus errores de juicio que había tenido en época más reciente. Su candor impactó al reportero como si fuera "increíblemente ingenuo o un poco estúpido".

Bill tuvo una percepción completamente diferente de los mismos acontecimientos: "Después de que Jack Alexander se presentó ante nosotros en la Oficina Central, lo trajimos a remolque durante casi un mes completo.

Con objeto de escribir su poderoso artículo, hubo de tener nuestra plena atención y ayuda cuidadosamente organizada. Le proporcionamos nuestros registros, le abrimos los libros, le presentamos a los depositarios no alcohólicos, arreglamos entrevistas con A.As. de todas las descripciones y, finalmente, pusimos ante su vista a Alcohólicos Anónimos, desde Nueva York y Filadelfia hasta Chicago, vía Akron y Cleveland".

Alexander había tenido razón en su percepción inicial: Bill era cándido, pero no había nada de ingenuidad ni estupidez en lo referente a su candor; era deliberado y lograba su propósito. Como en los años por venir, la honestidad de Bill iba a funcionar con miles de alcohólicos, así lo hizo con Jack Alexander. Como después lo describió Bill: "La clase de ayuda que le dimos a Jack Alexander —nuestro servicio organizado de información pública— es el ingrediente vital de nuestras relaciones públicas que nunca han llegado a ver la mayor parte de los A.As." No pasó mucho tiempo para que Jack Alexander fuera "convertido"; se evaporó su cinismo y su apoyo a la Fraternidad fue tan entusiasta, que continuaría siendo un íntimo amigo durante los años siguientes. (En 1951 llegó a ser un depositario y permaneció en el Consejo hasta 1956, aunque debido a su precaria salud, asistió a pocas juntas).

Pero hubo algunos problemas complicados en lo referente al artículo. Uno de ellos fue cómo describir la relación de A.A. con el Grupo Oxford. Cuando se escribió el artículo, A.A. se había vuelto independiente y estaba separada del Grupo Oxford, tanto en Nueva York como en Ohio, y las observaciones de Frank Buchman acerca de Hitler, habían hecho surgir la acusación de que el G.O. era pro-nazi. Con la guerra en Europa contra los nazis y marchando muy en alto los sentimientos en todos los frentes, es comprensible que Bill quisiera evitar la asociación con algo controversial; en particular, cuando la Fraternidad necesitaba tanto la publicidad favorable. Además, él quería que A.A. fuera atractiva a todas las religiones y sociedades. Bill escribió a

Alexander: "Daría cualquier cosa por evitar que mencionaras en lo absoluto el asunto (la conexión de A.A. con el Grupo Oxford), pero si tiene que hacerse, estoy ansioso por evitar palabras que lleven críticas o sean hirientes. Después de todo, debemos nuestras vidas al grupo".

Una vez terminado el artículo, fue aprobado por los editores y programado para el número del 1o. de marzo de 1941. En el último momento, el *Post* presentó a los A.As. un verdadero dilema; aunque los editores estaban dispuestos a usar seudónimos en el texto, querían fotografías reales para ilustrar el artículo. "Fotografías que *tenían* que tomar, y algunas de ellas debían tener un carácter sensacionalista".

Bill recordó: "Objetamos que eso podría mantener alejada a la gente y, por último, el *Post* dijo:'Si no hay fotografías, no hay artículo'. La elección era nuestra y era muy difícil".

Sobre este punto, hubo una fuerte protesta de "los miembros conservadores y miedosos", pero Bill decidió dar al *Post* las fotografías que quería. "Fue una decisión crucial que finalmente resultó ser la correcta, es decir, en aquella época", recordó Bill.

"Alcohólicos Anónimos" (con el subtítulo de "Esclavos liberados de la bebida, ahora liberan a otros"), fue la historia principal de ese número, que apareció en los expendios de periódicos, el 24 de febrero. En Toledo, Ohio, a un miembro nuevo llamado Garth M., el grupo dio un paquete de monedas de 5 centavos, con un total de dos dólares, y se le mandó a una excursión localizadora de vendedores de revistas, hasta que compró 40 ejemplares.

De aproximadamente 7,500 palabras, el artículo estaba ilustrado con cuatro fotografías de miembros (por supuesto, sin identificar), en circunstancias característicamente alcohólicas y relacionadas con A.A. Una fotografía, tomada ante la chimenea de la Casa Club de la Calle 24 (con el axioma "Sólo por la Gracia de Dios", colgado de una manera prominente sobre la repisa), mostraba a Bill sentado en la primera fila, en el centro, rodeado por Horace C., Helen P., Tom M., Tom B., Ruth Hock, Dick S., Ray W., Lois, Gordon M. y Bob F. Muchos de ellos tenían sus espaldas hacia la cámara. A la fotografía se le rotuló: "Un grupo característico de discusión de la casa club".

El artículo se iniciaba con una descripción de la técnica de A.A. para dejar de beber. En lo que probablemente es el párrafo más importante de todo el escrito, el autor explicaba exactamente qué era lo que hacía funcionar a Alcohólicos Anónimos. En primer lugar, los A.As. contaban sus horribles experiencias al hombre que estaba en la cama. Esto y algo de cosas relativas a la bebida, se conjuntaban para convencer al alcohólico que estaba hablando con hermanos de sangre. A partir de ahí se erigía un puente de confianza, extendiéndose sobre un abismo que había desconcertado al médico, al ministro, al sacerdote o los desventurados parientes. Sobre esta conexión, los "arregladores" transportaban, poco a poquito, los detalles de un programa para vivir que les había funcionado y que, según sentían, podía funcionarle a cualquier otro alcohólico. Consideraban como fuera de su órbita sólo a aquéllos que eran psicóticos o que ya sufrían del deterioro físico conocido como cerebro húmedo".

Después de una minuciosa encuesta de A.A. en esa época —su aceptación por muchos profesionales, su desarrollo, su programa y el número de sus miembros— el autor hizo una breve historia del movimiento, narrando la historia de Bill (llamándole "Griffith") y el Dr. Bob ("Armstrong"). Terminó el artículo con cuatro historias personales, incluida la de Marty M. ("Sara Martin"). Lo más importante de todo fue que agregó la dirección de la Fundación Alcohólica.

El artículo, sin ser largo, era inteligente, compulsivamente legible y se comprendía por completo. Lograba, en forma precisa, lo que Bill había esperado con anterioridad de la emisión de Gabriel Heatter, y luego de la cena de Rockefeller: Puso irrevocablemente a Alcohólicos Anónimos en el mapa de la conciencia nacional.[4]

Así es como Bill describió la respuesta del público al artículo:

"Llegó un diluvio de cartas y telegramas al apartado 658, con solicitudes de ayuda y pedidos del libro 'Alcohólicos Anónimos', primero por cientos y después por miles . . . Metiendo las manos en el montón de angustiados llamamientos, nos pusimos a llorar ¿Qué diablos podríamos hacer con ellos? Estábamos realmente empantanados.[5]

Observamos que debíamos tener ayuda, así que abordamos a

cada una de las mujeres de A.A. y esposas de A.As., que pudiera usar una máquina de escribir. El piso superior del club de la Calle 24 se convirtió en una oficina central de emergencia. Durante varios días, Ruth y las voluntarias intentaron contestar la cada vez más creciente marea de correo; casi se vieron tentadas a utilizar formatos para las respuestas, pero la experiencia había mostrado que esto no serviría en lo absoluto. Había que mandar una cálida contestación a cada prospecto y su familia".

En tanto que la publicidad previa no había logrado el crecimiento espectacular que Bill había esperado, estaba siendo benéfica de una manera específica, que ahora podía capitalizar la Fraternidad. El escaso correo anterior había establecido puestos de avanzada para A.A., pequeños grupos y miembros solitarios en diversas áreas en todo el país. Al volcarse ahora solicitudes de información de todos lados, a aquéllos que respondían a la historia del *Post*, se les podía proporcionar contactos en sus propias áreas. Dos años antes, esos contactos no hubieran estado disponibles.

Bill, con su previsión característica (*siempre* estaba mirando hacia adelante en el camino), no sólo había esperado que esto sucediera, sino que había hecho preparaciones anticipadas para las situaciones reales. Los apuntes en el diario de Lois indican que así fue:

"Viernes 31 de enero de 1941: Elaboramos un programa para los procedimientos después de [que aparezca] el artículo del *Post*.

Martes 4 de febrero de 1941: Todos regresamos temprano al club para reunirnos y hablar acerca del manejo de voluntarias y de nuevos prospectos, después de la aparición del artículo del *Post*. Yo voy a ser el enlace entre la oficina, el club y el manejo de voluntarias.

Martes 25 de febrero de 1941: Mecanografiamos el 'Plan de Acción', para llevarlo a cabo después del artículo del *Post*".

La asistencia a las juntas aumentó de una manera inmediata y dramática, escasamente más de una semana después de aparecer el artículo. "Incluso, tan pronto como el 4 de marzo", escribió Lois, "se presentaron 150 en la junta del club, y el 31 de marzo, el grupo de South Orange tenía más del doble de miembros; en todos lados era lo mismo. Los locales de los grupos quedaron pequeños y tuvieron que dividirse; los miembros más antiguos trabajaron frenéticamente con los recién llegados los que, a su vez, después de alrededor de un mes de haber dejado de tomar, se enviaban a hacer visitas de Duodécimo Paso para ayudar a los todavía más recientemente llegados. Se calculó que 6,000 A.As. debieron el inicio de su sobriedad al artículo del *Post* y nadie sabe a cuántos miles más incitaron éstos". Al M., que ingresó al programa en Los Angeles en aquellos emocionantes días, descubrió cómo funcionaba. Todos, dijo, iban a hacer visitas de Duodécimo Paso. No había teléfono, así es que los A.As. locales tenían puesto un anuncio en el periódico. "Entonces traían las cartas y las abrían. Ya fuera que estuvieran en el lado Este o en el Oeste, hacían una visita cada noche". Al dijo que él mismo fue a una visita de Duodécimo Paso en la segunda semana que estuvo en el programa.

En Nueva York, la vida en la oficina de Vesey Street adquirió un ambiente distinto, una nueva actividad. La oficina era en realidad un gran salón; la parte de Bill estaba aislada, de manera que los visitantes pudieran tener más privacía con él. Los escritorios de Ruth y Lorraine, cada uno de ellos con una máquina de escribir portátil, estaban en la sección principal del salón. Una gran mesa estaba contra una de las paredes, junto a un armario de archivo; en otro armario estaban almacenados cerca de 100 ejemplares del Libro Grande.

Bajo la mesa había rollos de papel de envolver y materiales para empacar. Lorraine era la que se encargaba de envolver y llevar al correo los ejemplares del libro; la mayor parte de los pedidos eran por seis libros. "Si teníamos un pedido de una docena de libros pensábamos que estábamos operando un gran negocio", dijo ella. Algunas veces, Bill la ayudaba a cruzar la calle con los libros hasta la oficina de correos.

Lorraine (apodada por Bill "Pastel Dulcecito") también abría la correspondencia.

Los corresponsales con frecuencia se informaban para el bien de "un amigo", recordó, y A.A. siempre les respondía en el mismo tenor; para el bien del "amigo", al que escribía le daban la localización del miembro o grupo más cercano. Todos los sobres se enviaban sin poner remitente.

A Bill no le gustaba dictar; en realidad, no le gustaba contestar cartas. Comentó Ruth: "Prefería hablar y era mucho mejor en eso;

lo hacía cálidamente, sobre una base individual, y se pasaba horas haciéndolo. Siempre diría: 'Uf, tú sabes qué escribir, Duquesa; anda y contéstales'. Así que yo me hacía cargo de la correspondencia y, el vivirla, día tras día, me dio idea de cómo hacerlo.

Cuando en un principio empecé a escribir cartas, las firmaba 'R. Hock', a causa de que teníamos la idea de que si [se sabía que yo era] una muchacha, relativamente joven y sin ser A.A., mucha gente diría: 'Bah, ésas son tonterías' ".

En tanto que el recuerdo de Ruth, de contestar la correspondencia en Vesey Street, con seguridad es correcto, también es verdad que Bill mismo escribió muchas cartas; su firma aparece con frecuencia en la correspondencia inicial, por medio de la cual ya estaba creando la médula de lo que posteriormente llegaría a la vida como las Tradiciones de A.A. También, sus cartas de esa época reflejan el trabajo de su mente, conforme integraba las actitudes y filosofía que se han convertido en ingredientes integrales del programa, sin que hayan llegado a ser expresadas de una manera tan precisa como ahora lo están los Pasos y las Tradiciones. Escribió cartas que algunos conservan como sus diarios; elaboró sus ideas en las miles de cartas que escribió durante toda su vida. (Providencialmente, estuvo rodeado por gente que reconoció la importancia de su trabajo y tuvo la inteligencia de conservar copias de lo que escribió).

El siguiente pasaje, de una carta a Jennie B., madre fundadora de A.A. en Boston, es un buen ejemplo de la forma en que las actitudes y filosofía de Bill en evolución se expresaron por medio de sus comunicaciones:

"Lo que dices acerca de tu desaliento al trabajar con alcohólicos, con seguridad trae el pasado ante mí. Supongo que te conté la historia del 182 de Clinton Street, en Brooklyn, en donde aceptamos alcohólicos durante dos años sin ningún resultado, sea el que fuere. En aquellos días, Lois y yo solíamos culparnos a nosotros mismos, pensando que de alguna manera habíamos fallado. Sólo la otra noche, miramos una lista de la gente con la que trabajamos en aquellos días, tanto en el 182 de Clinton Street como donde quiera. El número de ellos que, a partir de entonces, se ha secado es verdaderamente asombroso; esto hizo que nos diéramos cuenta que en la economía de Dios, nada se desperdicia. En la época de nuestro fracaso, aprendimos una pequeña lección de humildad que probablemente se necesitaba, aunque fuera dolorosa.

Ahora vemos con claridad que los resultados inmediatos no son tan importantes; hay quienes empiezan a trabajar con otros y tienen un éxito inmediato; es probable que se envanezcan. Aquéllos que no tenemos tanto éxito al principio nos deprimimos. Como un hecho, el trabajador con éxito difiere del que no lo tiene sólo en que han tenido más suerte con sus prospectos; simplemente se topan con casos que están dispuestos y son capaces de parar de inmediato. Si se le dieran los mismos casos a la persona en apariencia sin éxito, hubiera obtenido casi los mismos resultados. En otras palabras, tienes que trabajar con muchos casos antes de que la ley de las probabilidades empiecen a hacerse valer.

Así que alégrate, Jennie, no ha sido tu culpa".

Sin mencionar la Oración de la Serenidad, Bill aquí está haciendo referencia a su primer elemento, la aceptación. La oración llegó a la oficina de Vesey Street antes de que fuera escrita la carta.

Se descubrió en la columna "In Memoriam" de un número de principios de junio de 1941 del *Herald-Tribune* de Nueva York. La fraseología exacta fue: "Madre: Dios me dé la serenidad para aceptar las cosas que no puedo cambiar, valor para cambiar las cosas que puedo y sabiduría para conocer la diferencia. Adiós". Dijo Ruth: Jack C. se presentó en la oficina una mañana y me mostró la esquela con la Oración de la Serenidad. [6] Me impresioné tanto como lo estaba él y le pedí que me la dejara, de manera que pudiera copiarla y utilizarla en las cartas a los grupos y solitarios. Horace C. tuvo la idea de mandarla imprimir en tarjetas y pagó la primera impresión.

Otro ejemplo de la manera en que se elaboró la filosofía de Bill mediante sus cartas, aparece en la que escribió a Evelyn H. El asunto es las recaídas:

La "llegada a la mayoría de edad" de Alcohólicos Anónimos, en la Convención Internacional del 20o. Aniversario, en San Luis, en 1955.

"Ha habido un número de recaídos este verano, entre los A.As. que han estado secos dos o tres años. Naturalmente, estos episodios han causado mucha preocupación a las familias involucradas, que encuentran que revive la vieja pesadilla. Con todo, no conozco ningún caso en el que, en cierto sentido, se haya dejado de obtener algún beneficio. Estos acontecimientos simplemente sirven para hacernos notar a todos nosotros que nadie está en realidad curado del alcoholismo. Sólo tenemos una tregua, día a día, como resultado de nuestro bienestar espiritual; nada es más seguro que esa nuestra liberación, que puede ser perpetuada si la trabajamos así. En el caso de estos miembros más viejos que tienen recaídas, el efecto es recordarles estas eternas verdades de la enfermedad alcohólica. Invariablemente, la recaída nos patea escaleras arriba y no hacia abajo. Estoy convencido de que lo encontrarás así con Bern; sólo ha estado recibiendo una poca de instrucción de la manera difícil".

Esa carta es característica de la gran generosidad de espíritu de Bill, de su amor por los demás y de su manera de guiarse por los sentimientos de ellos; también demuestra su capacidad para percibir y utilizar el desastre y la calamidad, incluso la tragedia, como una oportunidad para crecer y aprender. De la misma Fraternidad, con frecuencia decía: "A.A. no es más que una pena capitalizada".

Durante el tiempo en que escribió el Libro Grande y el "Doce y Doce", pondría a prueba con otros sus ideas y su prosa, puliendo, refinando y revisando, de acuerdo con las reacciones de sus escuchas. Cuando estaba elaborando un nuevo aspecto de la Fraternidad, como las Tradiciones o la Conferencia de Servicios Generales, llegaría a ser nada menos que monomaníaco, hablando (algunos lo describen como monologando) interminablemente acerca del proyecto. No sólo era lo más importante en su mente, sino la única cosa que había en ella. Al idear formas de hacer a Alcohólicos Anónimos más eficaz, funcional y atractiva, eliminaba porciones, afilaba, empujaba, jalaba y moldeaba; un proceso que en conjunto duró 15 años, desde 1941, cuando pareció que finalmente estaba asegurada la supervivencia de A.A., hasta 1955, cuando en la Convención de San Luis declaró oficialmente a Alcohólicos Anónimos "mayor de edad".

Era enormemente popular; en A.A. el afecto hacia él se extendió conforme crecía A.A. De aquellos primeros años, Ruth dijo: "No recuerdo una junta, cuando Bill estaba en la ciudad, en la que no tuviera que hablar, aunque fuera brevemente. A Bill le encantaba ésto y tenía una relación fabulosa con todos. Incluso, cuando tenía que repetir algo, no importaba; la gente aún así quería oírlo hablar".

Sin embargo, esa adulación tuvo su precio. Fue casi inevitable que también hubiera algunos detractores y Bill los tuvo. Dijo Bob H., uno de los primeros A.As. y posteriormente Gerente General de la Oficina de Servicios Generales: "Creo que esto se redujo al hecho de que simplemente eran envidiosos. El era quien estaba obteniendo toda la fama, por así decirlo, y ellos no".

Por supuesto, de que era envidia, es sólo la opinión de un hombre. El espíritu de contradicción también puede ser una característica de la "personalidad alcohólica" y nadie lo sabía ni lo reconocía de una manera más abierta que Bill; después de todo, ¿no era él la quinta esencia del alcohólico? Cualquiera fuera la razón, es cierto que algunos de los primeros A.As., incluyendo a un número de los amigos y confidentes de Bill, se alejaron. Hank se emborrachó y forjó miles de resentimientos contra Bill, o bien éstos se tornaron recíprocos; Horace C., que les había prestado a los Wilson su Campamento de Green Ponds y había puesto Lois a su hija, hizo lo mismo. Naturalmente, en aquellos días ningún miembro tenía ni siquiera diez años de sobriedad en A.A.; a la falta de una experiencia a largo plazo en vivir el programa, pudieron deberse algunas de las dificultades.

Quizá lo más amargo de todo fue la pelea que Clarence S., fundador de A.A. en Cleveland, tuvo con Bill. Poco después de que Hank había sido persuadido a renunciar a su participación en las acciones de Works Publishing, a cambio de 200 dólares en pago por el mobiliario de la oficina —el cual había pretendido que le pertenecía, fue a Ohio, ostensiblemente a "presentar su caso", a los miembros de ahí. El libro "Bill W." describe lo que sucedió en Cleveland:

". . . Los rumores acerca de la oficina de Nueva York y los grandes negocios sucios que Bill estaba promoviendo, que Hank había encendido durante sus visitas, nunca se habían apagado en su totalidad y ahora se encendieron en llamas otra vez, a increíbles alturas. En Vesey Street se empezaron a oír rumores de que varios de Cleveland querían separarse y romper todo contacto con la rama de A.A. de Bill . . .

Este se recordaba a sí mismo que éstos no surgen siempre de los descontentos, ni que todos son intrigas políticamente motivadas por unos pocos que quieren tomar el poder y dirigir su propio espectáculo. Había un grupo fuerte y serio, que estaba desilusionado de una manera genuina, por lo que ellos consideraban como un intento de comercializar A.A."

Los rumores eran que Bill se estaba volviendo rico —con la ayuda de la gente de Rockefeller— llevándose todas las utilidades del libro.

La descripción del propio Bill de lo que sucedió: "Algunos A.As. organizaron una cena en la ciudad en que estos rumores circularon más, y el Dr. Bob y yo fuimos invitados a hablar. No hubo muy buena asistencia a la cena y misteriosamente pareció faltar el buen humor acostumbrado. Cuando se terminaron todos los festejos, el coordinador de todos los grupos de la ciudad nos condujo, al Dr. Bob y a mí, a una sala del hotel: ahí presentaron un abogado y un contador diplomado. Habían estado escuchando horribles historias acerca de la fundación; habían estado oyendo que el libro 'Alcohólicos Anónimos' estaba obteniendo vastas cantidades de dinero, que el año anterior el Dr. Bob y yo compartimos utilidades de 64,000 dólares. Creían que yo, el promotor de Wall Street, había llevado un camión hasta la parte posterior de la caja fuerte del Sr. John D. Rockefeller y lo había persuadido de que lo llenara de dinero para mí y mis amigos. El interrogante comité nos hizo saber que un miembro de su ciudad, había conocido a uno de nuestros depositarios de Nueva York, que se decía haber confirmado estos aterradores informes.

Esta increíble, pero más que débil fantasía, nos impactó mucho, tanto al Dr. Bob como a mí. Afortunadamente, sucedió que llevaba conmigo una auditoría certificada de todos nuestros asuntos desde el principio. Esta mostraba que, aunque al Dr. Bob se le había asignado parte de los derechos de autor, nunca había recibido nada porque su dinero se había necesitado para el trabajo de la oficina de A.A.; todavía vivía de la asignación de 30 dólares a la semana de la cena de Rockefeller. Al igual que el Dr. Bob, yo recibía 30 dólares semanales de los invitados a la cena y, a partir del artículo del *Post*, empecé a sacar 25 dólares a la semana de la compañía editora, lo que parecía justificado por las ventas del libro. Mi ingreso total era de 55 dólares semanales. La fundación misma todavía no tenía prácticamente ningún balance de dinero en efectivo; las contribuciones de los grupos que llegaban se gastaban con prontitud en la oficina, con objeto de seguir hacia adelante ahí.

El contador del comité de investigación leyó en voz alta nuestros modestos estados financieros y dio testimonio de exactitud. El comité se quedó con la cresta caída y recibimos una disculpa".

En parte, la filosofía que posteriormente tomaría forma como la Octava Tradición, fue sacada de este incidente y, también de él, evolucionó la política de total candor y apertura de Bill en tanto a lo que se refirió a los asuntos financieros de A.A. como a sus finanzas personales.

Como era su práctica, Bill cambió esta amarga experiencia en una oportunidad para el crecimiento personal, pero es indiscutible que el incidente lo lastimó. Escribió a un amigo:

"Hubo una vez en que salí de una ciudad del Medio Oeste que ambos conocemos bien, con una sensación de vacío, inutilidad y congoja; pero lo mío era algo que no tenía porqué tenerlo. Fue la clase de experiencia que nunca esperé conocer en mi vida: una situación imposible de la que sabía que tenía que sobrevivir solo. En retrospectiva, veo que fue la primera gran prueba de los principios espirituales en este nuestro viejo mundo, el gran campo de pruebas de Dios; me encontré necesitándolo como lo estaba en muchas maneras. Me alegro de decir que encontré extendida Su mano cuando llegué a estar lo suficientemente dispuesto a poner la mía en ella".

Esta no fue la primera controversia en la que Clarence había estado involucrado; uno de los historiadores de A.A. ha descrito a Clarence como una personalidad "abrasiva". A pesar de todo, al igual que posteriormente, Bill se rehusó entonces a conservar un rencor contra él; por el contrario, una carta de 1943 a Clarence la terminó: "Quiero que sepas lo agradecido que estoy por tu trabajo en Cleveland; ha significado mucho para tantos. Ninguna diferencia de opinión puede cambiar mi sentimiento al respecto de eso". Y más de 20 años después, cuando se reunieron en la Convención Internacional de 1965 en Toronto, realmente pasaron algunas horas juntos, recordando.

---

1. Retuvo su prominencia hasta el decenio de 1950. En gran dificultad económica durante la década de los 60, suspendió su publicación por algún tiempo; posteriormente, se renovó, pero nunca volvió a ganar su anterior reputación, ni circulación.

2. A Fitz M., durante largo tiempo un solitario en Washington, D.C., se le unieron Hardin C. y Bill A. en 1940, A.A. de Boston fue fundada por Paddy K., que Marty M. había llevado a Blythewood. Uno de los dos primeros éxitos de Paddy, Jennie B., hija de una familia de Back Bay, fue la primer miembro mujer de A.A. de Boston.

3. Posteriormente, Jimmy también fue responsable de la iniciación de A.A. en Baltimore. La segunda de las juntas que se efectuaron en ésta, en junio de 1940, tuvo una asistencia de seis personas; en el otoño de ese año, la ciudad tenía un grupo que se reunía con regularidad los miércoles por la noche. La historia de Jimmy en el Libro Grande es "El Círculo Vicioso".

4. En reconocimiento de la historia del *Post* en la historia de A.A., la A.A. World Services, Inc., la ha reimpreso con regularidad en forma de folleto (al principio con su título original y ahora como "El Artículo de Jack Alexander").

5. Ruth Hock opinó: "De las historias de Bill, ésta es la más exagerada por aquello de: montañas de correspondencia. Aunque en cierta manera si lo fue, porque comparativamente hablando, era algo fantástico y, por supuesto, no fue una cosa que durara excesivamente. En realidad nunca se detuvo, pero supongo [que hubo] tanto como 50 cartas diarias durante un tiempo, y eso ya era mucho". En 1984, la Oficina de Servicios Generales estaba recibiendo alrededor de 500 piezas de correo al día: cartas, pedidos de literatura y otras clases de comunicación.

6. Los orígenes de la Oración de la Serenidad son oscuros. Pueden remontarse a Boecio, un filósofo que vivió alrededor de 500 D.C., que fue martirizado por los cristianos. Antes de su muerte, estuvo en prisión durante mucho tiempo y escribió, entre otras cosas: "El Consuelo de la Filosofía".

Por lo general se acredita a Reinhold Niebuhr, un teólogo del siglo XX, que a su vez se la acredita a un teólogo del siglo XVIII, Friedrich Octinger.

7. Es probable que Bill fuera prevenido con anterioridad de lo que iba a tener lugar.

Capítulo Quince

Aunque Bill y Lois todavía vivían en la Casa Club de la Calle 24, habían sido diligentes respecto a buscar un hogar permanente, como se lo habían prometido entre sí cuando, un año antes, Lois rompió en lágrimas de nostalgia por el hogar que no tenía.

En 1941, finalmente lo encontraron. Durante el primer fin de semana del nuevo año, permanecieron con unos amigos en Chappaqua, Nueva York, al norte de la ciudad. El apunte de Lois, en su diario, para el sábado 4 de enero, se lee en parte:

"Todos fuimos en el coche a Bedford Hills a ver ahí la casa de la Sra. Griffith, que Bill y yo teníamos en mente ya desde que nos habló de ella. Es una localización fascinadora en lo alto de una colina con una gran vista. Entramos y nos encontramos en una enorme sala, quizá de 10 m. x 7.5 m., con una gran chimenea de piedra.

Domingo 5 de enero: Fuimos otra vez en coche y entramos en la sala. Todavía era fascinante, pero ahora sí le pudimos ver grandes inconvenientes. Si Bill obtiene este trabajo chino,[1] podríamos tener la capacidad para hacernos de la casa".

La casa de Bedford Hills era el hogar que tanto habían anhelado. Al enterarse de las condiciones de su construcción y de su venta, casi les pareció tener escrito su nombre en ella. Había sido construida por una mujer apellidada Griffith (sin ninguna relación con los antecesores maternales de Bill), "una mujer cuyo marido había muerto de alcoholismo y cuya mejor amiga había sido recuperada por el grupo de Jersey". La había construido para una amiga, pero no era el pequeño chalet de fin de semana que quería ésta.

Tenía una distribución interesante. La pieza central en la planta baja era una enorme sala con una chimenea de piedra y puertas de dos hojas, que se abrían hacia una terraza que miraba al Este, con vista a las colinas y los bosques. En tres de las esquinas de la sala había dormitorios y en la cuarta una cocina. En el piso de arriba estaba el dormitorio principal y un gran salón con las paredes llenas de estantes.

Los Wilson no podían imaginarse que podrían, económicamente, permitirse esa casa maravillosa e interesante en el corazón del Condado de Westchester; pero habían subestimado a la Sra. Griffith y a su amiga Joan, quienes habían elaborado un plan. Querían que los Wilson tuvieran la casa y estaban dispuestas a venderla por 6,500 dólares; sin enganche y pagos mensuales de 40 dólares. Al estar ya pagando Bill y Lois 20 dólares al mes por almacenaje, no era imposible reunir los otros 20.

El 11 de abril de 1941, por primera vez en los 23 años de su matrimonio, Bill y Lois pasaron la noche en su propia casa. (No adquirió un nombre permanente sino hasta 1944, cuando al visitar Nantucket, vieron una casa que se llamaba Stepping Stones y decidieron que era la elección ideal para su todavía nuevo hogar). Después de años de atender el trabajo, tener que mudarse e improvisar continuamente, por fin Lois tuvo una salida perdurable y satisfactoria para sus fuertes impulsos domésticos, de cultivar plantas, decorar cuartos, hacer muebles y cortinas, pintar, aserrar y redecorar.

Había por hacer en la casa una enorme cantidad de trabajo: techos que pintarse, suelos que pulir y teñir. Lois aceptó este nuevo reto con placer:

"La pared alrededor de las seis puertas de dos hojas que daban a la terraza se veía desnuda e inconclusa, así que pinté rayas simulando cortinas, tanto arriba de las puertas como a los lados de

La Casa de Bedford Hills, Nueva York; al fin un hogar para los Wilson después de 23 años de matrimonio.

ellas, resultaron realmente efectivas. Como las ventanas de la casa enmarcaban paisajes del adorable exterior, no quise obstruir la vista con gruesas cortinas colgantes. Algunos remanentes y telas con algún defecto, que compré en las baratas, fueron suficientes para hacer las cenefas y las delgadas cortinas decorativas enrollables hacia arriba. Quitando laboriosamente las tachuelas de una antigua silla victoriana, supe cómo retapizarla. Para muchos otros muebles, hice carpetas. En la cocina, coloqué con cuidado cuadros de linóleo en un interesante diseño.

Bill era poco hogareño, le interesaba mucho menos trabajar en la casa y el jardín; en realidad, su falta de domesticidad se convertiría posteriormente en la Fraternidad, en algo de leyenda. No se trataba de que fuera perezoso, pues da testimonio de lo contrario, la forma sin descanso en que trabajó para la Fraternidad pero no le gustaban las tareas domésticas, ni en particular le agradaba el trabajo físico. Como lo dijo Lois: "Bill se pasaba horas sentado, sólo sentado, y yo soy una persona de acción, tengo que estar haciendo algo; y había cosas por hacer: remover la tierra del jardín, la cerradura de una puerta que necesitaba arreglo o algo más que se necesitara hacer; pero Bill se sentaba. Me exasperaba más allá de mis fuerzas que sólo se sentara, pero, por supuesto, mientras Bill permanecía sentado, estaba pensando.

Bueno, ésto me hacía gritar, vociferar y, hasta cierto grado, hacer locuras; aunque no era cosa de todo el tiempo, si ocurría de vez en cuando. De cualquier manera, Bill nunca estuvo de pie cuando podía sentarse y nunca se sentó cuando podía estar recostado".

Por lo general y como de costumbre, en las tareas que emprendía era ingenioso. Lois recordó una de ellas:

"Una bomba, que estaba en una casita en la parte baja de la colina, mandaba el agua desde el arroyo hasta arriba, al tanque bajo la terraza, y después a las tuberías de distribución en la casa. Pero era difícil conseguir agua en el piso de arriba, en donde estaba nuestro dormitorio; así que Bill compró, en Sears Roebuck, un tanque para ganado y lo colocó en el desván. A causa del peso del agua, sintió que era prudente reforzar los soportes del desván en esa área. El tanque se llenaba periódicamente mediante la bomba y luego la gravedad proporcionaba agua a la casa. Bill elaboró un sistema Rube Goldberg para saber cuando estaba vacío el tanque y cuando lo había llenado la bomba: Un flotador en el tanque encendía una luz roja en la cocina al llegar el agua a un nivel bajo y, cuando la bomba había llenado el tanque, sonaba un timbre y continuaba sonando hasta que se apagara la bomba.

... Un día ... Bill temió que no hubiera suficiente agua para los que nos acompañarían el fin de semana y encendió la bomba 'sólo por un momento'. Pero, inesperadamente, los amigos nos invitaron a salir esa noche y nos olvidamos por completo de la bomba.

A nuestro regreso, antes de que entráramos, pudimos oír sonando el timbre de alarma. Se nos hundieron los corazones. Adentro, al agua hacía cascadas en las escaleras".

Helen, la medio hermana de Bill, que vivió con los Wilson durante algún tiempo, habló acerca de cómo Bill resolvió el problema de lograr echar a andar la caldera por la mañana:

"Esa casa la calentaba una caldera que estaba bajo un gran registro a mitad del piso. Bueno, en aquellos días, era de carbón y tenías que ir abajo y palearlo. Por la mañana hacía frío y alguien tendría que bajar para abrir la puerta, así como el registro y lo que fuera, de manera que hubiera el calor. Eso era demasiado, así que él compró un reloj despertador. ¿Recuerdas las viejas cosas de Rube Goldberg? Bueno, montó un reloj despertador, alguna cuerda y un gran bloque de cemento que enganchó a la puerta de la caldera; al sonar el reloj despertador movía la cuerda, que hacía algo y el gran bloque caía y se abría la puerta de la caldera. Esto era grandioso, excepto que, por supuesto, teníamos polvo de carbón —al haber carbón, vas a tener polvo de carbón— y éste se metía en el reloj impidiendo su funcionamiento.

Así que Bill limpiaba el reloj. Mi cuarto [estaba] en el piso de abajo, Bill y Lois estaban arriba. El hizo una perforación justo al lado de mi cama, subió el despertador y lo ponía en la hora, de manera que en la mañana alrededor de las seis, sonaba el despertador, yo lo apagaba y jalaba la maldita cuerda para que sucedieran todas estas cosas, se abriría la puerta de la caldera y tendríamos calor. Cuando me quedaba en la ciudad, vamos, todo mundo se helaba hasta los huesos".

La vena doméstica de Lois, de ninguna manera interfirió con su naturaleza aventurera. Otra mujer, después de dos años completos de deambular, podría haberse establecido en su nido de una manera inamovible, pero Lois no. El 20 de abril, nueve días después de que Bill y ella se habían cambiado a su nueva casa, Lois salió en un crucero de seis semanas.

Horace C., que generosamente les prestó el campamento de verano de Green Pond, era sobrino del señor Moore, de la Moore-McCormack Lines. Su madre fue la que invitó a Lois a que la acompañara a un crucero a Sudamérica y, no siendo quien declinara una aventura, Lois dejó a Bill que luchara solo con las vicisitudes de su nueva morada. Siendo siempre una romántica (por propia admisión), Lois escribió en su diario, el domingo 20 de abril: "Bill y yo movimos la mano al unísono en señal de despedida, hasta que ya no lo pude ver".

Fue en alguna parte de 1941, cuando Bill abandonó la idea de "conseguir un trabajo", aunque el ingreso de los Wilson de 55 dólares semanales (del fondo de Rockefeller y de los derechos de autor del Libro Grande) difícilmente eliminaba todas sus preocupaciones económicas. La "Oportunidad de Bil-Lo" (el "título de trabajo" para la nueva casa) les costaba 40 dólares mensuales; eso dejaba alrededor de 200 dólares al mes para cubrir todos los demás gastos para vivir; incluso en 1941, en una época anterior a la inflación, 200 dólares al mes no eran muchos. Lois continuó intentando aumentar sus ingresos; una vez más trató de escribir, ya que, mientras trabajaba en el piso de muebles de Loeser's en Brooklyn, había escrito y vendido un artículo sobre chapado, a *House and Garden* . Quizá podía tener éxito una vez más al escribir, así que extrajo el mayor tiempo posible para escribir una narración imaginaria para la revista *Romantic Stories*, pero pronto se la regresaron. Sin desanimarse por este fracaso, se concentró en poner en mejor forma su "Diario de Vagabundos", de su viaje en motocicleta en 1925.

El año 1941, pareció marcar un momento decisivo en la vida de los Wilson: Tenían una casa, el dinero suficiente para mantenerse a sí mismos y finalmente la Fraternidad parecía estar segura para el futuro. Ahora, al establecerse en una rutina más permanente, pareció que desaparecían algunas de las cualidades temporales de sus vidas.

La casa era una gran diferencia. Por primera vez, desde la fundación de A.A., Bill y Lois fueron capaces de tener alguna medida de privacía en sus vidas, separadas de la vida de la Fraternidad.

Durante los días de las reuniones del Grupo Oxford, los Wilson habían iniciado la práctica de tener un "tiempo de silencio", cada mañana. Ahora, que podían esperar despertarse en el mismo lugar cada mañana, fortalecieron la práctica. Lois describió estos tiempos de silencio:

"Duraban más o menos 15 minutos. Estábamos en la cama, nos

levantámos y yo hacía el café para tomarlo en la cama; luego decíamos juntos una oración y después estaríamos en silencio durante un rato; luego platicábamos. Esta práctica del Grupo Oxford es algo mucho muy útil; incluso, aunque no te llegue algo muy importante en lo absoluto, es muy útil el silencio y el pensar acerca del día con el fin de ser agradecida de todo lo que llega".

Esta es la oración compuesta por Bill y que los Wilson recitaban en esas ocasiones:

"Oh Señor, Te agradecemos por lo que Tú eres, porque nosotros vamos de eternidad a eternidad. Bendito sea Tu santo nombre y todos Tus beneficios para nosotros de luz, de amor y de servicio. Que encontremos y que hagamos hoy tu voluntad con buena fortaleza y con buen humor. Que Tu gracia siempre presente sea descubierta por la familia y amigos —los de aquí y los de más allá— por nuestras Sociedades en todo el mundo, por los hombres y mujeres en dondequiera y entre aquéllos que tienen que guiarnos en estos tiempos difíciles. Oh Señor, sabemos que Tú eres todo maravilla, todo belleza, todo gloria, todo poder, todo amor. En realidad, Tú eres el amor eterno; por ello, Tú has dado forma a un destino para nosotros, pasando a través de Tus muchas mansiones, siempre descubriéndote más a Tí y sin que haya separación entre nosotros".[2]

Para Alcohólicos Anónimos como un todo, difícilmente era éste un tiempo de silencio. En 1941, la Fraternidad podía compararse a un infante ruidoso y robusto; para extender la metáfora, un infante a mitad de los "terribles dos". Requería una energía sin límites, alimentacion constante y supervisión ininterrumpida para asegurarse de que no sólo sobreviviría sino que se desarrollaría.

Nadie estaba más consciente de esto que Bill. Un buen padre, de buena gana daba a su indisciplinado vástago toda la atención que requería . . . y que demandaba. Nunca dudó que sería un gran éxito; incluso creyó que cambiaría al mundo; así que, alegre e incansablemente, trabajó para hacerlo tan robusto como fuera posible.

El infante ya estaba demostrando su personalidad. Tenía muchos de los rasgos del padre: sociabilidad, democracia, imparcialidad, sentido del humor, calidez, optimismo y una especie de pueril alegría que incluso algunos llamarían simplonería. Ahora empezaba la larga y lenta evolución de su carácter e integridad; al crecer y fortalecerse la incipiente Fraternidad, necesitaba guías de orientación mediante las cuales se condujera a sí misma.

Bill empezó ahora a dar forma a Alcohólicos Anónimos en términos de su ética y valores.

Las preguntas de ayuda y las respuestas fluían en la oficina en un torrente continuo. En dondequiera, los grupos germinaban como flores de azafrán en primavera.

Un ejemplo es A.A. de Los Angeles. Kaye M., una mujer atractiva de 29 años, se fue al Este desde Milwaukee, en 1939, con su esposo alcohólico, Ty. Cuando Ty llegó a Akron y "obtuvo" el programa bajo el apadrinamiento del Dr. Bob y Wally G., otro A.A. de Akron, se terminó el matrimonio. Kaye continuó sola en Nueva York, en donde planeó abordar un barco de carga a Los Angeles, vía el Canal de Panamá.

El momento cumbre de su estancia en Nueva York fue una conversación que tuvo con Bill. "Ty ya no es tu asunto", dijo, "probablemente eres la peor esposa que pudo haber tenido". Kaye se quedó sin aliento ante su brusquedad. "Tú lo sacaste de la cárcel, tú lo sacaste de todo, tú siempre estuviste ahí para detener su caída por él y eso estuvo mal. Su vida le pertenece, así que no te preocupes más por lo qué le suceda; lo principal ahora es poner a Kaye en un equilibrio constante".

Con sólo otros tres pasajeros en el carguero a Los Angeles y el Libro Grande como su único material de lectura, Kaye lo terminó de leer, al tiempo que llegaba ahí, y cambió su vida. De regresó "en un equilibrio constante", llevó el libro a Johnny Howe, del Departamento de Libertad Condicional de Los Angeles, y los dos no alcohólicos sacaron a la luz a los alcohólicos que iniciaron A.A. en la costa occidental. Justo cuando el grupo parecía estar tambaleándose, llegó de Denver, Mort J. —otro "converso del libro"— y tomó parte en una acción energizadora.

Como Bill predijo una vez, un solo ejemplar del Libro Grande o un solo miembro entusiasta era todo lo que realmente se requería para iniciar un grupo. En Noviembre de 1941, en la víspera de Pearl Harbor, A.A. tenía 200 grupos y 6,000 miembros, más de lo que Bill hubiera llegado a vislumbrar. Se pasaría la mayor parte de los

Orador destacado a dondequiera que fuera, Bill casi siempre narraba su propia historia ante un auditorio ansioso e incansable.

años siguientes, 1941-44, en el camino, en los grupos de otras poblaciones, llegando a conocer a los miembros, poniéndose a disposición de los individuos, hablando, escuchando, consolando, compartiendo y, sobre todo, dando de él mismo para desarrollar este ser, esta personificación de su visión convicente.

Viajó (por lo general Lois iba con él) principalmente por tren, pero ocasionalmente por avión o coche, de una ciudad a la siguiente, algunas veces quedándose durante la noche y en otras, dos noches durante cada parada. A dondequiera que iba era el centro de atracción. Los alcohólicos en recuperación lo recibían como un mesías; literalmente les había salvado la vida y no podían llegar a estar más cerca de él, física y emocionalmente; se agrupaban a su alrededor dondequiera que iba. El Dr. John L. Norris, conoció a Bill durante uno de estos primeros viajes de 1940. El Dr., "Dr. Jack", que luego sirvió a Alcohólicos Anónimos durante 27 años como depositario, habló acerca de este fenómeno:

"Para mí, una de las cosas asombrosas acerca de Bill, fue la cantidad de devoción y adoración real que estaba obteniendo en casi cualquier lugar al que fuera. Era asombroso ver cómo un ser humano pudiera ser el centro de recepción de la clase de devoción que él tenía de mucha gente, y conservar algún tipo de humildad personal".

Nadie más que los primeros miembros estuvieron tan agudamente conscientes del milagro que habían forjado Bill y el Dr. Bob; nadie supo mejor que aquellos primeros A.As., qué tan desesperanzada había sido su enfermedad antes de Alcohólicos Anónimos; nadie quizá, excepto la profesión médica misma. El Dr. Jack declaró que se le había requerido para tratar a los alcohólicos en los días anteriores a Alcohólicos Anónimos, en su calidad de director médico de la Eastman Kodak, en Rochester, Nueva York.

Me molestaba verlos llegar, porque sabía que yo no les era útil. Si de la planta me mandaban a alguien: '¿Puede hacer algo por Joe, Jack, Jim? Son de lo mejor de nuestra gente y siempre faltan cuando más se les necesita'. Hacía sobre ellos un trabajo médico y, si me decían la verdad, les diría que dejaran de beber; no sabía cuán imposible es seguir ese consejo, ¿pero de qué más disponía? No se enseñaba nada en la escuela de medicina.

O había una esposa que llamaba: 'Durante tres meses Joe no ha traído a casa su cheque de pago. La compañía de gas lo va a cortar, los niños necesitan zapatos, no se ha pagado la cuenta del lechero. ¿No puede hacer algo?' Bueno, llamábamos a Joe y le guardábamos el sueldo y conseguíamos algún dinero para la familia, y Joe se portaría bien durante un tiempo; y después de tres o cuatro meses, cuando llegaran a estar económicamente en buenas condiciones, volvería a las andadas.

En general, la profesión médica no fue muy activa: '[Los

La tolerante sabiduría y comprensión del "Dr. Jack" Norris, dio liderato a Alcohólicos Anónimos durante 27 años como un depositario no alcohólico.

borrachos son] exactamente un maldito fastidio; no se puede hacer nada por ellos, estás perdiendo el tiempo'. Era raro el médico que a sabiendas aceptara a un alcohólico".

Con esos recuerdos todavía frescos en las mentes de los miembros de A.A., no es difícil que sorprenda que a Bill se le diera una bienvenida de héroe en todas partes.

Era el orador destacado en todas las juntas a las que asistía, y el asunto principal del que hablaba casi siempre fue su propia y dramática historia: sus antecedentes en Vermont, la enajenación de su infancia, el búmerang, Bertha Bamford, Lois, la Primera Guerra Mundial, los Fabulosos Años Veinte en Wall Street, su sufrimiento de alcohólico, su extraordinaria experiencia en el Towns, la visión que siguió en el despertar de su experiencia espiritual y la fundación de A.A. Narraría algunas variantes de ésta —pronto se le conocería como "la historia para irse a dormir" —y además, luego hablaba de cualquier cosa que pudiera estar en su mente: en años posteriores, las Tradiciones, la Conferencia de Servicios Generales y el cambio de la proporción de depositarios. Sus pláticas podían prolongarse hasta dos horas, pero nunca pareció cansarse de narrar su historia y nadie vio a nadie irse mientras Bill estaba hablando. Sus pláticas siempre eran extemporáneas; por lo tanto, en los detalles su historia era ligeramente diferente cada vez, así como en aquello que deseaba subrayar. Pero siempre estaba construída alrededor de un tema principal y siempre contenía la clase especial del humor irónico, reprobador de sí mismo, de Bill. Por ejemplo, siempre se refería a la enorme, intensa y mística experiencia espiritual que cambió su vida como un "hot flash". * Lo hacía con tanta frecuencia que otros A.As. empezaron a utilizar el mismo término, sin llegar a darse cuenta que Bill estaba "desinflando" deliberadamente su propia experiencia (y su propio ego) al describirla de esa manera.

Su humor y su don de improvisación se añadieron al efecto hipnotizador que tenía sobre su auditorio; tenía una personalidad carismática y era un orador hipnotizante. Difícilmente residía su magnetismo en la calidad de su voz: tenía un tono alto, un sonido

---

(*) "hot flash" se traduce literalmente como "relampago caliente"; pero en lenguaje vulgar, se refiere a ciertos trastornos de la menopausia. A esto se debe referir el tono de "desinfle" de Bill (N. del T.)

nasal y hablaba en una especie de monotonía, quizá una mezcla de Jimmy Stewart y Arlo Guthrie. Pero el contenido de sus pláticas, aunado a su indudable sinceridad, autenticidad y sobre todo, sanidad, era irresistible para todos aquellos que lo oían.

Tom P., un amigo de toda la vida, describió la primera vez que oyó hablar a Bill. El año fue 1941, el local, una junta en Greenwich, Connecticut. "Estaba hablando acerca de él mismo, estaba contando su historia para irse a dormir, una variedad de ella; no recuerdo los detalles. Realmente yo estaba loco mentalmente, pero mis instintos funcionaban bien y en realidad él me galvanizó. Era auténtico y sincero; pero tú sabes que hay tontos sinceros, el mundo está lleno de ellos. Pero este tipo estaba bien equilibrado en el asunto espiritual; él fue la primera rajadura en mi coraza y la autenticidad formó una buena parte de ello: El estaba sano y era auténtico".

El Dr. Jack Norris, quien también escuchó a Bill a principios del decenio de los 1940, describió esta ocasión: "Fue una junta en Rochester, en el salón de baile más grande de la ciudad. El lugar estaba lleno; por supuesto, todos lo adoraban: 'debo a este hombre mi vida y mi felicidad'. Se podían sentir los tonos emocionales de esa reunión.

Se pasó la mayor parte del tiempo hablando acerca de [lo que llegaría a ser] la Segunda Tradición: Dios como la autoridad fundamental; 'nuestros líderes sólo son fieles servidores'; esto debe haber sido en el 43 ó 44. Para decir cómo le llegaban las ideas, describió a Lois en la tienda de departamentos, y cómo los habían desahuciado en Brooklyn y estaba viviendo en [un] cuarto pequeño y deslucido, arriba de la Casa Club de la Calle 24. Tal como la capté, fue una imagen deprimente. Se había escrito el Libro Grande y Bill quería aparecer como su autor, ya que pensaba que con los derechos de autor recuperaría las fortunas familiares, y Lois tendría la posibilidad de dejar el trabajo. Para un hombre que en aquellos tiempos lo mantenía su esposa —bueno, para un yanqui de Vermont— era una desgracia. Le ofreció trabajo el Coronel Towns, que les hubiera dado dinero, y Bill dijo: 'Yo quería estas cosas, y los grupos no las querían. Los grupos tenían razón y yo estaba equivocado".

Esto fue en la época en que nosotros, como un mundo,

habíamos estado sufriendo de una clase totalmente diferente de liderato. La imagen que me llegó fue de qué clase de mundo tan diferente podría ser éste si Hitler —y Stalin y Mussolini— hubiera sido esta clase de persona. Estaba impresionado, realmente me llegó hasta el fondo.

Fue una parte de mi aprecio real por Bill".

Cuando tuvo lugar esa plática, los Estados Unidos estaban en guerra con Alemania, Italia y Japón. Bill estaba profundamente preocupado con el curso de la guerra; tenía mapas en la pared de su oficina y a diario marcaba con chinchetas los frentes de guerra.

En su política personal, Bill era un republicano conservador. ("Estábamos horrorizados cuando F.D. Roosevelt ganó la elección [de 1944]", refirió Lois), pero él no pertenecía a la facción aislacionista, "estaba muy inclinado hacia el estado de alerta", dijo Ruth Hock. "Creía que los Estados Unidos deberían estar ahí más pronto, que debíamos ir a ayudar".

Ya que Bill había sido criado en la tradición del servicio militar y había servido con honor durante la Primera Guerra Mundial, no fue ninguna sorpresa que ahora se intentara enlistar, aunque tuviera 46 años cuando los Estados Unidos entraron a esta guerra. En marzo de 1942, había recibido una recomendación para el Servicio de Abastecimiento, de un Coronel Donoven en Washington y tuvo una entrevista con el general brigadier a cargo, como el Comisario de Guerra del Almacén de Armas de Guerra de Filadelfia, que le ofreció aceptarlo como capitán.

De cualquier manera, ese mismo mes tuvo un examen físico del Ejército y fue rechazado, según escribió a un amigo, "a causa de las úlceras". Al haber hecho otros dos intentos sin éxito para unirse al servicio, hizo notar, no sin alguna amargura, que su experiencia de la Primera Guerra Mundial no parecía contar mucho. En una carta al Padre Dowling fechada el 25 de mayo de 1942, es evidente su frustración: "Todavía estoy luchando para ingresar en el Ejército, y sigo sin suerte. Quizá se supone que después de todo soy un misionero. *Me gustaría saberlo*". (El énfasis es de Bill).

Buscó caminos adicionales para contribuir al esfuerzo de guerra. En una carta fechada el mismo día de la del Padre Dowling, volvió su atención a ayudar a Lewis B. Hershey, director del Servicio de Selección:

"Bien pudiera suceder que algunos evadieran el servicio militar alegando que son alcohólicos crónicos, [pero] sabemos que muchos alcohólicos crónicos son todo, menos evasores del servicio militar. Esperando servir y al mismo tiempo curarse ellos mismos, miles están probablemente intentando tener una oportunidad de servir contra viento y marea. Nuestra experiencia sugiere que como una clase, esta gente sólo proseguirá su camino, su manera de beber continuará y les conducirá sólo a un licenciamiento médico.

Pero todavía hay otra clase de alcohólico que solicita servir en el Ejército y es aquél que realmente se ha recuperado de su enfermedad. De una manera de lo más enfática, esta organización cree que sí se le puede someter a una prueba adecuada de su recuperación, a este hombre se le debe permitir servir.

De hecho, esta carta ha sido inspirada por ciertos miembros de nuestro grupo de San Francisco, cuya única causa para ser rechazados ha sido su alcoholismo, que tras de ellos tienen un tiempo considerable de sobriedad y que serían recomendados por su propio grupo como hombres que han estado razonablemente bien.

Por tanto, ¿le sería posible al Ejército suavizar sus requerimientos en los que el alcoholismo agudo se puede probar que es cosa del pasado? Sería necesario algún discernimiento, como el certificado de un doctor, o en el caso de que el solicitante resultara ser un miembro de Alcohólicos Anónimos, entonces la recomendación de su grupo.

Es nuestro sentir que el Ejército está dejando que se le vayan muchos hombres capaces por falta de un poco más de discernimiento.

Me agradaría ofrecer al Ejército nuestra experiencia en este campo del alcoholismo, para que fuera utilizada de cualquier manera que pareciera ser útil".

La respuesta del Ejército se lee, en parte: "Es la opinión reflexionada de esta oficina que, a pesar de la actitud patriótica de su organización y de estos individuos, sería imprudente sujetar a éstos que, aparentemente han hecho una adaptación satisfactoria en su ambiente individual, a uno en donde la tensión y el agotamiento mental juegan una parte importante; sería una tentación para recurrir a su anterior inclinación, ya que aquí les tentaría mucho más".

Como muchas de sus ideas, la oferta de Bill para ayudar a la milicia, meramente se adelantó a su época; llegaría a su realización en el decenio de los 1960, cuando la milicia de U.S. instituyó programas de alcoholismo y abuso de drogas para el personal militarizado (siguiendo la guía del sector privado), recibiendo fuerte apoyo de los miembros de A.A.

Los A.As. que sirvieron en las fuerzas armadas (en 1944 sumaban alrededor de 300) probaron que podían permanecer sobrios, incluso bajo la tensión adicional de la vida militar y sin sus juntas regulares.

---

1. El "trabajo chino" fue con el Departamento Estadounidense de Ayuda Médica a China, en donde Bill solicitó un puesto como director de capacitación de fondos. No lo obtuvo.

2. Lois, que permaneció profundamente enamorada de Bill durante toda su vida adulta, dijo años después de la muerte de él: "Este asunto de que no hubo ninguna separación entre nosotros, es algo que yo mimo".

3. Con la previsión característica de Bill, contrató un servicio de recortes de prensa para conservar la trayectoria de la publicidad de A.A. en todo el país. La decisión de hacer ésto, cuando todavía eran escasos los fondos, sugiere una premonición de que a la Fraternidad un día le interesaría su propia historia. La mayor parte de estos recortes están ahora en los archivos de A.A., en la Ciudad de Nueva York.

Capítulo Dieciséis

Una de las fascinaciones e involucraciones de Bill fue con los fenómenos psíquicos. Su creencia en la clarividencia y otras manifestaciones extrasensoriales surgió de su convicción de que nuestros días de vida en la tierra constituyen lo que le gustaba llamar "un mero día en la escuela", que todos somos alumnos de un "kindergarten espiritual" y que esa vida, después de la vida, es una realidad al igual que un asunto de fe. Esta creencia le condujo a hacer intentos de ponerse en contacto con otras vidas, en otros tiempos de vida.

A causa de que Bill fue una persona muy sensitiva en este mundo, no es sorprendente que se creyera capaz de captar energía de otro. Creyó que él mismo tenía más capacidad psíquica; para él los asuntos espiritistas no eran un mero juego de salón. No está aclarado cuándo empezó a interesarse en los fenómenos extrasensoriales; el campo fue algo en lo que el Dr. Bob y Anne Smith estaban profundamente involucrados. Sin que se sepa si Bill llegó a interesarse mediante ellos, hay referencias a sesiones espiritistas y otros sucesos psíquicos, que Bill escribió a Lois durante ese primer verano de Akron con los Smith, en 1935.

Una de las más dramáticas narraciones de Bill referente a la comunicación con los descarnados es esta historia, tal como él la contó:

"Probablemente fue en 1947, [1] cuando mi esposa y yo visitamos Nantucket. Nunca habíamos estado ahí antes; sólo sabíamos de él por sus yanquis tenaces y el desaparecido comercio de ballenas. Después del oscurecer, nuestro anfitrión se nos reunió en el barco y nos condujo aproximadamente durante un kilómetro y medio hasta su casa, cerca de la playa".

"A la mañana siguiente me desperté temprano, quizá a las seis. Me fui de puntillas hasta la cocina e hice café. Mientras contemplaba abstraído la primera taza, hubo una súbita 'intromisión'. Me llegaron las palabras: 'Quiero ir a pescar ballenas'. Al preguntarle a lo que parecía ser una entidad, me dio un nombre escandinavo, ahora olvidado; más preguntas pusieron al descubierto que él no se daba cuenta de que estaba 'muerto'. Dijo que veía a la gente de una manera imprecisa, pero nadie le prestaba ninguna atención cuando hablaba; se quejó de la gran soledad y sufrimiento; dijo que había sido un marinero y deseaba poder tomarse un trago. Le expliqué lo que le había sucedido y le pregunté si tenía alguna fe, a lo que me respondió que no. Le dije que había mucha gente cerca de él que serían sus amigos, pero que eran gente que no podía ver ni oír porque todavía estaba ligado a la tierra. Por supuesto, ésta es sólo una experiencia típica que nuestro círculo de aficionados ha tenido con frecuencia con aquellos descarnados que parece que están adheridos a una especie de estado purgatorial.

Poco después, vino otra entidad y anunció que su apellido era Shaw, un almacenista en el Nantucket de cien años antes. Shaw me agradeció que intentara ayudar al noruego (al que) él y sus amigos habían estado intentando despertar y que se pusiera en camino. Luego Shaw explicó que por lo general él se encontraba a varios cientos de amigos de los viejos tiempos en Nantucket que les gustaría regresar ahí tal como él había hecho. ¿Me gustaría conocer unos pocos?

Sin dilación me presentó a uno que dijo llamarse David Morrow. Mi conversación con David Morrow reveló que había sido un marinero durante la Guerra Civil, cuando, según afirmó, lo mataron sirviendo bajo el mando del Almirante Farragut, en la

Batalla de la Bahía de Mobile. Tomen nota del nombre: David Morrow.

Entonces me presentaron a otra entidad, que declaró ser un Pettingill, armador de un ballenero que salía de Nantucket o Martha's Vineyard, ahora he olvidado cuál. La conversación no tuvo mucha importancia, excepto por el nombre de Pettingill, que no es ordinario. Vinieron otros cuyos nombres ahora olvido; creo que uno de éstos dijo llamarse Quigley, otro armador de balleneros.

Por el momento, así terminó mi cita con los fantasmas de Nantucket en la cocina de mi amigo. Por supuesto, hasta la más mínima parte de lo anterior se puede atribuir a la fantasía o a información olvidada; es decir, si no hubiera sido por esos nombres, en especial Morrow y Pettingill.

Sólo por diversión, conté esta historia en el desayuno, recalcando los nombres hasta darme cuenta de que posteriormente mi anfitrión estaría capacitado para recordarlos. No obstante, al principio mi anfitrión pensó que estaba tomándole el pelo; sabía poco de psíquica y no había oído nada de ésto antes de mis aventuras. Cuando hice presión, empezó a preocuparse por mí y, cuando hice más presión, se enojó. Por supuesto, aquí se dejó de hablar del asunto.

La víspera de que nos regresáramos a casa, nuestros anfitriones arreglaron un almuerzo campestre y otros se nos unieron. El encuentro sería en la cabecera de la calle principal de Nantucket, que terminaba en un círculo al que convergían otras cuatro calles. Nunca había visitado este lugar.

Al aproximarnos al círculo observé en su centro un pequeño monumento. Al acercarme, vi que estaba dedicado a los caídos de Nantucket en la Guerra de Rebelión. Alrededor de su base estaban grabados los nombres de los muertos; en un momento detecté un nombre familiar, era David Morrow. Llamé a mi anfitrión; recordaba bien a David Morrow de mi descripción ante la mesa del desayuno. Estaba asombrado, por no decir más.

Al día siguiente, mi esposa y yo visitamos por primera vez el Museo de la Pesca de Ballenas de Nantucket, un lugar lleno de reliquias del pasado olvidado. Justo al pasar la puerta, vi un gran libro abierto. Lo llenaban los nombres de los armadores y de las fechas en que se habían hecho a la mar durante todo el período en que había florecido la industria de la explotación de ballenas. Imagínense nuestra sorpresa cuando, al buscar, pronto descubrimos [el] nombre Pettingill como armador de un barco ballenero. Ahí estaba también otro nombre que recibí; si, ahora lo recuerdo correctamente, éste era Quigley.

En la parte de arriba del museo encontramos una pintura con la figura a tamaño natural del Almirante Farragut, ahí había una placa describiendo la participación de los marineros de Nantucket en la Batalla de la Bahía de Mobile. Esto confirmaba la historia de Morrow.

Por lo tanto, lo registrado mostró que había captado, de una manera muy acertada, las descripciones de tres ciudadanos de Nantucket, bastante oscuros y desaparecidos desde hacía mucho tiempo, cuyos nombres se habían ido sin duda de las mentes de las personas que ahora estaban vivas. No existe ni la más remota posibilidad de que, en algún tiempo anterior, yo hubiera leído u oído acerca de ninguno de los tres que, con anterioridad, habían sido *habitantes ordinarios* de la isla; quizá de *uno*, pero no de los *tres*". (El énfasis es de Bill).

Tan tempranamente como en 1941, Bill y Lois estuvieron llevando a cabo "sesiones de aparecidos" regulares en Bedford Hills. Uno de los cuartos de la planta baja lo llamaron el "cuarto de los aparecidos"; ahí, llevaron a cabo muchos de sus experimentos psíquicos. De una sesión con una tabla ouija, Bill escribió esta descripción:

"La tabla ouija empezó a moverse presagiando. Lo que siguió fue más o menos la experiencia acostumbrada —fue una extraña miscelánea de Aristóteles, San Francisco, diversos arcángeles con nombres extraños, amigos difuntos— algunos en el purgatorio y otros que la estaban pasando '¡muy bien, gracias!' Había unos malignos y perjudiciales de todas las descripciones, hablando de vicios que estaban muy lejos de mi comprensión, incluso como anteriores alcohólicos. Entonces, las entidades aparentemente virtuosas intervendrían con mensajes de consuelo, información, consejo y, algunas veces, sólo puras insensateces".

Bill reposaría en el diván de una sala, semiensimismado, pero no en trance, y "recibía" mensajes, algunas veces palabra por palabra, otras letra por letra. Anne B., vecina y asistente regular al círculo de "apariciones", escribiría el material en un block. Lois describe una de las más dramáticas de estas sesiones:

"Bill estaba recostado en el diván; 'captaba' estas cosas y lo hacía todas las semanas. Cada vez, cierta gente 'vendría'; algunas veces eran nuevos y traían alguna historia. Había grandes frases y llegaban palabra por palabra; esta vez, en lugar de palabra por palabra, fue letra por letra y Anne las escribía letra por letra.

Yo estudié tres años de latín y dije: 'Esto me parece latín'. Así que Bill le preguntó a Dick Richardson (de la fundación Rockefeller), que fue muy buen estudiante de latín; le preguntó qué decía. ¿Era latín? Dijo que sí. (Bill no sabía más latín del que estudió en el curso de leyes y siempre lo sintió)".

Bill continúa la historia: "[Richardson] fue un excelente estudiante de latín. Asombrado, finalmente levantó la vista y exclamó: '¿En dónde diablos conseguiste esto?' Titubee, pero le pregunté si el latín era legible. 'Sí', afirmó, 'es perfectamente bueno, aunque difícil. Parece el principio de lo que probablemente intentó ser una narración alegórica de la fundación de la iglesia cristiana en Italia'. Luego le pregunté si veía algunos errores gramaticales en los párrafos; lo miró otra vez y me informó que para él, el latín parecía estar muy bien. Ya que era un viejo amigo, le conté la historia de su producción, lo que lo impresionó profundamente".

Otra de sus experiencias "fantasmales" fue narrada por Tom P., amigo y vecino: "Una noche fuimos a casa de mis tíos y vinieron Bill, Lois y unos dos más. Alguien dijo: '¿Tienen una mesa?' Así que arrastraron esta mesa y ella dijo: 'Oh, esta mesa ha estado expuesta al sol y su color se ha desvanecido; hemos intentado llevarla a redecorar y nunca lo hemos hecho'. Así que nos sentamos y estuvimos dando golpes en la mesa; no sé si esta levitó o no lo hizo, pero empezó a deletrear mensajes con dificultad. Se elevaba y se dejaba caer dando un golpe; un golpe era 'a', dos 'b' y tres 'c'. Llevaba mucho tiempo, pero en esa forma daba mensajes; así que la mesa se utilizaba primeramente para dejarnos estupefactos por levitar pero, también, y de una manera más fundamental, por dar golpecitos para estos mensajes. Luego nos sentamos a su alrededor, apagamos las luces y pusimos las manos con las palmas hacia abajo, y dio golpecitos de una manera interminable; decíamos: "Bueno, nos encontrará en otra sesión', y todos nos fuimos a casa.

Al día siguiente, Marian llamó y dijo: 'Ha sucedido una cosa muy extraña. Anoche nos fuimos a la cama y, cuando nos levantamos esta mañana, encontramos la mesa redecorada; todo el color había sido restaurado y el acabado es perfecto'. Así que todos regresamos a ver la mesa redecorada y tuvimos que aceptar su palabra de que ella no lo había hecho".

Tom y su esposa Ginny eran miembros regulares del círculo "fantasmal". Esta es la historia de Tom, de como llegó a involucrarse con ellos:

"Yo era un problema para esta gente a causa de que era un ateo y éste es, por definición, un materialista. Quiero decir que no se puede ser un ateo a menos que se sea un materialista y, por definición, un materialista es alguien que no cree en otros mundos. Ahora bien, esta gente, Bill y el Dr. Bob, creían vigorosa y agresivamente; estaban trabajando con el espiritismo y no era sólo un pasatiempo, se relacionaba a Alcohólicos Anónimos, ya que el gran problema en A.A. es que, para un materialista, es difícil "comprar" el programa y me fue muy difícil captarlo. No me podía entrar en la cabeza que hubiera algún Dios, ya que Dios era un ser sobrenatural y no existen seres sobrenaturales y, todo mundo lo sabe. Así que la cosa no está en lo absoluto separada de A.A.; es muy seria para todos".

De acuerdo con Tom, Bill nunca hizo algo que de alguna manera no estuviera conectado con A.A. y con su propio crecimiento espiritual. Como dijo Tom, era muy "de una sola meta".

También reclamaban la atención de Bill, otra clase de actividades espirituales. Durante el decenio de los 1950 llegó a estar involucrado en los experimentos de precognición que se llevaron a cabo en esa época en el Instituto Rhine de la Universidad de Duke.

Mediante Fulton y Grace Oursler, ahora amigos personales de los Wilson (Fulton fue el editor de *Liberty* que había publicado el primer artículo de A.A. titulado "Los Alcohólicos y Dios"), Bill fue presentado a Fulton Sheen, que entonces era un monseñor y posteriormente llegaría a ser obispo. Monseñor Sheen ya era un clérigo popular en toda la nación, una especie de Billy Graham de la iglesia católica, cuyo programa de radio, "La Hora Católica" tenía un auditorio semanal de más de 1,000,000 de fieles escuchas. Cuando monseñor ofreció "explicarle el catolicismo —no dijo 'convertirlo'— Bill pensó que sería muy desagradecido si cuando menos no intentaba conocerlo", dijo Lois. Bill se reunió con Sheen, los sábados, durante la mayor parte de un año.

De su intención real de convertirse al catolicismo, varían ampliamente las opiniones. Tan pronto como en 1944, Bill se dio cuenta de que su nombre estaba inextricablemente ligado al de la Fraternidad, y aunque no se habían escrito ni aceptado las Tradiciones, ya se había manifestado su creencia en la no afiliación de la Fraternidad. Mirando en retrospectiva, en cualquier caso Lois estaba segura de que no tuvo intención de una conversión real; dijo: "Realmente nunca tuvo en el fondo de su mente el ser convertido". Bob H., que fue íntimo de Bill durante este período, creyó de otra manera: "Tengo la impresión de que, en el último momento, no prosiguió con su conversión debido a que sentía no era lo correcto para Alcohólicos Anónimos".

Cualesquiera fueran sus intenciones fundamentales, no hay duda que recibió la instrucción y que tomó en cuenta la doctrina católica, muy seriamente. Muchos de sus sentimientos acerca de la iglesia, los pros y los contras, los manifestó con franqueza al Padre Dowling; en una carta fechada el 9 de septiembre de 1947, Bill escribió al sacerdote:

"Estoy más afectado que nunca por la dulce y poderosa aura de la iglesia; esa maravillosa esencia espiritual que, fluyendo a través de los siglos, me toca como no lo hace ninguna otra emanación; pero . . . cuando miro su distribución de la autoridad, a pesar de todos los argumentos a su favor, no puedo 'entrar en calor'. No llega ninguna convicción afirmativa.

Estoy agradecidamente impresionado por la profunda convicción, poder y enseñanza de Monseñor Sheen. En realidad practica lo que predica, hasta el grado que me hace avergonzar al diferir en lo absoluto con él. Con todo agradezco tremendamente estar con él tanto tiempo; es muy generoso de su parte.

P.D. Oh, si la iglesia sólo tuviera un departamento de viajeros, un lugar acogedor en el que uno pudiera calentar las manos en el fuego y morder sólo lo que uno pueda tragar. Quizá sólo soy un comprador buscando una barata en esa virtud: ¡la obediencia!"

Y en otra carta fechada dos semanas después, continuó: "No estoy en lo más mínimo escandalizado por los pecados de la iglesia ni por los de alguna gente de ella; no veo cómo un exborracho podría escandalizarse acerca de algo. Lo que es un poco perturbante parece estar en la incapacidad de la iglesia para confesar sus propios pecados. Históricamente, es difícil reconciliar la infalibilidad perfecta en ciertos momentos, con el muy humano comportamiento en otros. Si no estuviera pensando tan seriamente ingresar, ni siquiera pensaría en poner a discusión el asunto".

A Sheen mismo, Bill le escribió: "Sé que su sentido del humor se elevará con ocasión de decirle que, con cada día que pasa, me *siento* más como un católico y ¡*razono* más como un protestante!" (El énfasis es de Bill).

Como en algunas otras áreas problemáticas de su vida, Bill pudo haber permanecido ambivalente si no acerca de su involucración, si en sus ambiciones respecto a su conversión final. A causa de que era capaz de ver muchas facetas en algún asunto dado, conflictivo al igual que armonioso, podía haber hablado un día como si estuviera intentando convertirse y al siguiente como si su instrucción religiosa sólo fuera en servicio de su crecimiento espiritual. Es probable que, a pesar de los pensamientos contradictorios que se han expresado, fuera completamente sincero en lo que decía cada vez. No cambiaba con facilidad su manera de pensar, en particular en un asunto tan serio; más bien, veía las cosas de una manera distinta en las diferentes ocasiones. Eso puede haber sido desconcertante para aquellos que lo rodeaban, pero a él le parecía que tenía sentido por completo.

Uno de los problemas que preocuparon a Bill fue la relación de A.A. con la comunidad en general y con la comunidad profesional en particular. Las profesiones que más coincidían en parte con la esfera de los intereses de A.A., fueron por supuesto la medicina y la religión. Bill sintió que era imprudente que A.A. como una fraternidad tuviera una alianza con cualquiera de las denominaciones religiosas; sentía que la utilidad de A.A. era de carácter mundial y que contenía principios espirituales que los miembros de cualquiera y de todas las religiones podían aceptar, incluidas las religiones orientales. (Como Lois dijo, Bill nunca tuvo ninguna idea pequeña).

A principios de los 1940, la "cooperación sin afiliación" todavía no había sido presentada como una política importante de A.A., pero es evidente que el pensamiento ya se le había ocurrido a Bill, de acuerdo a su correspondencia de ese tiempo.

Hubo otras razones para que Bill mismo se rehusara a afiliarse con algún sistema religioso formal; una de estas fue el rechazo personal a una autoridad "hecha por el hombre". Algo de esta resistencia, probablemente se puede remontar a sus antecedentes de Nueva Inglaterra. (La mitología popular estadounidense considera que no hay un norteamericano de mentalidad tan independiente como un yanqui de Vermont).

En una carta de 1948 a Clem L., se lee en parte: "Lo que todavía me molesta de todas las religiones organizadas, es su pretensión de cuán terriblemente correctas son todas ellas. Cada una parece creer que tiene la tubería correcta: sin lodo en su agua espiritual. Para asegurar conversos o castigar a los incrédulos, las grandes religiones han violado todas las leyes conocidas del hombre y de Dios; justo ahora, los hindúes y los mahometanos están en ello. [2] Es muy evidente que la infalibilidad parece ser mucho más importante que la espiritualidad. La historia de las religiones occidentales no es mejor; los judíos crucificaron a Cristo y, desde entonces, los cristianos han crucificado a los judíos . . . y entre ellos mismos. Tan luego como nuestros antecesores habían puesto el pie en la Roca de Plymouth, llevaron a Roger Williams y Anne Hutchinson dentro de los bosques de Nueva Inglaterra para que murieran. Con seguridad, las tristezas del Príncipe de la Paz, desde Su crucificción, desafían toda descripción. La causa radical: disputas sobre la doctrina, choque de infalibilidades, ¿por qué más están peleando?

Cada vez que estos principios dudosos de la autenticidad religiosa, dominan con firmeza las mentes de los hombres, literalmente eso cuesta un infierno. En cierto sentido, son peor que la autenticidad nacionalista o la autenticidad económica, esos azotes del momento. El impío no puede esperar conocer algo mejor, pero los hombres de religión deben hacerlo; a pesar de ello, la historia muestra exactamente que no lo hacen. Me parece que las grandes religiones sobreviven por que cada una tiene una fuerte médula de espiritualidad y sucede así debido a su espiritualidad, a pesar de su infalibilidad.

Así, cuando un grupo religioso que pretende el cien por ciento de la perfección en la fe y la moral me pide que ingrese, surgen esos pensamientos; simplemente no puedo evitarlo; al menos por ahora. Pero no estoy negando la doctrina de la infalibilidad, no puedo ser tan presuntuoso como para hacerlo; que yo sepa, nos fue transmitida a través de las épocas y me dio lo poco que tengo de Cristo. Sin embargo, no puedo cegarme ante la amedrentadora perversión a la que siempre ha estado sujeto; encuentro difícil creer que Cristo hubiera ordenado las cosas de esa manera. Tu sensación de que A.A. ya está tan fuertemente constituída que ninguna acción de mi parte podría dividirnos en líneas religiosas, también hace que me cuestione. Si el movimiento de A.A. me conociera como realmente soy, estoy de acuerdo en que nadie se cuidaría mucho de lo que yo hiciera; pero, desafortunadamente, ese no es el caso, ya que creen en mí como el símbolo del todo, y A.A. como un todo no hace ningún apoyo ni establece ningún compromiso. Esa es la cuestión".

Cualesquiera fueran los sentimientos personales de Bill, recomendaba a muchos alcohólicos, amigos y recuperados, que ingresaran o reingresaran a una iglesia. Como él mismo dijo:

"El hecho es que siento profundamente el gran poder y espiritualidad que fluye dentro del mundo por medio de la iglesia: no conozco otra fuente de igual calidad. Por tanto, cuando la gente viene a mí preguntando y veo que no saben qué hacer, les digo lo que siento respecto a la iglesia; de cualquier manera, sin hacer ningún énfasis en especial en mis propias dificultades personales".

Además de su predilección por una vida religiosa o espiritual (después de todo, ¿no fue una profunda experiencia religiosa, aunque con indiferencia le llamara "hot flash", lo que salvó su propia vida?), estuvo conectado íntimamente con un número de personas de sotana; en otras palabras, algunos de sus mejores amigos fueron clérigos.

Bill nunca dejó de buscar su contacto consciente con Dios,

intentando encontrar rutas más directas a la fuente curativa. La búsqueda lo condujo a veces por sendas extrañas, que hacían intersección con la de alguna gente extraña; pero hablar de eso es adelantarnos. Durante los primeros años de los 1940, estuvo buscando medios más convencionales para que la joven Fraternidad estuviera disponible a más alcohólicos y fuera más efectiva para llevar el mensaje.

---

1. Bill se equivocó respecto al año; fue 1944.

2. Era el momento de la partición de India y Pakistán.

Capítulo Diecisiete

El 24 de octubre de 1943, Bill y Lois iniciaron la primera etapa de un ambicioso viaje por todo el país. Los grupos de Los Angeles, que se habían iniciado sin la ayuda personal de Bill, estaban ansiosos por verlo, oírlo y tocarlo.

El itinerario de los Wilson (principalmente viajaron por tren) era extenuante y complicado por el hecho de que era el tiempo de guerra:"Partir de Nueva York a las 6:30 p.m., del sábado 24/10; salir de Chicago a las 5:30 p.m., del lunes 25/10; dejar Denver el viernes 29/10 por la tarde; partir de Williams (Arizona) a las 9:00 p.m. del 1/11; llegar a Los Angeles a las 11:45 a.m. del 2/11".

En cada una de esas paradas, fueron bienvenidos con generosidad y, por supuesto, Bill habló. En Los Angeles tuvieron una estancia de tres semanas, saliendo el 23 de noviembre y llegando a San Francisco al día siguiente. De ahí fueron a Portland, seguidamente a Seattle y desde ahí a San Diego, en donde planearon pasar tres semanas de vacaciones de Navidad y Año Nuevo, con la madre de Bill. Luego, irían desde San Diego, de regreso a Los Angeles, a Tucson, Houston, Nueva Orleans; de regreso a Houston, a Dallas, Little Rock, Oklahoma City y posteriormente a Little Rock. Planearon retornar a Nueva York el miércoles 19 de enero. En su primer recorrido principal de A.A., los Wilson estarían viajando durante tres meses.

Con variaciones menores, el procedimiento en todas estas escalas fue similar: Recibían a Bill y Lois en la estación y los llevaban a su alojamiento, a veces un hotel, otras una casa privada. Luego, se reunían con los A.As. locales para una comida; si era el almuerzo, con frecuencia pasaban la tarde visitando los sitios de interés y, si era en la noche, invariablemente seguía la asistencia a una junta de A.A., en la que siempre hablaba Bill; a la junta seguían café y más conversación. Después de algunas horas de sueño, desayunaban con algunos A.As.: quizá huevos con tocino y, ciertamente, más café y más conversación. Todos los A.As. estaban ansiosos de contar a Bill sus propias historias y de oír la suya. Si la escala era de una noche, Bill y Lois tomarían el tren a alguna hora durante la tarde siguiente; de una parada un poco más prolongada, el viaje hacia su siguiente destino duraría toda la noche; en otras ocasiones, sólo unas horas. En los lugares en donde su estancia era mayor, podían darse la oportunidad de recuperar el aliento y quizá algunas horas de sueño.

Los miembros de Los Angeles habían colectado alrededor de 2,500 dólares para cubrir los gastos de viaje. A lo largo de esos primeros años, fue más la regla que la excepción, el que Bill y Lois recibieran de los grupos dinero para gastos de viaje. No era ningún secreto que los Wilson estaban económicamente apretados, ni que la razón de ésto fuera el total compromiso de Bill ante las demandas de la Fraternidad, de la que continuaba sacando sólo una escasa cantidad fija.

Algunos hechos destacados del viaje, como los describió Lois en su diario:

"Mar., 2 de nov. de 1943, llegamos a Los Angeles a las 11:45 a.m. El Dr. Forest H. y Bill S. nos recibieron en la estación y nos llevaron al Town House, en donde tenemos una "suite" maravillosa, con dormitorio, sala, cocina, un pequeño comedor y baño. Dos de las esposas llenaron la despensa y colocaron flores, almorzando con los dos hombres y nosotros. Después del almuerzo, llegaron en torrente los reporteros y los fotógrafos. Bill tuvo que discutir con ellos para impedir que nuestros nombres y fotografías aparecieran en los periódicos. Esa noche Doc H. y su esposa Merle, Bill y Agnes S. y el Sr. y la Sra. Montjoy, vicepresidente de la organización del hotel, nos llevaron a cenar a uno de los comedores privados.

Vier. 5 de nov.: Bill S. pasó por nosotros a las 10:00 a.m. y nos encontramos con Bud F. en los Estudios Universal, en Hollywood. Luego conocimos a otro A.A., que nos consiguió un guía y todos fuimos y vimos en donde se están haciendo las películas. Almorzamos ahí y vimos a cierto número de estrellas. Después fuimos a Warner Bros., donde vimos a Bette Davis, Claude Rains y algunos otros "sets". A la hora en que regresamos al hotel ya no fue posible que nos cambiáramos, pero ahí había una orquídea para mí; nos reunimos con los H., los S., Mort y Francis J., y Elinor y Frank R. para ir a la junta en la que Frank S. presentó a Mort J. y éste a su vez a Bill, que habló sobre A.A. durante dos horas. Acudieron 800. Los R. vinieron al hotel con nosotros y tomamos café y sandwiches.

Mier. 10 de nov.: algunos de los 'más viejos' llegaron para almorzar con Bill y conmigo, pero yo me quedé en cama dándome frotaciones con aceite de gaulteria en mis doloridos músculos, sin mucho efecto. Después a las 5:00 p.m., Bill se fue en coche con H. y S. a Long Beach, en donde asistieron unas 400 personas. No regresó hasta la 1:30 a.m.

Viernes 12 de nov.: Bill fue al Juzgado de Psicópatas, en la mañana, y luego nos reunimos con la madre de Bill, que llegó en el tren de San Diego a las 2:30 p.m. Fuimos a cenar al Cape Cod Room, y los H. pasaron por nosotros y nos llevaron a la segunda reunión masiva en el American Legion Post en Hollywood; ahí deben haber sido unos 1,000. Bill estuvo excelente; nos llamó a su madre y a mí para saludar; ella estaba muy asombrada por el alboroto hecho en relación a Bill, y se levantó cuando él empezó a hablar. Había tenido un accidente dos semanas antes y estaba muy nerviosa por ello. Por lo demás, se ve excelentemente bien, pero más vieja; la sirvienta colocó una cama adicional en la sala para ella".

La madre de Bill permaneció con ellos hasta el 15 de noviembre, cuando, con alguna dificultad, abordó un tren de regreso a San Diego. Estaban viajando tantos hombres del servicio militar, que para los civiles no era fácil transportarse.

El 19 de noviembre, por tercera vez Bill dio una plática de dos horas en una reunión masiva en Hollywood.

Su estancia en Los Angeles terminó el 23 de noviembre, cuando tomaron un tren para San Francisco, en donde se repitió más o menos todo el escenario de Los Angeles. Una de las variaciones fue el viaje de Bill a San Quintín; su liberal alcalde, Clinton T. Duffy, había permitido la fundación de un grupo de A.A. dentro de los muros de la prisión de máxima seguridad. Ahí Bill habló ante un auditorio de alrededor de 420 reclusos.

Bill también habló en la prisión de Folson en Sacramento. De este suceso, escribió Lois:

"A causa de los recientes disturbios e investigaciones de la prisión, las autoridades de ésta sólo permitieron que un hombre más fuera con Bill; éste regresó alrededor de las 11:30 tremendamente impresionado y con la declaración firmada de apreciación hacia él y A.A., firmada por 137 convictos. En Folson estaban algunos de los más violentos criminales del país. Bill dijo que todos ellos parecieron sinceros acerca de A.A. y algunos derramaron unas lágrimas".

Bill y Lois pasaron la Navidad y el Año Nuevo con la madre de Bill en San Diego, en donde ella vivía en el Hotel Sandford. De su estilo de vida, Lois dijo: "Parece terriblemente patético que mamá viva de esa manera, pero le debe gustar, porque siempre lo ha hecho y podría ser diferente si no lo quisiera". La Dra. Emily era la propietaria de tres casas de departamentos en San Diego y las administraba. Aunque Lois no explicó que quiso decir por "terriblemente patético", la implicación es que la madre de Bill, incluso aunque podía permitirse vivir con mayor comodidad, no lo escogía. (Esta referencia confirma el apodo de Bill para su madre, a la que algunas veces se refería como "Hetty Green", quien fue la mujer más rica de Wall Street en el cambio de siglo y se hizo famosa por su tacañería; a pesar de todo el dinero que ganó, siempre usó el mismo vestido negro y llevó su almuerzo en una bolsa de papel de estraza).

De los 13 años que estuvieron casados, los Strobel pasaron muy buena parte de ellos viajando. Durante una estancia en Viena, la Dra. Emily estudió bajo la dirección de Alfred Adler, un ex-colega de Freud. Cuando los Strobel se establecieron permanentemente en San Diego, abrieron consultorios adyacentes; él era el consultor para los casos médicos y quirúrgicos y ella para los que requerían osteopatía; pero, dijo Lois, "Resultó que ella no tenía muchos pacientes y su esposo tenía la mayor parte". Entonces la Dra. Emily empezó a dar conferencias y practicar profesionalmente en la Escuela Alderiana de Psicoanálisis. [1] El marido de la Dra. Emily murió en 1936.

Lois sentía que las relaciones de Bill con su madre no eran del todo lo que podrían haber sido: "Bill sentía como si su madre lo hubiera abandonado cuando se fue a Boston para ir a la escuela. Casi la odió durante mucho tiempo, hasta que 'llegó a conocerla'". Lois creía que fue ella, Lois, la que juntó a Bill y a su madre, "pero siempre hubo algo, una tirantez en sus relaciones, algo faltaba".

El Día de Año Nuevo, los Wilson viajaron rumbo al sur hacia Trabuco, en el desierto de California. Trabuco era una universidad que había sido fundada por un filósofo inglés llamado Gerald Heard, que Dave D., un miembro de California, estaba ansioso por que la conocieran.

En el viaje hacia el este, de regreso a casa, los Wilson también fueron testigos de la Tradición de A.A. (entonces sólo una costumbre) del anonimato, como la practicaban los grupos locales. Por ejemplo, en Little Rock, Arkansas, el grupo líder aseguró su anonimato al hablar a las 1,200 personas que se reunieron, detrás de una cortina cerrada. En Nueva Orleans, en una cena para 60 miembros, el coordinador llegó "ligeramente iluminado", como delicadamente lo calificó Lois.

El 22 de enero de 1944, los Wilson regresaron al hogar en su refugio de piedra café de Bedford Hills. El viaje había sido un éxito rotundo.

---

1. Parte del problema pudo haber sido el feminismo de la Dra. Emily, el cual fue un fenómeno de su época. Cuando empezó su práctica en Boston, mientras Bill estaba en Norwich, se rehusó a recibir hombres como pacientes. También era muy obstinada; una vez declaró que la mayor parte de los problemas del mundo tenían su raíz en el sexo y el alcohol.

Capítulo Dieciocho

Los tres meses del viaje de los Wilson a los grupos, habían sido de una elevación del ánimo tal para Bill y un triunfo tal, en términos de la Fraternidad, que lo que sucedió a raíz de su regreso tuvo que llegar como una sorpresa total, una caída inexplicable. Apenas habían regresado a casa, cuando Bill se sumergió en una depresión tan negra, que su efecto en él fue más debilitante que una agresión física.

La depresión le era familiar, la había experimentado por primera vez cuando era un adolescente. En sus años de borracho activo, había sido su crónica, si no es que constante, compañía; pero virtualmente era su primer encuentro con ella como adulto sobrio, sano.[1] Su asalto fue de lo más inesperado, porque siguió a la increíble alegría de ser testimonio de su visión como una realidad perdurable.

Una conexión entre el viaje y el asalto de su depresión fue sugerida jocosamente por Al M. de Los Angeles. La manera en que Al lo dijo fue que "Bill vio por sí mismo que no lo necesitábamos; todo lo que necesitábamos era su libro. Tal como lo entiendo, se metió en una depresión de cinco años a causa de ello".

Hay muchas y variadas narraciones de las recurrentes depresiones de Bill y casi las mismas opiniones acerca de su naturaleza, sus causas, su intensidad, su dinámica y sus manifestaciones; así que es virtualmente imposible aislar una narración definitiva. Además, el asunto está nublado por el hecho de que Bill, en todo lo largo de su vida, estuvo sujeto a una variedad de enfermedades físicas y no le era poco común pasar en cama un día o más sin ningún diagnóstico claro de lo que le estaba enfermando. Como dijo Lois: "Casi era un hipocondríaco". La palabra operativa es "casi". Con frecuencia Bill se refería a sus enfermedades como "una úlcera imaginaria" o "la paliza"; en otras palabras, siempre retenía un sentido del humor respecto a sus propias dolencias; pero nada hay de gracioso acerca de sus depresiones, fueron oscuras y paralizantes.

Nadie estaba más perturbado acerca de su condición que el mismo Bill. Además de la agonía y la depresión, el hecho mismo de que las tuviera lo perturbaba profundamente. Cuando en el Libro Grande, escrito en 1938, describió la sobriedad como "una cuarta dimensión de la existencia en la que no hemos ni siquiera soñado", lo quiso significar con toda sinceridad. Ahora, escasamente cinco años después, estaba sumergido en un abismo tan desierto y de tal negatividad como para hacerlo un suicida.

Las depresiones de Bill duraron 11 años tormentosos, hasta 1955, cuando finalmente fue liberado de ellas. Sin embargo, durante estos años no fueron constantes y no siempre fueron de la misma intensidad. Los dos primeros años, 1944-1946, aparentemente fueron los peores. Recordándolos, Marty M. dijo: "Fue terrible; había largos períodos en los que no podía levantarse de la cama, sólo permanecía ahí y Lois se ocupaba de que comiera. Una tremenda cantidad de personas creyó que estaba bebiendo; ese fue uno de los peores rumores que tuvimos dentro de A.A."

Nell Wing, secretaria de Bill desde 1950 hasta que murió, dijo: "Muchas veces llegaba a la oficina y se sentaba delante de mí ante el escritorio y ponía la cabeza entre las manos y realmente no era capaz de comunicarse, sino sólo casi de llorar. Solía hablar acerca de ello, llenándose de frustración". Herb M. gerente general de la O.S.G. durante muchos años, hizo eco del recuerdo de Nell: "Había veces en que esas horribles depresiones seguían y seguían, durante días y días. Entonces era muy difícil ponerse en contacto con él, a pesar que lo intentaba y cooperaba si le hacías una pregunta, pero hacer el intento de sentarse a planear con él en ese tiempo era inútil. Se le caía toda la cara; se veía triste, triste, muy triste".

Lois estaba tan desconcertada como Bill, tan confundida como todos los demás. A causa de que la condición de él estaba más allá de las posibilidades de ella, ésta recuerda que no era muy comprensiva. "Para mí era terriblemente difícil entenderlo; en realidad no era muy comprensiva, o exactamente no sabía como serlo o qué otra cosa hacer". Temperamentalmente, Lois era tan diferente de Bill, que es fácil comprender su desconcierto; ella podía estar perturbada o aturdida acerca de una persona, suceso

Nell Wing, secretaria de Bill durante mucho tiempo, efectuó muchos trabajos en la Fundación Alcohólica y llegó a ser la primera archivista de A.A.

o circunstancia específica, pero aparentemente sin causa, la depresión de larga duración le era tan extraña como el alcoholismo.

Lo que le estaba sucediendo a Bill no era ni una oscilación de su estado de ánimo ni una pérdida temporal del equilibrio emocional; era un profundo, duradero y monótono —en el sentido de que no variaba en el color— período de negrura. Durante los dos primeros años, 1944-1946, tuvo poco alivio, si es que hubo alguno.

La propia descripción de Bill, de su estado de ánimo, está implicada en el "Doce Pasos y Doce Tradiciones" (escrito durante un tiempo de depresión).

"Si temperamentalmente estamos en el lado depresivo, estamos en aptitud de empantanarnos en la culpa y en la repugnancia de uno mismo. Nos revolcamos en este sucio cieno, obteniendo con frecuencia de ello un infortunado y doloroso placer; conforme proseguimos enfermizamente esta actividad meláncolica, nos podemos hundir hasta tal punto de desesperación que llegamos a creer que el olvido es la única solución posible. Por supuesto, aquí hemos perdido toda la perspectiva y, por tanto, toda genuina humildad, porque esto es orgullo al revés. Este no es en absoluto un inventario moral; es el proceso mismo por el que el deprimido con frecuencia ha sido conducido a la botella y la extinción".

Si se oscurecía el estado de ánimo de Bill, su carácter permanecía sin deteriorarse; nunca fue su estilo dejar que una circunstancia, tragedia e incluso un desastre lo abrumara, más bien, era inherente a él exprimir lo bueno de cada situación, sin importar qué tan desesperada pareciera, y esta depresión no fue la excepción. Utilizándose a sí mismo como un conejillo de Indias, según solía hacer, se propuso encontrar una razón —y una cura— para su implacable y negro estado de ánimo.

Durante el decenio de 1940, el psicoanálisis estuvo muy en boga en Estados Unidos. En 1944, Bill empezó a ver al Dr. Harry Tiebout, el psiquiatra de Blythewood que siempre había defendido A.A. y había llevado al programa a Marty M. El tratamiento psiquiátrico fue sólo una de las muchas rutas que Bill investigaría, en un intento para comprenderse y sanarse a sí mismo de la negatividad que estaba haciendo de su vida una carga intolerable. Para alguien en la posición de Bill —un fundador de un programa salvador de vidas que prometía a sus adherentes "una nueva felicidad"— fue un acto de valor emprender abiertamente un curso de tratamiento psiquiátrico.

Ya sea que estas sesiones psiquiátricas le hayan satisfecho o no lo hayan hecho, en lo referente a la causa de su depresión, se desconoce; años después, escribió a un amigo: "Hace años recibí alguna atención psiquiátrica y eso ayudó mucho a mi comprensión, pero no lo encontré específicamente curativo. Disminuyó mi miedo ante estas condiciones (por ejemplo, la depresión), pero el

El Dr. Harry M. Tiebout fue el primer psiquiatra que vio en A.A. un enfoque importante para el tratamiento de los alcohólicos.

efecto no fue lo suficientemente positivo para superarlas plenamente".

Lo que se sabe es que la depresión permaneció mucho tiempo después de terminar las sesiones psiquiátricas. Así, incluso, si aprendió lo que había pretendido aprender, la cura no llegó prontamente, pisándole los talones a este conocimiento. Bill era un hombre agudamente inteligente; la sencillez de sus escritos para ser publicados puede haberles dado la impresión, a aquellos que no lo conocieron, de que no había nada complejo acerca de sus actitudes y filosofías personales, y nada puede estar más lejos de la verdad. A causa de que era un hombre con una visión y un mensaje, todo lo que hacía a nivel público era en servicio de llevar el mensaje con mayor eficacia, de compartir su visión.

Entre sus confidentes, no era reticente acerca de revelar su profunda perceptividad respecto a sí mismo y a otra gente, y lo hacía con frecuencia y generosidad. A juzgar por las cartas a sus amigos y por los recuerdos de éstos sobre sus conversaciones personales con él, parece probable que nada surgió de las sesiones psiquiátricas, de lo que él no estuviera ya consciente. Dijo el Dr. Jack Norris: "Creo que Bill era demasiado inteligente, podía ver a través de parte de la mística de la psicoterapia. (Creo que esto es parte de la necesidad de la rendición continua, repetitiva)".

Ya sea que Tiebout ayudara psiquiátricamente a Bill o no lo hiciera, ambos permanecieron siendo firmes amigos y él un sólido apoyo de Alcohólicos Anónimos. El mismo Tiebout puede haber aprendido mucho de Bill; hizo contribuciones importantes al conocimiento psiquiátrico del alcoholismo, en particular en las áreas de la rendición y la reducción del ego en A.A.

Mientras tanto, Bill no estaba contento con investigar un sólo camino de alivio. Se dedicó a sus depresiones desde todos los ángulos en que lo pudo pensar y exploró toda solución potencial, física, psicológica y espiritual. A continuación se encuentran extractos de cartas que mandó a algunas de las muchas personas que le pidieron ayuda para sus propias depresiones:

"Recientemente, un osteópata me dio un levantón tremendo. Me encontró una lesión en la espina cerca de la base del cráneo que había interferido con la circulación de la sangre en el cerebro y cuando fue corregida, aumentó mucho mi capacidad de resistencia. Este lado de las causas necesita exploración en cada uno de nosotros; pero no debemos pensar que es una cura para la neurosis, sólo es un parche . . ."

"Años de neurosis y de tensión emocional tienden a poner fuera de orden el sistema glandular. En mi caso, encontré que tenía un páncreas muy hiperactivo y estuve poniéndome más o menos de una manera constante una inyección de insulina. Cuando recorté aproximadamente a una tercera parte mi consumo de azúcar, tuve una gran sensación de alivio con excelentes resultados. Me di cuenta que mi neurosis y lo que me rodea no me podían dañar tanto como antes. Había una ligera deficiencia tiroidal, fácilmente corregible por ocho miligramos diarios . . ."

"He tenido una depresión realmente feroz que duró alrededor de dos años, durante los cuales he tenido atención psiquiátrica, exámenes físicos, tratamientos osteópaticos y una mirada realmente buena a las posibilidades hormonales. Sin embargo, los exámenes no mostraron ninguna deficiencia en la hormona sexual, todo lo contrario, tenía un gran exceso de una de ellas, que no era la hormona sexual, si no una relacionada con ella. Mi metabolismo estaba bajo, aunque no muy mal. Aproximadamente hace dos meses, mi doctor empezó a darme tiroide que, por supuesto, es una hormona, en cantidades relativamente pequeñas; las depresiones se aligeraron mucho . . ."

"Me asignaría una tarea pequeña. Me determinaría a *caminar* y *respirar* durante 400 metros y me *concentraría* hasta el grado de *contar* mis respiraciones, digamos seis pasos para cada lenta inhalación y cuatro para cada exhalación.

Muchas veces, tenía que vencerme para hacer siquiera ésto, pero había aprendido que el castigo por dejarlo por completo —sólo mirar a la pared— era mucho peor. Así que caminaría los 400 metros, y luego seguiría, quizá 800 más; luego otros 800 y quizá otros tantos más".

Bill siempre se concentraba mucho en caminar y respirar, como un antídoto para la depresión; cuando podía caminaba ocho kilómetros al día, en los senderos boscosos alrededor de Bedford Hills.

Sobre todo, Bill creía que sus depresiones se perpetuaban por su propio fracaso para trabajar los Pasos de A.A.[2] Así, la ya

dolorosa depresión se profundizaba por este añadido sentido de culpa. Escribió: "Solía estar dominado por la culpa acerca de ésto. Me preguntaba, considerando todas las ventajas que tenía, ¿debía encontrarme sujeto a esta clase de cosas? En otros tiempos, me culpaba por mi incapacidad para practicar el programa en ciertas áreas de mi vida; éstas y muchas otras razones para degradarme a mí mismo, hacían constantemente su aparición".

La prescripción a la que regresaba una y otra vez era: "Parte de la respuesta reside en el esfuerzo constante para practicar todos los Doce Pasos de A.A. La persistencia causará que esto infiltre en mí y afectará a ese inconsciente de donde emana la dificultad. Solía avergonzarme de mi condición y no hablaba acerca de ella, pero en años recientes, confieso con toda libertad que soy un depresivo y eso atrae hacía mí a otros depresivos. Trabajar con ellos me ha ayudado mucho; de hecho, me ha ayudado más de lo que yo los ayudo.

Entonces, también se encuentra el lado físico de la ecuación; la depresión constante, la tensión o la agresión, evidentemente estropean el sistema glandular. Ayudan las dosis moderadas de algunas medicinas modernas, como la B-12, las hormonas masculinas, el ACE y similares. No curan los defectos de la personalidad, pero les quitan virulencia".

Bill estaba aprendiendo, empezando con la revelación de algunas verdades acerca de sí mismo, que el beber alcohólico en alguna gente puede enmascarar profundos disturbios psicológicos y emocionales. También estaba aprendiendo que el Programa de A.A. podría no ser la respuesta para todos los alcohólicos, que podía haber gente que no podría "captar" el programa, debido a diversos obstáculos de percepción o psicológicos.

Estas dos piezas de información, viniendo de Bill mediante el vehículo de su propia depresión, lo mandaban ahora en una búsqueda para encontrar una mayor ilustración, para encontrar salud para los alcohólicos sobrios a los que sólo la sobriedad, incluso cuando trabajaran los Pasos, era insuficiente para proporcionarles una vida confortable. La búsqueda lo condujo en

Logro de su infancia, como primer violín de la orquesta de la escuela, en años posteriores se volvió una diversión que le causaba satisfacción.

una dirección en apariencia lejos de A.A. y tendría consecuencias de mayores proporciones.

Pero en este período, Bill simplemente compartió todo lo que conocía acerca de la depresión y su simbólica importancia. Escribió a un amigo sufriente: "Con frecuencia tienes que haberte hecho a ti mismo, las mismas preguntas que tan a menudo están en mi mente: ¿Por qué todo este dolor? ¿Qué he hecho para merecer este sufrimiento? La respuesta que obtengo es que el dolor, tanto como lo es el placer, está en la providencia de Dios. A la larga, todo evoluciona para lo mejor, no a causa del placer, sino del dolor".

Otra gente que conoció a Bill tuvo sus propias especulaciones respecto a lo que causaban sus depresiones. El Dr. Earl M., un A.A. psiquiatra y amigo íntimo, manifestó: "Sentí que él no tenía a nadie con quien hablar acerca de sus ideas espirituales no conformistas. Cuando yo lo escuchaba, se transformaba y se volvía vibrante, y resplandecían sus ojos. Yo tenía la sensación de que lo que Bill necesitaba era alguien con quien pudiera realmente validar lo que decía. Ya sabes, lo que hizo que A.A. llegara a existir fue [lo que el Dr. Bob] dijo a Bill: '¡Yo bebí así!', en la reunión en el hogar de Henrietta Seiberling.

Tiebout estaba intentando analizar, pero aquí Bill tenía algunas ideas nuevas acerca de la espiritualidad y quizá había algo después de la vida, u otra vida y, tuviera razón o no la tuviera, el tipo estaba buscando todo el tiempo cómo llevaría ésto a los miembros de A.A."

El Dr. Jack Norris afirmó: "No se puede separar una depresión orgánica de una psicológica". Añadió: "En la emoción del éxito, él hacía subir una tremenda cantidad de energía, de manera que ya se tiene en ella un elemento orgánico, pero no creo que lo orgánico sea todo, sino que creo que es parte de ello. Es un asunto de energía; si obtengo muchas palmaditas en la espalda y todo va bien, me siento maravillosamente, tengo una tremenda cantidad de energía; pero, cuando no están ahí las palmadas en la espalda, cuando tengo que retirarme como un ser humano normal, ¿qué sucede?"

Otro proponente de la teoría de la energía fue Tom P., que había empezado su carrera de A.A. como un ateo confirmado, pero cambió su modo de pensar. Tom tuvo su propia teoría de las depresiones de Bill. Dijo que eran el resultado, aunque indirecto, del "hot flash"; Tom interpretó ambos en términos de experiencia mística. De la experiencia de Bill en el Hospital Towns, Tom dijo: "Lo que le sucedió a Bill fue un caso perfectamente claro de *satori* o *somate*. [3] Por sus frutos los conocereis. El tipo sale y empieza a actuar como un iluminado. Nadie fue más allá para probarlo como lo hizo ese hombre: llevar una vida de servicio total.

Ese es el objetivo de toda religión: la experiencia espiritual".

Tom (algunas veces hablando del difunto cofundador en un tiempo presente, 12 años después de su muerte) ligó la experiencia espiritual de Bill a sus depresiones posteriores: "Bill es un hombre con una voluntad de enorme capacidad. La gente cree que comprende lo que es la voluntad, pero no lo hace muy bien, y la gente varía en su dotación de voluntad; creen que es plegarse mentalmente u otra cosa así, pero no lo es. La voluntad y la inteligencia vienen directamente del espíritu.

Este tipo está muy dotado de esa manera, es su principal característica antes y después de cualquiera otra. Después de lo de A.A., es un tipo con una misión; toda la gente iluminada tiene su misión, pero es real. Físicamente es un hombre rudo, pero no lo es tanto nerviosamente; pero sólo salió a hacer este trabajo y eso está muy bien durante el primer año o los dos primeros, pero ¿qué pasa cuando la maldita cosa empieza a echar ramificaciones, empieza a extenderse? Después de que se encontraron en las historias de los diarios, fue una cosa diferente y el trabajo fue mucho más difícil. Este tipo aprendió una lección que aprenden todos los iluminados, de acuerdo con sus biografías. San Francisco de Asís, que fue el santo patrón de Bill, expresó: 'Desde el día de mi conversión, nunca he estado bien'.

Cuando la cosa empezó a crecer en California, se fue a California y, ya sabes como son los borrachos, a todos les gusta estar sentados toda la noche y tomar café y ¡hablar! Y este tipo lo haría y todos caerían sobre él y se quedaría y tomaría café. Es interesante oír la historia de alguien, luego contarle la tuya, ¡pero si haces eso toda la noche . . .! Regresaría de uno de estos viajes como si hubiera sido arrastrado por un carro de un extremo a otro de Nueva York. Era un hombre grande y tosco, pero nunca viste a nadie tan apaleado, y las depresiones eran mayormente de agotamiento, quiero decir agotamiento espiritual. Ese tipo no sólo estaba conversando".

Es probable que no sea una coincidencia que los años de las depresiones de Bill —1944-1955— fueron también los años en que hizo el trabajo para A.A. más agotador e intenso. Después de la Segunda Guerra Mundial, se embarcó en la enorme empresa de establecer para A.A. una estructura de servicio; fue tarea de diez años. Después de 1955, el año en que declaró a Alcohólicos Anónimos mayor de edad, manifestó que estaba completa la estructura de servicio y entregó a los miembros la Fraternidad; entonces quedó libre de la depresión.

Durante ese decenio (años que él mismo caracterizó como de "presiones muy fuertes e inmensas tensiones"), emocionalmente Bill siempre estuvo remando contra la corriente; hizo todo su trabajo durante este período con la carga de su depresión y a pesar de ella, algunas veces tan pesada y negra que le costaba un esfuerzo heróico levantarse de la cama por la mañana. Si este hecho fuera toda la evidencia que tuviéramos, por sí solo mediría la profundidad de la visión y el compromiso de Bill. Fue una y otra vez el incidente del búmerang, pero esta vez a una escala mundial de vida y muerte.

---

1. Ruth Hock manifestó una vez que Bill había empezado una cadena de muchos días de depresión, en febrero de 1942.

2. Estuvieron de acuerdo en eso muchos A.As. No pocos de ellos sugirieron a Bill que practicara los Pasos.

3. La enseñanza característica zen budista, de la iluminación súbita o *satori*, se remonta al Siglo Séptimo. Se define como una visión directa de la propia "naturaleza original".

Capítulo Diecinueve

Entre los árboles cercanos a Stepping Stones, Bill y un amigo construyeron un pequeño estudio con tabiques de cemento. Este se llamó "Wits' End" ("Exprime-cerebros") y aquí pasaba mucho tiempo escribiendo. Iba en tren a la oficina de Manhattan un par de días a la semana, excepto cuando estaba de viaje o enfermo. Con frecuencia pernoctaba en la ciudad, pasando esas noches en el Hotel Bedford.[1] Con algunas variantes, continuaría con estos hábitos durante el resto de su vida en que trabajó.

En 1944, A.A. fue "oficial", con 360 grupos y aproximadamente 10,000 miembros. También el alcoholismo fue oficial: 1944 fue el año en que la Asociación Médica Norteamericana lo reconoció como una enfermedad. En el mismo año Bill fue invitado a hablar ante la Sociedad Médica del Estado de Nueva York; fue uno de los pocos no profesionales a quien se le haya pedido que hablara a sus miembros de un problema médico grave. En 1944, A.A. se cambió más lejos del centro de la ciudad, de Vesey Street al 415 de Lexington Avenue, cerca de la Estación del Grand Central.

Ruth Hock se había ido; se fue en 1942 para volverse a casar, ahora con un miembro de la Fraternidad, y se cambió a Ohio. Fue reemplazada por Bobbie B., que había sido bailarina y era miembro de A.A. Hubo en la oficina más ayudantes a sueldo; con frecuencia se llevaban traductores para manejar las solicitudes de ayuda del extranjero.

El Grapevine, publicación mensual de A.A., había hecho su aparición con el número de junio de 1944. Se originó independientemente de Bill y fue formada por un grupo al que éste, con afecto, llamaba los "seis desventurados manchados de tinta". Al principio era un boletín de ocho páginas, que intentaba llevar noticias de A.A. a los miembros de las fuerzas armadas; pronto creció y llegó a ser la revista oficial de la Fraternidad. Al pasar los años, el Grapevine publicaría alrededor de 100 artículos de Bill; fue uno de sus más importantes vehículos de comunicación con los miembros.

Gran parte del trabajo de Bill, en la oficina, fue hacerse cargo de la correspondencia. Desde la publicación del artículo del *Saturday Evening Post*, el correo había llegado en un torrente contínuo. Muchas de las cartas pedían ayuda para formar nuevos grupos, o solicitaban consejos sobre varios problemas y circunstancias en los grupos. Fue por haber recibido preguntas similares que surgían una y otra vez, por lo que se desarrolló la idea de diseñar guías de actuación suficientemente claras para los grupos. Esta necesidad había sido expuesta desde 1943, cuando las Oficinas Centrales empezaron a recolectar información, solicitando a los grupos una lista de sus reglas y requisitos para ser miembro. El hacer la lista total, recordó Bill, se llevó muchas hojas de papel. "Un poco de reflexión sobre tantas reglas nos llevó a una asombrosa conclusión: Si todos estos edictos hubieran estado a un tiempo en vigor en dondequiera, hubiera sido prácticamente imposible a cualquier alcohólico llegar a ingresar a Alcohólicos Anónimos. Alrededor de nueve de cada diez miembros de los más antiguos y mejores inunca podrían haber estado ahí! "

Bill describió el problema tal como existía a mitad del decenio:

"La solución por correspondencia de los problemas de los grupos, había ocasionado un gran volumen de trabajo en las Oficinas Centrales; las cartas de los centros metropolitanos llenaban nuestros abultados archivos. Parecía como si todo contendiente en todas las discusiones de los grupos durante este confuso período, nos escribiera.

Las ideas básicas para las Doce Tradiciones de Alcohólicos Anónimos salieron directamente de esta amplia correspondencia. A finales de 1946 un buen amigo A.A. sugirió que todo este cúmulo de experiencia podía ser codificado dentro de un conjunto de principios, que podrían ofrecer soluciones probadas de todos nuestros problemas de vivir y trabajar juntos y relacionar nuestra Sociedad con el mundo de afuera. Si llegáramos a estar lo suficientemente seguros de donde colocarnos en esos asuntos, como las condiciones para ser miembro, autonomía del grupo, unicidad de propósito, no apoyo de otras empresas, profesionalismo, controversias públicas y anonimato en sus diversos aspectos, entonces se podría escribir un conjunto de principios".

Fue testimonio del genio de Bill el hecho de que pensara llamarles Tradiciones. Si les hubiera llamado "leyes", "reglas", "reglamento" o "regulaciones", quizá nunca hubieran sido aceptadas por la Fraternidad. Bill conocía bien a sus compañeros alcohólicos; sabía bien que ningún borracho que se respete a sí mismo, sobrio o como esté, se sometería voluntariamente a un cuerpo de "leyes" . . . ¡demasiado autoritarismo!

Sin embargo, el nombre "Tradiciones" llegaría hasta un poco después. Al principio las llamó "Doce Puntos para Asegurar Nuestro Futuro", a causa de que los veía como las guías de orientación necesarias para la supervivencia, unidad y eficacia de la Fraternidad. Bajo ese título fueron publicadas en el número de abril de 1946 del Grapevine. En números posteriores, Bill escribió una editorial para cada punto, explicando su origen y por qué era necesario.

Al empezar Bill su tarea, fue evidente que algunas de las Tradiciones ya estaban identificadas. Eso las hacía verdaderas tradiciones, puesto que ya se acostumbraba su práctica dentro de la Fraternidad.

Decir que Bill fue el único autor de las Tradiciones es a la vez cierto y falso. Ciertamente no fue el único autor de las experiencias de las que evolucionaron, pero fue la persona que interpretó y eligió el significado de estas experiencias. Los significados, tal como los derivó Bill, subsecuentemente llegaron a ser la médula de las Tradiciones.

La mejor conocida (si no, en aquella época, la más segura), en términos de su importancia y también de la publicidad que ya había recibido, fue la tradición del anonimato. El término había sido asignado cuando se le dio nombre al Libro Grande; anteriormente, la Fraternidad había sido "un puñado de borrachos sin nombre" que no era secreta en términos de lo que hacía —nunca había sido secreta— sino en términos de quién pertenecía a ella. "Alcohólicos Anónimos" siempre se había referido a sus miembros, no al mensaje, que Bill había estado intentando transmitir desde su despertar espiritual.

El anonimato fue practicado originalmente por razones que tenían que ver con la naturaleza experimental de la Sociedad y con el estigma prevaleciente sobre el alcoholismo. Hacer público que uno era miembro de A.A. y emborracharse otra vez, era poner en peligro la reputación y básicamente la supervivencia de toda la Fraternidad. El anonimato, a nivel de los medios públicos, fue vital para el bienestar del grupo. Esta actitud sería uno de los principales determinantes de la Undécima Tradición: "Nuestra política de relaciones públicas se basa en la atracción más que en la promoción; necesitamos mantener siempre nuestro anonimato personal ante la prensa, la radio y el cine".

La ruptura de anonimato, por Rollie H., provocó que Bill examinara sus propios sentimientos y, en el proceso de hacerlo, se dio cuenta de la mayor importancia del principio del anonimato. Respecto a la propia respuesta de Bill a la "transgresión" de Rollie, que fue buscar publicidad para sí mismo, Bill concluyó que el propósito más profundo del anonimato era: "Realmente evitar que aquellos tontos egos nuestros corrieran frenéticamente tras del dinero y la fama pública a expensas de A.A."

Pronto, Bill se dio cuenta que la luz de las candilejas —algo que anhelaban vehementemente la mayor parte de los miembros de A.A., incluyéndose él mismo— era una experiencia para la que la mayoría era poco tolerante. Perder el intento de lograr la luz de las candilejas podía ser tan desastroso como ganarla.

El impulso por destacar era una actividad potencialmente peligrosa para un alcohólico; Bill dijo que creía que era la fuente y la causa de todas sus dificultades (ver carta a la universidad de Yale en la pág. 306). Entonces, era mucho mejor descansar en principios e ideas, que eran constantes, estables y confiables, que en las inestables y quijotescas de las relaciones personales. Así nació la Duodécima Tradición: "El anonimato es la base espiritual de todas nuestras Tradiciones, recordándonos siempre anteponer los principios a las personalidades". Bill sabía que la "vida entre los anónimos, como caracterizaba a las disputas que algunas veces formaban una parte de la vida de A.A., eran la manifestación en la superficie de un sentido frágil del yo. En el mundo "de afuera", éstas podrían ser vistas como una demostración de los deseos ordinarios del ego, pero a causa de que podían ser suficientes para que un A.A. se emborrachara, se tenía que sacrificar la necesidad de esos deseos en el curso de la búsqueda del dejar de beber, "más allá de la frontera de la sobriedad".

En su ensayo de la Duodécima Tradición, escribiría: "La esencia espiritual del anonimato es el sacrificio. Conforme las Doce Tradiciones de A.A., repetidamente, nos piden abandonar nuestros deseos personales por el bienestar común, nos damos cuenta de que el espíritu de sacrificio, cuyo símbolo más apropiado es el anonimato, es el fundamento de todas ellas. Lo que da a la gente su gran confianza en nuestro futuro es la probada disposición de los A.As. para someterse a estos sacrificios".

Estos son conceptos sofisticados y se necesitó de una mente como la de Bill para destilarlos. Otra persona podría haber interpretado de una manera muy diferente las experiencias que se desarrollaron y no llegar a las generalizaciones cruciales.

En esa época las rupturas de anonimato constituyeron una de las mayores tensiones de la Fraternidad. A.A. era ahora una palabra de uso común; casi unánimamente había obtenido buenas críticas en la prensa estadounidense y, si ser un miembro no había llegado a ser algo "inteligente", cuando menos evocaba admiración el confesar públicamente que se era. Una estrella de cine había ido tan lejos como romper su anonimato en el celuloide al filmar la historia de su vida. (Lo rompió por primera vez en 1946-47; su autobiografía apareció en 1954; la película, en 1955). Subsecuentemente bebió otra vez. Bill describió lo que sucedió como sigue:

"Llegó a sus manos una carta que pensó dañaba su reputación profesional; sentía que tenía que hacerse algo sobre ésto y así lo sentía su abogado, que también estaba en A.A. Supusieron que, tanto el público como A.A., estarían legítimamente enojados si se supieran los hechos. Pronto, varios periódicos pusieron en los encabezados que Alcohólicos Anónimos estaba exhortando a una de sus miembros, poniendo su nombre completo, por supuesto, para que ganara un litigio por difamación".

Al igual, hubo un notable comentarista de radio que rompió su anonimato en el aire y en la prensa, ante un auditorio calculado en 12,000,000.

Las reacciones de Bill ante estas violaciones mostraron su habitual paciencia, comprensión y humanidad. Como muchos dijeron, era el hombre que más perdonaba. Algunos extractos de una carta que escribió a Jack Alexander sobre el asunto del anunciador de radio:

"Por supuesto, para los individuos que están fuera de A.A., esto les parece una magnífica publicidad, pero para 99 de cada 100 A.As., es una señal de peligro. La mayor parte de nosotros, de una manera profunda, se da cuenta que una repetición suficiente de esas sacudidas podría alterar todo el carácter de nuestra Sociedad; llegaríamos a ser un ejemplo más de exagerada propaganda personal. Invitaríamos a todo promotor de A.A. —y los hay muchos— a utilizar el nombre de A.A. en su propio beneficio y, más seriamente, lo permitiríamos a todos aquellos que eligen romper el anonimato a nivel público, para que se contrataran otras áreas de trabajo y arrastraran tras de sí el apoyo implícito de A.A. junto con ellos.

Conforme aumente el valor del nombre de A.A. para obtener dinero y publicidad, así aumentará la tentación. La opinión de A.A. puede frenar, y así lo hace, a la mayor parte de nuestros publicistas personales, pero no a los pocos como N., ya que para él sólo cuenta la opinión pública. Realmente cree que nos está haciendo un favor; no tiene la más ligera idea de que está estropeando el instrumento más protector que haya llegado a tener nuestra Fraternidad. Respecto a las inmensas implicaciones espirituales del anonimato, pobre viejo N., no las conoce".

O como posteriormente parafraseó en el Grapevine: " . . . los alcohólicos somos los racionalizadores más grandes del mundo, y fortalecidos por la excusa de que estamos haciendo grandes cosas por A.A., mediante la ruptura del anonimato podemos reasumir nuestra vieja y desastrosa persecución del poder y prestigio personales, los honores públicos y el dinero, los mismos afanes implacables que cuando una vez que se frustraron nos hicieron beber, las mismas fuerzas que al parecer hoy están desgarrando el globo. Más aún, estas lecciones ponen en claro que los que rompen el anonimato de una manera bastante espectacular pueden algún día hacer venir abajo nuestra Sociedad en esa ruinosa muerte final con ellos".

Una de las tempraneras rupturas de anonimato que causaron un tumulto, fue aquella de Marty M. Su caso fue sensible en particular, porque era amiga íntima de Bill; además, Bill apoyó con fuerza su trabajo en la educación del alcoholismo. Entonces, con algo más de 40 años y personalmente atractiva, Marty fue un documento excelente para los periódicos, al hacer una gira por el país en favor del Comité Nacional para la Educación sobre el Alcoholismo. Los recortes de periódico empezaron a llegar a las oficinas centrales de A.A.; con frecuencia la fotografiaban mostrando toda su cara y la identificaban como miembro. Cuando en 1944 la revista *Time* hizo un artículo sobre su comité, se describieron sus antecedentes identificándola como una alcohólica anónima.

Bill estaba preparado. Al principio pareció creer que la importancia del trabajo de Marty superaba a la del principio del anonimato. En una carta a George A., que había pedido permiso para romper su propio anonimato, Bill escribió: "Todavía siento que fue correcto para ella hacer precisamente lo que hizo, aunque fue serio el riesgo de un precedente para que otros A.As. se saltaran su anonimato, y puede serlo todavía, las ganancias de A.A. y de la causa de la educación, aparentemente han sobrepasado con mucho esta consideración".

Pero pronto Bill tuvo otras proposiciones a considerar. Un miembro empezó a publicar una revista dedicada a la causa de la Prohibición; creyó que A.A. debía ayudar al mundo a estar seco. En público, utilizaba con libertad el nombre de A.A. para atacar los males del whisky y de aquellos que lo hacían y lo bebían. Bill dijo: "Hizo notar que él también era un 'educador' y que su rama de la educación era de la 'clase correcta' ".

Conforme otras proposiciones e ideas continuaron llegando hasta Bill, llegó a darse cuenta que no importaba qué tan buena pudiera ser la causa de Marty; con todo, establecía un precedente para los demás que con sinceridad creían que sus causas eran igualmente buenas. Finalmente, Bill admitió que había cometido un error y que había aprendido de él. Testimonio de ésto es la carta de 1948 a un miembro de Florida:

"[En] este asunto en particular, confieso gran parte de culpa mía. Hace algunos años, no nos dimos cuenta del valor protector del anonimato para el movimiento de A.A. como un todo. Cuando Marty rompió el suyo con propósitos educacionales, yo consentí en ello. A la luz de los sucesos posteriores eso ha probado ser un error. En nuestro folleto de las Tradiciones, encontrarás que reconozco ese error".

El propio comportamiento de Bill, con respecto a cosechar reconocimiento, fama y premios que se le ofrecieron por su trabajo en A.A., fue un modelo de modestia. Como él dijo: "Mi registro respecto a honores públicos está muy del lado conservador". Dijo que rechazó seis grados honorarios: "Mi sentir era que el precedente de no aceptar personalmente esos grados sería más valioso que aceptarlos . . . desde el punto de vista de Alcohólicos Anónimos".

Quizá el más importante de éstos, fue rechazar un Doctorado en Leyes honorario de la Universidad de Yale, un acontecimiento que merece describirse con algún detalle, ya que ejemplifica perfectamente las inquietudes a las que Bill estaba tratando de adherirse. Aunque le habría encantado aceptar, decidió que declinaría. Su carta de rechazo fue una obra maestra de humildad, tacto e inteligencia.

Fechada el 2 de febrero de 1954, se lee en su totalidad:

"Sr. Reuben Holden, Secretario, Universidad de Yale, New Haven, Connecticut.

Estimado Sr. Holden:

Esta es para expresar mi más profundo agradecimiento a los miembros de la Sociedad de Yale por considerarme como apto para el grado de Doctor en Leyes.

Sólo después de la más cuidadosa consulta con amigos y con mi conciencia, es que ahora me siento obligado a rehusar esa nota de distinción.

Si yo aceptara, el beneficio a corto plazo para Alcohólicos Anónimos y para las legiones de los que todavía sufren nuestro mal, no hay duda que sería mundial y considerable. Estoy seguro de que un apoyo así de potente aligeraría mucho la aprobación pública de A.A. en todas partes. Por lo tanto, nada sino las más convicentes razones podrían alentar mi decisión de negar a Alcohólicos Anónimos una oportunidad de esta dimensión.

Ahora, esta es la razón: La tradición de Alcohólicos Anónimos —nuestro único medio de gobernarnos a nosotros mismos— ruega a cada uno de los miembros que evite toda esa clase particular de publicidad personal o distinción que pudiera ligar su nombre con nuestra Sociedad en la mente del público en general. La Duodécima Tradición de A.A. dice: 'El anonimato es la base espiritual de todas nuestras Tradiciones, recordándonos siempre anteponer los principios a las personalidades'.

A causa de que ya hemos tenido mucha experiencia práctica con este principio vital, hoy es el punto de vista de todo miembro sensato de A.A. que, si durante los años por venir, practicamos este anonimato *de una manera absoluta*, éste garantizará nuestra eficacia y unidad por refrenar fuertemente a aquellos para los que los honores públicos y las distinciones, sólo son los escalones para el dominio y el poder personal.

Al igual que otros hombres y mujeres, los A.As. miramos con profunda aprehensión la vasta lucha por el poder que nos rodea, una lucha que en miles de formas invade todos los niveles, desgarrando a la sociedad. Creo que los A.As. somos afortunados de estar agudamente conscientes de que esas fuerzas nunca deben estar rigiendo entre nosotros, por miedo a que perezcamos juntos.

La Tradición del anonimato personal y de ningún honor a nivel público es nuestro escudo protector; no nos atrevemos a enfrentarnos desnudos a la tentación del poder.

Por supuesto, comprendemos en su totalidad el gran valor de los honores fuera de nuestra Fraternidad. Siempre sentimos inspiración cuando estos son merecidamente otorgados y humildemente recibidos como el sello de calidad de logros distinguidos en el servicio. Sólo decimos que en nuestras circunstancias especiales sería imprudente que los aceptáramos por el logro de A.A.

Por ejemplo: La historia de mi propia vida acumulada durante años alrededor de una persecución implacable del dinero, fama y poder, llegó a su desenlace al casi hundirme en un mar de alcohol. Aunque sobreviví a esa horrible desgracia, entiendo bien que el espantoso germen neurótico del contagio del poder, también ha sobrevivido, sólo que está aletargado; pero se puede multiplicar otra vez y hacerme pedazos... y también a Alcohólicos Anónimos. Temperamentalmente docenas de millares de mis compañeros de A.A. son como yo; afortunadamente ellos lo saben y yo también. De aquí nuestra Tradición del anonimato y de aquí mi clara obligación de rehusar esta señal de honor con toda la inmediata satisfacción y el beneficio que pudiera haber rendido.

En efecto, la espléndida mención que proponen, que me describe como 'W.W.', sí protege mi anonimato por ahora; no obstante, con seguridad aparecerá en un posterior registro histórico que yo había aceptado un Doctorado en Leyes y entonces el público conocería el hecho. Así, en tanto yo podría aceptar el grado conforme a la letra de la Tradición de A.A. como está hoy, con seguridad estaría montando el escenario para que mañana se viole su espíritu. Estoy seguro de que esto sería establecer un precedente peligroso.

Aunque podría ser un nuevo enfoque, me pregunto si la Sociedad de Yale podría considerar dar a Alcohólicos Anónimos misma toda la mención, omitiendo el grado para mí. Si es el caso, con gusto me presentaré a recibirlo en nombre de nuestra Sociedad. Si les pareciera deseable considerar esta posibilidad, iré de inmediato a New Haven. Con agradecimiento".

Bill mismo se dio cuenta que podía cosechar más recompensas por rehusar este honor singular, que las que hubiera otorgado el mismo honor, si lo hubiera aceptado. Por lo tanto, pidió a aquellos que se enteraron de la oferta de Yale que no hablaran al respecto; como lo manifestó: "No quiero capitalizar sobre la humildad". Lois dijo: "Bill sintió con fuerza que, ante todo, no debía colocarse de ninguna manera como superior a otros alcohólicos; así, para subrayarlo, aprovechaba cualquier oportunidad razonable para exagerar sus propios defectos. Era un egoísta tremendo, pero lo reconocía y creía que el triunfo de su vida era la victoria sobre sí mismo y su volverse verdaderamente humilde".

La respuesta de Yale al rechazo de Bill muestra el profundo respeto de los miembros de la sociedad para su integridad. La carta de Reuben Holden se lee en parte: "Después de leer su magnífica carta, [los miembros del comité] deseamos todos más que nunca que pudiéramos premiarlo con el grado, aunque, en nuestra opinión, no es ni la mitad de lo suficientemente bueno para usted . . . Comprendemos perfectamente su sentir en el asunto y sólo deseamos que pudiera haber alguna manera de mostrarle nuestro profundo sentido de respeto, para usted y A.A. Algún día, con seguridad se presentará la oportunidad".

Cuando la revista *Time* quiso poner a Bill en su portada —o sea, poner en la parte frontal de la revista la fotografía de la parte posterior de su cabeza— Bill se rehusó, al igual que lo hizo respecto a proporcionar la historia que acompañaría a la portada. Razonó:

"Por todo lo que sé, un artículo de esta clase podría haber llevado a Alcohólicos Anónimos mil miembros, posiblemente muchos más.

Por lo tanto, cuando rechacé este artículo, negué la recuperación a una terrible cantidad de alcohólicos, algunos de los cuales pueden ya estar muertos; pero podemos suponer que prácticamente todo el resto de ellos todavía están enfermos y sufriendo. Por lo tanto, en un sentido, mi acción ha pronunciado la sentencia de muerte para algunos borrachos y condenado a otros a un período mucho más largo de enfermedad.

Pero me fui por completo al lado conservador, a causa de que los requisitos del artículo hubieran tenido a crear una imagen clara y llena de colorido de mí como persona. Estoy seguro de que esto hubiera creado para el futuro, una tentación en nuestra gente, que tiene un impulso por destacar, para obtener artículos similares, seguidos de su nombre completo y fotografía. Por esta razón, aprecié que era mejor que algunos murieran y otros sufrieran, en vez de establecer un precedente tan peligroso. Por lo tanto, rehusé la publicidad, y debo confesar que no fue fácil".

Respecto a los demás "puntos para asegurar nuestro futuro", con su genio para hacer lo mejor de lo que en cualquier caso era inevitable, Bill formuló una tradición diseñada para hacer su propia presencia, si no obsoleta, cuando menos sólo marginalmente importante y de ninguna manera inevitable para la continuación del bienestar de su propia creación. En 1942, incluso antes del primer viaje que hizo, que fue el de Los Angeles, había escrito:

"Hace alrededor de un año, me di cuenta fuertemente de que los más antiguos en realidad nos estamos volviendo menos importantes para el movimiento. Aunque esto es un poco difícil para el viejo ego, empiezo a ver cuan verdaderamente providencial es eso. Aquí hay gente que se ha levantado por sus principios y no por sus maestros. Qué buenos [augurios] para el futuro a largo plazo".

En vez de deplorar el tiempo por venir cuando había sobrevivido a su propia utilidad, aseguró a la Fraternidad que la situación más deseable era que los miembros individuales, incluido él mismo, siempre fueran menos importantes para A.A. que los principios del programa en sí. Colocar a Alcohólicos Anónimos dependiendo primariamente de la idea, el espíritu y el concepto, en vez de en cualquier fuerza temporal o personalidad individual, eso es exactamente lo que hicieron los "Doce Puntos para Asegurar Nuestro Futuro", de Bill.

La tradición que se desarrolló del segundo de estos Doce Puntos, especifica. "Para el propósito de nuestro grupo sólo existe una autoridad fundamental: un Dios amoroso tal como puede manifestarse en la conciencia de nuestro grupo. Nuestros líderes no son más que servidores de confianza; no gobiernan".

La primera experiencia de Bill publicada con la noción de conciencia de grupo consistió en los sucesos que rodearon la oferta que recibió, al principio, para trabajar profesionalmente como terapeuta sin título en el Hospital de Towns. Esta fue una anécdota que Bill siempre disfrutaba contar.

Si "para el propósito de nuestro grupo sólo existe una autoridad fundamental: un Dios amoroso tal como puede manifestarse en la conciencia de nuestro grupo", lógicamente se deduce que los líderes de A.A. no son autoridades en el sentido común de la palabra, sino más bien servidores y un instrumento de la conciencia de grupo. La ocupación de su cargo será breve; como está en la naturaleza evolutiva de A.A., se reemplazarán por aquellos que vienen detrás.

De las demás Tradiciones, la Primera Tradición dice: "Nuestro bienestar común debe tener la preferencia; la recuperación personal depende de la unidad de A.A." Al exponer esta Tradición, Bill la parafraseaba al establecer que "el grupo debe sobrevivir o el individuo no lo hará".

La Tercera Tradición dice: "El único requisito para ser miembro de A.A. es querer dejar de beber". El método de prueba y error produjo todas las Tradiciones; intentos fallidos de imponer otros requisitos refuerzan ésta. Por ejemplo, el mismo Dr. Bob había expresado su inquietud acerca de admitir mujeres en A.A. como miembros, cuando se presentaron las primeras.

El principio que se expresaría consisamente en la Tercera Tradición pudo ser aceptado en general, pero ponerlo en práctica no fue tan fácil. Uno de los obstáculos fue que a veces parecía contradecir la Cuarta Tradición, que dice: "Cada grupo debe ser autónomo, excepto en asuntos que afecten a otros grupos o a Alcohólicos Anónimos, considerado como un todo". En una carta de 1943, Bill deploró ésto y confesó su frustración y su sensación de inutilidad acerca de la situación:

"Junto contigo, lo siento muy profundamente acerca de este asunto de la raza. Salvo esta cuestión, supongo que A.A. es la sociedad más democrática del mundo. Todos los hombres deben tener una oportunidad igual de recuperarse del alcoholismo; ese es el ideal sobresaliente.

Pero, infelizmente, mi propia experiencia sugiere que quizá no se logre mientras vivamos. En todo el sur y parte del norte, los blancos se rehusan a mezclarse socialmente con los negros; es un hecho que debemos enfrentar sin rodeos; no se les puede coaccionar ni persuadir a que lo hagan ¡ni siquiera siendo alcohólicos! Lo sé, porque una vez lo intenté aquí en Nueva York y fui rechazado tan violentamente, que me di cuenta que, sin importar qué tanta fuera la insistencia, esta no podría hacer algún bien; estaba destinada a hacer daño.

Comparado con el de los alcohólicos blancos, en realidad el número de negros es muy pequeño. Supongamos que alguno de nosotros intentara forzar la situación en el sur; el prejuicio es tan grande que 50 blancos podrían quedar fuera de A.A. con objeto de que salváramos a uno de color. Ese es el principio del bien mayor, para el mayor número; deplorablemente cae lejos de nuestro ideal, pero en la práctica, ¿qué podemos hacer al respecto? No lo sé, todavía estoy buscando arduamente la respuesta.

Hasta donde he aprendido, que no hay quien pueda mandar en un grupo de A.A., digo a los grupos que se atengan a los deseos de la mayoría de sus miembros y, si socialmente un grupo rechaza a los negros, debe hacerse un esfuerzo sobrehumano para ayudar a cada uno de los hombres de color para que por sí mismo inicie un grupo y permitirle el acceso a unas cuantas juntas abiertas como observador".

Tan tempranamente como en 1940, Bill había encendido la mecha al invitar a dos alcohólicos negros a que asistieran a juntas en el área de Nueva York. Después de oírlo hablar en una institución, le preguntaron si a su liberación podrían ingresar a Alcohólicos Anónimos, Bill respondió afirmativamente y pocas semanas después, se presentaron en una junta.

"Lo recuerdo bien porque yo estaba ahí", dijo Bobbie B. "Inmediatamente se inició una reacción dentro del grupo; con nosotros estaban algunos sureños, que vehementemente sintieron que Bill se había excedido al tomar esta decisión antes de consultar al grupo. Estaban dispuestos a separarse de A.A. y salirse; por el otro lado, estaban algunos del norte que pensaban que los negros debían ingresar como miembros con plenos privilegios y, por supuesto, los había que estaban en la neutralidad".

Inmediatamente Bill se dio cuenta que había cometido un error. "Así que preguntó a aquellos que objetaban, si estarían de acuerdo en que los negros tuvieran derecho a Alcohólicos Anónimos, igual que cualquier otro ser humano", continuó Bobbie. "Hubo completo acuerdo sobre el principio básico. Así que, más o menos, se decidió que los negros serían invitados a asistir a juntas abiertas o cerradas, como visitantes".

Funcionó el método del compromiso de permitir a los negros asistir a las juntas como "observadores". A mediados del decenio de 1940, un número de alcohólicos negros había encontrado la sobriedad en el programa. A Jim S., un médico, se consideró el iniciador del primer grupo negro de A.A. (La "Historia de Jim" aparece en la segunda y tercera ediciones del Libro Grande).

Barry L., que ingresó al Grupo Manhattan en 1945, recordó lo que sucedió al llegar una persona que no sólo era un negro, sino que también tenía otras diferencias evidentes y alarmantes.

En 1945, Barry estaba de guardia en la casa club de la calle 41. "Un hombre llegó necesitando ayuda. Era negro y entonces no había miembros negros; era un exconvicto y traía a la espalda todas las pertenencias que tenía en este mundo. Traía el cabello teñido de rubio y venía maquillado; además, manifestó que era drogadicto.

No sabíamos qué hacer con este tipo. Me reuní con algunos de los miembros más antiguos y hablamos con el hombre; pero acerca de él, ¿qué podríamos hacer?

Cuando no se llegó a una decisión satisfactoria de la conciencia de grupo, Barry hizo lo que muchos otros A.As. hubieran hecho: Llamó a Bill, a quien le describió el miembro en perspectiva. Después de un silencio, Bill le pidió a Barry que recorriera de nuevo la lista y Barry lo hizo.

"Ahora", inquirió Bill, "¿dijiste que era un borracho?" "Claro que sí", respondió Barry. "No hay duda al respecto, ciertamente es un borracho". "Bueno, es todo lo que podemos pedirle", concretó Bill. Al prospecto se le invitó a asistir a las juntas y, aunque pronto desapareció, su presencia creó un precedente para la Tercera Tradición.

Dice la Quinta Tradición: "Cada grupo no tiene más que un propósito primordial: llevar su mensaje al alcohólico que todavía sufre". O como Bill lo parafraseó con un viejo refrán: "zapatero a tus zapatos".

Para ilustrar el principio de la Quinta Tradición, Bill narra una anécdota acerca de "un miembro" (evidentemente, Bill mismo), que fue al Hospital Towns a hacer el Duodécimo Paso a un alcohólico descrito por el Dr. Silkworth como "un irlandés horriblemente terco. Nunca vi a un hombre tan obstinado. Gritaba que si su socio lo tratara mejor y su mujer dejara de molestarlo, pronto resolvería su problema alcohólico".

Después que Bill explicó el motivo de su visita, el paciente "demandó: '¿Realmente quieres decir que la única razón por la que estás aquí es intentar ayudarme y ayudarte a ti mismo?'

'Sí, dije, 'eso es absolutamente todo lo que hay, no hay nada más'.

Entonces, titubeante, me aventuré a hablar acerca del lado espiritual del programa. ¡Qué regaderazo helado me dio ese borracho! No acababa de salir de mi boca la palabra 'espiritual' cuando se lanzó contra mí '¡Oye!', profirió: '¡Ahora lo veo! Estás haciéndome proselitismo para alguna maldita secta religiosa o algo así. ¿De dónde sacaste eso de que 'no hay nada más'? Pertenezco a una gran iglesia que significa todo para mí. ¡Tienes el valor de venir aquí a hablarme de religión!'

Gracias al cielo le salí con la respuesta correcta para eso. Se basó firmemente en el propósito primordial de A.A. . . .

Por último, vio que yo no estaba intentando cambiar sus puntos de vista religiosos, que quería que en su propia religión encontrara la gracia que ayudaría a su recuperación. A partir de ahí nos llevamos muy bien . . .

Años después, a este rudo cliente irlandés le gustaba decir: 'Mi padrino me vendió una idea y esa era la sobriedad. En aquel entonces, no podía comprar nada más' ".

En casi ninguno de los escritos de Bill se encuentra su don de simplificar lo complejo de una manera tan evidente como se encuentra en las Tradiciones. En primer lugar, fue capaz de dar el nombre a las amenazas potenciales para la supervivencia de la Fraternidad: Simplemente, eran problemas de propiedad, prestigio y poder. Los complicados problemas de propiedad se podían eliminar si A.A. no era propietaria de nada y también se mantenía a sí misma; de ahí las Tradiciones Sexta y Séptima: "Un grupo de A.A. nunca debe respaldar, financiar o prestar el nombre de A.A. a ninguna entidad o empresa ajena para evitar que los problemas de dinero, propiedad y prestigio nos desvíen de nuestro objetivo primordial" y "Todo grupo de A.A. debe mantenerse completamente a sí mismo, negándose a recibir contribuciones de afuera".

En 1946, la Fraternidad ya tenía la suficiente experiencia como para que Bill creyera que una sólida tradición de no afiliacion, sin ninguna excepción, era la única manera de conservar a Alcohólicos Anónimos libre de controversia y desviaciones. La más famosa y narrada de estas experiencias tiene que ver con otro error de Bill respecto a Marty M.; esta vez, su apoyo público al trabajo de ella.

En 1943, enriquecida por cuatro años de experiencia en A.A., Marty había asistido a la primera sesión de la recién fundada Escuela de Yale de Estudios del Alcohol, [2] la primera en E.U.A. de un programa educacional así. Ese verano marcó un momento de decisión en su vida, ya que llegó a convencerse de que las actitudes del público hacia la enfermedad y sus sufrientes había que cambiarlas, y ese fue su llamado para trabajar en el campo de la educación alcohólica. En particular quería ayudar a las mujeres alcohólicas, que pensaba sufrían "un doble estigma".

El Comité Nacional para la Educación sobre el Alcoholismo (N.C.E.A.), Inc. la organización que fundó Marty, abrió sus oficinas el 2 de octubre de 1944. El N.C.E.A., que finalmente llegaría a ser el Consejo Nacional sobre el Alcoholismo, recibió un respaldo entusiasta del Grapevine, que sólo tenía cuatro meses de vida. También recibió el apoyo de mucha gente prominente (y de algunos no tan prominentes), cuyos nombres, incluidos el de Bill Wilson y el del Dr. Bob Smith, aparecieron en el membrete del comité. El N.C.E.A. no estaba afiliado oficialmente con A.A., pero los nombres de los cofundadores de ésta en su membrete, daban la impresión de que los dos grupos estaban conectados. Para hacer más confusas las cosas, al hablar por todo el país patrocinando a su nueva organización, Marty estaba rompiendo su anonimato.

La confusión resultante creció cuando, en 1946, el N.C.E.A. mandó por correo, en gran escala, una solicitud pública pidiendo fondos. Estas cartas se mandaron a algunos grupos de A.A. y Dick S., un depositario, escribió a Bill (que en ese tiempo se encontraba lejos de Nueva York): "Si esta carta citando a Alcohólicos Anónimos llega a caer a los grupos de A.A., que están en las listas de correos, citando A.A. por todas partes y solicitando fondos con un membrete, que lleva tanto tu nombre como el de Bob Smith como patrocinadores, no va ser chico el infierno que estallará".

Además del problema de la separación del trabajo del N.C.E.A. del de A.A. y del problema de las rupturas de anonimato, existía el hecho de que el N.C.E.A. tenía que obtener del público (y de aquéllos que estaban en la vida pública) la mayor parte de sus fondos de operación.

Bill quedó persuadido finalmente de que la no afiliación total era la única solución. En menos de un año, el Dr. Bob y él se salieron del N.C.E.A. y Marty M. afirmó que discontinuaría la identificación pública de sí misma como miembro de A.A.

Mientras Bill estuvo formulando los principios que surgieron de estas experiencias, viajó con frecuencia a Akron para consultar con su cofundador. La capacidad del Dr. Bob para mantener las cosas sencillas le sirvió a Bill como una guía, ya que tenía una percepción de las cosas más complejas. En algunas, transmitía a Bill la voz popular de A.A.; si al Dr. Bob le gustaba, entonces era probable que también lo haría el elemento conservador de la Fraternidad.

Bill también intentó trabajar para el progreso con las 30 ó 40 personas que, por costumbre, "llegarían por café" a Stepping Stones, durante el curso de un fin de semana característico. Los visitantes se sentaban en cualquier lugar y hablaban del último problema o asunto; Bill leería lo que había escrito y todos contribuirían con ideas o sugerencias y él tacharía sus palabras y empezaría de nuevo por completo.

Para él era difícil hablar de otra cosa cuando estaba trabajando en un proyecto, ya que estaba totalmente inmerso en éste y preocupado con ese solo tópico. La medio hermana de Bill, Helen, que en esa época vivía en Stepping Stones, tuvo este recuerdo de su monomanía: "nos sentaríamos a la mesa para almorzar, pero él sólo se sentaría ahí y podías darte cuenta de que su mente estaba en otro lado. Para tomar la sopa agarraba un tenedor o alguna otra cosa y Lois y yo nos poníamos absolutamente histéricas; estaba sentado ahí y nos miraba como diciendo '¿Qué les pasa? ¡Están locas!' En realidad tenía una mentalidad de un solo objetivo, veía una cosa a la vez, de principio a fin".

Muy parecido sucedía en la oficina. Bob H., gerente general desde 1968 hasta 1974, recordó que la característica persistió en los últimos años de Bill: "Si ibas a la oficina y nunca lo habías visto en tu vida —nunca había oído de ti— eras sólo alguien que andaba por ahí dando un paseo; si tenía algo en su mente, lo oirías. Te sentabas ahí durante una o dos horas, mientras él hacía un discurso al respecto".

A pesar de toda su mentalidad en un solo objetivo, Bill nunca perdió su sentido del humor. Marion Weaver, una no alcohólica que estaba trabajando en la oficina, recordó un día, que no era raro ahí:

"Bill estaba escribiendo las Tradiciones. Las escribió y las pulió; él las escribió y yo las mecanografié. Un día él no podía encontrarlas y ¿qué hice con ellas? No las tenía. Dije; 'Yo no las tengo, Bill'.

'Sí, tú las tienes'.

'No, yo no las tengo; tú las tienes'.

'Bien entonces, ¿quién las tomó?'

'No sé quién lo hizo, pero yo no las tengo'.

'Bueno, se perdieron, tú las debes haber perdido. Nadie se interesa por ellas. Nadie se interesa acerca de lo que me sucede; el trabajo de toda mi vida y ¡nadie se interesa por lo que me sucede! Y estaba llorando'. '¡Nadie se interesa por lo que le sucede a Bill!' Y se fue.

En seguida se abrió la puerta, una vez más, y él se detuvo al otro lado de la oficina, se puso sobre sus manos y rodillas y se colocó el manuscrito en la boca, gateando a través del cuarto como un perrito, me lo entregó. Se encontraba extraviado en el fondo del cajón de su escritorio".

Se sabe por lo común que las Tradiciones se desarrollaron tanto de la experiencia de Bill como de la Fraternidad, al igual que de los errores cometidos por anteriores instituciones y movimientos, cuya historia había estudiado Bill,[3] pero no hay muchos A.As. que tengan conocimiento de que Bill no utilizó todas las experiencias transmitidas por los grupos, ni que no siempre empleó la conciencia de grupo como su guía. Fue selectivo, utilizando sólo aquellas experiencias que iban hasta la médula de los problemas de A.A. Ya que su deseo era siempre el mejor interés para la Fraternidad, sus llamadas manipulaciones siempre funcionaron para el bien de la misma. (Como dijo: "Quizá mi vida personal no sea ejemplar, pero nunca he cometido un error en lo que respecta a A.A.")

Algo que viene al caso, es aquello de los derechos de autor de los cofundadores por la venta del Libro Grande. Si Bill hubiera escuchado a la conciencia de grupo en la época en que el libro fue editado, no se habría vendido en lo absoluto, se habría regalado; pero en este asunto Bill pasó por encima de la conciencia de grupo, insistiendo en que el libro debía ponerse a la venta. En una carta escrita algunos años despùés, explica su razonamiento a la luz de los acontecimientos posteriores:

"Nuestra historia prueba que la alguna vez idealista mayoría de ese día estaba seriamente equivocada. Si no hubiera habido entradas para las Oficinas Generales y nada por derecho de autor para el Dr. Bob y para mí, A.A. hubiera emprendido un curso muy diferente y es probable que hasta desastroso. El Dr. Bob y la hermana Ignacia no hubieran podido atender a aquellos 5,000 borrachos en el Hospital de Akron, que fue el pionero. Yo hubiera tenido que dejar el trabajo de tiempo completo hace 15 años. No podrían haber Doce Tradiciones ni ninguna Conferencia de Servicios Generales. Paralizadas económicamente, las Oficinas Centrales no hubieran podido derramar alrededor del mundo el mensaje de A.A.; en realidad, podrían haberse venido abajo por completo. Al faltar la atención cercana, nuestras relaciones públicas ciertamente hubieran sido un enredo. El anonimato a nivel público, nuestra mayor protección en sí misma, se hubiera evaporado. En consecuencia, se podría haber perdido nuestra unidad".

De una vez por todas, la Octava Tradición resolvió el asunto difícil de la propia posición de Bill en la Fraternidad y del ingreso que él derivaba de A.A. Había tomado diez años elaborarla. La conciencia de grupo, además de la experiencia de escribir el Libro Grande y de las demás labores de él y del Dr. Bob en A.A., fueron los precedentes para la Octava Tradición: "Alcohólicos Anónimos debe permanecer siempre no profesional, pero nuestros centros de servicio pueden emplear a trabajadores especiales". Bill no tenía ninguna duda respecto a lo que era un "trabajador especial".

Bill tuvo que decir ésto referente a los "misioneros a sueldo" y de por qué no los quería: "Ahora, es un hecho indudable que en los asuntos espirituales el profesionalismo, con demasiada frecuencia, ha limitado la extensión de la comprensión real y de la aplicación práctica. El mundo moderno tiene poco tiempo para los emisarios de Dios a sueldo, a pesar de un profundo anhelo por el Creador Eterno".

Bill, más que nadie, mereció que se le pagara por el servicio único que prestó a la Fraternidad. Los derechos de autor del libro, que recibía, no eran en pago por el trabajo de Duodécimo Paso, sino por servicios especiales; de esta manera, el dinero le dejó tiempo libre para hacer el trabajo de Paso Doce que hizo de una manera incesante. La Octava Tradición también hizo aceptable la compensación adecuada, en los años futuros, de otros trabajadores especiales. A.A. se iba convirtiendo en una institución, al igual que en una editora de su propia literatura.

Del regusto, amargo y dulce, de la experiencia se seleccionaron lecciones funcionales e importantes.

Aunque los "Doce puntos para asegurar nuestro futuro", base de las Tradiciones, ya se habían publicado ahora, todavía no habían sido aceptados por los miembros. De acuerdo con la Segunda Tradición, Bill todavía tenía que "vendérselos" a los "distritos electorales" y ahora se puso en camino para hacerlo. Durante los tres últimos años del decenio, 1947-1950, todavía enfrentándose a su depresión, salió a los grupos, "vendiendo" las Tradiciones, ya fuera que su auditorio quisiera o no quisiera escucharlo y algunas veces no querían. Bill recordaba: "Recibí cartas como esta: 'Bill, nos encantaría que vinieras y hablaras. Cuéntanos en dónde escondías tus botellas y acerca de esa experiencia espiritual tuya del hot-flash; pero, por favor, no nos hables más acerca de esas malditas Tradiciones' ".

Esta fue sólo una de las diversas circunstancias en que Bill se encontró "nutriendo a la fuerza", la independencia de la autonomía a los miembros de A.A. Durante esos años que estuvo de viaje, también habló de sus ideas para una estructura de A.A. de representantes electos; líderes que fueran "servidores de confianza", era el más afectuoso deseo de Bill para Alcohólicos Anónimos. En los años por venir, Bill se iba a encontrar en la curiosa posición de persuadir a la Fraternidad a tomar en sus manos, tanto a ella misma como a su bienestar. Se pasaría los años siguientes intentando que la Fraternidad quedara libre de sus ataduras, contra los deseos de las mismas personas a quienes estaba tratando de liberar hasta de él mismo.

1. El nombre Bedford fue uno de los varios agrupamientos de coincidencias en la vida de los Wilson. Bill estuvo asignado a un puesto militar en New Bedford, Mass., en 1917, cuando se tomó su primer trago. Los Wilson compraron una casa en Bedford Hills. Durante años, Bill se hospedó en el Hotel Bedford. En Brooklyn, tenía unos amigos que se apellidaban Bedford.

Otra coincidencia fue el número desproporcionado de doctores en sus familias combinadas. La madre de Bill fue doctora, al igual que su segundo marido. Dorothy, la hermana de Bill, estaba casada con un doctor. Lois era hija de un doctor y hermana de otro doctor. El otro cofundador, fue un doctor.

Todavía otro conjunto de coincidencias se agruparon en el 24 de enero. Fue la fecha de su matrimonio y la del ataque del corazón de Lois en 1954; y la fecha de la muerte de Bill.

2. El programa de Estudios de Verano de Yale fue fundado por el Dr. Howard W. Haggard y Elvin M. Jellinek, un biólogo. En 1962 fue transferido a New Jersey y se convirtió en la Escuela Rutgers de Estudios del Alcohol.

3. Ver sus comentarios en el "Doce y Doce", en referencia al movimiento Washingtoniano, y de cómo su decadencia le ayudó a formular los principios reunidos en la Décima Tradición.

Capítulo Veinte

Bill sabía que para que sobrevivieran las oficinas centrales y el consejo de depositarios, necesitarían el apoyo moral y económico de los grupos. Sus sugerencias al Dr. Bob fueron: (1) que a los grupos se les diera pleno control de sus propios asuntos y: (2) que estuvieran oficialmente ligados al consejo y a las oficinas centrales mediante lo que Bill llamó una conferencia de servicios generales. Los miembros de la conferencia incluirían representantes, delegados electos de los grupos mismos.

Su primera proposición fue remitida a los nueve depositarios de la Fundación Alcohólica en forma de memorándum, que llamó "Un Código Sugerido de Tradiciones para las Oficinas Centrales Generales de A.A." Lo escribió a raíz de una súbita liberación de la depresión, a principios del verano de 1946. Su alivio fue inmenso; en una carta al Dr. Tiebout fechada el 1o. de junio de 1946, describió lo que sucedió:

"Hasta hace poco, casi no había sentido alivio de las depresiones durante dos años y, cuando solía sentirme mejor, sólo era que tenía menos depresión de la habitual.

Hace alrededor de seis semanas, cancelé todos los compromisos para dar pláticas y me sustraje por completo de la

situación de la oficina. Entonces nos fuimos a Vermont. [1]
Régimen: dormir, comer, caminar, pescar, leer; Lois y yo solos en
una vieja casa de campo cerca de Brattleboro. Una mañana,
aproximadamente diez días después de haber empezado ésto,
mientras ella estaba sentada en la sala leyéndome, súbitamente me
puse 'en silencio'; ningún júbilo ni tampoco hubo ninguna
sensación especial de paz, sólo quedé muy en silencio por dentro.
Tampoco fue inercia ni apatía; fue como si alguien hubiera puesto
en neutro la palanca de velocidades, yendo el coche a pararse
lentamente. Pero, y esto es muy importante, el motor todavía
estaba funcionando, lo podía oír bajo el cofre, plenamente vivo,
pero girando con tranquilidad. Nunca tuve antes una sensación
completa de esta calidad y ese tono bajo ha persistido desde
entonces, bajo todas las condiciones.

Al regresar a Nueva York, me involucré mucho, en la oficina ,
en un proyecto de Hollywood de hacer una película. [2] Me cansé;
una vez me enojé; pero llegué a estar absolutamente interesado y
animoso, sin que sintiera ningún vestigio del fenómeno del colapso
de frustración. He tenido la sensación de volver a vivir, mental,
física y emocionalmente. La reacción ante todo esto es de gratitud
en vez de éxtasis. Muy interesante, ¿no te parece?"

El Código para las Oficinas Centrales Generales, que Bill
sometió a la consideración de los depositarios, tenía 12 secciones,
como los Pasos y los "Doce Puntos para Asegurar Nuestro
Futuro", recientemente publicados en el Grapevine. El "código"
de Bill y los memorándums que, para apoyarlo, escribió
posteriormente a la fundación, no ocasionaron ningún cambio
importante; excepto, quizá, poner a los depositarios a la defensiva.
Fueron preludios poco juiciosos a la proposición que ahora
buscaba apoyar: la conferencia de representantes regionales de los
grupos.

La mayor parte de los depositarios querían conservar el estado
de las cosas; confiaban en su propia capacidad para manejar
cualquier situación que pudiera surgir y no estuvieron de acuerdo
con Bill acerca de la necesidad del cambio. También hubo
oposición de los veteranos de Nueva York, Akron, Cleveland y
Chicago, que sintieron que ellos podían y debían supervisar los
asuntos de aquéllos que llegaron después que ellos.

Bill sabía que los miembros más nuevos no continuarían aceptando esta supervisión; con regularidad su correspondencia traía cartas que lo criticaban por "exceder su autoridad". Si los miembros criticaban a Bill, con su inmenso prestigio en la fraternidad, había poca oportunidad de que aceptaran la dirección de los veteranos y, mucho menos, de los depositarios a los que ni siquiera conocían.

En esta campaña para la conferencia de servicios generales, Bill encontró poco apoyo en el consejo; sólo Bernard Smith, el presidente, lo respaldó. Dijo Bill: "La mayoría del consejo... creyó que crear una conferencia . . . ocasionaría política y gastos innecesarios. La fundación lo había hecho bien durante diez años, así que ¿por qué no proseguir exactamente de esa manera?"

Con un ojo irónico en su propio comportamiento, Bill narra lo que sucedió a continuación: "Característicamente alcohólico, llegué a estar muy acalorado y ésto cambió la resistencia pasiva de mis compañeros de trabajo, en una sólida oposición. Se desarrolló una grieta seria entre los miembros alcohólicos del consejo y yo y, con el transcurso de los meses, la situación se fue volviendo cada vez peor. Con mucha razón, se resintieron por mis tácticas de dar mazazos y mi continua violencia. Conforme aumentaba la tempestad, así lo hacían mis mordaces memorándums al consejo; uno de ellos fue de una composición asombrosa. A continuación de una larga solicitud para obtener una conferencia de A.A. electa y otras reformas, y después de haber señalado que los depositarios tenían toda la autoridad que había, sin ninguna responsabilidad para nadie, incluidos el Dr. Bob y yo, terminé el memorándum con esta sorprendente oración: 'Cuando estuve en la escuela de leyes, el libro más voluminoso que estudié fue uno sobre fideicomisos y debo decir, caballeros, que en su mayor parte era una larga y melancólica narración de las conductas reprochables y los abusos de autoridad de los consejos de depositarios'. Había escrito esto a un grupo de los mejores amigos que tenía en el mundo, gente que se había dedicado sin restricción a Alcohólicos Anónimos y a mí. Evidentemente, estaba en una borrachera seca de la peor clase posible".

Bill decidió ahora sondear los sentimientos de los miembros. El 6 de febrero de 1948, Lois y él salieron a hacer un viaje a los grupos. Viajando por tren a través de Canadá, se detuvieron para visitar grupos en Toronto, Winnipeg y Calgary. Cruzando la vasta tierra canadiense, en Regina, Saskatchewan, los despertó a las 4:00 a.m. el A.A. solitario de ahí, que subió al tren para saludarlos: había estado en la Ciudad de Nueva York con el National Horse Show (Feria Nacional del Caballo), ¡para exhibir sus perros pastores!

En Columbia Británica, los Wilson se detuvieron para saludar al padre de Bill. Gilman y Cristina todavía vivían en un pueblo diminuto llamado Marblehead, y el padre de Bill todavía trabajaba en cosas relacionadas con las canteras de mármol que había ahí. Llegar hasta ellos se convirtió en sí en una aventura; era febrero y el camino a Marblehead estaba intransitable excepto a pie, ya que los deslizamientos de nieve lo obstruían en algo menos de cinco kilómetros. Los A.As. locales les prestaron pantalones de esquiar, calcetines de lana y linternas, y así se fueron caminando con gran dificultad; los zapatos de Lois se le salían continuamente. "Fue emocionante en la oscuridad y con el frío y la nieve, solos en un camino desconocido", recordó ella.

Del otro lado de los deslizamientos de nieve, estaba esperando un camión para cargar las provisiones de un barco para llevarlos, los ocho kilómetros adicionales, al hogar de Gilman y Cristina que, según refirió Lois, no se sorprendieron de verlos, al haber sospechado que ellos persistirían.

Bill había visto a su padre sólo alrededor de una docena de veces desde 1906 y, por lo general, había sido por iniciativa de Bill (aunque Gilman había ido a New Bedford, cuando Bill y Lois estaban recién casados, para "ver qué clase de muchacha había escogido su hijo"). No obstante, en apariencia Bill no sentía resentimientos contra su padre; por el contrario, como un adulto, le expresó gratitud, un gesto característico de Bill.

Lois, creía que cuando Bill y Dorothy eran niños, "Sólo ocasionalmente", Gilman había mandado dinero para mantenerlos, lo que causaba alguna amargura a la Dra. Emily; pero, añadió Lois: "Creo que gradualmente Bill empezó a sentir pena por su padre; encontraron que tenían algo en común, pero no tenían suficientes antecedentes de compañía para que realmente fueran verdaderos amigos".

Bill y Lois permanecieron una semana en Marblehead, descansando, caminando, platicando y tocando duetos de violín y piano en instrumentos prestados. (Bill nunca sintió apego a algún instrumento en especial; tocaba en cualquier violín —o violoncelo— que estuviera a la mano. Le agradaba en extremo arreglar los instrumentos). El 21 de febrero dejaron Marblehead, habiendo arrancado del mayor de los Wilson una promesa, a medias, para visitar el Este en la primavera con el fin de asistir a la boda de su hija Helen, que estaba planeando casarse con Ralph R.

Dos días después, Bill y Lois llegaron a Vancouver, en donde Bill habló de las Tradiciones ante una reunión de aproximadamente 1,000 personas.

A donde quiera que fueron, los recibieron con regalos, muchos de ellos de belleza y valor (un camafeo, un platito de plata con una larga inscripción, un juego de café Royal Crown Derby, un par de juegos grabados de pluma y lapicero, una salsera de plata, un pergamino iluminado de los Pasos) y flores para Lois (por lo general orquídeas). Estaban a la mano los reporteros y, con frecuencia, los fotógrafos.

Al final de este viaje, que duró tres meses completos, Bill estuvo convencido, sin tener duda alguna de que los grupos también querían una conferencia de servicios generales.

Al igual que el consejo, el Dr. Bob era conservador en su reacción a la propuesta de Bill, a quien, en mayo de 1948, le escribió lo siguiente: "Sin importar qué tan deseables puedan ser muchos de estos cambios, tengo la sensación de que se llevarán a cabo sin mucha confusión súbita. Si los depositarios no tienen la razon, caerán por sí mismos. Estoy exactamente tan interesado en A.A. como tú lo estás, pero no estoy cien por ciento seguro de cuál será el curso más prudente a seguir y la organización más sabia. Parece que, por el momento, quizá 'Tómalo con Calma' es el mejor curso a seguir . . . , así que por el momento conserva la calma y recuerda que suceda lo que suceda, te queremos mucho".

Bill fue incapaz de dejar discurrir el asunto. Su persistencia —quizá a pesar de sí mismo— es evidente en una carta que dos meses después escribió al Dr. Bob:

"Aunque, por ahora, he dejado de presionar sobre el asunto de la conferencia, me parece prudente poner por escrito, en líneas generales, el material que he estado presentando [a] los grupos y a los depositarios. Posteriormente este perfil puede llegar a ser la base para establecer la conferencia en forma experimental.

Así que me pregunto si le darías una leída cuidadosa al material que incluyo y luego hablaríamos por teléfono acerca de él. Quizá tendrás en mente algunas sugerencias o concluirás que no te gusta en absoluto la idea general; si esto último es el caso, estoy perfectamente dispuesto a olvidarme de todo el asunto".

Pero no lo estaba. "Por otra parte, por si ambos podemos estar de acuerdo en qué clase de programa deseamos para una conferencia que un día veremos inaugurada, entonces agregaré a este material una carta en la que manifestemos que es nuestro deseo conjunto y, si la funeraria nos lleva a ambos mientras nuestros depositarios y amigos todavía están meditando el asunto, existirá un antecedente bien definido de cómo sentimos que la conferencia debía ponerse en marcha.

Mientras tanto, ten la seguridad de que estaré herméticamente callado".

Bill, a pesar de las aseveraciones a su socio, fue incapaz de estar "herméticamente callado". Su deseo de ver establecida la conferencia adquirió ahora una gran urgencia; el Dr. Bob había sido operado de cáncer y Bill entendía que esta enfermedad sería probablemente mortal. Saber eso debe haberle evocado pensamientos referentes a su propia mortalidad y de la relación práctica de la fundación y sus depositarios con los miembros.

En la biografía de Bill, de Robert Thomsen, estas palabras describen al niño que había sido Bill Wilson: "Bill odiaba hacer cosas que le fueran difíciles, pero era como si el muchacho sintiera que tenía que hacerlas, como si entendiera que no encontraría paz hasta que las conquistara".

Eso le pasaba ahora a Bill; era como si lo manejaran demonios. Sencillamente tenía que ver establecida la conferencia de servicios generales; estaba convencido de que sin ella no sobreviría la Fraternidad.

Y así, a pesar de su intención explícita de dejar descansar el asunto, fue incapaz de hacerlo; y continuó la disputa.

Una carta escrita al Dr. Bob, en febrero de 1949, indica la frustración, urgencia y sensación de impotencia de Bill:

"Querido Smitty: Con seguridad ha llegado la hora en que tú y yo debemos tomar una decisión concerniente al futuro de la Fundación Alcohólica y su relación final con el movimiento de A.A. Necesitamos determinar cuáles son las responsabilidades que nos quedan y también cuándo y cómo vamos a actuar al respecto.

Nada podría darme más alivio personal que retirarme de la situación por completo, y ahora. Podría sólo consolarme con la tentandora disculpa de que Dios lo hará todo, de que tú y yo no tendremos ya esa representación y, de aquí en adelante, ninguna responsabilidad en este asunto. Es imperativo abandonar esa disposición enfermiza; alejarse de la responsabilidad definida puede significar fallarle a Alcohólicos Anónimos.

¿Tenemos el deber claro de ver que la fundación, el Grapevine y la oficina se pongan en buen orden y entregados a la conservación directa de A.A. como un todo?

El hecho sin rodeos es que todavía tú y yo dirigimos a Alcohólicos Anónimos. Por consentimiento mutuo, seguimos siendo los dos únicos individuos en A.A. realmente con derecho para hablar por el todo, y se espera que lo hagamos. Tú y yo sabemos qué errónea es esta condición para el futuro; ninguno de nosotros la quiere, no nos agrada; pero, simplemente, todavía no podemos dejarla ni podemos transferir con éxito esta carga a un pequeño y desconocido grupo de depositarios, sin importar qué tan dispuestos puedan estar a asumirla. Al igual que nosotros, en algún momento se pondrán por la nubes y nuestros servicios vitales al 'millón de borrachos que aún no conocemos', se encontrarán en doloroso riesgo. En cada una de sus partes, la fundación tendrá que transferirse a la custodia directa de los representantes regionales del movimiento de A.A.

Naturalmente, los grupos no se dan cuenta en lo absoluto de qué manera tan sólida están colocados sus asuntos vitales, en manos de un fideicomiso legal e independiente, sobre el cual ni ellos ni nosotros estamos en una posición de ejercer la menor acción directa.

Así es, Smitty, que si no tomamos la iniciativa para componer este estado nada práctico de las cosas, entonces los grupos descubrirán algún día todo ésto por sí mismos. Demasiado tarde, se puede aprender que el castigo por seguir la corriente y abandonar la responsabilidad, con frecuencia, es mucho más destructor que la incomodidad pasajera de la acción a tiempo.

En donquiera, los grupos han tomado en sus propias manos los asuntos de servicio; los fundadores locales y sus amigos hoy están marginados. No podré comprender nunca por qué olvidamos eso cuando pensamos en el futuro de la fundación.

Ahora hay alguna razón para pensar que todos los depositarios no alcohólicos y cuando menos uno de los alcohólicos, están desesperadamente cansados de esa altamente inflamable insensatez que ha caracterizado la esencia de la fundación en estos ya muchos meses críticos. No tengo duda alguna de que nuestros amigos están consternados y heridos conforme ven todo el curso de nuestro asunto, quizá de nuestro destino, desviado por borrachos en borracheras continuas, tanto húmedas como secas.

Todos necesitamos mucho de tu presencia e influencia, en especial yo.   Tu tranquila disposición y firme apoyo pueden significar todo. No nos arriesguemos más, el tiempo vuela. Afectuosamente".

El Dr. Bob estaba muy enfermo. Su respuesta al continuo importunar de Bill fue diferir el asunto. En una carta fechada el 14 de marzo, se lee:

"Querido Bill: He tenido una enfermedad muy dolorosa desde que estuviste aquí. Tengo la sensación de que esta no es una cosa particularmente guiada para hacerla ahora. Quizá esté equivocado, pero esa es la forma como lo siento. Afectuosamente, Smitty".

Ahí se quedó, más o menos, el asunto por el momento.

Como si todo esto no fuera suficientemente triste y doloroso, la salud de Anne Smith estaba empeorando. Casi ciega de cataratas, ya había sufrido tres operaciones para corregir la condición, pero entonces no quiso ya más cirugía.

Todo reclamaba la atención de Bill. La Primera Convención Internacional se efectuaría en Cleveland en julio de 1950. Ya se habían hecho convenciones regionales y estatales, pero la posibilidad de una convención internacional había surgido inicialmente en una carta de junio de 1949, de un miembro de Houston a la oficina de Nueva York. La respuesta de Bill apoyó la idea sin comprometerse a que Houston fuera la sede. No había cuerpo representativo para aprobar o rechazar esa proposición, expresó (Sin desaprovechar nunca la oportunidad de subrayar su punto) y sugirió la prudencia de no proponerla como una reunión "internacional", ya que ese título podría sugerir que contaba con el apoyo de las oficinas centrales.

Pronto llegó a estar claro que Cleveland se podría utilizar como sede sin levantar protestas en ninguna otra parte del país, ya que era un gran centro de A.A. y sólo estaba a 55 kilómetros de Akron, de manera que el Dr. Bob, ahora en las últimas etapas de su enfermedad, fuera capaz de presentarse. En 1947, experimentó su primera operación y en 1948 se le diagnosticó que tenía cáncer mortal.

Conforme se fueron juntando planes para la Convención, Earl, T., fundador del grupo de Chicago, sugirió que los "Doce Puntos para Asegurar nuestro Futuro", se beneficiarían por la revisión y al ser abreviados. En 1949, Bill se puso a hacer ésto, a tiempo para el acontecimiento de Cleveland y, por supuesto, nunca abandonó su idea de una conferencia de servicios generales; de su fértil cerebro continuaron volando memorándums a los depositarios y cartas al Dr. Bob.

El 24 de mayo de 1949, a invitación del Dr. Kirby Collier de Rochester, entre los psiquiatras uno de los primeros admiradores de A.A., Bill fue a participar a un simposio de alcoholismo presentándose ante la Asociación Psiquiátrica Estadounidense reunida en Montreal. Un número de los miembros de ésta se mostró poco entusiasta de que les dirigiera la palabra un no profesional. Acerca de ésto, a Bill le gustaba narrar una anécdota sobre él mismo: Después de su plática, uno que había sido presidente de la Asociación había declarado que "aparte de los pocos A.As. presentes en la sala y de mí mismo, no creo que ninguno de mis colegas creyera una sola palabra de su explicación". Cuando Bill mostró sorpresa ante ésto, mencionó cuántos aplausos había recibido, el hombre respondió: "Bueno, Sr. Wilson, ustedes los A.As. tienen cien mil recuperaciones y los que estamos en la profesión psiquiátrica sólo unas pocas. Aplaudieron los *resultados*, mucho más que el *mensaje*". (El énfasis es de Bill).

El 1o. de junio, escasamente una semana después de la plática de Bill en Montreal, murió Anne, la esposa del Dr. Bob.

Las emociones de Bill deben haber sido virtualmente una montaña rusa. Todavía estaba viendo a un psiquiatra, que ahora era un doctor llamado Frances Weekes. Lo veía una vez a la semana, los viernes, y los sábados a Monseñor Sheen para la instrucción católica. De la ayuda que el psiquiatra le estaba dando, escribió a un amigo:

"Su tesis es que mi posición en A.A. ha llegado a ser muy inconsistente con mis necesidades como individuo. Con lo altamente satisfactorio que es vivir la vida de uno para los demás, esto no puede más que ser desastroso si se hace como aquellos otros piensan que se debe vivir. Para mejor o peor, uno tiene que escoger su propia vida. El grado hasta el que el movimiento de A.A. y los individuos que están en él, determinan mis elecciones, es realmente asombroso. No desarrollan todas sus posibilidades las cosas que son primarias para mí, incluso para el bien de A.A.; de contínuo soy desviado a actividades secundarias e, incluso, inútiles por A.As. cuyas demandas a ellos les parecen primarias, pero que en relidad no lo son, y así tenemos a la persona del Sr. Anónimo en conflicto con Bill Wilson. Para mí, ésto es más que una especulación interesante, es buen sentido común".

Para indicar algunas otras clases de demandas que de ordinario se hacían a Bill, he aquí un apunte del diario de Lois, que no dejaba de ser característico:

"Bill, Helen y Eb se fueron a la ciudad. Bill salió diciendo que si alguien iba a verlo con otro problema, gritaría. Poco después que se fueron, Dot [la hermana de Bill], llamó por teléfono diciendo que había recibido la carta más horrible de su madre, quien había dicho que, en el número de marzo del Grapevine, decía que íbamos en camino hacía ahí (lo cual no fue así), que no se lo habíamos dicho, que había pedido prestados 75,000 dólares, etc. Dot dijo que volaría inmediatamente ya que temía ocurriera un suicidio. Bill movió influencias y le consiguió una reservación en avión para las 2:30. Perdió el tren hacia N.Y. y Kitty la llevó en coche hasta allá. Cada uno estaba llamando por teléfono a todos los demás; yo envié un telegrama a Freddy B. acerca de mamá. Dot debía llegar a Los Angeles en 12 horas. Helen vino a casa y Zerelda pasó otra vez la noche ahí. Bill se las ingenió para ir a dejar a Dot al avión y fue por Silbley a Bellevue y después al High Watch Farm".

La gente sentía en Bill una fortaleza y una calidad más larga que la vida; era a él a quien recurrían —familia, amigos, A.As.— para auxilio emocional, físico y espiritual. No sólo estaba siempre dispuesto y era incapaz de rehusarlos, sino que se salía de sus hábitos para ofrecer su ayuda a toda clase de gente: uno que fue depositario no alcohólico y que había caído en tiempos difíciles; Mark Whalon, su amigo de la infancia en East Dorset, que estaba enfermo y necesitaba apoyo; Sue, la hija del Dr. Bob, que estaba teniendo problemas emocionales. Durante los últimos años de la vida de Gilman, Bill le mandó cheques con regularidad. Invitó a vivir en Stepping Stones a su medio hermana Helen; se aseguró que su hermana Dorothy tuviera ayuda (la llevó con el Dr. Tiebout) cuando, a mitad de la vida, tuvo una crisis emocional. Conservó una vigilancia constante sobre su madre que estaba en San Diego y en sus últimos años, insistió en que se fuera a vivir al Este y, por supuesto, ahí estaba Ebby.

El comportamiento de Bill hacia Ebby —incluso dada su naturaleza generosa y su deuda de gratitud con el hombre al que llamaba su padrino— fue más allá de la comprensión de muchos de sus amigos. Sencillamente Bill no podía hacer lo suficiente por Ebby; esto, dado el hecho de que Ebby, después de que el dinero de su familia se había terminado, sólo podía hacer muy poco por sí mismo, significó que Bill se encargó por él de las principales responsabilidades, hasta que murió —sobrio— en 1966.

Además de todo esto, Bill sostuvo una cadena sin fin de correspondencia con docenas de escritores de cartas que se comunicaban semanalmente con él, pidiéndole su asesoramiento y consejo en toda clase de problemas: alcoholismo, depresión, esquizofrenia, cólera, fe, ninguna fe, problemas de todos los días.

A pesar de todas las distracciones, permaneció constante el enfoque de Bill en construir una estructura de servicio para A.A., empezando en 1945 y continuando hasta 1967, cuando finalmente se completó la última pieza del proceso. Estaba determinado a liberar de sus padres —él mismo y el Dr. Bob— a Alcohólicos Anónimos y a vincular a los depositarios una mayor responsabilidad para el movimiento de A.A.

Pero Bill no había contado con los sentimientos de los miembros, que no veían la necesidad de esa separación ni de la vinculación. La mayor parte de ellos querían que Bill, su líder, continuara guiándolos. En disputas entre el padre y el hijo, por lo general es éste quien desea la independencia y el padre el que quiere retenerlo; pero, aquí, la verdad era lo opuesto. A.A. estaba creciendo y ahora era realmente internacional, ya que había tanto grupos como solitarios en el Reino Unido, Europa Occidental y en todo el mundo y, mientras más crecía Alcohólicos Anónimos, en cierto sentido más se agarraba a los pantalones de Bill.

Lo más irónico de esta situación extraordinaria fue el hecho de que Bill y el Dr. Bob ya no podían ahora permitirse a sí mismos practicar su propio programa y mantener su recuperación. El bastión del anonimato, ese lugar seguro en el que cualquier borracho podía sentarse y permanecer tranquilamente retirado, ser sanado y ser en verdad anónimo, no estaba disponible para Bill, ya que le era virtualmente imposible asistir a una junta de A.A. como un miembro regular. A dondequiera que iba, tarde o temprano lo identificaban, lo llamaban y le pedían los guiara. Mirando más de cerca a los detalles de la vida diaria de Bill, uno se da cuenta que estaba en un proceso constante de vaciarse a sí mismo mediante el servicio a otros y que tenía poca oportunidad de reponer sus energías, ni siquiera de beneficiarse con las juntas.

El 11 de mayo de 1950, alrededor de tres meses antes de la Convención de Cleveland, Bill y Lois se fueron a Europa, específicamente a visitar A.A. en Europa. En una carta que Bill escribió desde Dublin al Dr. Bob, se lee en parte:

"Todavía no hace siete semanas que nos vinimos y en Noruega hemos visitado cuatro ciudades, tres en Suecia, una en Dinamarca, dos en Holanda, al igual que París, Londres y ahora Dublin, en Irlanda.

Tanto Lois como yo deseamos, Smitty, que pudieras haber visto y sentido lo que nosotros en este viaje. No necesitamos decirte que Alcohólicos Anónimos ha llegado a Europa para quedarse. Con su facilidad habitual, está derribando las barreras de la raza, credo, lenguaje y costumbres. Sin mucha literatura de A.A., se está haciendo un gran trabajo, que recuerda fuertemente el de nuestros tiempos de pioneros en Akron, Cleveland y Nueva York; aunque ellos tienen la ventaja de nuestros antecedentes de éxito, los grupos se inician aquí bajo circunstancias muy diferentes a como empiezan a funcionar allá los nuevos grupos. Como nosotros en los primeros tiempos, no pueden considerar nada como garantizado. El público todavía sabe poco respecto a ellos; los clérigos y los doctores, con unas pocas excepciones, todavía dudan. Se encolerizan con los debates comunes sobre si Dios hizo al hombre o éste hizo a Dios. Temen toda clase de calamidades que tú y yo sabemos que no sucederán y, con todo, siguen adelante. Nos hacen volver a vivir viejos tiempos".

A la próxima celebración del XV aniversario de A.A., Bill la llamó fiesta de la "llegada a la mayoría de edad" de A.A., aunque en ésta generalmente se cree que "llegó a la mayoría de edad" cinco años después, en St. Louis, pero como era costumbre, el horario interior de Bill estaba cinco años adelantado respecto al de los demás.

La Convención de Cleveland fue un acontecimiento memorable, principalmente porque estableció el precedente para futuras Convenciones Internacionales. Desde entonces, se han efectuado cada cinco años en una ciudad principal de América del Norte y todo indica que continuará esta práctica. Fue idea de Bill que cada Convención debía tener un propósito específico y en las dos primeras lo hubo: La agenda principal de Cleveland fue aceptar las Tradiciones y permitir al Dr. Bob decir adiós; la segunda, en St. Louis, marcaría la "llegada a la mayoría de edad" de A.A., cuando Bill entregaría A.A. a los miembros.

El viernes 28 de julio de 1950, se abrió la Primera Convención Internacional, con una asistencia aproximada de 3,000. El registro fue de 1.50 dólares por persona. El fin de semana consistió en una serie de reuniones, efectuadas desde el viernes hasta el domingo en varios hoteles de Cleveland —el Carter, el Hollenden, el Cleveland— además de una reunión en el Music Hall. La tarde del sábado fue reservada para ofrecer las Doce Tradiciones (la forma más breve y digerible de los "Doce Puntos para Asegurar Nuestro

En las dos páginas siguientes: La tranquila espiritualidad del Dr. Bob y el enfoque de "mantenerla sencilla", fueron complementos ideales para la visión y los instintos promotores de Bill. Derecha: El humor, su manera de ser sencilla y a veces hasta sensiblera de Bill, fueron parte del magnetismo personal que los A.As. encontraron irresistible.

Futuro") a los miembros. Bill las presentó como un corolario natural a los Doce Pasos, representándolas como puntos necesarios para la unidad de la fraternidad.

"Pidió una plena discusión de las Tradiciones, pero no hubo nadie que opinara", informó un miembro. "Después, al no haber comentarios, sugirió que debíamos adoptarlas oficialmente para A.A., mediante una votación, poniéndonos de pie. Todos nos levantamos en la pletórica sala. Bill Wilson expresó: 'Estas Tradiciones se adoptan ahora como parte de nuestra doctrina de A.A.'" El apoyo a las Tradiciones fue unánime, debido a que su sentido fue bien comprendido y ampliamente aceptado.

El gran suceso del fin de semana fue la reunión de la tarde del domingo. Efectuada en el auditorio de Cleveland, tuvo dos oradores, Bill y el Dr. Bob; la plática de éste fue la última que dio. Muchos en el auditorio sabían que ya no podía vivir mucho tiempo.

En el año transcurrido, desde la muerte de Anne, la salud del Dr. Bob se había ido deteriorando de una manera constante, pero con sus característicos estoicismo y fe, aparentemente aceptó ésto sin miedo ni lástima de sí mismo. Había estado descansando con el fin de reservar sus fuerzas para la Convención y, al acercarse la fecha, el Dr. Bob estaba terriblemente débil, tanto que el día que iba a salir para Cleveland, le era difícil mantenerse sentado. Al S., un miembro de Nueva York y editor del Grapevine, llevó en coche al Dr. Bob hasta Cleveland. "No creí que él lograría hacerlo", dijo Al.

Lo logró y dio su plática. Algunos que estuvieron ahí recuerdan las oleadas de amor, que parecían darle a Bob energía para pronunciar su mensaje de despedida. Fue una plática breve. En parte, expresó:

"Siento una gran emoción al mirar un vasto océano de caras como éste, con una sensación de que quizá hace cierto número de años hice una pequeña cosa que jugó una parte infinitamente pequeña para hacer posible esta reunión...

Hay dos o tres cosas que relampaguean en mi mente sobre las cuales sería conveniente hacer un poco de énfasis. Una es la sencillez de nuestro programa; no lo desquiciemos con conceptos freudianos y cosas que son interesantes para la mente científica, pero tienen poco que ver con nuestro trabajo real en A.A.

Nuestros Doce Pasos, reducidos hasta lo último, se resuelven ellos mismos en las palabras 'amor' y 'servicio'.

Comprendemos lo que es el amor, y comprendemos lo que es el servicio. Así que conservemos en mente estas dos cosas".

Pocos minutos después, el Dr. Bob dejó el auditorio. Después de su salida Bill dio su plática, que duró una hora. Al S. recordó que a su regreso a Akron el Dr. Bob estaba tan agotado que Al temió que no fuera capaz de completar el viaje.

Alrededor de tres meses después de la Convención, en un domingo a principios de noviembre, Bill salió de Akron. Aunque el Dr. Bob estaba muy enfermo, todavía se mantenía en pie. Bill recordó: "me di cuenta de que debía presionarlo para que diera su consentimiento a la conferencia".

Bill, con su extraordinaria persuasión, especificó a su cofundador que si ellos dos no hacían nada, en años posteriores su silencio se interpretaría como aprobación del estado de las cosas. "Aventuró la idea" de que deberían intentar la conferencia; si era un fracaso, siempre podrían cancerlarla, no estaban encerrados en nada.

De esta manera Bill volvió a vivir posteriormente su "lanzamiento": "Los delegados del movimiento, podrían venir a Nueva York y ver cómo estaban en realidad los asuntos de A.A. Entonces podrían decidir si aceptaban la responsabilidad o no lo hacían. Eso lo haría una decisión del movimiento, en vez de tomarla en silencio por el Dr. Bob y por mí.

Continuó reflexionando y esperé. Finalmente levantó la mirada y expresó: Bill, *tiene* que ser una decisión de A.A., no nuestra. Citemos a esa conferencia. Está muy bien por mi parte' ".

Por fin, Bill tenía el consentimiento de su socio.

Pocas horas después, se despidió Bill: "Bajé la escalera y luego me volví para mirarle. Bob estaba de pie en el quicio de la puerta, alto y erguido como siempre . . . Este era mi socio, el hombre con el que nunca había tenido una palabra dura. Cuando dijo adiós casi bromeando, todavía estaba en su cara la maravillosa y amplia sonrisa: 'Recuerda, Bill, no desquiciemos esta cosa, ¡mantengámosla sencilla!' Volví la cara, incapaz de decir una palabra. Esa fue la última vez que lo vi".

El Dr. Bob murió a medio día del jueves siguiente, 16 de noviembre; de acuerdo a sus deseos, ninguna señal o monumento fuera de lo común adorna su tumba. En el cementerio de Mount Peace, en Akron, una simple losa identifica al Dr. Bob Smith y a su esposa Anne.

---

1. A Bill le encantaba Vermont y regresaba ahí, con tanta frecuencia como le era posible, para "descansar y rehabilitarse".

2. Varios estudios cinematográficos se acercaron a Bill y a la oficina, con objeto de hacer una película sobre A.A. El interés era grande, debido al éxito de "Días sin Huella", estrenada en 1945. (Aunque estrictamente "Días sin Huella" fue ficción, muchos detalles acerca del héroe recuerdan la carrera de bebedor de Bill). El interés y las negociaciones continuaron durante varios años. Desde entonces, se han hecho numerosas películas en las que A.A. ha jugado una parte importante; entre ellas son notables "Come Back, Little Sheba" y "Días de Vino y Rosas".

Capítulo Veintiuno

Bill siempre dio crédito, en lo que respecta a la Conferencia, al depositario no alcohólico Bernard Smith, a quien señaló como "el arquitecto de la Conferencia de Servicios Generales". Smith fue quien finalmente se las arregló para convencer a los otros depositarios de lo correcto de la idea de Bill y para que, lentamente, empezaran a cambiar su mentalidad.

Finalmente, ahora en la reunión de otoño de 1950, los depositarios apoyaron el plan de la conferencia y autorizaron a Bill a proceder con él. Después de más de cuatro años de discusiones, disputas, conflictos y memorándums —cuatro años que incluyeron las renuncias de tres depositarios— Bill empezó a elaborar los detalles del plan. El mismo no sabía exactamente cómo funcionaría.

Al empezar su tarea, continuamente recordaba para sí mismo las objeciones a la conferencia; no era de los que deja de tener en cuenta los sentimientos de los demás y por eso intentaba, en los detalles del plan, compensar todas las objeciones que podía.

La primera y más vehemente de éstas había sido el costo de efectuar una conferencia así. Con el número de miembros ahora en seis cifras (en 1951, los registros mostraron 111, 765 miembros y 4,052 grupos), esta objeción ya no tenía mucha validez; el gasto podía ser absorbido con facilidad. "Incluso, si la inversión pudiera ser de 20,000 dólares al año, ésto correspondería sólo a unos cuantos centavos adicionales por cada miembro de A.A. y bien valía la pena", dijo Bill.

De la manera que la conferencia se desarrollara, tenía que reflejar las Tradiciones; por tanto, había que evitar beligerancias políticas. Esa posibilidad había sido una de las principales objeciones de muchos que se habían opuesto a la conferencia, temiendo que pudiera ofrecer una oportunidad para la creación

Bernard B. Smith, depositario desde 1944 hasta 1956, influyó en la decisión de efectuar la Primera Conferencia de Servicios Generales.

de facciones políticas, para intrigas, formación de corrillos en que se discutiera y para la defensa de los intereses de grupitos.

En esa época, 1950-51, había 48 estados en E.U.A. y en Canadá diez provincias. En el plan original de Bill, a cada estado y cada provincia se le asignaba un delegado, aunque las áreas con mucha población de A.A. podían tener representación adicional. Para dar continuidad a la conferencia, el cuerpo de delegados se dividiría en dos secciones, una de ellas numerada non, Sección I, elegida para dos años, se invitaría para el primero, que sería en 1951. La Sección 2, tendría cabida en 1952; a partir de ahí, anualmente se elegiría una sección y se retiraría otra. Así, la conferencia rotaría y, además, mantendría la continuidad.

Bill quería que los delegados fueran verdaderos representantes de sus áreas, pero también quería evitar la "acalorada contienda de la elección cerrada, que casi siempre dejaba tras de sí una grande y descontenta minoría". El problema de cómo se iban a elegir los delegados causaba perplejidad; la solución fue proporcionar papeletas escritas para ser consideradas y requerir que cualquier candidato individual recibiera una mayoría de las dos terceras partes de los votos para ser electo. En el caso de que hubiera varios fuertes contendientes y ninguno de ellos obtuviera una mayoría de las dos terceras partes de los votos, los nombres de los que más tuvieran se colocarían en un sombrero y el ganador sería elegido por sorteo.

El siguiente problema era qué tanta autoridad retendría la conferencia. Nada menos que la autoridad verdadera serviría realmente al propósito, tanto de la conferencia como de la Fraternidad. Por tanto y con un carácter tentativo, se hizo esta limitación a la autoridad de los delegados: Mediante las dos terceras partes de la votación, los delegados podrían emitir "directivas categóricas" a los depositarios e, incluso, con una simple mayoría podían emitir "fuertes sugerencias" a los mismos. (Bill explicó que esas sugerencias podían ser muy poderosas, porque si no se llevaran a cabo, la mayoría descontenta podría regresar a casa y hacer que se suspendieran las aportaciones a las oficinas centrales).

Los depositarios estipularon que la conferencia de servicio tendría un ensayo probatorio de cinco años.

Junto con un plan temporal para financiar la operación, todas estas ideas y sugerencias para su mejor puesta en práctica, se incorporaron a un folleto llamado "El Tercer Legado", reunidas por Bill con la ayuda de Helen B., del personal de la oficina.

La idea de Bill consistía en que el Primer Legado, de los cofundadores para Alcohólicos Anónimos, era la Recuperación, contenida en el Libro Grande, en los Pasos y en el trabajo de Duodécimo Paso de persona a persona.

El Segundo Legado para Alcohólicos Anónimos era la Unidad. De ella se había dado cuenta Bill cuando manifestó: "Juntos podemos hacer lo que no podemos solos"; era vital que A.A. permaneciera unido. Para asegurar la unidad de A.A., Bill había escrito las Doce Tradiciones.

Y ahora, con su tendencia al simbolismo, había inventado un tercer término para hacer que fueran tres los Legados de A.A. El Tercer Legado era —¿que otra cosa podría ser?— el Servicio. La conferencia de servicios generales sería el medio mediante el cual la Fraternidad permanecería autónoma, funcionando por medio de un instrumento de autogobierno verdaderamente democrático, representacional, elegido.

El Tercer Legado, conforme lo definió Bill: ". . . un servicio de A.A. es cualquier cosa que nos ayude a llegar hasta el hermano que sufre, variando desde el Duodécimo Paso en sí mismo hasta la moneda que vale una llamada telefónica y una taza de café, y hasta la Oficina de Servicios Generales de A.A. para la acción nacional e internacional. La suma total de todos estos servicios es nuestro Tercer Legado de Servicio".

Se imprimieron y distribuyeron a los grupos cincuenta mil folletos del "Tercer Legado", y entonces se les pidió que formaran asambleas para la elección de miembros para el comité y delegados. Bill empezó a recorrer el país para el plan del Tercer Legado, hablando a grupos grandes y observando a las asambleas seleccionar a sus delegados en más de dos docenas de estados y provincias. Cuando los veteranos de Boston, después de examinar el plan en todos sus aspectos, predijeron que la conferencia funcionaría, Bill se sintió muy confortado, "ya que estos individuos de Boston sabían de política como pocos del resto de nosotros".

Bill había desarrollado un formato para sus pláticas al que por lo general se apegaba, ya fuera hablando en grupos de A.A. o a no A.As. Se remontaba al mismo principio narrando la ahora familiar "historia para irse a la cama": su propia manera de beber, su "hot flash", su recuperación y cómo nació y creció A.A. Sus pláticas del Tercer Legado combinaban este formato con su nuevo asunto, el plan de la conferencia y cómo había previsto que funcionaría y, algunas veces, hablaba durante dos horas.

Mel B. recuerda una de esas pláticas:

"Fue en una noche helada de enero o febrero, pero creo que hubiera caminado los 40 kms. hasta Detroit, para escuchar a Bill Wilson. Esperaba que fuera una persona deslumbradora, de aproximadamente diez pies de alto y que expresaba verdades [tan] profundas que todos nosotros tendríamos una experiencia espiritual, justo en ese momento. Me desilusioné de que llegara al estrado dando zancadas y se hundiera en un sillón de una manera más bien poco ceremoniosa. Había esperado que su plática fuera de una oratoria deslumbrante, que nos hubiera dejado envueltos en llamas. Su voz era lenta y nasal, y aparentemente tenía catarro. Era más humano de lo que yo quería que fuera.

Pero la multitud de Detroit la componían más de mil y los miembros estuvieron tan interesados en el mensaje de Bill, que nadie salió del edificio cuando después de una hora Bill pidió un receso para fumar un cigarrillo.

Hubo una lógica perfecta en todo lo que expresó, aunque recuerdo haber sentido que Bill estaba excesivamente inquieto acerca del futuro de A.A. Como muchos miembros, yo tenía por descontado nuestro éxito y en realidad no veía la necesidad de una conferencia de servicios generales, pero estaba dispuesto a aceptar la idea, sencillamente porque Bill Wilson afirmó que era algo bueno".

Chuck C., de Los Angeles, recuerda que los miembros de ahí no estaban más interesados en el Tercer Legado, "de lo que estaban en que aprendiera a hablar un cerdo". Para ellos, sólo era organización y eso, ¿qué tenía que ver con permanecer sobrio?

Si Bill hubiera oído el comentario podría haber hecho un chiste, pero probablemente lo hubiera deprimido. El mismo era un producto de una sociedad "parlamentaria", se impacientaba cuando la gente no ejercía sus opiniones políticas. También se daba cuenta que la apatía y la indiferencia eran amenazadas para Alcohólicos Anónimos.

En abril de 1951, pocos meses depués de que Bill terminara su viaje de pláticas, se reunió en la Ciudad de Nueva York, la Primera Conferencia de Servicios Generales; su tema, elegido por Bill, fue: "No para Gobernar, sino para Servir". Asistieron 35 delegados de la primera sección y sus reuniones generales se efectuaron en el Hotel Commodore. (La Conferencia de Servicios Generales de EE.UU./Canadá todavía se reúne cada mes de abril, en la Ciudad de Nueva York, con mayor frecuencia en el Hotel Roosevelt). Bill se sintió gratificado al notar que, alrededor de la tercera parte de los delegados eran verdaderos veteranos, y el resto eran miembros activos sobrios de cuatro a ocho años. Lo mejor de todo, se sintió animado porque la mayor parte de ellos habían sido elegidos por las dos terceras partes de los votos de acuerdo a lo estipulado; sólo unos pocos habían tenido que "ir al sombrero".

De la Primera Conferencia de Servicios Generales, recordó Bill: "Todos sentimos que estaba sucediendo algo trascendental, que éste era un momento histórico.

. . . Los delegados inspeccionaron las finanzas de A.A. y escucharon los informes del consejo de depositarios y de todos los servicios. Hubo un acalorado, pero cordial, debate sobre muchas cuestiones de la política de A.A. Los depositarios sometieron a la Conferencia varios de sus propios problemas graves. Con verdadera prontitud los delegados manejaron varios arduos rompecabezas acerca de los cuales estábamos en duda en las oficinas centrales. Aunque su consejo algunas veces fue contrario a nuestros puntos de vista, vimos que con frecuencia tenían razón. Como nunca antes, estaban probando que era correcta la Segunda Tradición; nuestra conciencia de grupo podía actuar sin riesgo como la única autoridad y segura guía para Alcohólicos Anónimos. Al retirarse a casa los delegados, se llevaron con ellos esta profunda convicción.

Por ejemplo, en su primera sesión, la Conferencia había sugerido que la Fundación Alcohólica debía cambiar ese nombre por el de Consejo de Servicios Generales de Alcohólicos Anónimos . . . En sus mentes, la palabra 'Fundación' quería decir caridad, paternalismo y quizá dinero en grande. Lo que había sido bueno para nuestra infancia no lo sería para nuestro futuro". [1] El éxito de la Conferencia de 1951 y la promesa que ofrecía para la continua unidad de la Fraternidad, fueron tributos a la persistencia y previsión de Bill. En ese mismo año, rechazó dos menciones honoríficas que le ofrecieron, como individuo, por organizaciones fuera de A.A.

En enero, fue nominado para la inclusión en "Who is Who in América" (Quién es quién en Estados Unidos). Rehusó la nominación, rechazando estar en la lista (con anterioridad, su madre también había rehusado una invitación).

En el verano, se le ofreció el premio Lasker. Establecido en 1946 por la Fundación Albert y Mary Lasker y administrado por la Asociación Estadounidense de la Salud Pública, el premio honraba los logros excepcionales en el campo de la investigación médica y la administración de la salud pública. Los que lo recibieron previamente fueron científicos, líderes de la salud pública y grupos médicos. Ahora se lo proponían a Bill.

La respuesta de Bill fue rehusar el premio para sí mismo, como persona, pero sugirió que se le diera a Alcohólicos Anónimos como un todo. La Fundación Lasker respondió favorablemente (reacción que es probable que Bill tuviera en mente cuando con posterioridad hizo la misma sugerencia en el asunto del grado de Yale). Los depositarios de A.A., en su reunión de julio, votaron aceptando el premio (aunque no el donativo de 1,000 dólares), sujeto a la aprobación de los delegados de la Conferencia de Servicios Generales. Al solicitar a éstos su votación por correo, se manifestaron abrumadoramente a favor. Bernard Smith, presidente del consejo de depositarios, fue designado para aceptarlo por A.A., en la ceremonia de entrega de premios, en octubre, en San Francisco. Bill también daría las gracias brevemente, no como un cofundador, sino como uno de los miembros antiguos. (La estatuilla y la mención están ahora en los archivos de la Oficina de Servicios Generales en Nueva York).

---

1. En realidad el cambio de nombre se hizo hasta 1954.

Capítulo Veintidós

Aunque el dinero nunca fue una motivación para ninguno de los trabajos de A.A. de Bill, no dejaba de tener su lado práctico. En una carta de 1952, perfiló sus planes para su futuro inmediato:

"Ahora, me voy a poner de nuevo a escribir en serio. En el otoño aparecerá un librito; a éste seguirá una breve historia de A.A. Después, espero hacer un libro que abarcará la aplicación de los Doce Pasos a todo el problema del vivir, el problema de la sobriedad feliz. Después de éso, vendrá un manual de servicios de A.A.; así que estoy empezando a escribir toda nuestra experiencia de la última docena de años.

Si lo termino con éxito, por supuesto que ésto me traerá un ingreso importante, quizá mucho más de lo que llegaré a necesitar para mí mismo. Esto significará que de mis propios ingresos, seré capaz de pagar a mis anteriores acreedores. [1] Creo que eso establecerá el mejor ejemplo posible para otros miembros de A.A."

Bill pudo haber escrito en esa vena, sencillamente porque su corresponsal le había ofrecido un generoso regalo financiero ("Ab" A., un rico de Oklahoma, quería regalar a Bill 60,000 dólares). La carta indica también que no sólo era un idealista, en lo que concernía al trabajo de su vida, sino que también estaba pensando en términos prácticos.

Establecida la estructura de servicio, las Tradiciones aceptadas e incluidas como parte de la estructura de A.A., Bill respiró ahora con mayor facilidad, sintiéndose libre para volver su atención a proyectos que había estado obligado a suspender temporalmente.

Primero, estaba la escritura del "Doce Pasos y Doce Tradiciones". Durante algún tiempo, había estado planeando producir un volumen de ensayos, uno para cada Paso y uno para cada Tradición; éstos ensancharían, interpretarían y explicarían el significado y la aplicación de cada principio.

Si el "Doce Pasos y Doce Tradiciones" es un volumen pequeño en términos de longitud, es grande en su profundidad y contenido. Teniendo en cuenta que el Libro Grande, escrito en 1938, irradia la alegría y la gratitud de Bill, al haber encontrado finalmente una manera de permanecer sobrio, el "Doce y Doce" refleja un estado de ánimo enteramente diferente. En 1951 y 1952, cuando Bill escribió el segundo libro, estaba sufriendo casi de constantes depresiones y se vio forzado a confrontar los demonios emocionales y espirituales que permanecen "estacionados" en la psique alcohólica, cuando se retira la marea alta del alcoholismo activo. El "Doce y Doce" proporciona una prescripción muy práctica y profundamente espiritual, para ayudar a exorcisar esos demonios.

Durante los 15 años de sobriedad de Bill, había tenido abundantes oportunidades de llegar a familiarizarse de una manera íntima con algunas de las actitudes y rasgos negativos que, con frecuencia, son parte de la enfermedad del alcoholismo y que continúan en la sobriedad. Ahora, bien sabía que además del alcohol, los alcohólicos tienen otros problemas, para los que deben encontrar soluciones si es que van a vivir con bienestar. Es un testimonio posterior del genio de Bill, que haya sido capaz de escribir los mismos Pasos exactos cuando apenas estaba "sobrio", porque los Pasos se aplican precisamente a los problemas comunes a muchos alcohólicos después de que dejan de beber. Ahora, Bill se puso a escribir los ensayos que explicaban los Doce Pasos; ni revisó ni hizo enmiendas de los Pasos mismos; permanecieron exactamente como los había escrito años antes.

El "Doce y Doce" expone francamente algunos asuntos que ni siquiera se mencionan en el Libro Grande; por ejemplo, teniendo en cuenta que el Libro Grande dice respecto a Dios: "Cuando nos acercamos a El, El se nos manifestó", el "Doce y Doce" habla acerca de las veces en que "la mano de Dios pareció pesada e incluso, injusta"; continúa: "Todos nosotros, sin excepción, pasamos por épocas en que sólo podemos rezar con un gran esfuerzo de la voluntad y, ocasionalmente, llegamos todavía a más: se apodera de nosotros una rebelión tan enfermiza que sencillamente no rezaremos. Cuando suceden estas cosas, no debemos pensar demasiado mal de nosotros mismos, sencillamente debemos volver a rezar tan pronto como podamos, haciendo lo que sabemos que es bueno para nosotros". Esas son afirmaciones extraordinarias de un hombre que alguna vez tuvo una experiencia espiritual como "el viento en la cumbre de una montaña". Pero Bill y otros A.As. habían aprendido que vivir sobrio no necesariamente trae inmunidad instantánea del rechazo, el dolor, la culpa, la cólera o los celos. En el nuevo libro, Bill expuso esos problemas sin prometer soluciones rápidas o fáciles.

De hecho, golpeó tan duro en los asuntos negativos en el "Doce y Doce" que, aparentemente, se sintió obligado a añadir una explicación —o apología— cerca del final de su ensayo del Paso Doce: " ... puede parecer que A.A. consiste principalmente de dilemas y conflictos atormentadores. Hasta cierto grado, eso es cierto. Hemos estado hablando acerca de problemas, porque somos gente problema que hemos descubierto un camino para encontrar la salida, y que deseamos compartir nuestro conocimiento del camino con todos los que puedan utilizarlo. Pero sólo es mediante la aceptación y resolución de nuestros problemas, como podemos empezar a estar bien con nosotros mismos, con el mundo que nos rodea y con El, que preside sobre todos nosotros".

Empezó a escribir tan pronto como se hubo terminado la Primera Conferencia de Servicios Generales. Primero vinieron los ensayos de las Tradiciones; en realidad, gran parte del trabajo de las Tradiciones ya estaba hecho por las publicaciones del Grapevine, como los "Doce Puntos para Asegurar Nuestro Futuro". Después de terminar y revisar éstas, emprendió los ensayos de los Pasos.

Bill sabía la responsabilidad que estaba asumiendo; una cosa era escribir los Pasos mismos, que no fue fácil; pero, después de todo, eran amplias sugerencias. Otra cosa y mucho más difícil era alargarlos, interpretarlos para las muy diferentes clases de personas que sufren de alcoholismo. En una carta al Padre Dowling, fechada el 17 de julio de 1952, describió los dilemas que estaba encarando: "El problema de los Pasos ha sido ampliarlos y profundizarlos, tanto para los recién llegados como para los veteranos, pero son tantos los ángulos y es tan difícil atinarle en el blanco. Tenemos que tratar con ateos, agnósticos, creyentes, depresivos, paranoides, clérigos, psiquiatras, y todos y cada uno por separado. Parece mucho quehacer el cómo ensancharlos y abrirlos de manera que parezca correcto y razonable entrar ahí y, al mismo tiempo, evitar distracciones, distorsiones y los seguros prejuicios de todo el que pueda leerlos".

Su método físico de escribir el "Doce y Doce" fue muy parecido al que utilizó para el Libro Grande. De la misma manera montaría la segunda edición de este último y, posteriormente, "Alcohólicos Anónimos Llega a la Mayoría de Edad". Estos tres libros, escritos durante el decenio de los 1950, lo ocuparon en sucesión inmediata; el "Doce y Doce" se publicó en 1953, la segunda edición del Libro Grande, en 1955 y "A.A. Llega a la Mayoría de Edad", en 1957.

Escribía sección por sección y cada una la mandaba a amigos y editores para sus comentarios; luego, revisaba el material original, de acuerdo a las sugerencias que llegaban. También utilizó A.As. de confianza para ayudarlo con los tres proyectos: Betty L. trabajó en el "Doce y Doce"; Tom P. en el "Doce y Doce" y "A.A. Llega a la Mayoría de Edad", y Ed B. en la segunda edición del Libro Grande.

El reportero del *Saturday Evening Post*, Jack Alexander, también fue uno de los amigos a los que Bill mandó el material. De los ensayos de las Doce Tradiciones, Alexander tuvo esto que decir:

"El único defecto serio (a mi parecer) es que has tratado con demasiada brevedad a la vieja Sociedad Washingtoniana, que la mayor parte de la gente nunca ha oído mencionar. [2]

No debes preocuparte en absoluto acerca de tu estilo de escribir. Más que cualquier otro, estás calificado para hablar el lenguaje de A.A., y lo haces con nobleza. Si fueras a profesionalizar tu estilo, se perdería el jugo del mensaje;   se leería con rapidez y [sería] tan poco convicente, como las baratijas cromadas que venden en cantidades horrorosas los muchachos de corbata que atienden los almacenes de Madison Avenue".

La respuesta de Bill a Alexander:

"Además de mi tendencia natural a retrasar las cosas, he tenido una terrible mala suerte respecto a escribir más. Me supuse que había sido tan golpeado por los acontecimientos de estos últimos años, que nunca podría lograr algo más que valiera la pena, así que tus comentarios me levantaron de verdad el ánimo. En realidad fueron palabras muy bondadosas, mi amigo.

Justo ahora, estoy haciendo una serie similar de los Doce Pasos. El lanzamiento y el tono de ellos es en cierta forma diferente; quizá esto se deba a que el trabajo de las Tradiciones fue más de la naturaleza de un informe objetivo, mientras que el de los Pasos es definitivamente subjetivo".

Del material que Bill remitió seis meses después, Jack Alexander escribió:

"El guión de los Doce Pasos es fascinante. El único problema con tu estilo de escribir es mecánico, ya que te apoyas con demasiada frecuencia en la cláusula o frase puesta entre guiones. Empecé a intentar reducirlas, pero me rendí. Creo que debes conseguir a alguien que repase el manuscrito viendo cuantos guiones, así utilizados, se pueden reducir a simples comas. Haría más tersa la lectura.

La misma persona debe quitar la mayor parte de tus signos de admiración, sólo para quitar de las pestañas del lector otro truco mecánico; son los gritos de ' ¡El lobo! ¡El lobo! ' y su impacto se reduce con cada repetición.

Por lo demás, el texto es espléndido. Tiene la verdadera autoridad y convicción, y yo me quedé contigo hasta el final, que es más de lo que puedo decir de 'El Viejo y el Mar', de Hemingway".

El "Doce Pasos y Doce Tradiciones" se publicó en dos ediciones: una para la distribución por medio de los grupos de A.A. y una segunda, que costó 50 centavos de dólar más (2.75 dólares en vez de 2.25), con la intención de venderla en librerías, siendo distribuida por Harper & Brothers (por arreglo con el viejo amigo de A.A., Eugene Exman). A.A. hizo un contacto con Harper, que permitía a la Fraternidad retener el pleno control y los derechos de autor de ambas ediciones.

El libro fue un éxito inmediato. En una carta, de fecha 5 de octubre de 1953, Bill escribió: "Al principio dudaba que hubiera alguien a quien le interesara, excepto a los veteranos que habían empezado a funcionar en actividades de la vida, en otras áreas diferentes al alcohol; pero, aparentemente, el libro está siendo utilizado por los recién llegados con buen efecto. A la fecha hemos remitido más de 25,000, una cifra que habla por sí misma".

Las exigencias de la Fraternidad para Bill habían disminuido por ahora. Las oficinas centrales estaban funcionando tersamente y la Conferencia estaba en su lugar, cuando menos sobre su base de un período a prueba de cinco años. Bill fue capaz de lograr muchas cosas durante este lapso: dos años después de la publicación del "Doce y Doce", se publicó la segunda edición del Libro Grande; en 1955 la primera edición que había pasado por 16 impresiones y algunas de las historias personales, en cierto modo, estaban anticuadas. La Fraternidad tenía la experiencia y los miembros suficientes, para incluir un mayor número de historias de mujeres, de los de "fondo alto" y de los miembros más jóvenes.

Para la segunda edición Bill se desvivió por incluir una historia personal que claramente había sido omitida en la primera: la de Bill D., "El Alcohólico Anónimo Número Tres" ("el hombre en la cama"), que nunca había presentado su historia para la primera edición. Como el mismo Bill D. observó, en ese tiempo no se había interesado en el proyecto del libro. Bill fue uno de aquellos conservadores, que Bill Wilson consideró tan vitales para la Fraternidad; fueron los miembros que no se embarcarían en nuevas aventuras y siempre protegerían a la Fraternidad de los planes temerarios, nuevos y a veces dañinos, que otros miembros ideaban para A.A. Bill D. no compartía la visión de Bill Wilson del futuro de A.A.; no apoyó la idea de la Conferencia de Servicios Generales, aunque actuó conscientemente cuando los miembros de su área lo eligieron como su primer delegado. En 1952, cuando la salud de Bill D. estaba fallando, Bill Wilson lo persuadió para registrar su historia.

Publicada en 1955, a tiempo para la Convencion de St. Louis, la segunda edición fue proyectada para mostrar la variedad más amplia de los miembros. A mucha gente se le pidió que escribiera o registrara sus historias para la posible inclusión en esta edición; posteriormente, éstas fueron donadas a los archivos. Bill fue responsable de obtener él mismo muchas de las historias e iba a los grupos con el propósito expreso de grabar la experiencia de borrachera y recuperación de éste o aquél veterano; después, estas historias fueron cuidadosamente seleccionadas. Además de la ayuda editorial de Ed B., Bill contó con la asistencia de Nell Wing, su secretaria no alcohólica. La mayor parte del trabajo, al igual que en los otros dos libros, nació del mismo Bill.

El texto original de los 11 primeros capítulos no se cambió en la nueva edición; éstos tratan de los principios que siguieron los primeros miembros para lograr la sobriedad. Además de las historias de Bill y del Dr. Bob, se conservaron otras seis de la primera edición y se incluyeron 30 nuevas; se instituyó la actual división de la sección de historias en tres partes.

Estuvo bien programada la aparición de la nueva edición, porque en la Segunda Convención Internacional, fue cuando Bill dio a Alcohólicos Anónimos su liberación formal en la madurez. A lo largo de los años, él había utilizado diversos ejemplos y analogías para ilustrar la naturaleza de su relación con la Fraternidad y, de la misma manera, se daba bien cuenta de que la madurez para el niño significa un papel diferente para el padre. Empleaba una sencilla parábola para describir esto, llamándolo "El Caso de la cocinera en problemas": "Supongamos que un muchacho de 17 años pone en problemas a la cocinera de la familia. Su padre tiene la clara responsabilidad de ayudar a solucionar el asunto, incluso aunque sea culpa del muchacho. El padre debe ayudarlo, porque éste es menor de edad.

Pero supongamos que el muchacho llega a los 21 años y ponga en problemas a la cocinera. ¿Debe entonces el padre acudir en su ayuda? Creo que no. Con toda justificación el padre puede decir al hijo: 'Esta es tu responsabilidad y tú mismo debes hacerte cargo de ella'".

Mediante parábolas así y el propio comportamiento de Bill, había puesto en claro que A.A. debía aceptar la completa responsabilidad de sus propios asuntos. En 1955, al final del período de prueba de la Conferencia de Servicios Generales, se aseguró de que los miembros de la Conferencia se harían cargo de todos los asuntos que afectaran a la Fraternidad. Con el consejo y el consentimiento de aquéllos que lo rodeaban, Bill decidió hacer de la Segunda Convención Internacional, la ocasión para anunciar la "llegada a la mayoría de edad" de A.A. Excepcionalmente, aquí Bill parece que no encontró ninguna oposición para su plan de liberación.

Esta Convención se efectuó en St. Louis, otra ciudad centralmente localizada. Para Bill, en lo personal, St. Louis tenía la ventaja adicional de ser la ciudad en donde residía el Padre Dowling, su padrino espiritual. También era importante para Bill que estuvieran otras personas en la Convención: Ebby estuvo ahí como su invitado especial; la Dra. Emily fue desde San Diego; los no A.As. invitados a hablar en la ocasión incluyeron no sólo al Padre Ed, sino a Sam Shoemaker, al Dr. Harry Tiebout, a Leonard Harrison, a Bernard Smith, al Dr. W.W. Bauer de la A.M.A., al psiquiatra Arnold Kilpatrick, al penalista Austin MacCormick (que estaba entre sus dos períodos como depositario), a Henry Mielcarek, al personal corporativo experto y al Dr. Jack Norris.

Bill dedicaba gran parte de la Convención de St. Louis a dar pleno reconocimiento a los no A.As. que había ayudado a la Fraternidad en sus primeros años. Antes del evento, Bill se esforzó en completar una pieza principal que estaba escribiendo en beneficio de los miembros. Titulada "Porqué Alcohólicos Anónimos es Anónima"; apareció en el número de enero de 1955 del Grapevine. [4] Refleja el más profundo y maduro pensar de Bill sobre el asunto del anonimato, literal y espiritual, y por qué el anonimato es el corazón y la médula de todo lo que es mejor acerca de A.A.

La Convención se desarrolló, desde el viernes 1 de julio por la mañana, hasta ya avanzada la tarde del domingo. Los títulos de algunas de las sesiones del fin de semana dan alguna indicación de cuan ampliamente A.A. había extendido sus redes ahora (el número de miembros había aumentado a 131,619 personas, los grupos a 5,927): "Ayudando al Alcohólico Joven", "A.A. y la Industria", "Enlazando al Grupo con el Cuartel de Servicios Generales", "Los Niños de los Alcohólicos", "Los Problemas de las Casas Club de A.A.", "Llegando hasta el Alcohólico en las Instituciones", "A.A. y la Profesión Médica", "Problemas de las Oficinas Centrales e Intergrupales", "El Dinero y su lugar en A.A.", "Cómo formar un Grupo de A.A." Además, hubo juntas, tanto de A.A. como de los Grupos Familiares Al-Anon. (Aunque no está dentro de la esfera de este libro detallar la evolución de Al-Anon, hay qué hacer notar que la primera oficina de servicios de Al-Anon, se había abierto cuatro años antes).

Bill dio tres pláticas principales. La primera, la noche del viernes, titulada "Cómo Aprendimos a Recuperarnos"; la segunda, la noche del sábado, "Cómo Aprendimos a Permanecer Juntos" y la tercera fue "Cómo Aprendimos a Servir". El horario de las cuatro de la tarde del domingo, se reservó para la reunión final de la Conferencia de Servicios Generales de 1955, que había empezado sus deliberaciones a principios de la semana. Esta fue la ocasión en la que, formalmente, Bill transmitió a la Conferencia de Servicios Generales la responsabilidad de A.A., renunciando a su propio liderato oficial y reconociendo la responsabilidad de A.A. para sus propios asuntos. Como posteriormente lo resumiría: "Claramente mi trabajo a partir de aquí fue dejarla libre y *dejársela a Dios*. Alcohólicos Anónimos estaba por fin a salvo, hasta de mí".

En St. Louis, Bill era un hombre cansado, porque de alguna manera estuvo en todos lados durante esos tres días; pero, después de 1955, la depresión que lo había molestado durante tanto tiempo se disipó y él volvió a adquirir su aspecto brillante.

Dos años después, A.A. publicó el "diario" de Bill de los procedimientos en la Convención de St. Louis, habiendo sido muy cuidadoso al documentarse. Bill dijo que lo escribió porque quería estar seguro de que nadie malinterpretaría lo que había sucedido en St. Louis.

En muchos aspectos, "Alcohólicos Anónimos Llega a la Mayoría de Edad", es una obra maestra. Engañosamente sencilla en su apariencia como un registro de los procedimientos de los tres días, en realidad es una historia completa de la Fraternidad y de su lugar en la sociedad, con secciones enteras dadas a la visión de A.A.

como la tienen aquellos que están en la sociedad en general —hombres de la industria, doctores, ministros y depositarios— que vivían en íntima relación con la Fraternidad. Publicado en 1957, es el penúltimo libro de Bill.

El último, publicado en 1967, es "La Forma de Vida de A.A.", cuyo título se cambió en 1975 a "Tal como la ve Bill". Consiste en su totalidad de pasajes seleccionados de otros escritos de Bill, sugerido y editado (con aprobación palabra por palabra de Bill) por Janet G. Bill hizo él mismo alguna edición, ejerciendo la prerrogativa del escritor de pulir su trabajo.

Aunque ahora la salud de Bill era relativamente estable, ésto no lo fue en lo referente a la familia y amigos íntimos. Durante los primeros años de los 1950, Bill estuvo mandando a su padre 100 dólares mensuales; sus hermanas contribuyeron, al igual que un sobrino de la Costa Occidental. A Bill le inquietaba y preocupaba constantemente cómo se podría cuidar mejor a los ancianos Wilson.

Las cartas volaron de acá para allá entre la Columbia Británica y Nueva York, conforme Bill intentaba encontrar una solución a sus miles de problemas; en una coyuntura, había investigado la posibilidad de llevar a Gilman y Christine de regreso a Vermont para permanecer ahí hasta el final de sus vidas; pero, debido a que ese cambio les costaría, la pequeña pensión que tenían, el plan se abandonó. Sin embargo, los A.As. de Canadá fueron de un gran apoyo para Bill, tanto práctico como moral, ya que a larga distancia trataron de estar al cuidado de su padre y madrastra. En 1953, fueron de visita a Bedford Hills; pero, para entonces, el endurecimiento de las arterias había dañado el habla y la memoria de Gilman.

Cuando regresaron a Marblehead, tuvo que estar en observación de una manera constante, por miedo a que "deambulara por los bosques y se perdiera". Con la ayuda de los miembros de A.A. en Vancouver, él y Christine se cambiaron a una casa de huéspedes en esa ciudad, que dirigía una enfermera jubilada. Posteriormente, Gilman se cambió de nuevo, esta vez a una clínica de reposo.

En Bedford Hills también había problemas. El 24 de enero de

1954 (una fecha significativa para Bill y Lois), Lois, que nunca había estado enferma, tuvo un ataque al corazón.

El 23 de enero, apaleó la nieve del largo camino que conducía hasta su casa y al día siguiente, en el 38o. aniversario de su matrimonio, fue a la ciudad a reunirse con Bill, que ya estaba ahí; tenían planes para la celebración. La nota que Bill le escribió el día anterior, se lee: "Venga cualquier peligro, sabemos que estando en brazos, uno en los del otro, estamos a salvo, porque estamos en los de Dios".

El diario de Lois para ese día describe lo que sucedió a continuación: Mientras estaba de compras había tenido un dolor en el pecho, que continuó alrededor de media hora. Después de picar el almuerzo, fui a ver la película "El Desierto Viviente", en el Sutton Theater. Dolor otra vez, abajo del brazo izquierdo y después muy fuerte bajo el brazo derecho. Permanecí sentada hasta el final de la película, pensando que el dolor se iría, pero continuó. Tomé un taxi al Hotel Bedford, en donde había un mensaje en la administración, que pensé que era para mí, llamé a diversos lugares, tratando de encontrar a Bill y debilitándome cada vez más; hice las llamadas desde el vestíbulo. Finalmente la oficina de A.A. me dijo que estaba en el hotel. Llamé a Leonard, que llegó alrededor de media hora después; él llamó a su vez al Doctor Regnikoff del N.Y. Hospital y a una ambulancia. Aproximadamente cuando llegó Leonard cesó mi dolor. Cuando llegó la ambulancia, no me permitieron ni siquiera ir al baño, sino que me llevaron en una camilla a un cuarto privado en N.Y. Hospital. Así quedaron canceladas todas las citas siguientes".

Lois creía que la salud era un "asunto moral" y se sintió vagamente culpable por enfermarse, según afirmó.

Para sorpresa de todos, incluida ella misma, resultó ser una paciente modelo. Se le dijo que no hiciera nada durante un año y fue escrupulosamente obediente, a pesar de la desacostumbrada inactividad a la que fue forzada.

De una carta de Bill al Padre Dowling, fechada el 3 de marzo de ese año: "El informe sobre Lois continúa siendo muy bueno. Ha estado en casa aproximadamente diez días y es muy evidente que el ataque fue leve. Gana fortaleza hora tras hora, tiene un marco mental maravilloso de todo el asunto y muestra todos los signos de estar convencida de que las prohibiciones que se requieren de ella en los meses por venir y, hasta cierto grado, indefinidamente. Estoy encantado con ella más allá de toda medida.

También estoy mirando hacia adelante, con la esperanza de que ahora puedo hacer por ella lo que una vez hizo por mí. Cuando estaba enfermo, siempre estuvo ahí y me atendió; ahora es su turno. Más que la mayor parte de las otras mujeres, ha sido convertida temporalmente en una viuda por A.A. Dios me perdone mi parte en todo ésto y ahora me permita igualar las acciones".

El 14 de febrero, justo tres semanas después, murió Gilman Wilson. En representación de Bill, los miembros de A.A. de Vancouver ayudaron a supervisar los arreglos del funeral y los servicios de Gilman. Regresaron sus cenizas a East Dorset, para ser enterradas en el pequeño cementerio campestre con sus parientes Wilson. Posteriormente, Christine sería enterrada a su lado, aunque nunca vivió en Vermont. (Ella murió al año siguiente, el 6 de enero de 1955). Sobre Bill cayó informar a su madre, la mujer que hacía mucho tiempo había sido la esposa de su padre.

La nota mortuoria de Gilman, haciendo un resumen de la vida llena de colorido de un vigoroso individualista, apareció en el *Kootenian*, de Kaslo, Columbia Británica, el jueves 25 de febrero de 1954:

"G. B. Wilson, edad 84 años: Gilman Barrow Wilson nació en East Dorset, Vermont. Heredó de su padre vastas canteras de mármol a una temprana edad y se hizo cargo de la administración, poco después de graduarse en el Albany College, N.Y. Estas canteras las abrió su abuelo y fueron las primeras que funcionaron en Estados Unidos. El primer gran trabajo del Sr. Wilson fue extraer mármol para el Monumento Conmemorativo de los Soldados y Marinos, que todavía se encuentra sobre Riverside Drive, en la Ciudad de Nueva York. Aproximadamente, en esta época también sacó cientos de escalones y barandales de mármol, que todavía están embelleciendo casas palaciegas en Nueva York y Filadelfia.

Mediante amigos, fue atraído al trabajo de la construcción en la época que había postulantes para construir el metro de Boston.

Logró a la perfección esta proeza de ingeniería, que posteriormente le trajo la superintendencia del túnel de Lackawanna y otros proyectos. Su destreza para manejar estas operaciones captó la atención de la Patch Manufacturing Co., que lo reconoció como un hombre con futuro y él, siendo todavía de corazón un marmolero, fácilmente consintió en emprender un viaje por los estados y provincias y se familiarizó con los diferentes tipos de mármol, incluidos los italianos, con sus características dominantes y con los lugares en que se encontraban. Fue en uno de estos viajes de inspección para encontrar piedra comerciable, cuando llegó al Valle de Kootenay y aquí encontró un lugar llamado LeBlanc. Lo desarrolló una compañía de Montreal y posteriormente se lo vendió al Sr. Wilson, que le cambió el nombre a 'Marblehead'. Durante estos años de aquí se extrajo mucho mármol. Con este mármol se construyeron el Edificio de la Great West Life en Winnipeg, un teatro en Edmont y numerosos edificios más.

A principios de la administración de Roosevelt, fue llamado a Florida para construir los arcos para el Overseas Highway en Key West. Estos tenían que ser cortados de la roca de coral nativa y el trabajo hecho por los veteranos "sin trabajo", que estaban acampados en los jardines de la Casa Blanca. Se habían mandado a Matecumbe Bay los primeros 600 de éstos y les seguirían más tan pronto estuvieran disponibles las instalaciones para albergarlos; sin embargo, esto nunca sucedió, ya que sopló un huracán del Caribe y antes de que un tren pudiera llegar hasta ellos, más de 450 fueron arrastrados al mar y se ahogaron. Aunque de corazón animoso y gran fortaleza, esto fue más de lo que el Sr. Wilson podía aceptar donosamente de los elementos y regresó a su viejo hogar en las tranquilas colinas de Marblehead para un semiretiro. Ya había vendido la planta y las canteras a una compañía de Edmonton.

Cuando se le preguntó cómo podía soportar la soledad del Lardeau después de una carrera tan activa, su respuesta fue: 'No importa mucho en dónde vive uno sino cómo'. Al cuestionársele sobre cuál fue su logro más grande, respondió: 'Creo que el hecho de no deberle a ningún hombre nada más que buena voluntad'. Hoy permanecen muchas hermosas estructuras como un monumento a sus logros. Las grandes columnas blancas del Monumento Conmemorativo de Lincoln en Washington, D.C., quizá son las mejor conocidas.

Un hombre de tranquila dignidad, siempre animado bondadosamente a los hombres bajo sus órdenes, prestando una mano al débil, generoso con aquellos necesitados. 'Dobló su tienda como el árabe y desapareció de la misma forma silenciosamante', cuando empezaba a amanecer el 14 de febrero, en Vancouver".

Dos años después, Bill tuvo otra pérdida importante, al morir su buen amigo Mark Whalon, en 1956; Bill estaba claramente inconsolable. De una carta que escribió a un mutuo amigo, poco después de regresar del funeral de Mark:

"Hace sólo una semana regresé de la Costa Occidental y me encontré en un estado de colapso, casi completo. Dejé un mensaje en la oficina de 'ningún mensaje bajo ninguna condición'. Estuvimos en el lugar de retiro que tenemos en el campo cerca de Brewster. Llamé a la oficina, desde la casa de una granja, sólo porque era urgente, Nell me informó de la muerte de Mark y de tu deseo de ponerte en contacto conmigo. Esto me golpeó tan duro que me puse histérico y sentí que sencillamente no podía afrontarlo. Tampoco, en ningún momento del día siguiente, pensé que podría hacer algo al respecto".

Por esa época, Bill recibió una carta de Caryl Chessman. El muy conocido Chessman, era un convicto por asesinato, que pasó 12 años esperando la muerte en San Quintín; lo largo de ese período se debió, primariamente, a su asombrosa habilidad para conseguir prórrogas a su ejecución. Su caso llegó a ser conocido internacionalmente después de la publicación de su autobiografía, "Celda 2455, esperando la Muerte".

Jack Alexander le había sugerido a Chessman que escribiera a Bill, porque Alexander sentía que "hay un claro parecido entre la mente del psicópata criminal y la del alcohólico. Ambos son grandiosos, resentidos, desafiantes y odian a la autoridad; ambos se destruyen inconscientemente a sí mismos, al intentar destruir a otros". Alexander se preguntaba si los criminales también podrían "recuperarse", mediante una rendición similar a la experimentada por los A.As.

Chessman escribió a Bill que "me di cuenta que había sido nada más que cínicamente astuto, agresivamente destructivo y a veces un violento tonto". Decidió que podía hacer algo al respecto, además de sentir pena por sí mismo: "Podía narrar mi historia y abogar, no por mi causa personal, sino por la de la sociedad y la de aquéllos que —en mi opinión, innecesariamente— son detestables criminales destinados a la perdición ". Al referirse a su libro, que pronto se iba a publicar, expresó: "Tengo muchas esperanzas de que haré una muy útil contribución al problema social más irritante".

A Bill claramente lo movió la carta de Chessman y supo que Chessman estaba programado para morir el 14 de mayo. Su respuesta, fechada el 31 de marzo, alababa a Chessman por apoyar el concepto de que "ninguna calamidad personal es tan aplastante, que algo verdadero y grande no pueda hacerse de ella".

Luego Bill continuó:

"Creo que nuestra sociedad sólo está empezando a comprender el hecho de que su propia neurosis la está desgarrando. Todavía ve a la gente como tú o como yo, considerándolos monstruos peligrosos o malvados que deben ser castigados o quizá matados. Este enfoque natural, según se piensa, hará del mundo un lugar más seguro y respetable para los sanos.

Por tanto, los alcohólicos, criminales y similares, cuyos síntomas son violentos y amenazadores, son aptos para considerarlos como una clase aparte. La sociedad todavía no puede en absoluto identificarse a sí misma con nosotros.

Al comportarse mejor, cuando menos superficialmente, la sociedad no acepta el hecho de estar tan enferma como nosotros. No cree que ella sea destructivamente neurótica, ni puede vernos nada más como los productos finales grotescos y peligrosos de sus propios defectos".

Pocas semanas después, Bill continuó en la misma vena: "Estoy seguro de que mi identificación contigo —en el sentido de la inferioridad en la infancia, la generación de la rebelión, la implacable ansia de notoriedad y el poder de una clase— es bastante completa. Esto, a pesar de que mi persecución por esa meta tomó, excepto por el alcohol, un curso más respetable. La malformación fundamental fue idéntica, no tengo la menor duda.

Como tú, me pareció estar viviendo en un mundo muy insensato y hostil, en el cual podrían ganar satisfacciones fugaces y premios: el fuerte, el maquinador y sobre todo, el que tenía suerte. El amor posesivo de la gloria y del yo fue la exigencia irresistible, sin considerar ninguna consecuencia y sin soportar ninguna oposición. Incluso en períodos transitorios de embelesador éxito, siempre estuvo ahí la pregunta sin esperanza 'De cualquier manera, ¿a qué diablos se refiere todo ésto?' "

Tres días antes del programado para su ejecución, Chessman escribió a Bill: "No puedo agradecerte lo suficiente tu carta del 3 de mayo, me ayudó a explorar la cuestión crucial que enmarcas tan aptamente: '¿A qué diablos se refiere todo ésto?' Con franqueza, todavía no sé la respuesta, aunque siento que estoy un poco más cerca de una solución personal; en cualquier caso, ahora estoy preparado a morir y no estoy perturbado ni deprimido por lo que me encara el viernes por la mañana.

Me uno a ti en la creencia de que con seguridad debe haber un propósito, en este breve recorrido tuyo y mío; el que haya fallado en percibirlo por completo lo atribuyo sólo a mi ceguera intelectual o espiritual. He captado vislumbres del propósito y esos confirman mi creencia de que detrás de la realidad hay una verdad más grande".

El 13 de mayo Chessman recibió una prórroga inesperada de la ejecución. De hecho, no fue sino hasta el 2 de mayo de 1960, seis años después, cuando fue realmente ejecutado. Sin embargo, su correspondencia con Bill se cortó de tajo; a los presos de San Quintín se les permitía sostener correspondencia sólo con los parientes y los amigos de mucho tiempo, una regla con la que habían sido condescendientes, durante un tiempo, debido a la inminente ejecución de Chessman. Incluso un ejemplar del "Doce y Doce" que se le mandó al convicto fue regresado. Se rehusó una solicitud al alcalde de San Quintín para una consideración especial, terminando así la correspondencia con Caryl Chessman.

Este no fue la única celebridad extravagante cuya vida tuvo una breve intersección con la de Bill; otros fueron atraídos por la amplitud de su personalidad, por su capacidad para dar respuesta a muchos tipos diferentes de gente y la generosidad que le permitía identificarse con ella.

1. Bill incurrió en una gran deuda personal durante sus años de bebedor. Aunque la mayor parte de estas deudas habían sido olvidada por completo o pagadas, o ya no existían debido a la ley de limitaciones, Bill mismo no las olvidó y a lo largo de los años hay correspondencia que indica que Bill continuó haciendo valederas estas viejas deudas.

2. La Sociedad Washingtoniana fue una organización que floreció en la década de los 1840, pero rápidamente fracasó debido a algunas de sus propias prácticas. Bill escribió: "Al principio, la sociedad estuvo íntegramente compuesta por alcohólicos intentando ayudarse entre sí. Los primeros miembros anticiparon que ellos mismos debían dedicarse a este único objetivo . . . Si hubieran seguido ese parecer y se hubieran apegado a su única meta, podrían haber encontrado el resto de la respuesta . . . Por ejemplo, la abolición de la esclavitud era un asunto político tormentoso en ese entonces. Pronto, los oradores Washingtonianos tomaron partido de una manera violenta y pública acerca de esta cuestión . . . Perdieron por completo la eficacia para ayudar a los alcohólicos". Bill vió las Tradiciones Décima y Quinta como salvaguardas contra un destino parecido al de los Washingtonianos.

3. Herb M., A.A. y gerente general de la O.S.G., dijo siempre que el amor de Bill al lenguaje "altamente florido", fue una gran ventaja para él. "Fue el lenguaje de hace dos generaciones. La razón para eso podría ser que en A.A. funcionamos con una gama de niveles educacionales. Creo que es muy importante, porque sus pláticas resultaban en extremo efusivas aunque completamente comprensibles".

4. "Porqué Alcohólicos Anónimos es Anónima", permanece disponible en el folleto "La Tradición de A.A. Cómo se Desarrolló" y en el libro "Alcohólicos Anónimos llega a la Mayoría de Edad".

Capítulo Veintitrés

La prodigiosa labor de Bill para construir una estructura de servicio, verdaderamente representativa para la Fraternidad, no iba a continuar sin ser notada en el resto del mundo. Aldous Huxley, autor ("Un Mundo Feliz"), maestro, filósofo y pionero de la conciencia de la Nueva Edad, fue el hombre que llamó a Bill "el arquitecto social más grande del siglo".

Bill conoció a Huxley por medio de su mutuo amigo Gerald Heard, el comentador de radio británico, antropólogo y metafísico, que los Wilson habían visitado por primera vez en el campus de Trabuco en el invierno de 1943-44. Bill y Huxley tuvieron una amistad inmediata, de la que, incidentalmente, Bill se sintió inmensamente orgulloso. Tenían mucho en común, aunque Huxley no era un alcohólico.

Mediante el mismo contacto, Bill fue presentado a dos psiquiatras ingleses cuyo campo era de interés inmediato para él. Estos dos hombres, los Dres. Humphry Osmond y Abram Hoffer, estaban trabajando con alcohólicos y esquizofrénicos en un hospital mental de Saskatoon, Saskatchewan, intentando por medio de diversos métodos abrir camino en la resistencia de estos pacientes, de manera que pudieran llegar hasta ellos y ayudarlos.

En tanto que Bill había descubierto una manera de abrir camino en la resistencia —o como lo llamó, esa, con frecuencia impenetrable y siempre gruesa pared llamada ego— mediante la rendición espiritual y el desinfle a profundidad, los Dres. Osmond y Hoffer habían estado intentando llegar al mismo final por medio de productos químicos.

En la época en que Bill los conoció, estaban utilizando un producto químico sintético experimental, llamado dietilamina, del ácido lisérgico, fabricado en Europa por Sandoz, una compañía farmacéutica suiza; la sustancia llegaría a ser conocida —y notoria— por su abreviatura, LSD. En 1954, cuando Osmond y Hoffer empezaron sus experimentos, nadie había llegado a oír de él; era tan nuevo y tan experimental, que no había reglamentos ni restricciones que gobernaran o controlaran su uso.

La teoría original de los dos psiquiatras de por qué podría funcionar para su particular propósito, fue rápidamente abandonada cuando vieron lo que estaba sucediendo. Esta es la forma en que Humphry Osmond describe tanto la teoría como la experiencia real:

"En 1954, Abram Hoffer y yo, utilizando LSD y mezcalina [para] la esquizofrenia, concebimos la idea de que podrían representar algo muy similar al delirium tremens, de que un buen número de gente que había dejado el alcohol lo hacía sobre la base de que había sido atacada por D. Ts. y había sido impresionada por él. [Pensamos que] podría ser una muy buena idea dar a una persona un 'ataque', antes de que hubiera sido destruido por completo; ésta fue nuestra teoría original y nos dimos cuenta que ésta no era del todo la manera en que funcionaba. En realidad no [era] diferente a la experiencia de Bill, de la cual oímos hablar con posterioridad y daba a la gente una pausa para pensar, no sobre el campo de qué aterradora era, sino iluminadora. ¡Por completo diferente!

Fui allá y me presentaron a Bill, a quien le conté de ello, y no se emocionó. Está muy en contra de dar drogas a los alcohólicos".

Con todo, posteriormente llegó a interesarse cuando se enteró que los dos doctores estaban obteniendo buenos resultados. Al ir observando de cerca el trabajo, llegó a esta conclusión: No era "el material en sí mismo el [que] en realidad producía estas experiencias. Parecía tener el resultado de reducir el ego de una manera aguda y, por supuesto, temporalmente. Por lo general, se reconoce el hecho en el desarrollo espiritual de que la reducción del ego se hace posible el influjo de la gracia de Dios; por tanto, si bajo el LSD podemos tener una reducción temporal, de manera que podamos ver lo que somos y a dónde vamos, bueno, eso podría ser de alguna ayuda; la meta podría llegar a estar más clara. Así que considero que el LSD es de alguna ayuda para alguna gente y prácticamente no daña a nadie. Nunca tomará el lugar de algunos de los medios ya existentes que pueden reducir el ego y lo conservan reducido".

Con esa actitud, Bill emprendió una investigación más amplia de los usos posibles del LSD para tratar a los alcohólicos. Nell Wing recuerda la secuencia de los acontecimientos: "Había alcohólicos en los hospitales, con los que A.A. podía ponerse en contacto y ayudar sólo alrededor de un cinco por ciento. Los doctores empezaron a darles una dosis de LSD, con el propósito de romper la resistencia y tuvieron aproximadamente un 15 por ciento de recuperaciones. Esto fue una cosa científica".

El Dr. Jack Norris siguió el progreso de estos experimentos. De los psiquiatras, afirmó: "Sintieron que la mayor parte de los alcohólicos, o un alto porcentaje de ellos, también eran esquizofrénicos y que ésta era una forma de abreviar el proceso de la psicoterapia".

Nell continúa la historia: "De cualquier manera, Bill quería ver qué cosa era; estaba intrigado por el trabajo que Osmond y Hoffer estaban haciendo con los alcohólicos en Saskatoon y pensó: "Cualquier cosa que ayude a los alcohólicos es buena y no debe ser descartada. Deberían explorarse técnicas que ayudarían a algunos muchachos o muchachas a recuperarse y que no lo harían mediante A.A. o cualquier otro camino. Dio su pleno entusiasmo [a] lo que otras personas estaban haciendo a lo largo de esa línea; esa es la razón por la que lo tomó él mismo. Tuvo una experiencia [que] fue por completo espiritual, [como] su experiencia espiritual inicial".

Primero Bill tomó LSD en California, bajo la guía de Gerald Heard; también estaba presente y guiando Sidney Cohen, psiquiatra del Hospital de Administración de los Veteranos de Los

Angeles. La fecha fue el 29 de agosto de 1956. Tom P. estuvo ahí; él y Gerald Heard tomaron nota de los sucesos de la tarde.

Bill estaba entusiasmado acerca de su experiencia; sintió que le ayudó a eliminar muchas barreras erigidas por el yo, o ego, que se encontraban en el camino de una experiencia directa del cosmos y de Dios. Pensó que podía haber encontrado algo que podría significar una gran diferencia para las vidas de los que todavía sufrían. Pronto, tenía interesado a un grupo de gente —psquiatras, ministros, publicistas y amigos— en posteriores experimentos con la sustancia. Lejos de conservar en secreto sus actividades, estuvo ansioso de extender la nueva. (El secreto nunca fue el punto fuerte de Bill; su candor, por cierto una parte importante de su gran encanto y credibilidad, también tuvo sus inconvenientes. Como dijo Nell, si no querías que algo se supiera públicamente, se te aconsejaba bien que no lo compartieras con Bill. En una palabra, era abierto acerca de sus propios asuntos y de los de otros).

Invitó a muchos de sus más cercanos asociados a unírsele en la experiencia, entre ellos al Padre Dowling, que aceptó, al Dr. Jack, que no lo hizo,[2] y a Sam Shoemaker. Bill informó a Shoemaker: "Estarás muy interesado en saber que el Padre Ed Dowling asistió a una de nuestras sesiones de LSD cuando estuvo aquí recientemente. Ese día, el material se le dio a uno de los investigadores de precognición de Duke,[3] un hombre que ahora se encuentra en Nueva York. El resultado fue una experiencia espiritual de lo más magnífica y positiva. El Padre Ed se declaró por completo convencido de su validez y de una manera voluntaria él mismo tomó LSD".

Incluso Bill persuadió a Lois a intentar alguna: "Hasta en casos agudos de corazón el material se puede tomar con impunidad, ya que el efecto uniforme —sin importar cual sea la reacción emocional— es reducir ligeramente la acción del corazón. Por lo tanto, me he sentido libre de dárselo a Lois y tuvo una experiencia de lo más agradable y benéfica. No fue la dosis completa y en breve espero intentar ésta en ella. Aunque no necesariamente lo conecta con el LSD, no hay duda de que está experimentando una gran mejoría general desde su administración, incluso, aunque fue débil".

Lois misma tuvo que decir esto acerca de la experiencia: "Bill me dio algo de él y en realidad no pude notar ninguna diferencia. No sé. Miré hacia abajo y vi que las cosas eran más claras, pero no había ninguna más verde; se supone que hace mayor tu percepción, pero siempre he sido una observadora de cualquier forma de naturaleza y miré a las cosas cuidadosamente".

De hecho, fue acerca de una percepción más clara que Huxley describió en su ahora famoso libro "Las Puertas de la Percepción". A éste, el Dr. Osmond le había dado mezcalina, una sustancia orgánica que produce efectos similares a los del LSD sintético. De su experiencia, Huxley escribió: "El hombre que regresa a través de la Puerta en la pared, nunca será por completo el mismo que salió; será más sabio pero menos seguro, más feliz pero menos satisfecho de sí mismo, más humilde en el conocimiento de su ignorancia, aunque mejor equipado para comprender la relación de las palabras a las cosas, de razonamiento sistemático para el insondable Misterio que vanamente trata por siempre de comprender".

Ese, por cierto, no es el lenguaje de A.A., pero el pensamiento es el mismo como fue expuesto por Bill, cuando escribió acerca del desinfle del ego, para permitir "el influjo de la gracia de Dios".

Cuando, al correrse la voz de las actividades de Bill, llegó la noticia a la Fraternidad, hubo las inevitables repercusiones. La mayor parte de los A.As. se opusieron violentamente a su experimentación con una sustancia que alteraba la mente. El LSD era casi por completo nuevo, poco conocido, pobremente investigado y en su totalidad experimental,[4] y Bill lo estaba tomando.

Bill fue generoso y magnánimo, característicamente disponible en la manera en que conocía toda queja que de un modo directo le dirigían; pero estaba enojado, ya que estaba encarando uno de los problemas más molestos respecto a su relación con A.A. El nombre del problema fue "El Derecho de Bill a Guiar su Propia Vida" vs. "Las Pretensiones sobre Bill de los A.As." Esa fue parte de su razón, al querer dar en la Convención de St. Louis su liberación formal en la madurez. En St. Louis cedió su puesto; pero, como tan sucintamente lo dijo Dennis Manders, por largo tiempo contralor de la Oficina de Servicios Generales: "Bill ocuparía los 15 años siguientes en ceder su puesto". En otras palabras, todos, incluido Bill, estaban teniendo dificultad para ser libres.

En una larga carta a Sam Shoemaker, escrita en junio de 1958, Bill ventiló sus pensamientos más elocuentes y personales acerca de su relación con el programa, el LSD, sus ambiciones personales para su propio futuro y la naturaleza del universo. He aquí algunos extractos pertinentes:

"Con frecuencia escribo cartas para clarificar mi mente y para pedir consejo. En este espíritu, ahora me vuelvo hacia ti.

St. Louis fue un paso principal hacia mi propia retirada, [pero] entiendo que el símbolo paterno siempre estará amarrado a mí. Por lo tanto, el problema no es cómo liberarme de la paternidad, sino cómo desempeñar apropiadamente la paternidad madura.

Una dictadura siempre rehusa hacer ésto y, de la misma manera, la jerarquía de las iglesias; sinceramente sienten que sus varias familias nunca pueden ser educadas (o espiritualizadas) en una forma suficiente para guiar apropiadamente sus propios destinos; por tanto, la gente que vive dentro de la estructura de las dictaduras y de las jerarquías tiene que perder, en mayor o menor grado, la oportunidad de crecer en realidad. Creo que A.A. puede evitar esta tentación de concentrar su poder y de verdad creer que va camino de ser lo suficientemente inteligente y lo suficientemente espiritualizada, para confiar en nuestra conciencia de grupo.

Siento que debo intentar una retirada total de mi parte. Si se desarrollara alguna imperfección estructural importante en el futuro, que yo pudiera ayudar a reparar, por supuesto que regresaría. De otra forma, creo que resueltamente debo permanecer alejado. Hay pocos precedentes históricos, si es que hay alguno, por los cuales guiarse; sólo se puede ver lo que sucede.

Esto va a dejarme en un estado de considerable aislamiento. La experiencia ya me dice que estoy al alcance de los requerimientos o demandas de A.A., casi son imposibles de rehusar.

Si pudiera lograr la suficiente libertad personal, casi con seguridad que mis intereses principales llegarían a ser éstos:

(1) Introducirme en el campo de la neurosis en general, que hoy aflige a la mayoría, como la experiencia que ha tenido A.A. Esto podría ser de valor para muchos grupos que trabajan en ese campo.

(2) De un extremo al otro de A.A. encontramos una gran cantidad de fenómenos psíquicos, casi todos ellos espontáneos. Alcohólico tras alcohólico me hablan de esas experiencias y preguntan si éstas denotan locura, ¿o tienen un significado real? Estas experiencias psíquicas funcionan casi en toda la gama de lo que leemos en los libros. Además de mi experiencia mística original, yo mismo he experimentado muchos de esos fenómenos.

He llegado a creer que con seguridad existe la prueba de que la vida prosigue; que si se aplicaran al problema de la supervivencia mejores estrategias e instrumentación moderna, se podría lograr una prueba a satisfacción de todos. Según mi manera de pensar, el mundo necesita mucho esta prueba ahora, de modo que me gustaría participar en algunos de esos intentos y experimentos.

Me doy cuenta de que, tanto la ciencia como la religión, tienen un interés realmente establecido por ver que la *supervivencia no está probada;* temen que sus conclusiones podrían ser trastornantes. A pesar de la demostración del mismo Cristo, los teólogos todavía exponen que la fe ciega, excepto para la demostración de Cristo, es lo mejor. Dicen que algunas veces la gente se mete en problemas al confundirse con lo psíquico. Yo también he visto que esto sucede.

Existe el argumento de que la prueba de la supervivencia no sería de ningún valor para nadie, en especial si se revelara que en la casa de nuestro Padre realmente hay 'muchas moradas'. Entonces la gente podría adquirir la idea de que todavía tienen mucho tiempo para solucionar las cosas, de manera que para su detrimento puede continuar indecisa.

Al considerar todo, siento que la prueba plena de la supervivencia sería uno de los sucesos más grandes que podrían tener lugar hoy en el mundo occidental. No necesariamente haría buena a la gente, pero podría saber en realidad cual es el plan de Dios, como Cristo lo demostró de una manera tan plena en el tiempo de Pascua. La Pascua llegaría a ser un hecho; entonces la gente podría vivir en un universo que tendría sentido común.

He tomado varias veces el ácido lisérgico y he recolectado considerable información al respecto. Hoy, el público está siendo llevado a creer que el LSD es un nuevo juguete psiquiátrico de terribles peligros, dicen que induce a la esquizofrenia y nada puede estar más lejos de la verdad. El Dr. Humphry Osmond fue quien primero dio la droga a Aldous Huxley; el interés se extendió luego a Gerald Heard y de ahí al Dr. Sidney Cohen, psiquiatra [en] el Hospital [de Administración] de los Veteranos en Los Angeles. Subsecuentemente, este grupo aceptó al Dr. Keith Ditman, un psiquiatra investigador de la Universidad de California. No hay duda de su competencia o buena fe. Tienen con ellos a un bioquímico, también de la U.C.L.A.

En el curso de tres o cuatro años han administrado L.S.D., quizá a 400 personas de todas las clases; se han hecho extensas grabaciones; los casos han sido estudiados en los aspectos bioquímico, psiquiátrico y espiritual. Una vez más, no hay registro de ningún daño, ninguna tendencia a la adicción. También han encontrado que no hay riesgo físico, sea el que fuere; el material es aproximadamente tan poco dañino como la aspirina; con ellos tomé mi primera dosis, hace dos años.

[Existe] la probabilidad de que la oración, el ayuno, la meditación, la desesperanza y otras condiciones que lo predisponen a uno a la experiencia mística clásica, tengan sus componentes químicos. Estas condiciones químicas ayudan a dejar a un lado los impulsos normales del ego y hasta [ese] grado, abren la puerta a una percepción más amplia. Si uno supone que esto es así —y ya hay alguna evidencia bioquímica de ello— entonces no se puede estar demasiado interesado en saber si estos resultados místicos son incitados por el ayuno o son llevados a cabo por [otros medios].

Por el momento, sólo se puede utilizar con propósito de investigación. Por cierto, sería una enorme mala fortuna si se dejara libre, para el público en general, sin una cuidadosa preparación, en cuanto a qué es la droga y cuál puede ser el significado de sus efectos. Por supuesto, las convicciones que ahora tengo todavía están muy sujetas a cambiar, ya que no hay nada fijo respecto a ellas sea lo que fuere.

Y creeme que estoy perfectamente consciente de los peligros para A.A. Sé que no debo comprometer su futuro y con gusto me retiraría de estas nuevas actividades, si esto llegara a ser aparente".

En 1959, Bill tuvo que retirarse personalmente de la experimentación con el LSD, [5] y lo hizo airosamente. El Dr. Jack y él habían tenido cierta correspondencia sobre el asunto de la responsabilidad de Bill como un fundador que vivía. Estas palabras del Dr. Jack, indudablemente, ayudaron a asegurar a Bill que su decisión había sido la correcta:

"No puedes escapar de ser 'Bill W.', ni en realidad lo harías aunque a veces te rebelaras. Lo más seguro está hecho con toda la información posible y la reflexión. Me recuerda un poema escrito por una madre a su niñito, en el que dice: 'Estoy atada' y continúa con una lista de las maneras en que está cautiva, terminando con la frase: 'Agradezco a Dios estar atada'. A pocos hombres les ha sido dado ser la 'imagen paterna' en una forma tan constructiva para tantos; menos han sido los que han conservado su estabilidad y humildad y por esto tú eres grandemente honrado; pero eres humano y todavía llevas las cicatrices del alcoholismo y, como yo, tienes la necesidad de vivir en A.A. El mayor peligro que siento para la Fraternidad es que podrías apartarte de Alcohólicos Anónimos de la manera en que te lo aplicas a ti".

---

1. También escribió docenas de novelas de misterio, las que publicó bajo el seudónimo H.F. Heard.

2. Sin embargo, el Dr. Jack tuvo correspondencia con Osmond y Hoffer. Como científicos, dijo, fueron menos exuberantes que Bill. "En su correspondencia fueron cautelosamente entusiastas conmigo, diciendo que tenía que administrarse bajo auspicios muy cuidadosos y con una cantidad considerable de estudios preliminares"

3. Una de las series de experimentos del ESP fue llevada a cabo en el Instituto Rhine de la Universidad de Duke.

4. El LSD se llevó por primera vez ante la conciencia nacional en 1961 mediante el trabajo de los Dres. Timothy Learly y Richard Alpert (posteriormente mejor conocido como Ram Dass), en ese tiempo en Harvard. Learly había dado LSD a algunos de sus estudiantes de psicología como parte de una clase de experimentación. Sin la "guía" ni la experiencia, dos de los estudiantes (ambos menores) tuvieron experiencias de escenas dolorosas en retrospetiva. Los experimentos, "respetables" y de carácter reservado hasta ese tiempo, hicieron erupción en un escándalo y Learly dejó Harvard.

Learly se había acercado realmente a Bill a finales de los 1950, pidiéndole ser incluido en el trabajo que estaba haciendo Bill, que no quiso incluirlo, aplazándolo de continuo, hasta que Learly dejó de pedírselo.

5. En 1963, el gobierno canadiense había prohibido el LSD; en abril de ese año, Sandoz lo retiró del mercado. Durante la época "hippie", de Haight-Ashbury, de finales de los 1960, se fabricó ilegalmente y se vendió de persona en persona como una droga de la calle. El consejo que aceptaron trágicamente muchos que abusan del LSD fue el dicho de Tomithy Learly: "Enciende, sintoniza, apaga".

Capítulo Veinticuatro

Durante el final del decenio de los 1960, las actividades de A.A. de Bill, llegaron a ser más limitadas de lo que habían llegado a ser en cualquier tiempo, durante los 20 años previos, de manera que estuvo libre para perseguir una diversidad de intereses.

Uno de ellos fue el regreso, de una manera pequeña y limitada, al campo de Wall Street que había abandonado —y por el que había sido abandonado— tres decenios antes. Una vez más, se le podría encontrar en una mañana, con los pies sobre el escritorio de su oficina y las cenizas de un cigarro siempre presente, esparcidas sin darse cuenta sobre el chaleco, leyendo la página financiera del periódico. Como le escribió a Dave D.

"He regresado a los negocios, sintiendo que debo hacer la misma demostración de mis compañeros que tienen, en su mayor parte, que regresar al mundo de los negocios e intentan relacionarse a él. Así que, ¡después de todo, he regresado a Wall Street! Esto está demostrando ser muy bueno para A.A. y una excelente terapia para mí. Confieso que más bien me quedé emocionalmente arruinado en una sobredosis de buenos trabajos, y es bastante curioso que la nueva actividad parece haberme cargado otra vez".

A principios de los 1960 fue cuando Bill volvió a estar en contacto con Hirshhorn, el brillante financiero que le había dado empleo a principios de los 1930, cuando nadie más lo haría. Ahora más rico que nunca, Hirshhorn también había llegado a ser famoso por su colección de arte y había donado un museo, el Hirshhorn, ahora parte del Instituto Smithsoniano.

Robert Thomsen, autor del libro "Bill W.", narra cómo los dos reestablecieron el contacto, una tarde cuando Bill y Lois iban de prisa a tomar un avión. En el Aeropuerto de La Guardia, Bill y Hirshhorn chocaron literalmente uno contra el otro. No se habían puesto los ojos encima durante 30 años e intercambiaron saludos de agrado y emotivos. Entonces Joe le preguntó a Bill qué había sido de él, a lo que un poco sorprendido Bill respondió que creía que todo el mundo lo sabía: Había llegado a ser el Borracho Número Uno de Estados Unidos. De la respuesta de Hirshhorn se deduce que no tenía idea acerca de qué estaba hablando Bill.

'Sabes Joe', dijo, 'A.A.'

'Oh', exclamó Joe . . . estaba encantado. ¡Encantado! Ya que ciertamente Bill era un hombre que necesitaba encontrar A.A.; y con ésto, se apresuró a tomar su avión".

Continuaron conservándose en contacto, reuniéndose en comidas de una manera ocasional y por otra parte comunicándose por correo o teléfono. Hay un registro de la correspondencia entre los dos hombres, desde 1962 hasta 1966, sólo sobre asuntos financieros. En apariencia Hirshhorn fue capaz de ayudar a Bill en esa época (en más de una carta, Bill expresaba su gratitud, es probable que por la anterior lealtad de Hirshhorn) y por su parte, Bill proporcionó a Hirshhorn los frutos de sus investigaciones e intuiciones sobre el mercado.

Bill estuvo ansioso de compartir su riqueza, todo lo escasa o abundante que pudiera ser. Su generosidad fue legendaria alrededor de los que estaban en el programa y por una buena razón: no tenía fondo. (Una de las cosas que hizo habitualmente fue mandar, como regalo, las piezas nuevas de la literatura de A.A. En la parte de abajo de las copias al carbón de incontables cartas escritas por él, hay recordatorios de mandar también un ejemplar de cualesquiera fuera su último libro. Autografiaba cada uno antes de mandarlo y la inscripción siempre fue ingeniosa y personal).

Empezó a incluir a los amigos y familiares en los resultados de su investigación financiera. Su madre había tomado con tanto entusiasmo Wall Street y le había ído tan bien con sus inversiones que cuando falleció —en contraste con el padre de Bill, que murió sin un centavo— había acumulado un capital que era aproximadamente de 100,000 dólares.

Herb M., gerente general de la Oficina de Servicios Generales de A.A., desde 1960 hasta 1968, fue uno de los que recibió el consejo financiero de Bill. A sugerencia de Bill, junto con su esposa, compraron 600 acciones de las tierras petrolíferas de la Columbia Británica. Herb refirió:

"Bill vendría y me informaría sobre ellas, que cada vez se debilitaban más; y luego, cuando me jubilé, Bill insistió en comprar y darnos suficientes tierras petrolíferas de la Columbia Británica, de manera que pudimos vender todo el paquete, incluyendo lo que teníamos y recuperar todo nuestro dinero. Todos esos años le había preocupado que no dieran dividendos tenía esta forma divertida, elíptica, de ayudarnos a recuperar todas nuestras pérdidas económicas".

A principios de los 1960, Bill llegó a estar involucrado en una nueva idea para convertir calor en electricidad. Aunque la inquietud nacional acerca de la escasez de energía no llegaría hasta diez años después, como acostumbraba, Bill estaba adelantado a su tiempo. Stan Ovshinsky, un inventor de Detroit, había desarrollado lo que pensaba que era una forma nueva y barata de convertir calor directamente en electricidad. La compañía de Ovshinsky, Energie Convertion Laboratories, se formó para llevar al mercado la idea. El inventor necesitaba ayuda, tanto para capitalizar su proyecto como para venderlo. Humphry Osmond se lo presentó a Bill, ya que como aseguró Osmond, Bill era una de las pocas personas que poseían una combinación de conocimiento financiero, imaginación científica y altruismo.

Ovshinsky resumió la involucración de Bill en el proyecto: "Vio lo que estábamos haciendo aquellos días y llegó a estar muy emocionado con el proyecto. En realidad, en esa época no estábamos haciendo negocio; éramos como un grupo de investigación haciendo algo en lo que él estaba interesado y quería ayudar en todas las formas que pudiera. Se involucró en mi manera de pensar acerca de la conversión de la energía de la fotovotovoltaica de la electricidad térmica, miraba mucho hacia adelante y pensó que la íbamos a lograr algún día, ojalá que estuviera vivo para ver los progresos que hemos hecho. En realidad fue una de las personas más excepcionales y únicas que haya existido en el mundo".

La compañía de Ovshinsky fue especulativa, pero todavía existe. En 1977 el *Wall Street Journal* presentó una historia de una página acerca de sus teorías; además, la Standard Oil de Ohio invirtió mucho en su compañía.

La involucración de Bill con J. Robert Oppenheimer, fue de igual manera magnética, aunque en cierta forma más breve. Ambos se conocieron en Trunk Bay en el Caribe, en donde Bill y Lois estaban de vacaciones. Inmediatamente se atrajeron el uno al otro, siendo probable que cada uno sintiera en el otro un espíritu afín. Después de largas caminatas y largas pláticas, el físico presentó a Bill la idea de unírsele en el Instituto para Estudios Avanzados, en Princeton. Oppenheimer quería que Bill supervisara y evaluara algún trabajo que se estaba haciendo ahí sobre la composición química de la neurosis, de una manera muy particular, de la depresión. En tanto que finalmente nada resultó de estas sugerencias preliminares, parece que Bill, sin importar hacia qué dirección se volvería, estaba siendo enfrentado con los posibles aspectos fisiológicos y químicos de un problema que, con anterioridad, había enfocado exclusivamente sus ramificaciones psicológicas y espirituales.

Uno de los proyectos que Bill había planeado para su "jubilación", fue ocuparse de una tarea sin terminar: el reconocimiento de la deuda de A.A. con la incontable gente que sentía eran los responsables de su creación. Encabezando la lista estaba Carl Jung, el psicoanalista que había dirigido a Rowland H. y subsecuentemente a Bill mismo —vía Ebby— en una dirección espiritual.

La carta de Bill a Jung, fechada el 23 de enero de 1961, está entre las más elocuentes de las miles que escribió durante su vida. Después de presentarse a sí mismo, Bill escribió:

". . . Me pregunto si usted está consciente de que una cierta conversación que una vez tuvo con uno de sus pacientes, un Sr.

Roland [sic] H., allá a principios del decenio de los 1930, desempeñó un papel crítico en la fundación de nuestra Fraternidad.

. . . Nuestro recuerdo de las afirmaciones de Roland H. respecto a su experiencia con usted, es como sigue:

Habiendo agotado otros medios para recuperarse de su alcoholismo, fue alrededor de 1931 cuando se convirtió en su paciente. Parece ser que durante un año permaneció bajo su cuidado. Su admiración por usted no tenía límites y al término del tratamiento se quedó con una sensación de mucha confianza.

Para su gran consternación, pronto recayó en la intoxicación. Convencido de que usted era su "última tabla de salvación", regresó una vez más bajo su cuidado. Luego, siguió la conversación en la que usted se iba a convertir en el primer eslabón de la cadena de acontecimientos, que condujeron a la fundación de Alcohólicos Anónimos.

. . . Ante todo, le habló con franqueza de su desesperanza, al menos en lo que podía referirse a cualquier tratamiento médico o psiquiátrico posterior. Esta sincera y humilde declaración suya, sin lugar a dudas fue la primera piedra básica sobre la que, desde entonces, se ha construido nuestra Sociedad.

Al venir de usted, en el que tanto confiaba y al que tanto admiraba, el impacto sobre él fue inmenso.

Cuando, entonces, le preguntó si habría alguna otra esperanza, usted afirmó que podía haberla, contando con que él llegara a ser el sujeto de una experiencia espiritual o religiosa; en resumen, una revisión genuina. Le señaló cómo una experiencia así, si se llevaba a cabo, podría remotivarlo cuando ninguna otra cosa lo haría; sin embargo, le advirtió, que en tanto esas experiencias, algunas veces llevaban la recuperación a los alcohólicos, no obstante, relativamente eran raras. Le recomendó que se ubicara en una atmósfera religiosa y que esperara lo mejor. Creo que ésta fue la sustancia de su consejo.

Poco después de eso, el Sr. H. ingresó al Grupo Oxford, un movimiento evangélico que entonces estaba en la cúspide de su éxito en Europa, el que indudablemente a usted le es familiar. Recordará el gran énfasis que ponían en los principios de la búsqueda en sí mismo, la confesión, la restitución y el dar de uno mismo en servicio de otros. Subrayaban con fuerza la meditación y la oración. En este ambiente, Roland H. sí encontró una experiencia de conversión que lo liberó, por el momento, de su compulsión por beber".

Muy larga en su totalidad, la carta prosigue narrándole a Jung cómo llegó el mensaje a Bill en el punto más bajo de su alcoholismo; describió su propio despertar espiritual, la fundación subsecuente de A.A. y las experiencias espirituales de muchos miles de miembros. Como se refirió Bill: "Este concepto probó ser el fundamento de un éxito tal como el que ha logrado desde entonces Alcohólicos Anónimos. Esta ha hecho que la experiencia de conversión . . . esté disponible sobre una base de casi al mayoreo".

El final de la carta fue en donde Bill es más fino:

" . . . Como ve, esta asombrosamente larga cadena de acontecimientos empezó hace mucho en su consultorio y estuvo fundada, de una manera directa, sobre su propia humildad y profunda percepción.

Muchos A.As. serios son estudiosos de sus escritos. A causa de su convicción de que el hombre es algo más que intelecto, emoción y productos químicos que valen dos dólares, usted nos es en especial muy querido . . .

Por favor esté seguro de que su lugar en el afecto, y en la historia de nuestra Fraternidad, es como el de ningún otro. Agradecidamente".

La respuesta de Jung, que en la línea de la fecha dice Kusnacht Zurich, 30 de enero de 1961, se lee en su integridad:

"Estimado Sr. Wilson:

Realmente su carta ha sido muy bienvenida.

Ya no había vuelto a tener ninguna noticia de Rowland H. y, con frecuencia, me preguntaba cuál habría sido su destino. Nuestra conversación, de la cual le informó de una manera adecuada, tuvo un aspecto del que él no supo. La razón por la que no podía decirle todo fue que en aquellos días yo tenía que ser extremadamente cuidadoso con lo que decía, ya que me di cuenta de que era malinterpretado en todas las formas posibles, y por eso fui muy cuidadoso cuando hablé con Rowland H.; pero, en lo que pensé en realidad, fue en el resultado de muchas experiencias con hombres de su tipo.

Su ansia de alcohol era el equivalente a un nivel bajo de sed espiritual de nuestro ser por la integridad que, expresado en lenguaje medioeval, es: la unión con Dios*.

¿Cómo podría formular una cierta percepción así en un lenguaje que no sea malinterpretado en nuestros días?

La única forma correcta y legítima de una experiencia así, es que en la realidad te sucede y que sólo ocurre cuando caminas sobre una senda que te conduce a una comprensión más alta. Tú podrías ser conducido a esa meta por un acto de la gracia o mediante un contacto personal y honesto con amigos, o por medio de una educación más alta de la mente, más allá de los confines del mero racionalismo. Por su carta veo que Rowland H. ha escogido el segundo camino que, bajo las circunstancias, de una manera evidente, era el mejor.

Estoy fuertemente convencido de que el principio del mal que prevalece en este mundo conduce a la perdición, a la necesidad espiritual sin reconocer, si no es contrarrestado por una percepción religiosa real o por el muro protector de la comunidad humana. Un hombre ordinario, que no está protegido por una acción desde lo alto y se encuentra aislado de la sociedad, no puede resistir el poder del mal, al que muy aptamente se le llama Diablo; pero el uso de esas palabras hace surgir tantos errores, que uno sólo puede permanecer alejado de ellas tanto como le sea posible.

Estas son las razones por las que no pude dar a Rowland H. una explicación plena y suficiente, pero me estoy arriesgando con usted en atención a su muy decente y honesta carta, concluyo que ha adquirido su punto de vista acerca de las engañosas sandeces que uno escucha, por lo general, acerca del alcoholismo.

Alcohol en latín es *spiritus* y se utiliza la misma palabra para la más alta experiencia religiosa, al igual que para el más depravante veneno. Por lo tanto la fórmula útil es *spiritus contra spiritum*.

Agradeciéndole una vez más su amable carta, quedo de Ud., sinceramente, C.G. Jung".

---

* "Como anhela la cierva las corrientes de las aguas, así te anhela mi alma, ¡oh Dios! ' Salmo 42, 1 ".

Bill se volvió loco de alegría con la carta de Jung. No sólo era fina y estaba llena de significado, sino que contestaba en sentido afirmativo una pregunta que muchos A.As. reflexivos, empezando por él mismo, se habían hecho con frecuencia: ¿No era el uso excesivo del alcohol, en sí mismo, una forma pervertida de la búsqueda por alguna medida de iluminación o de conciencia superior? El énfasis en los Pasos por un contacto espiritual estaba confirmado aquí como el más apropiado —en realidad el único apropiado— remedio para la borrachera, por uno de los grandes psicoanalistas del mundo.

Más aún, la carta llegó en un momento de la vida de Bill en que la necesitaba seriamente. En St. Louis había muerto el Padre Dowling; el padrino espiritual, guía y mentor de Bill, había comprendido la naturaleza y la importancia de la búsqueda de Bill en una forma como nadie lo había hecho. Desde el mismo principio, la había apoyado y afirmado sin reservas.

Al igual que las cartas de Bill a los miembros, pronto se convertían en talismanes para ellos, la carta de Jung llegó a ser un talismán para Bill. El original cuelga en una de las paredes de la biblioteca de Stepping Stones. Con el correr del tiempo, las copias serían leídas en las juntas o enmarcadas y colgadas en las paredes de los cuartos en que se celebraban éstas, y serían impresas y reimpresas en el Grapevine.[2]

La respuesta de Bill a la carta del Dr. Jung está fechada el 20 de marzo de 1961 y se lee, en parte:

"Su observación de que entre los motivos para beber, con frecuencia, está incluida una búsqueda de los valores espirituales, captó nuestro especial interés. Estoy seguro de que previa reflexión, muchos miembros podrían dar testimonio de que en ellos esto ha sido cierto, a pesar del hecho de que asiduamente bebieron para olvidar, por grandiosidad y por otros motivos indeseables. Algunas veces parece poco afortunado que el alcohol, al beberse con exceso, resulte ser un deformador de la conciencia, al igual que un veneno adictivo.

Hace años, algunos leíamos con gran beneficio para nosotros su libro titulado "El Hombre Moderno en Busca de un Alma". En efecto, usted hacía la observación de que la mayor parte de las personas que han llegado a los 40 y no han adquirido ninguna fe ni conclusión respecto a quiénes fueron o dónde estuvieron, o hacia dónde iban a continuación en el cosmos, estarían propensas a encontrar dificultades neuróticas en aumento y que ésto sería probable que sucediera, independientemente a si sus aspiraciones de la juventud por unión sexual, seguridad y tener un lugar satisfactorio en la sociedad, hubieran sido satisfechas o no lo hubieran sido. En resumen, no podían continuar volando a ciegas hacia ningún destino en lo absoluto, en un universo en apariencia con poco propósito o significado. Tampoco podía salvarlas del dilema en que se encontraban ninguna cantidad de resolución, especulación filosófica o acondicionamiento religioso superficial. En tanto que les faltara algún despertar espiritual directo y, por tanto, concientización, simplemente su conflicto tenía que aumentar.

Estos puntos de vista suyos, doctor, tuvieron un inmenso impacto sobre algunos de los primeros miembros de nuestra Fraternidad de A.A. Vimos que había descrito de una manera perfecta el callejón sin salida en el cual habíamos estado una vez, pero del que habíamos sido liberados por medio de nuestros diversos despertares espirituales. Esta 'experiencia espiritual' tenía que ser nuestra llave para la supervivencia y el crecimiento; vimos que la desesperanza del alcohólico bien podía volverse una ventaja vital y por la admisión de eso, podía ser desinflado a profundidad, realizando así la primera condición para una experiencia espiritual remotivadora.

El anterior es un ejemplo más de lo muy útil que usted nos fue, a los que estábamos en A.A. en nuestro período formativo. Sus palabras llevaban realmente autoridad, porque usted no parecía ser íntegramente un teólogo ni un científico puro; por tanto, parecía quedarse con nosotros en esa tierra de nadie que yace entre los dos, el lugar exacto que muchos nos habíamos encontrado. Por consiguiente, su identificación con nosotros fue profunda y convincente; habló un lenguaje del corazón que podíamos entender".

No hubo respuesta a la segunda carta de Bill y dos meses después, el 6 de junio de ese año, murió el Dr. Jung. Bill, que esperó un cuarto de siglo para escribir su nota dándole las gracias, la había mandado justo a tiempo.

El hecho de que Bill nunca hizo un reconocimiento personal similar de la deuda de A.A. a Frank Buchman, que también murió en 1961, permanece para algunos como un punto doloroso y para otros como un asunto desconcertante.

Bill mismo lamentó seriamente la omisión. Unos meses después de la muerte de Buchman, Bill escribió a un amigo: "Ahora que Frank Buchman se ha ido y que cada vez me doy más cuenta de lo que le debemos, desearía haberlo buscado en los últimos años y demostrarle nuestro aprecio".

El temor a la controversia adquirió grandes proporciones en la mente de Bill; incluso había consultado al Padre Dowling y a otros, antes de darle crédito al Grupo Oxford en "Alcohólicos Anónimos llega a la Mayoría de Edad".

También murió en 1961 la Dra. Emily. Durante los cinco años últimos de su vida, fallando sus facultades tanto físicas como mentales, Bill la persuadió de que se fuera a vivir al Este. Estaba en una clínica de reposo en Dobbs Ferry, Nueva York, cuando murió el 15 de mayo, a los 91 años. Después de su muerte, Bill observó que ella, una verdadera excéntrica, no conservaba ningún libro, "sólo memorándums desparramados y de escritura ilegible, incompletos".

Los complicados sentimientos de Bill hacia ella, como ésta lo sentía de una manera intuitiva y su relación —truncada en su camino como lo había sido la relación con su padre— se resumían en una carta que ella le escribió:

"Parece que las condiciones de esta vida han impedido que pasemos juntos mucho tiempo, desantendiendo en cierta forma irónica nuestros lazos físicos que debían habernos ligado con una compañía más íntima, pero son mi esperanza y mi creencia más entrañables que en nuestra futura existencia, estos lazos terrenales de carne y sangre, se fortalecerán y extenderán para incluir lazos más íntimos de nuestras naturalezas mental y espiritual, mediante una mejor comprensión de la Verdad iluminadora. Estoy en espera de ese tiempo".

Sus restos descansan en el cementerio de East Dorset, en el lote de la familia Griffith.

Incluso, aunque se terminaron los experimentos del LSD, continuó la amistad de Bill con los doctores Osmond y Hoffer; Bill les tenía una gran estimación. El Dr. Osmond expresó una vez: "Bill nos dijo que nos encontrábamos entre las pocas personas que había conocido, que no le habíamos explicado nuestro trabajo, sino que le habíamos pedido que él nos lo explicara".

Algo de más importancia fue el hecho de que Bill continuara con un intenso interés en el curso de su trabajo con los esquizofrénicos y los alcohólicos. Considerando que el enfoque del alcoholismo de Bill siempre había sido principalmente espiritual, con matices psicológicos, el de ellos siempre había sido principalmente bioquímico.

Los doctores creyeron que estaban teniendo algún éxito al tratar a los alcohólicos que no pudieran permanecer sobrios, dándoles niacina, que es la vitamina B-3. Sentían que cuando la administraban como parte del proceso de desintoxicación, la vitamina disminuía los efectos de la supresión del alcohol. También sentían que habían tenido un éxito adicional con los esquizofrénicos que no respondían a los métodos psicoterapéuticos tradicionales; en otras palabras, que eran inaccesibles a cualquier clase de "cura hablada". [3]

Con gran alegría de su parte, Bill creyó que Osmond y Hoffer habían descubierto la "naturaleza exacta" de la alergia a la que se refería el Dr. Silkworth; Bill siempre había sostenido que éste, cuando se refería a una "alergia del cuerpo", sabía que la condición no era estrictamente hablando de una alergia, sino que sencillamente utilizó la palabra por carecer de una más específica. Bill describió la posición del Dr. Silkworth como sigue:

"El Dr. Silkworth fue quien me indujo la idea de que el alcoholismo tenía un componente físico, algo a lo que llamó 'alergia'. Sabía que no era el verdadero nombre, pero lo empleaba para expresar su intuición de que algo estaba mal físicamente en la mayor parte de nosotros, quizá un factor causativo y con seguridad algo que agravaba la condición alcohólica".

La "alergia" del Dr. Silkworth, afirmó Bill, era la tendencia de los alcohólicos a tener alguna perturbación en su química sanguínea, con frecuencia hipoglucemia —el azúcar bajo en la sangre— lo que tenía un efecto que se describía mejor como un shock de insulina. [4] Aunque, por lo general, la condición es controlable mediante dieta (poca glucosa, sacarosa u otros carbohidratos simples, baja de cafeína, alta de carbohidratos complejos y alimentos frecuentes), Hoffer y Osmond pensaron que la niacina (conocida también como ácido nicotínico) podía prevenir, cuando menos hasta cierto grado, una caída repentina del azúcar en la sangre y la niacina no era una sustancia que cambiara el estado de ánimo, era una vitamina.

Bill estaba cada vez más frenéticamente entusiasmado por el trabajo de sus amigos con la niacina; leyó la literatura, estudió las estadísticas, miró con detenimiento los estudios que habían hecho, tomó él mismo la sustancia y de ella obtuvo un gran beneficio.

Después, por completo persuadido de su eficacia y beneficio, Bill se responsabilizó de llevar el trabajo de Osmond y Hoffer a la atención de la comunidad profesional (médica) y del gran ejército de miembros de A.A., que casi sin excepción eran admiradores y seguidores de Bill. Poniendo en evidencia sus talentos como líder, su destreza como organizador y sus energías como pionero, empezó a recomendar la B-3, con un celo similar al que había llevado al infante programa de A.A., 30 años antes.

Bill reunió tres papeles acerca de la B-3. Primariamente proyectó una información para el "mercado", en este caso la profesión médica (los doctores que estaban en A.A.); la primera, fechada en diciembre de 1965, tenía como prefacio una carta dirigida a los médicos, en la que Bill alababa la eficacia de la niacina para tratar los problemas emocionales y el alcoholismo.

Cuando Bill era sensible a una idea nueva, no había nada que lo detuviera. En otras situaciones, esta capacidad para sumergirse totalmente en lo que él creía, había sido una fuerza y una posesión valiosa; su entusiasmo era infeccioso.

Se extendió la noticia acerca de la B-3. Frank R., un depositario del área de Boston, cenó con Bill la noche de un domingo de 1967 después de una reunión del consejo. Frank recuerda la noche:

"Bill y yo fuimos a Stouffer's y, tan pronto estuvimos en el restaurante y ordenamos, empezó con la B-3, encomiándome sus virtudes. La sopa está frente a él y la mesera le insta: 'Señor, señor, ¿va a terminar su sopa?' No, está absorto por completo, convenciéndome: ¡un promotor! Así que soy muy paciente escuchándole.

Supongo que salimos de Stouffer's alrededor de dos horas después y luego me invitó a su habitación. Y ahí está, haciéndome promoción y yo soy muy paciente. Ha conseguido algunos papeles de los doctores que lo respaldan en la tarea; y salí de ese cuarto hasta la una de la mañana. Me está diciendo lo correcto que ha estado a lo largo de los años en todas las diferentes fases de A.A. y ahora, está entrando en el departamento médico; yo sólo escucho. Recurrió a los tiempos antiguos y tomó algunas de sus ideas de los filósofos de entonces. Me está diciendo cómo, "cuándo inventaron la rueda", se quitó una gran carga a la humanidad y no pudieron guardársela para sí mismos; y nosotros hemos encontrado aquí una manera de permanecer sobrios, y no nos la guardamos para nosotros mismos. Aquí estamos en A.A. y nos dimos cuenta de que podíamos permanecer sobrios, así que la seguimos transmitiendo".

A manera de reflexión posterior, Frank añadió: "Pero sí sé que Bill tenía tomándola a algunas de las muchachas de la oficina y eso estaba un poco fuera de lo permitido. 'Vengan, muchachas, no les hará daño', así que la están tomando y ni siquiera saben qué es y no se dan cuenta si les está haciendo algún bien o no; pero, de esas muchachas de ahí, nunca ví a ninguna en depresión".

Pronto, los defensores de la niacina empezaron a manifestar su entusiasmo en las juntas de A.A. y aquéllos que se le oponían estaban usando éstas como un foro para dar sus opiniones. Algunas de ellas eran acerca de los méritos o la falta de los méritos de la niacina; la mayor parte acerca del comportamiento de Bill. Los miembros más capaces de expresarse hablaban ruidosamente contra lo que él estaba haciendo: "Ya llevó a cabo un milagro; ahora va por un segundo" era el disgustado consenso de algunos; "Tiene un complejo de mesías", decían otros. Casi todos estaban de acuerdo en una cosa: Bill estaba violando directamente dos de sus propias Tradiciones. La Sexta dice: "Un grupo de A.A. nunca debe respaldar, financiar o prestar el nombre de A.A. a ninguna entidad allegada o empresa ajena, por temor a que los problemas de dinero, propiedad y prestigio nos desvíen de nuestro propósito primordial". La Décima dice: "Alcohólicos Anónimos no tiene opinión acerca de asuntos ajenos a sus actividades, por consiguiente su nombre nunca debe mezclarse en polémicas públicas".

En realidad, no había manera de impedir que Bill apoyara y promoviera la niacina, ni de detenerlo; todo lo que la Fraternidad podía hacer era insistir que no la mezclara con el nombre de A.A., ni utilizara para ese trabajo las instalaciones de A.A. De acuerdo a esto, en el informe del Consejo, aceptado por la Conferencia de 1967, había una recomendación "para asegurar la separación de A.A. de los asuntos no A.A., se estableció un procedimiento mediante el cual todas las solicitudes de información que pertenecieran a la B-3 y a la niacina, fueran remitidas directamente a una oficina en Pleasantville, N.Y. Con objeto de que el interés personal de Bill no involucrara a la Fraternidad, el Consejo requirió que el papel membretado de Bill (utilizado en esa correspondencia) llevara una dirección diferente a la de la O.S.G. y que ningún empleado de ésta se encontrara involucrado".

Esta solución terminó con mucho el alboroto provocado por la involucración pública de Bill con las vitaminas; pero que esto no terminó con su involucración real, fue puesto en evidencia por el hecho de que su último artículo acerca de la niacina, fue escrito poco antes de su muerte y distribuido póstumamente.

---

1. La siguiente carta de Ginger G., de El Paso, Texas, es sólo una de las muchas que recibió Bill: "Hace muchos, muchísimos años, cuando era nueva en A.A. y, podría añadir, muy confusa, te escribí una carta. Me la contestaste con otra que era iluminadora, animadora e inspiradora. La leí con tanta frecuencia como lo hacía con el Libro Grande. Tu carta me hizo comprender por qué la gente actúa tal como lo hace y soy tolerante de cualquier acción que pudiera tomarse.

Tu carta, que fue una parte de mi diaria inspiración, fue destruida en mi casa por el fuego hace pocos meses. Si no estás demasiado ocupado, ¿me escribirías otra? Me siento enteramente perdida sin ella. Era una parte de mi rutina diaria, recordándome muchas cosas que ninguno de nosotros debe olvidar jamás".

2. Empezando en 1963, el Grapevine ha imprimido la correspondencia —la larga carta de Bill y la respuesta de Jung— cuatro veces. Cada vez, el ejemplar se vendió en su totalidad; no quedó ninguno en el archivo del Grapevine de números anteriores.

3. Esto fue antes de la introducción de los antipsicóticos —Torazina (cloropromazina), Compazina (proclorperazina), Stelazina (trifluoperazina, etc.)— que ahora se utilizan en el tratamiento de la esquizofrenia.

4. Esta descripción, tal como la dio Bill, fue una explicación primaria y simplificada de la hipoglucemia.

Capítulo Veinticinco

Al irse volviendo viejo, la cara de Bill se alargó de cierta manera; su cabello, sin características especiales, y ahora blanco, se volvió más escaso y su voz monótona llegó a ser, si acaso, más insípida. Su alto esqueleto está tan erecto como de costumbre, pero ahora sus ropas le quedaban más amplias. Tenía la reputación de que vestía terriblemente; pero Frank R. recuerda un día que no era característico: Yo estaba una mañana en la oficina de Herb M., hablando con él y entra Bill, de manera despreocupada y dice: 'Miren, compañeros, tengo un traje nuevo'. En esta época particular de su vida, Bill podía haber ido a Brooks Brothers y ordenado cinco, pero era como un niño. Nunca olvidaré el 'Miren compañeros, tengo un traje nuevo' ".

Siempre elocuente, Bill permaneció tan capaz, como siempre, de aferrarse a su causa en boga. A lo largo de los años, había cambiado muy poco el timbre de su voz; pero, en 1968, si uno se fijaba, se había vuelto notoria la cortedad de su respiración. Su manera de fumar había sido un problema durante años; Ruth Hock recuerda a Bill intentando dejar los cigarrillos en años tan tempraneros como el de 1940. Al "dejarlos", era un notable fumador de los cigarrillos de otra gente, con frecuencia queriendo tomar dos a la vez; Ruth recordó que no era raro que, hacia el final de la tarde, se hubiera fumado toda la cajetilla de ella. Dennis Manders describió la cubierta del escritorio de Bill, con sus aristas marcadas por las colillas de los incontables cigarrillos que Bill, a lo largo de los años, había dejado ahí y luego olvidado.

No está bien claro cuándo se enteró Bill de que tenía efisema en 1961, solicitó de la Conferencia de Servicios Generales, que hiciera una previsión para Lois, en caso de que su muerte precediera a la de ella. Se hizo esto sin demora. También durante 1961 y una vez más, a solicitud de Bill, se hizo otra previsión para Ebby, de manera que recibiera con regularidad un cheque mensual el resto de su vida. Ebby recibió 200 dólares al mes hasta su muerte en 1966.

El pago de sus derechos de autor fue el único ingreso de Bill. Los recibía del Libro Grande, de "Alcohólicos Anónimos llega a la Mayoría de Edad", del "Doce Pasos y Doce Tradiciones" y de "La Forma de Vida de A.A." ("Tal como la ve Bill"). De acuerdo a un convenio efectuado en 1963 entre Bill y la A.A. World Services, se le permitió legar sus derechos de autor a Lois, a la que, a su vez, se le permitió legar los suyos a sus beneficiarios aprobados, como parte de su herencia; siendo la previsión principal que el 80 por ciento tenía que ir a beneficiarios que habían cumplido 40 años, en el momento del acuerdo en 1963; a la muerte de estos beneficiarios, sus derechos de autor regresarían a Alcohólicos Anónimos. A solicitud de él mismo, Bill no recibió ningún derecho de autor de ninguna de las ediciones extranjeras de sus libros (ni se incluyó en su herencia).

El trabajo en A.A. de Bill todavía estaba sin terminar; hubo un acorde final que sintió que tenía que ser tocado y no descansaría hasta que el último acorde se hubiera resuelto con armonía. El asunto de la proporción de los depositarios no era algo muy complicado, pero fue el último ejercicio de la voluntad de Bill contra la oposición conservadora, en ocasiones reaccionaria, de los depositarios.

A causa de que el cambio era de menor importancia comparado con el alboroto que armó, el simbolismo del asunto quedó en pie con mayor claridad.

La vida entera de Bill había estado dedicada al crecimiento. Siempre había abrazado, apoyado y animado el cambio y crecimiento en sí mismo y en los demás, en sucesos y circunstancias; y en este aspecto era muy poco común: Los psicoanalistas están de acuerdo en que la condición que resiste con más fiereza la mayor parte de la gente es el cambio; irá hasta donde sea para mantener su posición.

Cuando, en 1938, el consejo de depositarios había sido formado originalmente para supervisar los asuntos de la infante Fraternidad, había sido idea de Bill tener en el consejo una mayoría de depositarios no alcohólicos. En esa época, nadie sabía si los alcohólicos podrían estar lo bastante maduros para hacerse cargo de sus propios asuntos; incluso de si podrían permanecer sin beber.

Después de la Convención de St. Louis y después del período probatorio de cinco años de la Conferencia de Servicios Generales, ésta fue declarada un éxito y Bill se dio cuenta de que era tiempo de invertir el montaje original y cambiar la composición del consejo a una mayoría de alcohólicos. Sus esfuerzos para ver que se cambiara la proporción precipitaron una disputa que duró a través de diez Conferencias de Servicios Generales. Pero, ahora, se invirtieron los papeles; anteriormente, cuando Bill estaba moviéndose para conseguir el establecimiento de la Conferencia, había estado en el papel del padre intentando "destetar" un niño y ahora, Bill (como símbolo del conjunto de miembros de A.A.) era el niño intentando convencer a sus "padres" —en este caso el consejo de depositarios— de que la Fraternidad estaba lo suficientemente madura para tener la palabra final en la administración de sus propios asuntos.

El historiador Ernest Kurtz resume la situación como sigue: "Explícitamente compuesta de una mayoría de no alcohólicos, los depositarios y la fundación eran el testimonio más visible de la respetabilidad de la Fraternidad. Para Wilson, esa dependencia de los no alcohólicos era una negación de la responsabilidad y una evidencia de inmadurez; pero . . . estos hombres habían dado mucho y la mayor parte habían llegado a ser amigos personales íntimos. La gratitud apropiada . . . también era una responsabilidad de la madurez y un testimonio de la misma".

En una carta de 1958 a Harrison Trice, un depositario no alcohólico, Bill dio las siguientes razones para el cambio propuesto:

"A causa de la creciente presión de trabajo, la cual no tenemos porqué echar la responsabilidad sobre los hombros de los miembros no alcohólicos, y debido a la creciente importancia de la determinación apropiada de la política de A.A. y de su administración, que los no alcohólicos, creo que de una manera equivocada, han negado toda capacidad para manejarlas; y a causa de la necesidad de una mayor representación geográfica de los depositarios alcohólicos; y por último, debido a que psicológicamente es erróneo para un movimiento de la talla y madurez presentes, adoptar un punto de vista infantil y temeroso de que no se puede confiar en una mayoría de alcohólicos para colocarlos en nuestro Consejo más importante... bueno, éstas son las razones para el cambio tal como las veo".

La Conferencia estaba probando ser un cuerpo conservador. Algunos delegados no compartían los temores de Bill de que la vieja proporción traería serios problemas en el futuro; pero la mayor parte se resistían, según decían, a causa de la forma en que Bill se puso a hacer su misión. Dijo Herb M., un depositario, desde 1956 hasta 1960:

"Lo enfocó de frente y de prisa, debido a que en su propia mente él iba de salida y quería ver hecha esta cosa. Nadie estaba en desacuerdo con él, en tanto a lo que a la proporción se refería; no había una oposición activa para hacerlo, pero sí la había a la manera en que estaba haciéndolo".

El Dr. Jack expresó que Bill no estaba más arriba de la manera de actuar de un "viejo sangrante" cuando se encontraba frustrado. La reacción de Bill al ver derrotado su plan, por primera vez, fue decir: "¿Estará bien que conserve todavía una oficina en el cuartel general?"

Incluso, Lois encontró difícil de entender porqué Bill estaba tan acalorado por el asunto. En St. Louis, había pasado formalmente la autoridad a la Conferencia de Servicios Generales, la que entonces aceptó la plena responsabilidad para la composición y las políticas del consejo. Ya que los delegados tenían ahora el poder para cambiar la proporción de los depositarios en cualquier momento que quisieran, ¿qué importaba si esperaban unos pocos años para hacerlo? Ese fue el punto de vista más relajado de Lois.

Año tras año, la Conferencia rehusó su consentimiento a Bill. He aquí algunas notas a ese respecto, tal como aparecieron anualmente en los resúmenes de la Conferencia enviados a los grupos:

1956: "Se aprobó la continuación de la actual estructura del consejo de depositarios (ocho miembros no alcohólicos y siete alcohólicos) hasta 1958, pero se pidió que al asunto se le dé un estudio más amplio en la Conferencia de 1957.

1957: "Se propone, para su consideración en la Conferencia de 1958. Una propuesta para cambiar la proporción actual de los depositarios no alcohólicos y alcohólicos en el Consejo de Servicios Generales (ocho a siete)".

1962: "Se aceptó el largamente esperado manuscrito de Bill sobre los 'Doce Conceptos para el Servicio Mundial' y se recomendó que, inicialmente, se distribuyera como un suplemento al 'Manual del Tercer Legado' y, finalmente, como una parte integral del mismo.

Se reafirmaron, por una mayoría de 72 a 36, las decisiones de anteriores Conferencias de que debe retenerse el principio de tener una mayoría de depositarios no alcohólicos en el Consejo de Servicios Generales. (La proporción actual es de ocho no alcohólicos a siete miembros de A.A.)"

Finalmente, en el undécimo año, el Dr. Jack insinuó a Bill: "No están reaccionando ante tus ideas, sino ante tu método. Déjame manejarlo". Y entonces . . . "No hubo ningún problema en lo absoluto. Todo lo que hice en esa reunión fue decir que los depositarios [alcohólicos] han llegado viniendo del movimiento; han sido grandes personas, han sido muy sólidos. Nunca ha existido una acción en el consejo en que haya habido una división entre los A.As. y los no A.As., y me sentí seguro de que los no A.As. aceptarían el juicio [de los A.As.] En la época en que se estableció la mayoría, en A.A. nadie tenía más de tres años de haber dejado de beber y no confiaban en ellos mismos en el departamento del dinero. Dije: 'Démosles una oportunidad; si no funciona, podemos cambiarlo'. Y fue así de fácil".

Así terminó la larga lucha de Bill para dar a los depositarios alcohólicos el control de la mayoría en el Consejo de Servicios Generales. El informe del consejo a la Conferencia de 1967, resumió las actividades del último año, afirmando: "En la reunión trimestral de abril de 1966, el consejo votó de una manera unánime para aceptar las Recomendaciones de la Conferencia. Algunas de ellas fueron:

"1. Que el consejo se aumente a 21, siete no alcohólicos y 14 alcohólicos . . ."

Este fue el último asunto oficial de Bill con la Fraternidad. Su satisfacción con el resultado fue evidente en esta carta a Herb M.: "No te puedes imaginar lo feliz y agradecido que estoy de que se tomó la decisión de que A.A. debe intentar caminar por sí misma, a nivel del consejo. Entre las fuentes de felicidad, por este resultado, la principal es el recuerdo de que sin tus buenos oficios, no se hubiera podido completar nada durante años, si acaso".

El trabajo de Bill había terminado.

En 1965 había cumplido 70 años y todavía estaba fumando. Había dejado de hacerlo muchas veces y reincidido otras tantas. Dijo Nell Wing: "Su respiración había ido empeorando a partir quizá de 1966 ó 1967. Cada año, se iba yendo más para abajo. El efisema se apoderó de él y todavía seguía fumando".

Pam B., de Red Bank, New Jersey, se encontró casualmente con Bill en unas vacaciones en el Caribe, durante el invierno de 1968. También estaba intentando dejar de fumar y cuando una tarde se encontró con Bill en la playa, hicieron un pacto mutuo de que ninguno de ellos se fumaría un solo cigarrillo hasta que se reunieran de nuevo al día siguiente. Todos los días se reunían en la playa y todos los días se refrenaban de fumar hasta que volvían a reunirse. Sin embargo, la hora señalada para su cita cada día era más temprano.

Bill empezó a llevar un inhalador de bolsillo; era un aparato en forma de "L" con uno de los extremos para ponerse en la boca y el otro era un émbolo que se hundía con el pulgar. En sus paseos por los senderos alrededor de Stepping Stones (los Wilson eran propietarios de algo más de tres hectáreas y media boscosas), ahora Bill se detenía con frecuencia a descansar, sentándose en los troncos restantes de árboles que se habían talado, mientras recuperaba el aliento. Los vecinos, acostumbrados a verlo durante años en estas caminatas diarias, se dieron cuenta de que iba mermándose.

Un momento decisivo llegó en febrero de 1969. Había sido un duro invierno y Bill se trepó al bajo techo de su estudio para investigar el daño causado por el hielo y la nieve; perdió pie y empezó a resbalarse. Agarrándose de una rama que sobresalía, se las arregló para detener su caída; se puso de pie, entró para tomar algún alimento y pronto regresó al trabajo; pero estaba muy golpeado y las contusiones no disminuyeron rápidamente.

Con el incidente, empezó la continua declinación de la salud de Bill. En abril de ese año, había dejado realmente de fumar y esta vez continuó sin hacerlo. Dijo Bob H.: "Puedo decirte con exactitud cuándo fue porque, a pesar de mi incredulidad, acabó teniendo éxito al dejar de fumar poco a poco. Cada día estuvo fumando menos y puedo decirte exactamente cuándo fue: en 1969, en el invierno del 69, aunque para ese tiempo ya se había hecho mucho daño".

Para Bill, 1969 fue un año en que la enfermedad entraba y salía; primordialmente fue la pulmonía. Rara vez iba a la oficina y, cuándo lo hacía, con dificultad podía caminar unas pocas calles a la estación para el viaje a casa; en cada calle se tenía que detener y descansar.

Al M. vio a Bill por última vez, aproximadamente en esa época. "Estábamos en Nueva York y llamamos a Bill para decirle que nos gustaría ir a verlo; nos dijo que no se estaba sintiendo muy bien y quería invitarnos a pasar la noche, pero que no pensaba que sería buena idea. Salimos de ese pequeño trenecito y aquí estaba Bill con un pie fuera del coche, colgado sobre el volante y respirando a bocanadas; así estaba de mal, no se podía salir del coche".

Con frecuencia, Nell Wing iba a trabajar a Bedford Hills. Por sí misma era capaz de despachar una gran parte de la correspondencia; por ahora, podía muy bien anticiparse a lo que Bill diría y era capaz de escribirlo; incluso podía imitar su letra y su estilo.

A principios de 1970, mejoró ligeramente; aunque continuaba yendo a Nueva York de una manera irregular, fue capaz de asistir a las juntas de los depositarios. En la oficina muchos no estaban conscientes de que estaba seriamente enfermo, aunque Bill hablaba en una forma abierta acerca de su efisema. No se sabe si él estuvo consciente o no lo estuvo, de que se encontraba en los principios de la enfermedad mortal.

Todos los meses de abril, Bill hablaba en la cena de apertura de la Conferencia. En 1970 fue programado para hablar como de costumbre. Bob H. recordó lo que sucedió esa noche:

"Empezó a hablar y de pronto se detuvo, justamente a mitad de una oración. Permaneció ahí un poco y luego dijo: 'Lo siento, no puedo continuar', se fue y se sentó.

Todos se quedaron pasmados ante ésto, porque si había algo que siempre pudiera hacer Bill, era hablar, elocuente, articulada y persuasivamente".

Dennis Manders, a cargo de la grabación de la Conferencia, recordó su propia sorpresa, cuando Bill le ofreció disculpas por estropear la grabación, al ser incapaz de continuar. (También Nell confirmó que, durante toda la última enfermedad de Bill, permaneció siendo de la manera que siempre había sido: considerado con los demás).

En abril, la O.S.G. se cambió a su domicilio actual en el 468 de Park Avenue South. Bill sólo vió una o dos veces las nuevas oficinas.

Ahora, Bill padecía dolores de toda índole, al igual que estaba inseguro mentalmente, pero tenía muchas ganas de asistir en julio a la Convención Internacional en Miami Beach. En mayo de ese año, fue a internarse al Instituto del Corazón de Miami, el director era el Dr. Ed B., compañero y querido amigo de A.A., y un dedicado médico. Bill había pasado también una semana con un doctor en vitaminas y dieta en la parte norte del Estado de Nueva York.

Bob H. describió la Convención de Miami, que se efectuó incluyendo el fin de semana del cuatro de julio:

"Llegaron Lois, Nell y él. Tan pronto como se registraron, subí a la "suite" y Bill estaba de mal humor; se había ido al dormitorio y ahí se acababa de lanzar boca abajo en la cama, acostándose a lo ancho.

Estaba programado para asistir a una conferencia de prensa; había cuatro cosas que se suponía iba a hacer y esa era una de las más importantes. Por supuesto, debía dar una plática importante, como siempre lo hacía en esas Convenciones cada cinco años.

Lois me preguntó si me quedaría a cenar. Les subieron la cena y el humor de Bill mejoró un poco; se sentó a la mesa, pero en realidad no comió; regresó a la habitación y se dejó caer de nuevo en la cama. Me encontraba muy preocupado por él, debido a que empezaba a ver que, a menos que sucediera un milagro, [sería] en cierta forma un riesgo colocarlo enfrente de un montón de reporteros.

Teníamos programada la conferencia de prensa para la mañana siguiente, así que lo primero que hice fue ir ahí y ver cómo estaba. Durante la noche, habían estado en contacto con Ed B., que en

Bill en la Conferencia de Servicios Generales de 1970, para entonces un vehículo probado para la conciencia de grupo de la Fraternidad.

aquel entonces era el jefe de la clínica de cardiología en Miami, y dijo: 'Tenemos que llevarlo de inmediato al instituto', al Instituto del Corazón de Miami. Así que consiguieron una ambulancia y se lo llevaron. Tuvimos un par de personas que lo sustituyeron en la conferencia de prensa, supongo que principalmente el Dr. Jack.

Y después iba a hablar en la gran reunión del viernes por la noche. Tenía el corazón puesto en ésto y Ed, que lo admiraba mucho y era muy íntimo de él, afirmó que podían solucionarlo". Físicamente le era imposible a Bill hablar el viernes, pero no estaba dispuesto a rendirse.

"Tuvimos la reunión (del domingo en la mañana) en el hall de la Convención", continuó Bob H. "Había 14,000 personas. Bill fue llevado en una ambulancia a la entrada trasera. Tenían ahí un camión montacargas, que tomó a Bill en la silla de ruedas, lo levantó y lo depositó en la entrada trasera del escenario. Tenía colocado un tubo nasal y estaba aspirando oxígeno.

Fue llevado en la silla de ruedas frente al micrófono, y puesto de pie, con alguien más o menos deteniéndolo; quizá fui yo, no lo recuerdo. Y justo durante unos pocos minutos... sólo habló cuatro minutos y durante los dos o tres primeros fue el viejo Bill, ¡fantástico! Podría hipnotizar a la gente.

Eso fue todo. Regresó a la silla de ruedas y [fue] sacado, bajado a la ambulancia y regresaron al hospital".

Los asistentes a la Convención recuerdan haber visto la figura de Bill en bata de baño, algunas veces de pie, otras en una silla de ruedas, alrededor del hotel, durante ese fin de semana. Bernard Smith y Marty M. cubrieron su turno, dando las otras pláticas que originalmente se había programado que hiciera.

Durante el resto del mes permaneció en el Instituto del Corazón, a causa de que el Dr. Ed pensó que ahí podría ser ayudado. Cuando Bill y Lois regresaron al norte, el primero de agosto, su buen amigo Bernard Smith, que tan recientemente había llenado el papel de Bill en la Convención, murió de un ataque al corazón.

A su regreso, a Bill le entró muy pronto pulmonía y en realidad nunca se le quitó. Sería llevado al Hospital Northern Westchester, en donde estaría unos días y luego se iría a casa. Cuando fue capaz de caminar un poco, regresaría la pulmonía. En Miami, había empezado a usar un tanque de oxígeno; ahora, nunca estaba sin él. Al principio consumiría un tanque cada tercer día, después todos los días y luego, su uso fue continuo.

Comenzó a tener alucinaciones, que eran tan reales que se las describiría a Lois y a Nell. En ocasiones, a causa de que sus poderes como un narrador de cosas graciosas eran tan brillantes, con su capacidad descriptiva tan viva, que Lois y Nell reirían a pesar de sí mismas.

A principios de septiembre, Bill estaba por completo postrado en cama. En noviembre, nunca bajó al piso inferior. Ese noviembre, Lois leyó su mensaje de despedida en su cena de aniversario; en éste, Bill parafraseó el saludo árabe que le había mandado un miembro. Escribió a todos los A.As.: "Los saludo y les agradezco que estén vivos".

Fue un período agotador y fatigoso, lleno de esfuerzo. Tendría etapas lúcidas y en la mañana, cuando se despertaba, diría: "Oh, Dios mío, otra vez tengo que pasar por todo ésto". Conseguir pasar cada día requería de un enorme esfuerzo y casi tan grande era igualmente la tensión sobre Lois. Ahora, también tenía enfermera de noche y de día.

Bob H., que entonces era gerente general de la O.S.G., recordó:

"Estaba razonablemente convencido desde finales de julio o principios de agosto, de que Bill no iba a vivir mucho. No sabía cuánto, pero decidimos que haríamos todos los planes con tiempo suficiente, lo cual hicimos, todos. Hicimos una lista de toda la gente a la que había que notificar; de la que se le podría notificar por teléfono, de la que había que notificar por telégrafo, de la que se le podría notificar por carta. Todo lo que teníamos que hacer era presionar un botón y todo se pondría en movimiento".

En enero de 1971, el Dr. Ed, que estaba en constante contacto por teléfono, decidió que el Instituto del Corazón de Miami podía ser capaz de hacer algo por Bill, ya que tenía un nuevo aparato para respirar que podía ayudarlo y decidió llevar a Bill de regreso a Miami. Un viejo amigo alquiló un avión Learjet y el Dr. Ed voló desde Miami para acompañar a Bill a su regreso.

La cabina del avión era tan pequeña que hubo que quitar una parte para que cupieran los pies de Bill. Dijo Nell: "Lo tuvimos reposando en una camilla sobre los respaldos reclinados de varios asientos, usando su siempre presente máscara de oxígeno. El Dr. Ed me colocó a mí cerca de sus pies, él a mitad del cuerpo y Lois en la cabeza". Nell, que había oído a Bill aconsejar a un número incontable de personas, utilizó ahora sus propias palabras para consolarlo. "Manténte firme", le animaba y Bill apretaba su mano en respuesta. Lois le susurraba suavemente, agarrándole la otra mano y hablando. Durante el vuelo a Miami, Bill permaneció consciente y de buen ánimo; describió a sus padres, a sus abuelos y a Mark Whalon, ya que todos se presentaron ante él en la cabina del avión.

El avión llegó a Miami al declinar la tarde y Lois estaba casi exhausta. A las ocho de la noche, después de cenar y de que Lois había regresado al cuarto de Bill a despedirse, Nell y ella se retiraron a su "suite", con habitaciones contiguas en el Holiday Inn, al lado del Instituto. Bill estaba cómodo y alegre cuando Lois le dejó.

Era el 24 de enero y el 53 aniversario del matrimonio de Lois y Bill. Bill murió a las once treinta de esa noche.

Palabras Finales

La esquela mortuoria de Bill apareció en el *Times* de Nueva York el martes 26 de enero. Las Tradiciones no hacen referencia al anonimato póstumo y el nombre completo de Bill, con su fotografía, fueron presentados de una manera prominente en el artículo, que ocupó una página.

El 27 de enero, hubo un servicio conmemorativo privado en Stepping Stones. La Oración de San Francisco, la favorita de Bill, resonó a través de los árboles alrededor de la casa.

"Señor, haz de mí, conducto de Tu paz, —para que allí a donde haya odio, pueda llevar amor; —para que a donde haya el mal, pueda llevar el espíritu del perdón; —para que donde haya discordia, pueda llevar armonía; —para que adonde haya error, pueda llevar la verdad; —para que a donde haya la duda, pueda llevar la fe; —para que donde haya el desconsuelo, pueda llevar la esperanza; —para que adonde haya tinieblas, pueda llevar la luz; —para que adonde haya tristeza, pueda llevar alegría. Señor, concédeme que yo pueda consolar y no ser consolado;

Una sencilla losa en el cementerio de East Dorset afirma la profunda creencia de Bill en el espíritu del anonimato.

WILLIAM G. WILSON
1895 — 1971

—comprender, y no ser comprendido; —amar, y no ser amado. Porque para encontrarse hay que olvidarse de sí mismo. Perdonando seremos perdonados. Al morir, es cuando despertamos a la Vida Eterna. Amén".

En la Oficina de Servicios Generales, inmediatamente a continuación de la muerte de Bill, dejaron de llegar las quejas acostumbradas. Toda la combatividad y las apelaciones a la O.S.G. para arreglar disputas locales, cesaron por completo. Durante un período aproximado de seis meses, hubo una sensación de reorganización.

El 14 de febrero, A.As. de todas partes (que ahora eran alrededor de 300,000), asistieron a los servicios dedicados a la memoria de Bill. En la Ciudad de Nueva York, se efectuaron en St. John the Divine; en Washington, D.C., en la Catedral Nacional; en Londres, en St. Martin in the Fields. En Montreal, fueron en la Catedral de Notre Dame; en Palm Beach, en Bethesda by the Sea; en Aruba, en la Iglesia del Sagrado Corazón, en Sabaneta.

El 5 de mayo, cuando había llegado el deshielo al campo de Vermont, el cuerpo de Bill fue enterrado en el lote familiar en el Cementerio de East Dorset. La lápida es una sencilla señal del mismo mármol blanco que su padre extrajo una vez para los edificios y monumentos de la Ciudad de Nueva York. Está enterrado junto a Clarence, su tío Griffith que "legó" a Bill su violín.

La losa se lee: "William G. Wilson, 1895-1971".

Hay una piedra al pie de la tumba que se lee: "Vermont, 2D LT BRY C66 ARTY CAC, Primera Guerra Mundial. 26 de nov. 1895-24 ene. 1971".

No hay ninguna mención de Alcohólicos Anónimos.

Fechas Importantes

1895	26 de noviembre: Nace Bill Wilson en East Dorset, Vermont.
1906	Se divorcian los padres de Bill, Emily y Gilman Wilson.
1917	Los Estados Unidos entran a la Primera Guerra Mundial y Bill es llamado a filas. Bill toma su primer trago.
1918	24 de enero: Bill se casa con Lois Burnham.
1919	Bill es liberado del servicio militar; Lois y él se establecen en Brooklyn.
1925-29	Se echa a perder el éxito de Bill como analista de valores, por empeorar su problema de bebida.
1930-33	La manera de beber de Bill le impide hacer un regreso financiero, después del derrumbe de 1929.
1933	Bill ingresa por primera vez al Hospital Towns.
1934	11 de diciembre: Ultimo trago de Bill. Liberado de su obsesión, empieza a pensar en un movimiento de alcohólicos recuperados, que ayudaría a otros.